Ernst Johann / Berthold Spangenberg

DEUTSCHE KULTUR GESCHICHTE

Die Zeit von 1860 bis zur Gegenwart

nymphenburger

Überarbeitete und erweiterte Neuausgabe von
Ernst Johann/Jörg Junker
DEUTSCHE KULTURGESCHICHTE DER LETZTEN HUNDERT JAHRE
(1860 – 1960), München 1970.
In Zusammenarbeit mit INTER NATIONES
Text 1961 – 1980: Hans Dollinger
Zeittafel 1961 – 1980: Joachim Heimannsberg

Die Bilder des Umschlages zeigen:
Arthur Schopenhauer, Adolf v. Baeyer, den ersten serien-
mäßigen Dieselmotor, Berlin – Gedächtniskirche,
Herbert v. Karajan, C. F. v. Weizsäcker

© 1984 Nymphenburger Verlagshandlung GmbH, München
Alle Rechte, auch der fotomechanischen Vervielfältigung und
des auszugsweisen Abdrucks, vorbehalten
Umschlagentwurf: Werner Rebhuhn, Hamburg
Druck Jos. C. Huber KG., Dießen am Ammersee
Printed in Germany 1984
ISBN 3–485–03545–9

ABKÜRZUNGEN (in den Zeittafeln)

Aufl.	= Auflage
Ausg.	= Ausgabe
Bd.	= Band
Bde.	= Bände
Bdn.	= Bänden
BRD	= Bundesrepublik Deutschland
BRT	= Bruttoregistertonnen
ca.	= cirka
D.	= Deutschland
DM	= Deutsche Mark
dt.	= deutsch
engl.	= englisch
ersch.	= erscheint
Ex.	= Exemplare
Fa.	= Firma
gegr.	= gegründet
intern.	= international
Jh.	= Jahrhundert
K. Z.-Haft	= Konzentrationslager-Haft
m. u.	= Mitte, unten
Mio.	= Millionen
N. S.	= Nationalsozialismus, -sten, -stisch
österr.	= österreichisch
ordentl.	= ordentlicher
Prof.	= Professor
reg.	= regierte von
s.	= siehe
s. a.	= siehe auch
s. d.	= siehe dort
s. o.	= siehe oben
sog.	= sogenannt
s. u.	= siehe unten
u.	= und
u. a.	= unter anderem, und andere
v. l. n. r.	= von links nach rechts
z. T.	= zum Teil

Inhalt

Einführung

Die vorliegende Darstellung der deutschen Kulturgeschichte der letzten hundert Jahre geht auf eine Anregung von Inter Nationes zurück. Wir haben dabei den Versuch unternommen, trotz der räumlichen Beschränkung den zugrunde liegenden Kulturbegriff sehr breit zu fassen. Die in der Kulturgeschichtsschreibung übliche Bevorzugung der Geisteswissenschaften gegenüber den Naturwissenschaften und dem Ingenieurwesen ist vermieden. Es soll sowohl die einzelne Errungenschaft als auch die Vielfalt und das Ganze gezeigt werden, dazu aber auch die Abhängigkeit aller Kulturgebiete voneinander.

Auf den Menschen bezogen, handelt das Buch von dem Denker und Forscher, vom Erzieher und Politiker, vom Künstler, Baumeister, Ingenieur und Industriellen. Kultur wird als ein Gesamtgefüge menschlicher Leistungen verstanden. In Zeittafeln, die jeweils den Kapiteln folgen, werden die zeitliche Abfolge und das Ineinandergreifen der Leistungen sichtbar gemacht. Es handelt sich um die Ereignisse im deutschsprachigen Gebiet; Deutsch-Schweizer und Deutsch-Österreicher sind eingeschlossen, soweit ihre Bedeutung es in dem gegebenen Zusammenhang erfordert.

Um ein objektives Bild zu geben, wurde darauf geachtet, mittels der drei Darstellungsformen Text, Illustration und Zeittafel möglichst unterschiedliche Aspekte zu bieten. Erfahrungen und Erkenntnisse der Gegenwart kommen im Textteil zu Wort, wie auch die Auswahl der Leistungen, die in der Zeittafel festgehalten sind, vom heutigen Wissen und heutigen Urteil her bestimmt wird. Dagegen ist in den Bildern naturgemäß der »historische« Zustand festgehalten, und die Illustrationen zei-

gen neben dem eigentlichen Gegenstand das damalige Milieu, die äußere Lebenshaltung und damit etwas vom Zeitstil. Doch machen die Abbildungen – soweit sie künstlerischen Inhalts sind – nicht nur einen Teil der kunst- und stilgeschichtlichen Entwicklung der Epoche sichtbar: als Porträts zeigen sie die Personen, die wesentlich am Kulturaufbau beteiligt sind, und als Werke charakterisieren sie die Arbeit des Künstlers, der sie geschaffen hat.

Bei aller Betonung der Eigenstellung der Kultur hält sich die Darstellung auch in diesem Werk an den Ablauf der allgemeinen Geschichte. Der Grund liegt darin, daß die kulturgeschichtliche Entwicklung in Deutschland mehr als die anderer europäischer Länder mit der Staatsgeschichte und der innenpolitischen Lage verknüpft ist. Einige Leistungen passen sich dieser Gegebenheit an oder sind ihr direktes Ergebnis, wie etwa die Bismarcksche Sozialversicherung; viele Fortschritte aber entstanden im bewußten Gegensatz zur politischen Hauptströmung – wie etwa der literarische Expressionismus – oder lösten sich bald aus dem staatlichen Rahmen, wie manche Gründungen der Weimarer Zeit, von denen einige erst in der Emigration ihre volle Wirkung entfalteten (so das ›Bauhaus‹).

Wohl in allen Nationen befinden sich die kulturellen Kräfte oft im Spannungszustand zu Staat und Gesellschaft, selten im Einklang mit ihnen. In Deutschland hat allerdings die jahrhundertelange Teilung in kleine und kleinste Staaten eine besondere Lage geschaffen: Die Vielfalt der deutschen Stämme und Landschaften und damit die kulturelle Verschiedenartigkeit wurden durch die Kleinstaaterei noch stärker ausgeprägt. Nicht nur der Grad der Aufgeklärtheit der Bewohner, auch die Liberalität der Dynastie oder des jeweiligen Landesherrn waren entscheidend. Eine große Zahl künstlerischer und wissenschaftlicher Errungenschaften war dem besonderen Schutz oder dem Mäzenatentum der Fürsten zu verdanken.

Es ist aber auch daran zu erinnern, daß der Staat mit dem Obrigkeitsdenken seiner »Untertanen« die zunächst kleine Zahl unabhängig denkender Menschen vielfach in Berufe gewiesen hat, die der Einflußnahme der Herrschenden entzogen waren. Die Emanzipation des deutschen Judentums im 19. Jahrhundert illustriert diese Besonderheit. Die Juden waren noch lange nach der Reichsgründung von 1871 beruflich auf Gebiete beschränkt, auf denen sich die Deutschen der oberen Klassen selten betätigten. »Freie« Berufe, wie die der Anwälte, Ärzte oder Kaufleute, bildeten besonders in den großen Hauptstädten eine neue kulturbewußte Schicht, die unabhängigere Anschauungen entwickelte. Sie hatte keine direkte Verbindung zur Hierarchie, an deren Spitze der Fürst oder – in den Hansestädten – der Senat standen. Dagegen gründeten die sogenannten »starken Säulen des Staates«, das Militär und die Verwaltung auf Gehorsam und Disziplin, nicht so sehr auf eigene Verantwortung und freiem Denken.

Die äußeren Grenzen Deutschlands, in den einhundert Jahren vielfach verändert, haben sich nie mit den deutschen Sprachgrenzen gedeckt. Der deutsche Staat war immer kleiner als das Verbreitungsgebiet der Sprache. Im 19. und 20. Jahrhundert sind alle Versuche, die ›deutsche Frage‹ (ein Staat für alle Deutschsprechenden) gewaltsam zu lösen, gescheitert. Die beiden Weltkriege haben der deutschen und gleichzeitig der europäischen Kultur größten Schaden zugefügt. Wie die Zeittafeln nachweisen, gab es im Deutschen Reich unmittelbar vor dem Ersten Weltkrieg und dann wieder vor der großen Wirtschaftskrise um 1930 zwei ausgesprochene Blütezeiten, denen jeweils starke Rückschläge folgten: 1914 durch den Kriegsausbruch, 1933 durch die nationalsozialistische Diktatur.

Vor 1914 standen die Nationen in friedlich-kulturellem Wettstreit; die deutsche Wissenschaft war auf vielen Gebieten führend; in der Kunst gab es eine Art Gemeinsamkeit der europäischen Völker, hier unter der Führung Frankreichs. Unter den Wissenschaftlern herrschte freier Austausch, besonders bei Berufungen von Professoren an deutschsprachige Hochschulen, deren älteste in Österreich-Ungarn, in Prag (gegründet 1348), ihren Sitz hatte; sogar die – vielfach nach deutschem Vorbild geschaffenen – Universitäten und Forschungsstätten der Vereinigten Staaten waren in den wissenschaftlichen Kreislauf einbezogen. Bis 1914 reiste man in den Ländern Europas ohne Paß, und die ›gute Gesellschaft‹, die den Ton in Kunst und Literatur angab, war selbstverständlich mehrsprachig und kosmopolitisch orientiert. Ebenso selbstverständlich war die Gemeinsamkeit des Kulturlebens von Deutschen, Deutsch-Österreichern und Deutsch-Schweizern, und niemand wäre auf den Gedanken gekommen, die Beiträge der deutschsprachigen Völker nach nationaler oder gar rassischer Herkunft zu unterscheiden.

Schon lange vor dem Ersten Weltkrieg, der auch dieses ›Alteuropa‹ zerstörte, hatte sich jedoch der Gegensatz zwischen dem persönlichen Regierungsstil des Kaisers und den Auffassungen eines Teils der geistigen Elite in Deutschland so verschärft, daß der Kriegsausbruch von einer Reihe führender Männer wie die erwartete Entladung einer Gewitterwolke verstanden wurde. Und die »nationalen Kreise« des Reichs sehnten den Krieg wie ein notwendiges Reinigungsbad herbei. Sogar die Aufhebung der Klassengegensätze erhoffte man vom günstigen Kriegsausgang. Statt dessen zeichneten Materialschlachten und Blutbäder den Weg. Auch nach der Abdankung des Kaisers und nach dem Friedensschluß von Versailles bestanden in Deutschland die sozialen Gegensätze und die starke Spannung zwischen Geist und Macht fort.

Dieses Spannungsverhältnis ist ein Ausgangspunkt des vorliegenden Werks. Es soll hier erwähnt werden, um im Vergleich mit der gegenwärtigen Lage zu fragen, ob ähnliche Spannungen auch unsere Verhältnisse bestimmen. Aber im Gegensatz zu der Zeit vor 1914 liegt heute das Problem in der Notwendigkeit, eine dem moralischen, politischen und gesellschaftlichen Zustand vorausgeeilte Technik geistig zu verarbeiten und zu humanisieren.

Inzwischen haben die großen Entscheidungen um Krieg und Frieden sich vom Nationalen ins Globale verschoben. Die Zukunft wird davon abhängen, ob es gelingt, die dem moralischen und politischen Zustand vorausgeeilte Technik einzuholen und sie auf friedliche Wege zu leiten. Auch das wirtschaftliche Nord-Süd-Gefälle auf den großen Kontinenten kann nur durch sozialen Ausgleich und bessere Verteilung der Ressourcen und Energien eingeebnet werden. Ebenso ist es eine universale Frage, ob es gelingt, heilende Kräfte gegen die Ausbeutung und Schädigung der Natur zu mobilisieren. Es wächst die Einsicht, daß die wirtschaftliche Verflechtung der Staaten untereinander so eng geworden ist, daß kein Land dieser Erde von den Folgen einer egoistisch-nationalistischen Politik eines anderen verschont bleibt.

Gegenüber den Geisteswissenschaften ist die Rolle der Technik und der Naturwissenschaften ins Gewaltige gewachsen: Die Elektronik und besonders die programmgesteuerten Rechenautomaten bestimmen die weitere Entwicklung. Die neue Meß-, Steuerungs- und Nachrichtentechnik hat wiederum rückwirkend die Einsicht in Plan und Funktion von Gehirn und Nervensystem des Menschen erweitert. Und die Maschine wird nicht mehr als Nachahmung oder Ersatz menschlicher Muskeln gesehen, sondern neben ihrer Leistungsfähigkeit wird ihre ›Intelligenz‹ bewertet. Der Mensch kann mit Raumfahrzeugen ins Weltall vorstoßen, nachdem er die schwierigsten technischen und technologischen Aufgaben gelöst hat. Ständig werden die Werkstoffe und die maschinellen Hilfsmittel und damit auch das Handwerkszeug des täglichen Gebrauchs verbessert. Das kybernetische Zeitalter hat begonnen und mit ihm eine neue Epoche der Kultur.

In ihr wird der Gesellschaft eine neue Verantwortung bewußt: Ihre »Umwelt«. Was sie heute bedeutet, hat der Schöpfer einer biologischen Umweltlehre, der Balte Gösta von Üxküll (s. 1909), sich gewiß nicht träumen lassen. Aber auch er hätte unterschrieben, was sechzig Jahre später ein anderer großer Forscher, René Dubos, sagte:

»Die Menschlichkeit des Lebens hängt vor allem von der Qualität der menschlichen Beziehung zur übrigen Schöpfung ab – zu den Winden und Sternen, den Blumen und Tieren, der lachenden und weinenden Menschheit.«

So deuten die Zeichen auf neuen Beginn, auf die Wahl anderer Lebensziele. Anstelle von Wachstum soll Beschränkung, anstelle »offener Systeme« für Produktion und Verbrauch sollen Kreisläufe treten, die denen in der Natur analog sind, und in der Überflußgesellschaft ertönt der Ruf nach Bescheidung und Askese. Ein Umdenken ist in Gang gesetzt, das nicht mehr Beherrschung, sondern Freundschaft mit der Natur will.

Das vorliegende Werk ist von seiner Entstehung her ein Gemeinschaftswerk. Die erste Konzeption hat Ernst Johann entwickelt. Der Text wurde dann von mir – in der ersten Ausgabe unter dem Pseudonym Jörg Junker – stark erweitert. Ich besorgte die Bildauswahl, aber vor allem entschloß ich mich, chronologische Zeittafeln anzulegen, die nicht auf den Lebensdaten basieren, sondern auf dem für jede Persönlichkeit ermittelten Jahr ihrer bedeutendsten Leistung. Es ergab sich, daß die schon im Text beschriebenen Blütezeiten zweier Epochen, des

Kaiserreichs um 1910 und der Weimarer Republik in den Jahren 1925–1929, sich bestätigten durch die größte Zahl notwendiger Eintragungen in diesen beiden Perioden. Es war eine langwierige Arbeit des Wählens und Einschätzens, aber am Schluß empfand ich die Zeittafeln als das Fundament des Buchs. Die Kritik hat das bestätigt; sie fand das Werk »wohltuend objektiv« und das Ganze als »eine Zivilisationsgeschichte, die wohl erst- und einmalig« sei in ihrer doppelten Funktion als Darstellung und Nachschlagewerk.

Ein Gesamtnamensregister, ein Verzeichnis der porträtierten Personen und ein Verzeichnis der abgebildeten Werke nach Namen der Künstler, Architekten, Ingenieure und Erfinder geordnet, weisen am Schluß des Bandes den Inhalt von Text, Zeittafeln und die Abbildungen nach.

Die Ausgabe von 1970 wurde in fünf Sprachen übersetzt und verbreitet. Sie ist jetzt durch Nachträge bis zur unmittelbaren Gegenwart geführt. Die Jahre von 1961 bis 1980 sind von Hans Dollinger beschrieben und die Chronologie von Joachim Heimannsberg entsprechend erweitert. Die Verfasser sind sich bewußt, daß die Auswahlkriterien umso schwieriger werden, je näher sie der Gegenwart rücken. Ihre Beiträge gelten dem Verständnis der Zeit, in der wir leben, aber auch dem Bemühen, den zukünftigen Weg der Kultur abzuschätzen.

München, im Herbst 1983   Berthold Spangenberg

»Was ist des Deutschen Vaterland?«

Die Epoche der deutschen Klassik hatte 1832 mit Goethes Tod ihren Abschluß gefunden. Das gilt für die Literatur ebenso wie für Philosophie und Kunst, aber auch für die allgemeine Lebensauffassung, für die ›Weltanschauung‹ der Gebildeten. Trotzdem galt ›Bildung‹ immer noch als eines der erstrebenswertesten Güter. Über ihren Zusammenhang mit der Kultur hat Wilhelm von Humboldt (1767-1835)* geschrieben: »*Zivilisation* ist die Vermenschlichung der Völker in ihren äußeren Einrichtungen und der darauf Bezug habenden inneren Gesinnung. *Kultur* fügt dieser Veredelung des gesellschaftlichen Zustandes Wissenschaft und Kunst hinzu. Wenn wir aber in unserer Sprache *Bildung* sagen, so meinen wir damit zugleich Höheres und mehr Innerliches, nämlich die Sinnesart, die sich aus der Erkenntnis und dem Gefühl des gesamten geistigen und sittlichen Strebens harmonisch auf die Empfindung und den Charakter ergießt.«

Wilhelm von Humboldt, der als Leiter der preußischen Kulturpolitik (1809/10) eine auch für andere Länder beispielhafte Unterrichtsreform durchgeführt und die Universität Berlin gegründet hatte, überlebte seinen Freund Goethe nur um drei Jahre. Lessing war 1781 gestorben, Herder 1803, Kant 1804, Schiller 1805 und Wieland 1813. Sie alle hatten an die sittliche Kraft der Vernunft und des »Guten, Wahren und Schönen« geglaubt. Den Deutschen war aber zu ihrem Unglück ein Gleichgewicht von Erkenntnis und Gefühl nicht immer

---

* Lebensdaten, die nicht im Text stehen, sind in den Zeittafeln zu finden.

beschieden, und nur zu oft war ihnen der »Gang zu den Müttern«, wie Goethe die Sehnsucht nach dem geheimnisvollen Walten der Schöpfung nennt, wichtiger als konkrete Erfahrung und nüchterne Bewältigung der Gegenwart. Das Erbe der deutschen Klassik, ein aufgeschlossenes Weltbürgertum, das »Seid umschlungen, Millionen« Schillers, wirkte noch während des ganzen 19. Jahrhunderts fort; gleichzeitig aber entwickelte sich das Lebensgefühl deutscher ›Innerlichkeit‹, ein Wort, das ebensowenig zu übersetzen ist, wie der ihm nah verwandte Begriff ›Gemüt‹.

Die politische Situation — die nationale Enttäuschung nach den Befreiungskriegen — unterstützt die Weltflucht auch als Flucht aus der Ratio. Ein Antirationalismus lebt in der deutschen Romantik, die — als literarische Schule — gegen Ende des 18. Jahrhunderts beginnt: Dem Lob der Vernunft folgte ein Lob des Herzens; vor der Forderung des Tages flieht man in weltabgewandte Einsamkeit.

Die Romantiker sammelten nicht nur Volkslieder und Volksmärchen; sie schrieben auch selbst Lieder und Märchen im Volkston. ›Des Knaben Wunderhorn‹ (1804/07), eine Volksliedersammlung, gemeinsam veranstaltet von Achim von Arnim (1781-1831) und Clemens Brentano (1778-1842), und die ›Kinder- und Hausmärchen‹ (1812/15) der Brüder Grimm sind gleichsam Dokumente dieser ›gemüthaften‹ Seite des deutschen Wesens.

Das Wechselspiel rationaler und irrationaler Tendenzen hat die Entwicklung der neueren deutschen Geschichte mitbestimmt; denn Weltgeschichte ist im Gegensatz zur Auffassung des Historikers Heinrich von Treitschke nicht ausschließlich Machtgeschichte. Aber gewiß ist von deutscher Ohnmacht zu sprechen, wenn wir hier kurz den Zeitabschnitt betrachten, der zwischen den Napoleonischen Kriegen und der Reichsgründung (1871) liegt: Der letzte Überrest einstiger großer Macht auf deutschem Boden, das ›Heilige Römische Reich Deutscher Nation‹, war von Napoleon I. zerschlagen und am 6. August 1806 aufgelöst worden. An diesem Tage verzichtete der 54. Nachfolger Karls des Großen, Kaiser Franz II. (reg. 1792-1806; dann als Franz I. von Österreich 1806-1835), auf die römische Kaiserkrone; Titel, Würde und Macht eines Kaisers von Österreich, kurz vorher erst geschaffen, behielt er bei. Zwar schuf der Wiener Kongreß (1814/15) einen Ersatz, den *Deutschen Bund*; doch diese politische Neuschöpfung war eher die Fortsetzung des ›immerwährenden‹, aber machtlosen Regensburger Reichstags, der von 1663-1806 bestand, denn ein Staatsgebilde, das selbständig handeln konnte. Der Deutsche Bund besaß weder ein Oberhaupt noch eine Möglichkeit, gemeinsame Außenpolitik zu betreiben; auch fehlten ihm ein einheitliches Recht und gleiche Münz- und Maßeinheiten, wie sie etwa Wilhelm von Humboldt vorgeschlagen hatte. Auch Zollschranken bestanden weiter. Diesem Bund gehörten 39 Mitgliedstaaten an, souveräne deutsche Staaten und Städte und außerdem noch ausländische Souveräne, die in Deutschland Herrscherrechte ausübten, z. B. der König von Großbritannien in Hannover. Andererseits blieben Länder, die zum österreichischen Staatsverband zählten, wie Ungarn, Venetien, die Lombardei, oder Provinzen des Königreichs Preußen, wie Ostpreußen, Westpreußen, Posen, ausgeschlossen. Es gab wohl ein Bundesheer aus Kontingenten der Einzelstaaten, aber keine Volksvertretung.

Dieser Bund war also noch ganz aus den Vorstellungen des alten Reiches geschaffen worden, eine Vereinigung selbständiger deutscher Staaten in Zentraleuropa, unter Verzicht auf Sammlung und Ausübung politischer Macht. Die oberste Instanz dieses Deutschen Bundes war der Bundestag in Frankfurt am Main. Als Gesandter Preußens amtierte dort von 1851 bis 1858 der spätere preußische Ministerpräsident und Kanzler des Deutschen Reichs, Otto von Bismarck.

Das Königreich Preußen hatte sich im Laufe einer fünfhundertjährigen Geschichte unter der Dynastie der Hohenzollern — Königreich war es seit 1701 — zum mächtigsten deutschen Staat neben Österreich entwickelt. Die ›nationale‹ Idee hatte in und nach den Freiheitskriegen in Preußen tiefere Wurzeln geschlagen als in den anderen deutschen Ländern; Preußen hatte für den Sieg über Napoleon freilich auch die größten Opfer gebracht. Die sogenannten preußischen Tugenden — »Ehre, Treue, Gehorsam und die Tapferkeit, welche die Armee vom Offizierskorps ausgehend bis zu den jüngsten Rekruten durchzieht« (v. Bismarck) — hatten das Land groß gemacht; jedoch nicht sie allein. Die 1810 gegründete Universität Berlin, deren fortschrittliche Organisation im 19. Jahrhundert anderen Universitäten als Muster diente, war bald eine Versammlung hervorragender Gelehrter, die Stadt selber ein Mittelpunkt romantischer Dichtung und Philosophie; neben den Brüdern Wilhelm und Alexander (1769-1859) von Humboldt sind die Brüder August Wilhelm (1767-1845) und Friedrich Schlegel (1772-1829) zu nennen, Ludwig Tieck (1773-1853), Heinrich von Kleist (1777-1811) und mit der Tafelrunde der Serapionsbrüder in den ›Weinstuben Lutter und Wegner‹ E. T. A. Hoffmann (1776-1822). Im damaligen Berlin, der ersten deutschen Großstadt, unterhielten geistreiche Jüdinnen wie Rahel Varnhagen (1771 bis 1833) literarische Salons, in denen preußische Prinzen ebenso verkehrten wie Bohémiens. Dort stritt man sich auch über den politischen Sinn des Deutschen Bundes. Wilhelm von Humboldt meinte, das ganze Dasein des Deutschen Bundes sei auf Erhaltung des Gleichgewichts durch innewohnende Schwerkraft berechnet. Der Bund, so glaubte man, werde den Frieden zwischen Berlin und Wien garantieren. Das war ein europäischer Wunsch, der in diesem Bund den übernationalen Charakter des alten Reiches fortgesetzt sehen wollte.

Gedankengänge der Romantik hatten nicht nur in

Deutschland die Idee vom ›Nationalstaat‹ begünstigt. Besonders die seit 1815 in der *Deutschen Burschenschaft* zusammengeschlossene studentische Jugend begeisterte sich für einen solchen deutschen Nationalstaat. Schwarz-Rot-Gold, die Farben der Lützower Jäger in den Befreiungskriegen, wählten sie für ihre Fahne. Sie wollten mehr Freiheit und mit ihr die deutsche Einheit. Das Lied »Deutschland, Deutschland über alles« von August Heinrich Hoffmann von Fallersleben (1798-1874), 1841 entstanden, ist Ausdruck eines Willens, der alle Schichten des Volkes in Einmütigkeit und mit ungewohnter Kraft ergriffen hatte. Das patriotische Lied wurde allerdings erst 1922 zur Nationalhymne erklärt; seine dritte Strophe wird zur Zeit als Nationalhymne der Bundesrepublik Deutschland gesungen.

Auf dem Weg von der Universalität zur Nationalität war allerdings eine große Frage noch nicht entschieden, wer nämlich die Führung des künftigen Nationalstaates Deutschland haben sollte: Preußen oder Österreich?

Von dem Historiker Ernst Moritz Arndt (1769-1860), dessen Schriften schon die politischen Vorstellungen des Volkes und der Kämpfer der Befreiungskriege beeinflußt hatten, stammt die in dieser Formulierung berühmt gewordene Frage (von 1813): »Was ist des Deutschen Vaterland?« War es der einzelne Staat, in dem man geboren wurde, also Sachsen-Altenburg, Sachsen-Coburg-Gotha, Sachsen-Hildburghausen, Sachsen-Meiningen oder Sachsen-Weimar-Eisenach (um nur einige der 39 Staaten zu nennen), oder sollte es nicht das ganze größere Vaterland der gemeinsamen Sprache und Kultur sein? Sollte der Sachsen-Altenburger oder der Sachsen-Weimar-Eisenacher ein Kleinstaatsbewußtsein pflegen? War nicht auch er für den seit der Französischen Revolution so heftig propagierten Gedanken der Bildung eines Nationalstaates schon längst gewonnen, eben durch die Erkenntnis, daß es nur *eine* deutsche Sprache und Literatur gebe, nur einen einzigen geistigen Auf-

bruch gegen den französischen Einfluß, so wie es eben den gemeinsamen Erfolg gegen Napoleon durch das Zusammenstehen aller gegeben hatte. Sollte er weiterhin Zoll zahlen beim Betreten seines Nachbarstaates, dessen Grenze oft dicht vor seiner Haustür lag?

Was ist des Deutschen Vaterland? Mochte darüber auch kein Zweifel herrschen, daß es das ›ganze Deutschland‹ sein müsse; die gemeinsame Geschichte sprach ebenso dafür wie die praktischen Erfordernisse der Zeit; über weite Entfernungen wurden schon Eisenbahnen und Telegraphenverbindungen gebaut. Aber es bestanden große Meinungsverschiedenheiten darüber, unter wessen regierende Obhut das neue, gemeinsame Vaterland zu stellen sei. Zunächst bot sich Österreich zu einer ›großdeutschen Lösung‹ an. Aber das damalige Wien war nicht nur Hort der Tradition einer deutschen Kaiserherrlichkeit, an die man anzuknüpfen wünschte; es war zugleich Hauptstadt eines Vielvölker-Reiches, das viele nichtdeutsche Nationalitäten wie Ungarn, Tschechen, Italiener in sich vereinigte. Sollte ein solcher Völkerverband auch die neue Vereinigung ›aller deutschen Stämme‹ aufnehmen können? Diese Möglichkeit war kaum vorstellbar. Die Alternative war Berlin und damit Preußen als Führungsmacht, die ›kleindeutsche Lösung‹: ein neues Vaterland der Deutschen ohne die deutschen Stämme in Österreich.

1871 gelang durch Bismarcks konsequente Diplomatie und nach mehreren Kriegen die Einigung der deutschen Staaten. Preußen hatte dazu wichtige Vorarbeit allein und aus freien Stücken geleistet. Bereits im Jahre 1818 hatte es begonnen, die wirtschaftlichen Voraussetzungen einer Einigung zu schaffen. Damals war aus dem Geiste eines liberalen Wirtschaftsverständnisses heraus ein neues Zolltarifgesetz erlassen worden. Dies bewirkte, daß Preußen als Wirtschaftseinheit auftreten konnte; denn alle Binnenzölle innerhalb der zerstreut liegenden preußischen Teilgebiete wurden aufgehoben, zugleich alle Zollabgaben für Rohstoffe abgeschafft und die Schutzzölle der Industrie drastisch herabgesetzt. Der Erfolg dieser Liberalität ließ nicht auf sich warten: die Wirtschaftskraft des Landes wuchs beträchtlich. Damit wurde auch das Einzeleinkommen erheblich verbessert. Als noch wichtiger erwies sich eine politische Nebenwirkung: Die Anziehungskraft der neuen Wirtschaftspolitik war so groß, daß sich ihr die kleinsten unter den deutschen Staaten anschlossen; sie erkannten die Vorteile einer einheitlichen Zollpolitik und gaben als erste jenen Teil ihrer Souveränität auf, der in Schlagbäumen Ausdruck gefunden hatte. Bereits im Jahre 1819 schloß sich trotz vieler Schmähungen der Fürst von Schwarzburg-Sondershausen (reg. 1794-1835) dem preußischen Zollgebiet an. Ihm winkte die Erfüllung seines Lieblingswunsches: er wollte ein Theater bauen. Wurde so für Sondershausen der Kunst und der Repräsentationssucht eines Fürsten Genüge getan, brachte anderen Staaten die Zollunion mit Preußen andere Vorteile.

1833/34 schlossen sich die meisten deutschen Länder unter Führung Preußens zum *Deutschen Zollverein* zusammen. »Wenn es staatswissenschaftliche Wahrheit ist, daß Zölle nur die Folge politischer Trennung verschiedener Staaten sind, so muß es auch Wahrheit sein, daß Einigung dieser Staaten zu einem Zoll- und Handelsverband zugleich auch Einigung zu einem und demselben politischen System mit sich führt«, so hatte es der preußische Finanzminister Friedrich von Motz (1775 bis 1830) vorausgesagt. In ähnliche Richtung waren die Gedanken des Nationalökonomen Friedrich List (1789 bis 1846) gegangen, der sie zwar erst im Jahre 1841 in seinem Hauptwerk ›Das nationale System der politischen Ökonomie‹ veröffentlichte, aber bereits 1819 den *Deutschen Handels- und Gewerbeverein* zur Förderung der Zolleinigung ins Leben gerufen hatte. Dem Deutschen Zollverein gehörten noch nicht alle deutschen Staaten an; aber er schloß das Königreich Bayern ein,

und somit war eine wichtige Entscheidung gefallen: die Ausschaltung Österreichs. Denn ohne Bayern war ein eigener österreichischer Zollverband nicht mehr möglich.

Der Deutsche Zollverein diente zwar als Wegbereiter der Einigung (ähnlich wie heute die wirtschaftliche Einigung Europas den politischen Zusammenschluß vorbereiten soll). Aber die eigentliche Entscheidung darüber, was »des Deutschen Vaterland« sei, war noch nicht gefallen. Bismarck machte schon 1867 den Versuch, den Zollverein zu einem Zollparlament zu erweitern; obwohl durch die Niederlage Österreichs im ›Deutschen Krieg‹ (1866) politisch und militärisch die preußische Vorherrschaft bereits feststand, führte der wirtschaftliche Weg allein nicht zum Ziel. Es mußte auf dem politischen Feld gehandelt werden. Erst im Zeichen eines gemeinsamen Krieges aller deutschen Staaten, also aller Mitglieder des Deutschen Zollvereins, kam die politische Einigung zustande.

Und das Volk? Der Einigungsgedanke lebte zunächst in den Gedichten und Liedern, die das einige Reich herbeisehnten, aber er lebte in allen Ständen, beim privilegierten grundbesitzenden Adel ebenso wie beim Bürgertum, bei den Bauern wie in der Arbeiterschaft, die in diesen Jahrzehnten der aufsteigenden Industrie einen Proletarisierungsprozeß ohnegleichen durchmachen mußte. An der Spitze standen Schützen- und Turnerbünde, aber die eigentliche Führung übernahmen die Gelehrten, zumeist Professoren — auch Dichter wie Ludwig Uhland (1787-1862) waren dabei. Sie riefen nach den Frühjahrsaufständen, die, 1848 von Paris ausgehend, die größeren Staaten Europas mit ihren ungelösten nationalen und sozialen Problemen erschüttert hatten, zu einer *Deutschen Nationalversammlung* in der Paulskirche zu Frankfurt am Main auf. Dieses Parlament, das von 1848 bis 1849 tagte, war der erste Versuch einer deutschen demokratischen Selbstregierung. Er endete damit, daß man ein einheitliches, parlamentarisch regiertes Reich forderte, aber nicht verwirklichen konnte. Das Staatsoberhaupt sollte — so wurde mit 267 gegen 263 Stimmen beschlossen — ein Erbkaiser sein, mit »einem vollen Tropfen demokratischen Öles gesalbt«. Diese Kaiserkrone wurde König Friedrich Wilhelm IV. von Preußen (reg. 1840-1861) angetragen; er lehnte sie ab, weil sie — »ein Diadem, geknetet aus Dreck und Letten der Treulosigkeit, des Eidbruchs und des Hochverrats ... eine Geburt des scheusäligen Jahres 1848« und »wie das Aas zu schlecht, um von Hohenzollernhänden berührt zu werden« — aus den Händen des Volkes kam und ihm nicht von den deutschen Landesfürsten angeboten wurde.

Wenn auch die in der Paulskirche verfolgten politischen Intentionen nicht realisiert werden konnten, so waren sie doch von weitreichender emotioneller Wirkung. Die freiheitlichen Ideale wurden zwar unterdrückt, waren aber nicht mehr aus dem Bewußtsein zu verdrängen. Die Fahne von 1848 mit den Farben Schwarz-Rot-Gold wurde 1919 die Fahne der Weimarer Republik und 1949 die der Bundesrepublik Deutschland.

1848 kehrt auch der Journalist Karl Marx, Jude aus Trier, nach fünfjährigem Aufenthalt in Paris und Brüssel nach Deutschland zurück.

Die Lehre des Philosophen Hegel (1770-1831), die er dorthin mitgenommen hat, bringt er in einer neuen Form, als Ergebnis seiner Studien, zurück. Die Deutung der Welt durch die Philosophie genügt ihm nicht, jetzt will er sie verändern. Zusammen mit Friedrich Engels, dem Sohn eines Fabrikanten in Barmen, der früh die himmelschreiende Notlage der arbeitenden Klasse in England kennengelernt und eindringlich beschrieben hatte, verfaßt er einige Monate vor seiner Heimkehr die Flugschrift, die, wie keine andere, die Welt tatsächlich verändern soll: ›Das Kommunistische Manifest.‹

Schon seit 1760 hat man von einer ›sozialen Frage‹ gesprochen, 1832 entsteht fast gleichzeitig in Frankreich und England eine Theorie, die eine soziale und wirtschaftliche Umgestaltung auf der Grundlage gleichen Rechts auf Arbeit und Sicherheit durch Vergemeinschaftung der Produktionsmittel vorsieht: der Sozialismus. Marx und Engels begründen den eigentlichen ›wirtschaftlichen Sozialismus‹, der die zwangsläufige Selbstzerstörung des Kapitalismus und damit die Möglichkeit, ja Notwendigkeit einer Übernahme der Produktionsmittel durch das Proletariat bewirken will.

Das Proletariat ist nach Marx die unterste und überall unterdrückte Klasse, die, von der herrschenden Klasse abhängig, nur die eigene Arbeitskraft und Arbeitszeit anzubieten hat. Sie hat in den die Geschichte vorantreibenden Klassenkämpfen ein zunehmend genaues Bewußtsein der eigenen Situation erworben und ihrer Frontstellung zum Bürgertum, das ebenso wie der Staat auf dem Weg der proletarischen Revolution ausgeschaltet werden soll; die ›Diktatur des Proletariats‹ führt dann zum klassenlosen Endkommunismus, in dem Ausbeutung und Selbstentfremdung des Menschen aufgehoben sein werden.

Zunächst will Marx die bürgerliche Revolution in Deutschland weitertreiben — gegen den Feudalismus sind Kapitalisten und Proletarier Verbündete. Marx begründet die ›Neue Rheinische Zeitung‹, wird ihr ›Rédacteur en chef‹ und beteiligt sich an der demokratisch-republikanischen Bewegung im Rheinland. 1849 wird ihm der Prozeß in Köln wegen »Aufrufung zu Rebellion« gemacht. Er wird freigesprochen, aber, da er staatenlos ist, ausgewiesen.

Im Jahre 1861 wird Marx nach Deutschland zurückkommen und dort Ferdinand Lassalle besuchen, den Mitbegründer der deutschen sozialdemokratischen Bewegung, die einen anderen Weg zum Sozialismus sucht, als Marx ihn durch die Entwicklung vorgeschrieben sieht. Vor allem sieht Lassalle den Staat in einer positiven Rolle bei der Emanzipation der Arbeiterschaft.

Das rückt seine Auffassungen zeitweise in die Nähe der Ziele Bismarcks. »Zwei Theorien standen bereit, Wege und Ziele der deutschen Arbeiterbewegung zu bestimmen: der den nationalen Staat bejahende sozialdemokratische Reformismus Lassalles und der internationale revolutionäre Sozialismus von Marx und Engels.« (H. Grebing)

Zunächst muß wieder die staatliche Entwicklung betrachtet werden. Bismarck wird 1862 zum preußischen Ministerpräsidenten ernannt; er verhinderte die Abdankung des Königs im sogenannten Verfassungskonflikt und ist bereit, auch *gegen* Verfassung und Landtag zu regieren. Die Armee wird ausgebaut und den Offizieren wird eine Vorzugsstellung im Staat eingeräumt, Preußen soll im Deutschen Bund die erste Stellung einnehmen, auch wenn es gegen die österreichischen Interessen wäre. In allen Ländern lebt ein starker Nationalismus auf. Italien, in ähnlicher Weise wie Deutschland zersplittert, wird 1861 geeinigt. Der nationale Einigungsgedanke kann vor den Grenzen Deutschlands nicht haltmachen. Auch Bismarck strebt ein Reich nur deutscher Nationalitäten an. 1862 kann noch niemand wissen, wann und ob das Vorhaben gelingen wird. Kriege werden als nötig erachtet. Sie gelten als »Fortsetzung der Politik mit anderen Mitteln«, also als moralisch vertretbar. Bismarck ist ein Meister im Kombinieren verschiedener Methoden. Er überspielt Österreich im Dänischen Krieg 1864; seine Mäßigung nach dem Bruderkrieg mit Österreich 1866 zahlt sich aus, und im Sommer 1870 bringt er es fertig, daß Frankreich Preußen den Krieg erklärt, der sogleich als ein Krieg aller Deutschen gegen das französische Hegemoniestreben in Europa verstanden und geführt wird. Österreich verhält sich neutral: ein Zeichen dafür, daß Wien das Streben nach der Vorherrschaft in Deutschland endgültig aufgegeben hat. Unter Preußens Führung war der Weg vom Bund zum Reich kurz: Nachdem der Deutsche Bund 1866 durch den Austritt Preußens aufgelöst worden war, gründete Bismarck 1867 den *Norddeutschen Bund*. Sein Präsident war der König von Preußen. Der Bund umfaßte auch das Königreich Sachsen und die mit Preußen im Krieg gegen Österreich verbündeten norddeutschen Staaten, Teile von Hessen und andere, insgesamt 22 Staaten mit 30 Millionen Einwohnern. Es waren sogar als Kriegsbeute annektierte Staaten dabei, nämlich Hannover, Kurhessen, Nassau und die souveräne Stadtrepublik Frankfurt am Main, die 1866 auf österreichischer Seite gekämpft hatten. Jetzt lebten sie unter der Verfassung des Norddeutschen Bundes, auf deren Grundlage der staatliche Bau des Deutschen Reiches von 1871 errichtet wurde.

Auch der nächste Akt, die Proklamation des Königs von Preußen zum Deutschen Kaiser, die am 18. Januar 1871 in Versailles, noch während der Belagerung von Paris, stattfand, war ganz das Werk Bismarcks. Er hatte es so eilig, daß er nicht den schon sicheren Sieg abwartete, sondern den Fehler beging, die Franzosen zu demütigen, indem er auf ihrem Boden das neue Deutsche Reich verkündete. Es war ihm in langwierigen Verhandlungen gelungen, die süddeutschen Fürsten zum Zusammenschluß mit dem Norddeutschen Bund zu einem ›Zweiten‹ Deutschen Reich (das ›Erste‹ war das 1806 erloschene) zu bewegen. Bedenken gab es bei den Fürsten und bei den Völkern. Aber der König von Bayern, Ludwig II. (reg. 1864-1886), wurde gewonnen, und das gab den Ausschlag. Selbst der König von Preußen war nicht gleich bereit. Dieser Hohenzollernfürst betrachtete es als ein Opfer, seinen preußischen Staat in dem künftigen Reich aufgehen zu lassen. Er wollte ein Großpreußen, kein Deutsches Reich. Bismarck hatte starke Sicherungen des föderativen Systems eingebaut, damit auch die konservative Vorherrschaft in Preußen erhalten werden konnte. So galt ein sozial abgestuftes Dreiklassenwahlrecht zum Landtag in Preußen noch bis zur Revolution 1918, während von 1871 an für den

Reichstag jeder Bürger das gleiche Wahlrecht hatte. Preußen mußte seine Eigenstaatlichkeit an das Reich abgeben, hatte aber als größter Staat den absoluten Vorrang vor den anderen Bundesstaaten. Der preußische König wurde als Wilhelm I. Deutscher Kaiser. In der Regel war der preußische Ministerpräsident auch Reichskanzler; der erste hieß Otto von Bismarck.

Bismarcks Deutsches Reich war »mit Blut und Eisen« gegründet worden gegen Europa und gegen starke liberale Kräfte in Deutschland selbst, besonders im Süden. Die Verfechter der ›Großdeutschen Lösung‹, nach der Österreich innerhalb des Staatenbundes seinen Platz hätte haben sollen, fanden sich ebenso enttäuscht wie die demokratischen Kräfte, die sich auf die Paulskirche beriefen. Ihnen war Preußen als Führungsmacht zu konservativ, zu autoritär und zu sehr Untertanenstaat. Bismarck, der nach Niederschlagung der Revolution am 6. September 1849 in der Zweiten Kammer seine Rede gegen die Intentionen der Paulskirche mit der Feststellung geschlossen hatte: »Ich habe noch keinen preußischen Soldaten singen hören ›Was ist des Deutschen Vaterland‹«, hatte sich inzwischen gegen seine ehemaligen preußisch-konservativen Freunde gewandt und war deutscher ›Realpolitiker‹ geworden. So bezeichnete man jetzt einen Staatsmann, der allein die Interessen des eigenen Volkes als Grundlage politischen Handelns anerkannte. Das waren neue Anschauungen, und man muß sich erinnern, daß noch Goethe 1830 zu Eckermann (1792-1854) über Frankreich gesprochen hatte: »Wie hätte auch ich, dem nur Kultur und Barbarei Dinge von Bedeutung sind, eine Nation hassen können, die zu den kultiviertesten der Erde gehört und der ich einen so großen Teil meiner eigenen Bildung verdanke ... eine Stufe, wo ... man gewissermaßen über den Nationen steht und man ein Glück oder ein Wehe seines Nachbarvolkes empfindet, als wäre es dem eigenen begegnet!« Aber nun stellten die Deutschen Otto von Bismarck als

einen ihrer Größten neben Goethe und Martin Luther, den Gründer ihres neuen Reiches neben den Dichter und den Reformator. Aber dachten sie daran, daß der Name Luthers auch für die unglückliche konfessionelle Spaltung und für deren Folge, den Dreißigjährigen Krieg (1618-1648), stand? Und Bismarck: war es ihm wirklich gelungen, alle deutschsprechenden Menschen im Herzen Europas zu einigen? Lag nicht im Ausschluß Deutsch-Österreichs schon der Keim zu künftigen Kriegen? Auch die Schweiz war nicht Mitglied; ihre Schützen waren wohl in Gastabordnungen zu den großen Einigungsfesten gekommen, aber die Eidgenossen wollten frei und für sich bleiben: Das Volk als Souverän.

Als ein freier Schweizer — in Basel — lebt der Historiker und Geschichtsphilosoph Jacob Burckhardt, der den preußisch-deutschen Weg aufs heftigste ablehnt, Preußen eine der Kultur höchst feindliche Macht nennt und in Kultur und Staat überhaupt ständige Gegner sieht, den ›Kultur-Staat‹ für eine falsche Idee hält und in die Worte seines zeitweisen Schülers und Freundes Friedrich Nietzsche einstimmt, der von »der Niederlage, ja Exstirpation des deutschen Geistes zugunsten des deutschen Reiches« spricht.

Im Deutschen hat der Begriff *Kultur* wenigstens zwei Bedeutungen: einerseits die der geistigen Entfaltung eines einzelnen Menschen, also jene *Bildung* im Sinne Humboldts, andererseits den gesellschaftlichen Zustand, dessen ›Veredelung‹ eben das Ziel des ›Kultur-Staates‹ ist. Zum humanistischen Ideal des ›Guten, Wahren und Schönen‹ muß noch das ›Rechte‹ gefügt werden, wenn Staat und Gesellschaft ihre Wirksamkeit und Würde behalten sollen.

Für Burckhardt ist der Staat mit seiner unstillbaren Machtgier das Böse an sich. Die geschichtliche Auffassung der Mitlebenden wird aber nicht von Burckhardts pessimistischer Erkenntnis, sondern von Bismarcks politischem Erfolg bestimmt. Die Gefahren des sich steigernden Nationalismus und damit der zunehmenden Machtanbetung werden nur von wenigen vorausgesehen. Die Zeit schätzt in Burckhardts Lehrer, Leopold von Ranke, Professor an der Universität in Berlin, den ›reinen Historiker‹ und hält ihn für den ›objektivsten aller modernen Forscher‹, der die Geschichtsschreibung von der Philosophie befreit habe. Aber Ranke selbst sagt, er hätte seine ›Weltgeschichte‹ nicht schreiben können ohne die Begründung des Deutschen Reiches und die Niederwerfung der revolutionären Kräfte durch Bismarck; die Kämpfe zwischen den beiden Weltmächten, so meint er, hätten ihn sonst daran gehindert, unparteiisch auf die früheren Jahrhunderte zurückzuschauen.

Der allgemein herrschende Fortschrittsoptimismus trug von der Jahrhundertmitte an bis zum Beginn des 1. Weltkriegs (1914) die Wissenschaften in Deutschland auf eine danach nicht mehr erreichte Höhe. ›Entwicklung‹ im Sinne von Spencer und Darwin war jetzt auch für die Naturwissenschaft das ›Zauberwort‹; ein Jahr nach der Originalveröffentlichung in England (1859) erschien Darwins ›Über die Entwicklung der Arten‹ in deutscher Sprache. Der Übersetzer fand Darwins grundsätzliches Festhalten an einer christlich bestimmten Schöpfungslehre unverständlich. Bald ertönte Nietzsches Ruf »Gott ist tot«. Dem Zoologen Ernst Haeckel, der Darwins Lehre in Deutschland popularisierte, gelang es, allgemeine Begeisterung für die Fortschritte der Naturwissenschaften zu wecken und mit seiner entsprechend unkomplizierten Weltanschauung, dem ›Monismus‹, in weite Kreise, vor allem der Arbeiterschaft, einzudringen.

Nur vereinzelt wurde davor gewarnt, mit einer philosophisch zweckbestimmten Interpretation wissenschaftlicher Ergebnisse und deren voreiliger Übertragung auf politische, soziale und religiöse Probleme den Eindruck zu erwecken, es könnten jetzt alle Lebensgebiete den Gesetzlichkeiten der Wissenschaft unterworfen werden. Burckhardt nannte die neuen Propheten ›die terribles simplificateurs‹ (schreckliche Vereinfacher). Er sah auch die Gefahren voraus, die in einer Verführung der Volksmassen mit billigen Thesen und Schlagwörtern lagen.

Kein Zufall ist es, daß die Wissenschaftszweige am reichsten zur Blüte kamen, die sich mit der Materie selbst beschäftigen, voran Physik und Chemie. Hier trat ein junger Mann auf den Plan, durch Alexander von Humboldt 1824 an den Großherzog von Hessen empfohlen und gleich zum Professor für Chemie in Gießen gemacht: Justus Liebig. Er bestimmt den Lauf der künftigen Forschung durch die Einführung einer völlig neuen Methode des naturwissenschaftlichen Unterrichts. Liebig bestimmte aber auch den Lauf der Weltgeschichte durch die Erkenntnis des Zusammenhangs zwischen Bodenbeschaffenheit und Pflanzenwachstum; so führte er die ›künstliche Düngung‹ ein, bekämpfte erfolgreich den Hunger und schuf die materielle Grundlage für das schnelle Wachstum der Bevölkerung im beginnenden Industriezeitalter.

Es gibt aber auch eine gerade Linie durch vier Chemikergenerationen, ausgehend vom Laboratorium in Gießen — über den Liebig-Schüler Kekulé und dessen Schüler Theodor Zincke (1843-1928) — bis zu dem Arbeitstisch des Zincke-Schülers Otto Hahn in Berlin und damit zu der erstmals dort durchgeführten Kernspaltung, mit allem Unglück und mit allen Siegen, die sie über die Welt brachte. Von ihr wird später noch die Rede sein.

ZEITTAFEL 1860–1870

[1860]

Arthur Schopenhauer (geb. 1788), der ›Philosoph des Pessimismus‹, stirbt. Sch. begründet die neuere Lebensphilosophie, betont den ›Willen zum Leben‹, weist auf die irrationalen Triebkräfte des Lebens hin. Sch.s Denken steht im Gegensatz zur Philosophie von Georg Wilhelm Friedrich Hegel (1770-1831), die das Fortschritts- und Gegenwartsbewußtsein des 19. Jh.s, »die Selbstentwicklung des Geistes«, begründete, ein Gegensatz, der sich bis heute durch die Philosophiegeschichte zieht. – Sch.s Gedanken beeinflussen den Dichter und Philosophen Friedrich Nietzsche (s. 1883).

Arthur Schopenhauer,
Selbstbildnis

›Die Kultur der Renaissance in Italien‹, das Hauptwerk des schweizer Historikers und Geschichtsphilosophen Jacob Burckhardt (1818-97), eines Anhängers von Schopenhauer (s. o.), erscheint (s. a. Nietzsche 1869, Ranke 1872 u. B. 1905).

›Über die Entstehung der Arten durch natürliche Zuchtwahl‹, das Hauptwerk (engl. Ausg. 1859) des engl. Naturforschers Charles Robert Darwin (1809-82), ersch. in dt. Sprache.

Die Firma Fried. Krupp, gegr. 1811 in Essen, stellt erstmals Geschützrohre aus Gußstahl her. Seit 1848 ist Alfred Krupp (1812-87), der Sohn des Gründers, der Firmeninhaber (s. a. 1869, Gruson 1872).

[1861]

Das Hauptwerk des schweizer Rechts- und Altertumsforschers Johann Jakob Bachofen (1815-87), ›Das Mutterrecht‹, erscheint.

Der Indologe und Sprachwissenschaftler Friedrich Max Müller (1823-1900), Prof. in Oxford seit 1850, veröffentlicht ›The Science of Language‹ (s. a. 1879).

Der Chemiker und Physiker Robert Bunsen (1811-99), Begründer der Kalorimetrie und der Photometrie, der 1859 zusammen mit dem Physiker Gustav Robert Kirchhoff (1824-87) die Spektralanalyse begründet hat, entdeckt das Element Rubidium, nachdem er vorher schon die Elemente Mangan und Strontium (1854) und Cäsium (1860) gefunden hat.

Der Chemiker August Wilhelm Hofmann (1818-92), ein Schüler Liebigs (s. 1873), seit 1845 Leiter des Royal College of Chemistry in London, wird dort Präsident der Chemical Society.

Entdeckung des Archäopteryx (Urvogels) im Solnhofener Schiefergestein (bei Eichstätt in Bayern).

Der Komponist, Dichter und Bühnenbildner Richard Wagner (1813-83), Freund Friedrich Nietzsches (s. 1860 u. 1883), nach seiner Beteiligung an der Mairevolte 1849 aus Dresden in die Schweiz geflohen, wird amnestiert. Im gleichen Jahr wird seine Oper ›Tannhäuser‹ in Paris – ohne Erfolg – aufgeführt (s. a. 1864).

Johann Philipp Reis (1834-74), Physiker und Lehrer, führt erstmals am 26. Oktober in Frankfurt a. M. seine Erfindung, das Telefon, vor. Generalpostmeister Heinrich von Stephan (s. 1870) richtet die ersten Telefonverbindungen in D. ein.

Die ›Norddeutsche Allgemeine Zeitung‹, Berlin, wird gegründet; sie wird das offiziöse Blatt der preußischen Regierung. Letzte Ausgabe im April 1945.

In Gotha finden das 1. dt. Schützenfest und der 1. dt. Schützentag statt. Das Organ des neugegründeten Deutschen Schützenbundes ist die ›Deutsche Turn- und Volkswehrzeitung‹.

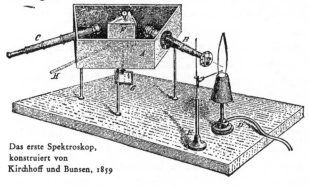

Das erste Spektroskop,
konstruiert von
Kirchhoff und Bunsen, 1859

[1862]

Otto von Bismarck (1815-98), vormals preußischer Gesandter beim Deutschen Bund in Frankfurt, in Petersburg und in Paris, wird preußischer Ministerpräsident und Außenminister.

Der Physiologe und Physiker Hermann von Helmholtz (1821-94) veröffentlicht ›Die Lehre von den Tonempfindungen als physiologische Grundlage für die Theorie der Musik‹.

1871 übernimmt H. die Professur für Physik in Berlin (s. a. 1881).

Der Dichter Friedrich Hebbel (1813-63) veröffentlicht ›Die Nibelungen. Ein deutsches Trauerspiel‹; nach dem Erfolg seines Erstlings ›Judith‹ (1841) zunächst das einzige Werk, das (wegen seines Bezugs auf die dt. Einigungsidee) beifällige Aufnahme beim Publikum fand. 1. Gesamtausg. der Werke H.s (12 Bde.) 1865-68.

Die Sänger- und Turnerbünde als Träger der nationalen Einigungsbewegung: 41 regionale Sängerbünde gründen den Deutschen Sängerbund in Coburg. Schutzherr ist Herzog Ernst II. von Sachsen-Coburg-Gotha, der Bruder des Prinzgemahls Albert von England. 1860 hatte mit seiner Unterstützung das erste dt. Turnfest in Coburg stattgefunden. Hundert Jahre später gehören dem Dt. Sängerbund 14 663 Vereine mit insgesamt 1 376 995 Mitgliedern an.

Zu der von Friedrich Ludwig Jahn (1778-1852), dem ›Turnvater Jahn‹, 1811 ins Leben gerufenen Turnbewegung zählen 2000 dt. Turnvereine; im Jahre 1900 werden es 6000 sein.

[1863]
Ferdinand Lassalle (1825-64), politischer Publizist, seit 1848 mit Karl Marx (s. 1864) bekannt, von ihm beeinflußt, später in politischen Fragen von ihm abweichend, gründet in

I.

Sonntag den 16. November 1862.

1. **F. Mendelssohn,** Quartett (Es-dur).
2. **J. Brahms,** Piano-Quartett (G-moll) **neu.**
   1. Satz: Allegro. 2. Satz: Intermezzo. 3. Satz: Andante con moto. 4. Satz: Rondo alla Zingarese.
Piano . . . . . . Herr **J. Brahms.**
3. **L. v. Beethoven,** Quartett (Cis-moll).

Brahms' erstes öffentliches Konzert in Wien. Aus dem Programmzettel des Hellmesberger-Quartetts

Leipzig den Allgemeinen Deutschen Arbeiterverein. Im gleichen Jahr erscheint sein ›Arbeiter-Lesebuch‹ (s. a. 1869).

Jacob Grimm (geb. 1785), Begründer der Germanistik ›von ihm als ›Wissenschaft vom Deutschtum‹ verstanden, stirbt in Berlin. Zusammen mit seinem Bruder Wilhelm (1786-1860) Herausgeber des ›Deutschen Wörterbuchs‹ (16 Teile in 38 Bdn., 1. Bd. 1854, letzter 1960).

Ferdinand Lassalle,
Holzschnitt, 1848

›Leben Michelangelos‹, das Hauptwerk des Kunst- und Literaturhistorikers Herman Grimm (1828-1901), des Sohnes von Wilhelm Grimm (s. o.), wird abgeschlossen. G.s Vorlesungen über Goethe an der Universität Berlin erscheinen 1876, ihre amerikanische Ausg., dem Philosophen R. W. Emerson gewidmet, 1879 in Boston/Mass. (Titel: ›The Life and Times of Goethe‹).

Die ersten Lieferungen von Alfred Brehms (1829-84) ›Illustriertem Tierleben‹ erscheinen. Auf viele Bde. angelegt, beschreibt das Werk erstmals anschaulich die Tiere in ihrem Verhalten und in ihrer Umwelt; noch heute in immer neu bearbeiteten und großen Aufl. verbreitet.

Die Erinnerung an die dt. »Klassischen Dichter« soll im Volk den Wunsch nach der politischen Einigung D.s stärken. Das Freie Deutsche Hochstift, gegr. am 10. November 1859, am 100. Geburtstag des Dichters Friedrich von Schiller (1759-1805; s. a. 1951), als eine Art bürgerliche Akademie für Wissenschaft und Kunst, erwirbt das Geburtshaus des Dichters Johann Wolfgang von Goethe (1749-1831) in Frankfurt a. M. und stellt es in dem Zustand wieder her, den es zu Goethes Jugendzeit hatte (s. a. 1947).

2 der heute führenden chemischen Werke werden gegründet: Die Farbenfabriken Bayer AG in Elberfeld und die Farbwerke Hoechst AG, Frankfurt a. M.-Höchst (zunächst unter dem Namen Meister Lucius & Brüning).

[1864]
Der Wiener Friede beendet im Oktober den preußisch-österr. Krieg gegen Dänemark, die letzte gemeinsame Aktion der

beiden Staaten, bevor sich Bismarcks (s. 1862) Politik gegen Österreich wendet (1866).

Karl Marx (1818-83), der einflußreichste politische Denker des 19. Jh.s, zusammen mit Friedrich Engels (s. 1867) Verfasser des ›Kommunistischen Manifests‹ (1848), gründet in London die Internationale Arbeiterassoziation, die sog. Erste Internationale, und wird ihr Vorsitzender (s. a. 1867 u. 1875, Gotha).

Der Bischof von Mainz, Wilhelm Emanuel von Ketteler (1811-77), Begründer der christlich-sozialen Bewegung, veröffentlicht ›Die Arbeiterfrage und das Christentum‹. K. beeinflußte stark das soziale Gewissen und die soziale Aktivität des dt. Katholiken.

Der Zoologe Fritz Müller (1821-97) stellt in seinem Buch ›Für Darwin‹ nach Beobachtungen an parasitischen Krebsen das ›Biogenetische Grundgesetz‹ auf. (Die Engländer nennen es ›Rekapitulationstheorie‹). Ernst Haeckel (s. 1868) formuliert das Gesetz 1866 neu. Es wird zu einer Hauptstütze des Entwicklungsgedankens, ist aber heute in seiner Gültigkeit nicht unbestritten.

Der Mathematiker Karl Weierstraß (1815-97), Verfasser grundlegender Arbeiten auf dem Gebiet der Funktionen- und Zahlentheorie, wird an die Universität Berlin berufen.

Der Schriftsteller Wilhelm Raabe (1831-1910), ein »tief pessimistischer Humorist« (Hanns W. Eppelsheimer), veröffentlicht den realistischen Roman ›Der Hungerpastor‹.

Der 19jährige König Ludwig II. von Bayern (1845-86) beruft nach seinem Regierungsantritt den Komponisten Richard Wagner (s. 1861) nach München (s. a. 1865, v. Bülow).

Friedrich Wilhelm Raiffeisen (1818-88) gründet die 1. dt. landwirtschaftliche Kreditgenossenschaft und legt damit den Grund für den Ausbau des landwirtschaftlichen Genossenschaftswesens (Raiffeisenvereine, s. a. 1930).

[1865]

Luise Otto-Peters (1819-95) und Auguste Schmidt (1833-1902) gründen in Leipzig den Allgemeinen Deutschen Frauenverein (ab 1910 Verband für Frauenarbeit und Frauenrecht in der Gemeinde).

Zunahme der Bildung: Während mehr als 16 Prozent der zwischen 1821 und 1825 in Preußen geborenen Männer bei ihrer Verheiratung nicht schreiben, d. h. den Ehevertrag nicht unterzeichnen können (bei den Frauen waren es 39,5

Prozent), betragen diese Anteile bei den zwischen 1861 und 1865 Geborenen nur noch 5,5 und 3,7 Prozent.

Der österr. Augustinerpater und Naturforscher Gregor Mendel (1822-84) veröffentlicht seine ›Versuche über Pflanzenhybriden‹. Die Bedeutung der ›Mendelschen Regeln‹ für die Vererbungsforschung wird erst 35 Jahre später von den Biologen Hugo de Vries, Erich Tschermak und Karl Erich Correns erkannt (s. 1900).

Der Chemiker und Prof. an der Universität Bonn, August Kekulé von Stradonitz (1829-96), der die Vierwertigkeit des Kohlenstoffatoms erkannt hat, schlägt die Ringform als Formel des Benzolmoleküls vor.

Der österr. Physiker Josef Loschmidt (1821-95) errechnet erstmals die Zahl der Moleküle in einem Kubikzentimeter eines Gases.

Der Physiker Rudolf Clausius (1822-88), einer der Begründer der ›Kinetischen Wärmetheorie‹, führt den Begriff der Entropie in die Wärmelehre ein: »Die Welt stirbt den Wärmetod.«

Das Kinderbuch ›Max und Moritz‹, eine Bildergeschichte in Versen des Malers und Schriftstellers Wilhelm Busch (1832-1908), erscheint: »Wer etwas erfahren will vom Geist des deutschen Bürgertums in der Bismarckzeit, der kann es in den Buschalben besser als in manchen gesellschaftswissenschaftlichen Traktaten.« (Golo Mann) Weiteste Verbreitung, auch heute noch.

Der Dirigent Hans von Bülow (1830-94) leitet in München die Uraufführung der Oper ›Tristan und Isolde‹ (vollendet 1859 in Venedig und Luzern) von Richard Wagner (s. 1864); sie galt als unaufführbar, nachdem die Wiener Oper sie trotz 77 Proben bis dahin nicht zur Aufführung bringen konnte.

Zunächst als ›Cementwaarenfabrik‹ wird die 1. dt. Betonbaufirma (Stampfbeton) Dyckerhoff & Widmann in Karlsruhe gegründet (s. a. 1913).

Die Badische Anilin- und Sodafabrik (BASF) mit ihren Produktionsstätten in Ludwigshafen wird gegründet.

[1866]

Im ›Bruderkrieg‹ Preußens gegen Österreich siegen die preußischen Truppen (unter Generalstabschef Helmuth v. Moltke, 1800-91) bei Königgrätz. Begeisterung in Preußen, Schonung der Besiegten durch Bismarck (s. 1864), aber Friedrich Engels (s. 1867) schreibt an Karl Marx (s. 1864): »Der

Leopold Sonnemann,
etwa 1885

Hauptnachteil ist die unvermeidliche Überflutung Deutschlands durch das Preußentum, und das ist ein sehr großer.«
Im Frieden von Prag wird Österreich aus dem Deutschen Bund gedrängt.

Von dem Philosophen Friedrich Albert Lange (1828-75) erscheint: ›Geschichte des Materialismus und Kritik seiner Bedeutung in der Gegenwart‹, das »unvergängliche Denkmal eines reinen, reichen Geistes«. (H. Vaihinger)

Der 1. Bd. des Hauptwerkes des Kunsthistorikers Carl Justi (1832-1912), ›Winckelmann, sein Leben, seine Werke und seine Zeitgenossen‹ (2 Bde.), erscheint.

Der Gestalter des Tiergartens in Berlin, Peter Joseph Lenné (geb. 1789), Gartenarchitekt und Schüler des Schöpfers des Englischen Gartens in München, Friedrich Ludwig von Sckell (1750-1823), stirbt in Berlin als Generaldirektor aller königlichen Gärten.

Erste Nummer der ›Frankfurter Zeitung‹, 16. 11. 1866

Die ›Neue Deutsche Zeitung‹, aus dem 1856 von Leopold Sonnemann (1831-1909) gegründeten ›Frankfurter Geschäftsbericht‹ hervorgegangen, kehrt in das nach dem Krieg von 1866 (s. o.) preußisch gewordene Frankfurt a. M. zurück und erscheint erstmals am 16. November unter dem Titel ›Frankfurter Zeitung‹, die bald intern. Geltung erlangt.

In Berlin erscheinen, bei einer Einwohnerzahl von 700 000, 10 Tageszeitungen.

[1867]

Gründung des Norddeutschen Bundes. Otto von Bismarck (s. 1866) wird Bundeskanzler.

Das Königreich Ungarn und das Kaiserreich Österreich verbinden sich in Personalunion des Herrschers zur kaiserlichen und königlichen (›k. u. k.‹) Doppelmonarchie.

In den Ländern des Norddeutschen Bundes tritt der gesetzliche Schutz des literarischen Eigentums — bis 30 Jahre nach dem Tode des Verfassers — in Kraft. Die bis dahin einzelnen Verfassern — z. B. Goethe — zugestandenen Privilegien entfallen. Die ›Klassiker‹ werden urheberrechtlich ›frei‹; ihre Werke können zu niedrigsten Preisen zugänglich gemacht werden (s. a. 1871 u. 1901).

Der Verleger Anton Philip Reclam (1807-96) in Leipzig beginnt eine billige Buchreihe, ›Reclams Universalbibliothek‹:

Ausstattung von 1867-1917　　　F. H. Ehmcke 1917

Die ›Reclam-Heftchen‹ werden bevorzugte Bildungsquelle und sind die (noch bestehenden) Vorläufer der heutigen Taschenbuchreihen. Die 1. Nummer ist Goethes ›Faust‹ zum Preise von 2 Silbergroschen (ca. 20 Pfennig). Der Preis bleibt 50 Jahre unverändert. Die höchste Aufl. erreichte bis heute Schillers ›Wilhelm Tell‹ mit über 5 Millionen, es folgen Lessings ›Nathan der Weise‹ und Goethes ›Hermann und Dorothea‹ mit ca. 2 Millionen Exemplaren.

Der 1. Bd. des Hauptwerkes von Karl Marx (s. 1864), ›Das Kapital. Kritik der politischen Ökonomie‹, erscheint in Hamburg. Erst aus dem Nachlaß werden die nur z. T. vollendeten Bde. 2 und 3 von dem Fabrikanten und Politiker Friedrich Engels (1829-95), M.s Freund und Mitarbeiter, herausgegeben (1885-94; s. a. 1878).

Gründung der Deutschen Chemischen Gesellschaft.

Friedrich Engels,
etwa 1845

Gründung der mathematischen Zeitschrift ›Mathematische Annalen‹.

Der Ingenieur Werner von Siemens (1816-92), Erfinder des elektrischen Zeigertelegrafen (1846) und Erbauer der 1. großen unterirdischen Telegrafenleitung von Berlin nach Frankfurt a. M. (1848/49), baut die 1. Dynamomaschine. S. wird damit zum Begründer der Elektrotechnik. Seine Gesellschaft, die spätere Firma Siemens und Halske AG, 1847 von S. zusammen mit dem Mechaniker J. G. Halske (1814-90) gegründet, entwickelt sich zum größten dt. Elektro-Unternehmen.

[1868]

Die süddt. Staaten beteiligen sich an einem Deutschen Zollparlament in Berlin.

Auf Anregung der (liberalen) Deutschen Fortschrittspartei, von der sich 1866 die Bismarck (s. 1867) nahestehenden Nationalliberalen getrennt haben, und als Gegengründungen zu dem Allgemeinen Deutschen Arbeiterverein (Lassallscher Arbeiterverein, s. 1863) bilden sich die – nach ihren Gründern benannten – Hirsch-Dunckerschen Gewerkvereine; sie wollen mit liberalen Prinzipien und nicht *gegen* die kapitalistische Ordnung die soziale Lage der Arbeiter verbessern.

Der Naturforscher Ernst Haeckel (1834-1919), Prof. der Zoologie in Jena, veröffentlicht eine allgemeinverständliche ›Natürliche Schöpfungsgeschichte‹. Als einflußreicher Philosoph begründet H. 1892 den ›Monismus‹, eine materialistische Einheitslehre, die er ab 1906 in einem ›Monistenbund‹ propagiert »für den Fortschritt des Menschengeschlechts zur Freiheit der Selbstbestimmung unter der Herrschaft der Vernunft«, gegen jedes religiöse Dogma und jeden philosophischen Dualismus (s. a. Du Bois-Reymond u. Hertwig 1875 und Ostwald 1894).

Der Dichter Adalbert Stifter (geb. 1805) stirbt durch eigene Hand. Erst im 20. Jh. wird seine Bedeutung erkannt: »Österreichs größter Erzähler, ein Maler-Dichter, in dem man die bedeutendste Gestalt des Biedermeier sehen darf, wenn man den Stil nicht mit dem Mann selbst verwechselt und hinter dem schwer erkämpften Maß seiner Dichtung die wahre, gewaltige, ungenügsame ›tigerartige‹ Natur des Dichters zu erkennen vermag.« (Hanns W. Eppelsheimer)

›Ein deutsches Requiem‹ für Chor, Soli und Orchester, op. 45, von Johannes Brahms (1833-97) wird uraufgeführt; B. ist zusammen mit Richard Wagner (s. 1865) der bedeutendste dt. Komponist der Zeit (s. a. 1870 u. Billroth 1876).

Der österr. Komponist Anton Bruckner (1824-96), Organist von St. Florian, wird Lehrer am Konservatorium in Wien.

Heinrich Büssing (1843-1929), später Gründer einer Lastwagenfabrik, eröffnet in Braunschweig die 1. dt. Velociped (Fahrrad)-Fabrik.

[1869]

Die Politiker August Bebel (1840-1913), von Beruf Drechslermeister, und Wilhelm Liebknecht (1826-1900), seit 1850 mit Karl Marx (s. 1867) bekannt, gründen in Eisenach die Sozialdemokratische Arbeiterpartei (s. a. 1875 u. 1883).

Auf Initiative des Lassalleschen Arbeitervereins (s. 1863) wird in Berlin der Allgemeine Deutsche Arbeiterverband gegründet, ein Vorläufer der Gewerkschaften, wie die Hirsch-Dunckerschen Gewerkvereine (s. 1868) und die intern. Gewerkgenossenschaften.

28. Mai: Der Philosoph Friedrich Nietzsche (1844-1900), 25jährig ordentl. Prof., hält seine Antrittsvorlesung an der Universität Basel über ›Homer und die klassische Philologie‹. Unter den Zuhörern ist Jacob Burckhardt (s. 1860; s. a. 1883).

Das Hauptwerk des Philosophen Eduard von Hartmann (1842-1906), die ›Philosophie des Unbewußten‹, eine »Synthese Hegels und Schopenhauers« (s. 1860), erscheint.

Der Historiker und Soziologe Wilhelm Heinrich Riehl (1823-97), seit 1859 Prof. der Kulturgeschichte an der Universität München, Begründer der dt. Volkskunde, veröffentlicht eine ›Naturgeschichte des Volkes‹.

Max von Pettenkofer (1818-1901), Begründer der experimentellen Hygiene in D., veröffentlicht ›Boden und Grundwasser in ihren Beziehungen zu Cholera und Typhus‹.

Der Chemiker Lothar Meyer (1830-95), ein Schüler von Robert Bunsen (s. 1861), stellt – gleichzeitig mit dem russischen Chemiker D. J. Mendelejeff (1834-1907) – ein ›Periodisches System‹ der chemischen Elemente auf; danach können u. a. noch unbekannte Eigenschaften der Elemente vorausgesagt und im System noch fehlende Elemente gefunden werden.

Der schweizer Physiologe Friedrich Miescher (1811-87) entdeckt die Nukleinsäure und schafft damit die Grundlage zur modernen Molekularbiologie.

Der Fotograf Josef Albert (1825-86) entwickelt die praktischen Grundlagen des Lichtdrucks, des noch heute originalgetreuesten Druckverfahrens. A. eröffnet die 1. Lichtdruckerei in München.

Die Grusonwerke in Magdeburg werden gegründet. In seinem Hartgußverfahren stellt Hermann Gruson (1821-95) Panzertürme und Gußgranaten für fast alle Militärstaaten her. 1893 Verkauf des Werkes an Fried. Krupp (s. 1860).

Die Städter suchen die Natur: In München wird nach dem Vorbild des englischen Alpine Club (gegr. 1857) der Deutsche Alpenverein (DAV) gegründet. 1874 Zusammenschluß mit dem Österreichischen Alpenverein‚ (gegr. 1862) zum DÖAV. Die Mitglieder kommen vorwiegend aus dem Bürgertum der Städte, suchen sportliche Betätigung und Gemeinsamkeit. Aufgaben des DAV: Wege- und Hüttenbau, Alpines Rettungswesen, Bergführerordnung, wissenschaftliche Forschungen und Expeditionen, Bildstellen, Büchereien u. a. In dt. Alpen-, Touristen- und Skivereinen sind heute mehrere 100 000 Mitglieder organisiert.

[1870]

Krieg 1870-71: 19. Juli: Die Emser Depesche, ein von Bismarck (s. 1868) verkürzt (und so verfälscht) veröffentlichtes Telegramm König Wilhelms I. über die Forderung des französischen Kaisers Napoleon III. hinsichtlich der umstrittenen spanischen Thronfolge, führt zur französischen Kriegserklärung an Preußen. – 2. September: Kapitulation der Franzosen bei Sedan. Im Artillerieduell ist die Überlegenheit der dt. Stahlgeschütze (s. 1860 u. 1869) über die französischen Bronzekanonen entscheidend. Napoleon III. wird von den Preußen als Gefangener nach Kassel gebracht.

Auf dem Vatikanischen Konzil wird das Dogma von der Unfehlbarkeit päpstlicher Ex-cathedra-Entscheidungen verkündet.

Heinrich Schliemann

Der Kaufmann und Altertumsforscher Heinrich Schliemann (1822-90) beginnt die Ausgrabungen des antiken Troja und legt 9 Schichten der alten Stadt frei. Sein Mitarbeiter, auch bei späteren Ausgrabungen in Mykene, ist der Architekt Wilhelm Dörpfeld (1853-1940), von dem Sch. die exakte Forschungsarbeit lernt (s. a. 1877).

Der Chirurg Theodor Billroth (1829-94), der »geschickteste Operateur der Welt«, führt neuartige Magen- und Kehlkopfoperationen aus; bahnbrechende Arbeiten über das Wundfieber. B. ist mit Johannes Brahms (s. 1868) befreundet, B.s Briefe an Brahms werden 1895 veröffentlicht.

Der Kulturhistoriker und Goetheforscher Victor Hehn (1813-90) aus Dorpat veröffentlicht sein Hauptwerk ›Kulturpflanzen und Haustiere in ihrem Übergang aus Asien nach Griechenland und Italien sowie in das übrige Europa‹.

Die ›Jugenderinnerungen eines alten Mannes‹ des Malers und Kunsthistorikers Wilhelm von Kügelgen (1802-67) erscheinen postum. Sie werden ein dt. Hausbuch und noch heute gelesen.

Die dt. Buchproduktion übersteigt zum erstenmal 10 000 neue Titel im Jahr. 1913 wird mit ca. 30 000 Titeln (die Bevölkerungszahl ist inzwischen nur um das Anderthalbfache gestiegen) die Höchstzahl erreicht (erst 1967 übertroffen).

Die von dem späteren Generalpostmeister Heinrich von Stephan (1831-97) 1865 angeregte Korrespondenzkarte, die spätere Postkarte, wird eingeführt (in Österreich seit 1869). Stephan organisiert auch die dt. Feldpost des 70er-Krieges, die 90 Millionen Karten, Briefe, Pakete und Geldsendungen befördert (s. a. 1874).

17. Dezember: Die 1. Nummer der Tageszeitung ›Germania‹, des Zentralorgans der (katholischen) Zentrumspartei, erscheint.

Das Kaiserreich 1871-1918

DIE GRÜNDERZEIT:
BISMARCK UND SEINE OPPOSITION

Am 18. Januar 1871 hatte Bismarck im Spiegelsaal des Schlosses zu Versailles den Schlußstrich unter die von ihm verfolgte Einigungspolitik gezogen. Das Reich, ein Bundesstaat, war ›mit Blut und Eisen‹ gegründet worden. Es war ›kleindeutsch‹ und schloß Österreich aus. In der prunkhaften Versammlung von fünfhundert Militärs und Diplomaten — im Riesengemälde des Historienmalers Anton von Werner festgehalten — fielen die dreißig Delegierten des Reichstages, des Norddeutschen Bundes, kaum auf. Man hat oft auf die Symbolik hingewiesen, daß eine Krankenschwester (das Schloß in Versailles diente als Lazarett), die zufällig eine Tür aufmachte, die einzige Vertreterin des Volkes gewesen sei.

Nicht überall in Deutschland erweckte der Akt der Reichsgründung Begeisterung; Flaggenschmuck, Tannengebinde oder Jubel auf den Straßen gab es vor allem in Berlin; in Karlsruhe wagten nur einige Übereifrige zu flaggen; in Bayern war man sogar verärgert, weil Bismarck nicht einmal die Abstimmung der bayerischen Zweiten Kammer, der Volksvertretung, über die Reichsgründung abgewartet hatte: Sie wurde nachgeholt und erbrachte nur knapp die erforderliche Zweidrittelmehrheit für die Versailler Verträge.

Preußens Fahne war schwarz-weiß gewesen; erweitert um das Rot in den Flaggen der Hansestädte wurde Schwarz-Weiß-Rot zu den Reichsfarben erklärt. Vorbei war es mit dem schwarz-rot-goldenen Traum. Die Verfassung des Reiches, nach dem Muster der Verfassung des Norddeutschen Bundes, war bereits am 1. Januar 1871 in Kraft getreten. Entscheidender Träger der Sou-

veränität ist der ›Bundesrat‹, dem alle Fürsten und Freien Städte angehören. Der Reichskanzler als preußischer Ministerpräsident verfügt über alle Machtmittel Preußens; er bedarf nicht des Vertrauens des Reichstags, ist allein dem König-Kaiser verantwortlich, der ihn ernennt und entläßt. Allgemeine, gleiche, direkte und geheime Wahlen zum neuen Reichstag für 397 Abgeordnete wurden sogleich ausgeschrieben. Jedoch durfte der Bürger erst mit 25 Jahren wählen; Frauen blieben ausgeschlossen. So ist zu verstehen, daß sich nur neun Prozent der Berechtigten an der Wahl zum ersten Reichstag beteiligten. Die Einigung war wohl erreicht, aber seit langem überfällig: man freute sich nicht mehr darüber, besonders nicht im Südwesten. Wo der demokratische Gedanke wachgeblieben war, blieb auch die Trauer über die Versäumnisse des Jahres 1848 lebendig. Tatsächlich spielt das Jahr 1871 im deutschen Geschichtsbewußtsein keine Rolle; man mag die gesamte Literatur danach befragen: Es gibt weder ein Lied noch ein Gedicht, das

---

1 *Die Brüder Grimm*

5 *Allgemeines deutsches Schützenfest, Frankfurt a. M., Juli 1862: Empfang der Schweizer Schützen*

6 *Mitgliedsurkunde des Freien Deutschen Hochstifts — mit Sitz in Goethes Geburtshaus in Frankfurt a. M. — für Goethes Enkel Walter (1864)*

7 *Das Hinterhaus des Grundstücks Schönberger Straße Nr. 33 (früher 19) in Berlin, in dem sich von 1847 bis 1852 die erste Werkstatt von Siemens & Halske befand*

8 *Werner von Siemens mit seiner ersten Frau Mathilde und seinen Kindern Arnold und Wilhelm*

9 *Jena, Neugasse Nr. 7, die Geburtsstätte der Zeiss-Werke*

12 *Professor Ernst Abbe an seiner Gartentür in Jena*

14 *Die Werke der Firma Fried. Krupp in Essen (1866)*

16 *Erster Gasmotor von Nikolaus August Otto (1867)*

17 *Die Gasmotorenfabrik Deutz, in ihr wurde 1876 von Otto der Vier-Takt-Motor geschaffen*

I

2 Ernst Moritz Arndt

3 Ludwig Uhland

4 Arthur Schopenhauer

5

Das Freie Deutsche Hochstift

für

Wissenschaften, Künste und allgemeine Bildung

in

Goethe's Vaterhause

im Namen der Geistigen Einheit des Deutschen Volkes gestiftet

zur Jahrhundertfeier der Geburt

Schiller's

auf Grund seiner genehmigten Satzungen mit den Rechten einer Stiftung bekleidet durch Beschluß des Hohen Rathes der Freien Stadt Frankfurt vom 30. Weinmonat 1863

beglaubigt durch diese Urkunde als sein

Mitglied

Herrn Walter von Goethe,

und sichert demselben alle satzungsgemäßen

Rechte,

empfängt von demselben aber zugleich das ausdrückliche und feierliche

Versprechen der Erfüllung

aller satzungsgemäßen Pflichten sowie der möglichsten

Förderung seiner Zwecke.

Gegeben im

Goethehause zu Frankfurt a. M.

den 1. Schneemonat 1864

Im Namen der Verwaltung

d. J. Obmann   d. J. Verwaltungsschreiber

Th. Schid...   Schriftführer

6

7

8

9

10 *Carl Zeiss*

12

11 *Ernst Abbe*

14

13 Alfred Krupp

15 Nikolaus Otto

16

17

18 Justus von Liebig

19 Friedrich Wöhler

20 Robert Bunsen

21

22 *Karl Marx, Friedrich Engels*   23 *Heinrich von Treitschke*   24 *Friedrich Nietzsche*

25 *Otto von Bismarck*   26 *Ferdinand Lassalle*   27 *August Bebel*

28 Max von Pettenkofer

29 Robert Koch

30 Emil von Behring

31 August von Wassermann

32 Ernst von Bergmann

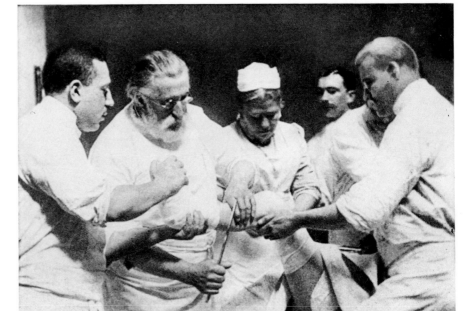

33 Anselm Feuerbach

34 Wilhelm Leibl

35 Max Klinger

36 Käthe Kollwitz

37 Franz Marc

38 Emil Nolde

39 Hugo Wolf

43

44

45

jenen Tag der Kaiserkrönung zu Versailles in ernst zu nehmender Weise feiert oder auch nur so leidenschaftlich, wie es in Dutzenden von poetischen Texten für die Versammlung in der Paulskirche geschehen war. Die Dichtkunst schwieg; nur die Gebrauchslyrik für den Lesebuchbedarf der Schulen redete ihre gehorsame Sprache.

Das neue Reich ging seinen Weg. In die Gesellschaft der europäischen Großstaaten drängte es sich als spät kommendes Mitglied, neureich — und ein wenig anmaßend. Deutschland befand sich — gleich den älteren Nationen Europas und den Vereinigten Staaten — in einer industriellen Revolution ohnegleichen; vor allem hatte der Eisenbahnbau, von 1840 an, eine Schwerindustrie gefördert, deren Roheisengewinnung zwischen 1860 und 1870 um das Dreifache gestiegen war (auf 1,8 Millionen Tonnen). Die Wirtschaftsentwicklung hatte den Gegensatz zwischen den Kapitalisten und dem Proletariat, wie Karl Marx prophezeit hatte, verstärkt. Auf die deutsche Volkswirtschaft fielen »wie ein befruchtender Regen« die mehr als vier Milliarden Goldmark, die Frankreich als Kriegsentschädigung innerhalb von drei Jahren dem Reiche zu zahlen hatte. 120 Millionen in Gold ließ Bismarck im ›Juliusturm‹ der Spandauer Festung verwahren, ein Symbol des deutschen Reichtums. Die Industrie erhielt von der Reichsbank vorteilhafte Kredite; die Unternehmerinitiative wurde angestachelt; die ›Gründerjahre‹ begannen; obwohl sie zwangsläufig

21 *Aktie der Farbwerke Meister Lucius & Brüning (später Farbwerke Hoechst)*
40 *Richard und Cosima Wagner (1. u. 2. v. l.) im Haus »Wahnfried« in Bayreuth*
42 *Johannes Brahms in seiner Wiener Wohnung*
43/44 *Das Warenhaus Wertheim in Berlin mit Lichthof. Architekt: Alfred Messel (1896)*
45 *Schiller-National-Museum in Marbach a. Neckar (1895). Ausführung Eisenlohr und Weigle*

mit dem Zusammenbruch derer endeten, die falsch spekuliert hatten, markieren sie doch den raschen Aufstieg des Reiches zur wirtschaftlichen Großmacht. Schließlich sollte Deutschland nur noch ein einziger Konkurrent auf dem Warenmarkt entgegenstehen, das Weltreich England. Es kennzeichnet die Situation, daß im gleichen Zeitraum, da sich die Stahlproduktion in England verdoppelte, sie in Deutschland auf das Fünfzehnfache wuchs.

Die Industrialisierung veränderte die gesellschaftlichen Zustände grundlegend. Der Prozeß der Verstädterung setzte sich fort, die Abwanderung vom Land in die Stadt, wo Fabriken neue und leichtere Erwerbsmöglichkeiten boten, wo aber auch Elend wartete, das Leben in lichtlosen Mietskasernen und Hinterhofwohnungen, das Ausgeschlossensein vom ländlichen Jahresrhythmus und das Fehlen jeder Verbindung zur städtisch-bürgerlichen Gesellschaft.

Der Mittelstand in den Klein- wie Großstädten wurde mit wachsender Bildung und mit zunehmendem Einkommen selbstbewußter, aber weder für den Arbeiter noch für den kleinen Bauern und Gewerbetreibenden gab es Zugang zum Staat: sie blieben von der politischen Mitverantwortung so gut wie ausgeschlossen. Der Reichskanzler, schon laut Verfassung dem Reichstag nicht verantwortlich, behandelte die Volksvertretung so, daß dort keine wirkliche politische Entscheidung fallen konnte. ›Staat‹ bedeutete für Bismarck autoritäre Monarchie auf der Grundlage einer Beamtenhierarchie, die eine tadellose Verwaltung garantierte. Von den Regierten erwartete er nichts anderes als Bezeugungen eines äußerlichen Patriotismus, wie er sich durch die Teilnahme an Sedanfeiern, Schützen- und Sängerfesten oder durch die Mitgliedschaft bei Krieger- und Turnvereinen kundtat. Die Deutschen dienten und verdienten.

Kaiser Wilhelm I. starb 1888, 91 Jahre alt, und seinem Sohn, Kaiser Friedrich III., war eine Regierungszeit von nur drei Monaten vergönnt. Gerade von ihm, der mit

›Der Lotse verläßt das Schiff.‹
Englische Karikatur von I. Tenniel
über die Entlassung Bismarcks,
im ›Punch‹, 1890

der energischen und gescheiten ältesten Tochter der Königin Victoria von England verheiratet war, hatte das liberale Bürgertum vieles erhofft, zumindest eine Stärkung des Gedankens der konstitutionellen Monarchie nach englischem Muster und einen allmählichen Abbau Bismarckscher Selbstherrlichkeit zugunsten der Macht des Parlaments. Diese Hoffnungen sollten sich nicht erfüllen; der neue Kaiser, Wilhelm II., entließ die Anhänger seines Vaters und seiner Mutter aus ihrer politischen Verantwortung; damit wurden die drängenden Erwartungen jener Generation, die noch an die Ideale von 1848 glaubte, endgültig enttäuscht.

Der alte Kanzler und der junge Kaiser verstanden sich zunächst gut. Doch wollten sie beide autoritär regieren; der Kanzler, durchdrungen von autoritärer Staatsauffassung; der Kaiser, erfüllt vom Bewußtsein eines eingebildeten Gottesgnadentums. In diesem Widerstreit siegte der Kaiser, und Bismarck wurde im März 1890 entlassen.

Die Deutschen begannen, sich in ihrem neuen Haus einzurichten. Aber bald merkten sie, daß sie die alten Sorgen mit übernommen hatten. Noch bildete die Mainlinie die Grenze zwischen Preußen und Bayern, eine

tiefe Kluft der Staatsgesinnung, die letztlich aus einem unterschiedlichen Lebensgefühl, aber auch aus konfessioneller und geschichtlicher Verschiedenheit herrührte. Von den neuen Bundesländern waren nach 1871 allein Bayern gewisse Hoheitsrechte, sogenannte ›Reservat-Rechte‹, geblieben. Es gab die eigene ›Königlich Bayerische Eisenbahn‹ weiter, es blieben die bayerischen Gesandten in Berlin und beim Vatikan, und die bayerischen Könige verliehen bis 1918 — hierin gleich den anderen Landesfürsten — eigene Orden und Titel.

Adelsprädikate, Orden und Titel richteten, wie schon in der Kleinstaaterei vor Bismarck, den Blick der ›Untertanen‹ nach oben, wo Beförderung und Auszeichnung aus ›höchster Hand‹ winkten. Nach wie vor waren Adel, Militär und Beamtenschaft die Säulen des Staates. Die Kirchen nahmen eine besondere Stellung ein, je nach der Konfession der Dynastien von unterschiedlichen Abhängigkeiten und Einflußmöglichkeiten.

Der Adel, dessen Angehörige weiterhin jede Bevorzugung genossen, insbesondere bei der militärischen Laufbahn und bei der Offiziersauswahl für die ›Garde-Regimenter‹, war auch für die bürgerliche Gesellschaft ›tonangebend‹. Der Hochadel saß auf Schlössern und landwirtschaftlichen Gütern, verkehrte nur untereinander und nahm im Winter am gesellschaftlichen Leben in der Stadt teil. Die Söhne leisteten ihren Offiziersdienst in den Garnisonen. Bürgerlichen Berufen gingen die Adeligen nur selten nach und nur, wenn sie durch Verarmung dazu gezwungen waren. Auch die Ehe mit der Tochter eines reichen Kommerzienrats stand als Ausweg aus Schulden offen; so entstanden jetzt im Kaiserreich Verbindungen zwischen Adel und jüdischen Familien, eine bei der vorwiegend antisemitischen Einstellung des Militärs, der reichen Landwirte und der Mehrzahl der Konservativen als standeswidrig empfundene Neuerung. Schon in den Befreiungskriegen, dann im Krieg 1870/71 hatten die Juden für ihr deutsches Vaterland gekämpft. Immer noch galten sie trotzdem in vielen Kreisen als zweitklassig, man verwehrte ihnen den Zugang zu vielen Berufen und höheren Stellungen, war aber nachsichtig, wenn sie sich taufen ließen, d. h. sich zu einer der beiden Hauptkonfessionen bekannten. Im Volk gab es einen ›christlichen‹ Antisemitismus, der von den Kirchen nicht bekämpft, zum Teil sogar gefördert wurde. Neid auf die Erfolge von Juden in den ihnen zugänglichen Berufen, besonders im Finanz- und Geldwesen, kam hinzu, seit 1894 auch die aus Frankreich herüberschlagende nationalistisch-antisemitische Welle im Gefolge der Dreyfus-Affäre.

Der Adel verteidigte seine Vorrechte, geschützt von den Landesfürsten und vom Kaiser; es galt ein starrer Ehrenkodex, aber die Bewährung ritterlicher Tugenden, etwa im Kriegsdienst, war ihm durch die lange Friedenszeit 1871-1914 verwehrt. Die Jüngeren widmeten sich exklusiven Sportarten, vor allem dem Reiten und dem Rennsport englischen Vorbilds, der jetzt eine Blüte erlebte.

Auch in den ›freien‹ Berufen konnte man ›avancieren‹, ein Lieblingswort der Zeit. Der Kaufmann konnte ›Hoflieferant‹ sein, dann den Titel eines ›Königlichen Kommerzienrats‹ anstreben; die höchste Stufe war der ›Geheime Kommerzienrat‹. Der Arzt konnte zum ›Medizinalrat‹ und ›Geheimen Medizinalrat‹ ernannt werden, auch wenn er nicht der eigentliche ›Hofarzt‹ war. Diese Titel waren denen der ›Hofräte‹, ›Geheimen Hofräte‹, ›Wirklich Geheimen Räte‹ und ›Exzellenzen‹ nachgebildet, mit denen früher die Herrscher tatsächlich Rat gepflogen hatten. Jetzt, am Beginn der Massengesellschaft, wurden die Auszeichnungen schon schematisch verliehen.

Maßgeblich für die Beförderung beziehungsweise für den Aufstieg in der Titulatur und in die höheren Klassen des fürstlichen Hausordens waren ›Dienstalter‹ (Jahre der Dienstzeit als Offizier oder Beamter) und Lei-

stung, hin und wieder die besondere ›Geneigtheit‹ des Fürsten zu bestimmten Personen oder Einrichtungen. So war Kaiser Wilhelm II. den Wissenschaften, besonders den modernen Naturwissenschaften, zugetan, er verlieh den Wissenschaftlern, von denen er sich gern Experimental-Vorträge halten ließ, Orden und hob sie in den Adelsstand. Eine auch vom Ausland bewunderte Forschungsinstitution war die ›Kaiser-Wilhelm-Gesellschaft zur Förderung der Wissenschaften‹, die von ›Seiner Exzellenz, dem Wirklichen Geheimen Rat‹ Professor Dr. Adolf von Harnack in die Wege geleitet und von ›Seiner Majestät‹ dem Kaiser gefördert wurde. Die bayerischen Herrscher waren traditionsgemäß Förderer der Künste. Der gefeierte Porträtmaler Lenbach, Sohn eines Maurermeisters aus Schrobenhausen in Oberbayern, wurde 1905 geadelt und ließ sich von dem Architekten Gabriel von Seidl im italienischen Renaissance-Stil einen Palast bauen, der bald Treffpunkt der münchner Gesellschaft wurde; auch sein Nachfolger als Präsident der Akademie, der niederbayerische Müllerssohn Franz Stuck, erhielt den Adel ebenso wie der Rezitator, Schauspieler und Hoftheaterdirektor Possart, der sich von 1897 ab Ernst, Edler von Possart nennen durfte. Eine noch höhere Auszeichnung war die Verleihung eines ›erblichen‹ Adelsprädikats, das die Familie und die Nachkommen führen durften.

Eine dringendere Frage war allerdings, wie das wachsende Heer der Fabrikarbeiter sich zu dem neuen Staat einstellte. Wohl hatte Bismarck großzügige Lösungen für die ›soziale Frage‹ angestrebt; eine wirtschaftliche Besserung des Arbeiterstandes war ihm zumindest in Ansätzen gelungen, nicht aber bot er den Arbeitern die Chance, politisch verantwortliche Staatsbürger zu werden. Dies muß als das große Versäumnis seiner Politik bezeichnet werden. Seine Sozialgesetze, die der ganzen Welt Vorbild waren, hatten auch ihre Kehrseite; der Staat nämlich, so fürsorglich sonst, verweigerte den Ar-

beitern gleichzeitig jene politischen Rechte, die in anderen Ländern längst selbstverständlich waren. Bismarck
blieb zeitlebens seiner Vorstellung vom ›Staatssozialis-
mus‹ treu: Der Staat hatte für seine Untertanen zu sorgen; aber dieser Untertan, sofern er ohne ›Besitz und
Bildung‹ war, sollte in politischen Fragen möglichst wenig mitreden. In Preußen herrschte für das Abgeord-
netenhaus noch bis 1918 das Dreiklassenwahlrecht, d. h.,
die Wähler waren nach der Höhe der von ihnen ent-
richteten Steuer in drei Klassen eingeteilt. So wurde die
soziale Frage in Deutschland immer stärker eine politische, was weder Bismarck noch seine Nachfolger erkannten.

Die Forderung nach Abschaffung des Dreiklassenwahlrechts steht somit als erste auf dem von Ferdinand
Lassalle entworfenen Programm des *Allgemeinen Deutschen Arbeitervereins*, der sich am 23. Mai 1863 ein
Statut gab und dessen Präsident er wurde. Es ist dies der
Geburtstag der *Sozialdemokratischen Partei Deutschlands*. Der erste Paragraph lautete: »... begründen die
Unterzeichneten ... einen Verein, welcher, von der
Überzeugung ausgehend, daß nur durch das allgemeine,
gleiche und direkte Wahlrecht eine genügende Vertre-
tung der sozialen Interessen des Deutschen Arbeiterstandes und eine wahrhafte Beseitigung der Klassengegensätze in der Gesellschaft herbeigeführt werden kann,
den Zweck verfolgt, auf friedlichem und legalem Wege
... für die Herstellung des allgemeinen, gleichen und
direkten Wahlrechts zu wirken.«

Die Arbeitervereine waren als Sparvereine und Ver-
brauchergenossenschaften gegründet worden. Doch die
Arbeiter traten ihnen nur mit mäßiger Begeisterung bei.
August Bebel, unter dessen Führung die Sozialdemokraten bald zur stärksten Partei im Reichstag des deutschen Kaiserreiches werden sollten, berichtet: »Anders
stand es mit den Arbeiterbildungsvereinen, zu denen

die Massen sich drängten. Das Bedürfnis nach Wissen
und Aufklärung war groß ...«

Bebel erkannte, »daß es nicht die Aufgabe eines Arbeitervereins sein könnte, die Lücken der Volksschul-
bildung auszufüllen, sondern daß es notwendig sei, die
Arbeiter in die Politik und das öffentliche Leben ein-
zuführen«. In diesem Punkte traf er sich mit den Anschauungen Lassalles, der, durch Heinrich Heine auf die
sozialen Probleme aufmerksam gemacht, im Umgang
mit Karl Marx und Friedrich Engels zum Sozialisten geworden war. Lassalle bekannte sich zur ›kleindeutschen‹
Lösung der deutschen Frage; auch damit war eine Brücke
zu Bismarcks Auffassungen geschlagen. Von Karl Marx
trennte sich Lassalle 1863.

Eine ausführliche Darstellung der Geschichte der Sozialdemokratischen Partei Deutschlands gehört nicht in
diesen Zusammenhang; aber es muß doch auf die Rolle
hingewiesen werden, die die Partei unter den Hohenzollern gespielt hat. Neben August Bebel ist Wilhelm
Liebknecht zu nennen, der nach der Teilnahme am ba-
dischen Maiaufstand von 1849 in die Schweiz, wo er

Friedrich Engels kennenlernte, und nach England, wo er sich mit Karl Marx befreundete, hatte fliehen müssen. Mit Bebel gründete er, zusammen mit einigen führenden Lassallianern, die sich von ihrer Gruppe getrennt hatten, 1869 als zweite deutsche Arbeiterpartei die *Sozialdemokratische Arbeiterpartei*, und auf ihre Entwicklung nahm er als Herausgeber der offiziellen Parteizeitung, des ›Vorwärts‹, großen Einfluß. 1875 vereinigten sich beide Arbeiterparteien in Gotha zur *Sozialistischen Arbeiterpartei Deutschlands*.

Heute darf das historische Verdienst der Sozialdemokratie zu jener Zeit darin gesehen werden, daß sie den Arbeiter zum Staatsbürger erzogen hat. Damit erkämpfte sie sich, nach dem Verbot durch Bismarck 1878 als Sozialdemokratische Partei Deutschlands 1890 wiedergegründet, langsam und stetig den Zugang zum Staat. Solange Bismarcks Verfassung bestand, bis zum Jahre 1918, mußte sie, obwohl stärkste Partei im Parlament, zwar in der Opposition bleiben, aber das Bestehen dieser Opposition erwies sich als sehr einflußreich und fruchtbar. Noch als die Sozialdemokraten für »vaterlandslose Gesellen« gehalten wurden, erzogen sie die Öffentlichkeit zur Diskussion politischer Fragen; die Rededuelle Bismarck—Bebel im Reichstag sind hierfür Zeugnis. Die Wirkung der Parteiarbeit ging aber tiefer. Im August 1907 konnte der bayerische Sozialdemokrat Georg von Vollmar feststellen: »Es ist nicht wahr, daß wir kein Vaterland haben ... Ich weiß, daß und warum der Sozialismus international sein muß. Aber die Liebe zur Menschheit kann mich in keinem Augenblick daran hindern, ein guter Deutscher zu sein, wie sie andere nicht hindern kann, gute Franzosen oder Italiener zu sein. Und so sehr wir die gemeinsamen Kulturinteressen der Völker anerkennen und ihre Verhetzung gegeneinander verdammen und bekämpfen, so wenig können wir an die Utopie eines Aufhörens der Nationen und ihres Unterganges in einem formlosen Völkerbrei denken.«

So sah die Gesinnung des deutschen Arbeiters aus, so der Charakter der ›Roten‹, die von ihren Gegnern, den einflußreichsten Kreisen im Staat, bis zur Revolution von 1918 als ›Bürgerschreck‹ hingestellt wurden. Freilich, ein Hurrapatriot war der Arbeiter nicht, und ein Untertan ohne jegliche politische Rechte wollte er nicht bleiben. Nach dem kläglichen Zusammenbruch des ›persönlichen Regiments‹ des Kaisers Wilhelm II. am 9. November 1918 erwies sich als einzige Partei die Sozialdemokratie als fähig, die Regierung zu übernehmen. Die »vaterlandslosen Gesellen« haben 1918 Deutschland davor bewahrt, in einem Chaos des Bürgerkrieges und der völligen Verelendung zu versinken; sie bewiesen, trotz interner Spannungen und mancher Ratlosigkeit, ein Höchstmaß an patriotischer Gesinnung und staatsmännischem Weitblick, Verantwortungsbewußtsein in schwerer Stunde. Auf einem Tiefpunkt deutscher Geschichte hat sich die deutsche Sozialdemokratie bewährt, obwohl sie an dem zu übernehmenden Erbe schwer zu tragen hatte. Denn allein ihr und nicht den politischen Richtungen, die versagt oder feige sich zurückgehalten hatten, wurden alle Schwierigkeiten der Jahre nach dem Ersten Weltkrieg angelastet.

Neben der sozialdemokratischen gab es eine bürgerlich-liberale Opposition gegen Bismarcks Reich. Sie richtete sich gegen die Selbstherrlichkeit des Kanzlers und dagegen, daß er ohne parlamentarische Verantwortung vor dem Reichstag regierte. Die Gefahren einer solchen Regierungspraxis waren deutlich. Es war Bismarcks zweites innenpolitisches Versäumnis: Er hatte das Parlament als eine Einrichtung letzter Ordnung betrachtet und das konstitutionelle Element der Monarchie, das auf dem Papier geschrieben stand, nie wirksam werden lassen. Erst als der junge Kaiser Wilhelm II. in unwürdiger Form, ohne Befragung des Parlaments, seinen Rücktritt forderte, sah er den Fehler ein. Es war zu spät. Er hatte es selber gewollt, daß der jeweilige Kanzler allein vom Vertrauen des Monarchen abhing, nicht aber, wie es parlamentarische Regel ist, vom Vertrauen einer Mehrheit der Volksvertretung. Deshalb konnte auch der Kaiser 1903 nach einem Wahlsieg der Sozialdemokraten dem Reichskanzler von Bülow in einem offenen Telegramm kundtun: »Es ist mir ganz gleich, ob im Reichstagskäfig rote oder gelbe Affen herumturnen.«

War August Bebel Führer der Arbeiteropposition, so darf in dem Nationalökonomen und Soziologen Max Weber ein Vertreter der bürgerlichen Opposition gesehen werden, die dann 1918 den demokratischen Staat unterstützte. Er hatte die Gedanken eines gebildeten Bürgertums ausgesprochen, das sich nicht mit der bisherigen Mißachtung des Parlaments zufriedengeben wollte. Besonders nach der Thronbesteigung Wilhelms II. war deutlich geworden, daß der Kaiser Bismarcks System, statt es zu mildern, noch zu verschärfen und zu einer absolutistischen Regierungsweise zurückzukehren gedachte. Dies war im Hinblick auf eine parlamentarische Demokratie, deren Zeit auch für Deutschland angebrochen war, ein Anachronismus. Max Weber wollte wohl ein politisch und wirtschaftlich mächtiges Deutsches Reich; es sollte sich die Zukunft mit England teilen. Doch erkannte er es als unbedingt nötig, den Staat wie in England auf einer durch die Volksvertretung eingeschränkten Monarchie aufzubauen. Im ›persönlichen Regiment‹ des Kaisers sah er den Anfang des Untergangs, der 1918 eintrat.

Die Opposition hat man wohl auch das ›heimliche Deutschland‹ genannt. Darunter ist nicht gerade eine Untergrundbewegung, aber doch eine Zusammenfassung geistigen und politischen Willens zu verstehen, deren Existenz viel zuwenig bekannt wurde, weil sie von dem lauten Hurrapatriotismus übertönt wurde.

Auch der Dichter Stefan George wollte, daß man ihn als einen Hüter des ›heimlichen Deutschlands‹ verstand, womit er freilich nicht wie Max Weber ein ausgewogenes Gebilde politischer und wirtschaftlicher Macht meinte, sondern ein strengen Gesetzen unterworfenes Reich des reinen Geistes. Im Zeichen und im Bewußtsein dieses ›heimlichen Deutschlands‹ hat der Georgeschüler und deutsche Generalstabsoffizier Claus Graf Schenk von Stauffenberg gehandelt, als er am 20. Juli 1944 das Attentat gegen Hitler wagte, das Zeichen für den Umsturz sein sollte, aber mißlang.

Auch eine starke Gruppe der Revolutionäre aus der Paulskirche von 1848 bekannte sich nach der Reichsgründung zum neuen Staat; sie nannten sich ›nationalliberal‹ und erwarteten, unter Bismarck an den Staatsgeschäften mitarbeiten zu können. Aber seine ›eiserne Hand‹ (in diesem Fall seine Schutzzoll- und Sozialversicherungspolitik, die der liberalen Wirtschaftsgesinnung heftig widersprach) zwang auch sie dazu, in die Opposition zu gehen. Einer ihrer Führer, Ludwig Bamberger, wurde zum Berater jenes Kaisers Friedrich III., des Sohnes Wilhelms I., der 1888 nur 99 Tage regierte und mit dessen Tod die Hoffnungen des freisinnigen deutschen Bürgertums zerstört wurden. Die heftigste Kritik von seiten dieser Opposition mußte sich Bismarck von dem altliberalen Reichstagsabgeordneten Eugen Richter gefallen lassen, einem der ersten deutschen ›Berufspolitiker‹. Als schlagfertiger Redner bekämpfte er alle auf Stärkung der Staatsgewalt gerichteten Bestrebungen Bismarcks. Nicht zuletzt dank dieser Tradition konnten sich die Liberalen als *Deutsche Demokratische Partei*, 1918 von Friedrich Naumann begründet, dem Neuaufbau des Staates nach dem katastrophalen Ausgang des Ersten Weltkriegs zur Verfügung stellen. Die Verfassung der Weimarer Republik berücksichtigte viele ihrer Vorstellungen. Zahlenmäßig blieb sie eine kleine Partei, doch viele führende Politiker dieser ersten deutschen Republik gehörten ihr an, u. a. Hugo Preuß (1860-1925), der den Entwurf zu der neuen Verfassung vorgelegt hatte.

Handschriftliches Gedicht von Stefan George, 1898

AN KARL WOLFSKEHL
UND HANNA DE HAAN:

ENN WIR AUF VIELEN BANGEN
FAHRTEN NACH DER SCHÖNE:
BELADEN SIND MIT REICHEN
LEBENS BUNTER BEUTE * * *
SO FREUT UNS DASS EIN TAG
DAS FRÜHERE LEBEN KRÖNE
UND IN DAS KOMMENDE * *
MIT HEILIGEM FINGER DEUTE

STEFAN GEORGE
24 DEZEMBER 1898.

Wirken Max Webers Ideen und Anregungen in den Schriften seines ersten Biographen, des Philosophen Karl Jaspers, weiter, so die der liberalen Bürgerschicht des Kaiserreichs nach dem noch katastrophaleren Ende des Zweiten Weltkrieges in der *Freien Demokratischen Partei*, deren Mitbegründer Theodor Heuss war, der erste Präsident (1949-1959) der Bundesrepublik Deutschland. In ihm, der bereits sehr früh vor Hitler und seiner ›Bewegung‹ gewarnt hatte, ist die glückliche Verbindung politischer und geistiger Intentionen und die Verkörperung eines auch die vielschichtige Kultur seines Volkes repräsentierenden Staatsmannes zu sehen.

Außerdem gab es nach der Reichsgründung von 1871 eine aktive Opposition des Katholizismus, die zuletzt genannt sei, weil sie nicht grundsätzlich gegen das neue Deutsche Reich gerichtet war, sondern es bejahte, obwohl die meisten Katholiken die großdeutsche Lösung bevorzugt hätten, da sie für das evangelische Staatschristentum, das die Preußenkönige verkörperten, verständlicherweise wenig Neigung zeigen konnten. Die Gründung einer katholisch-politischen Partei, der *Zentrums-partei* (1870), betrachtete Bismarck mit großem Mißtrauen. Als Folge des Deutsch-Französischen Krieges waren Rom und der Kirchenstaat an ein liberales Italien gefallen, das Bismarcks außenpolitische Gunst genoß. Deshalb und im Hinblick auf die in Preußen lebenden katholischen Polen mußte ihm eine die Interessen des Papstes und dieser Polen vertretende Partei höchst unerwünscht sein. In diesem Fall hatte Bismarck die Nationalliberalen auf seiner Seite, deren hierin keineswegs liberale Haltung dazu beitrug, den Katholizismus in die politische Opposition zu drängen. Der sogenannte ›Kulturkampf‹ entbrannte um eine Reihe von Gesetzen, die vom preußischen Kultusminister Falk erlassen worden waren und den Einfluß des Staates gegenüber der Kirche stärken sollten (Schmälerung der Kanzelfreiheit 1871; Verbot des Jesuitenordens 1872; Einführung der staatlichen Schulaufsicht in Preußen 1872; der obligatorischen Zivilehe, 1875 auf das ganze Reich ausgedehnt). Auch in der Durchführung dieser Gesetze erwies sich Bismarck als ungeschickt — der diplomatische Bruch mit der Kurie und die Absetzung zahlreicher katholischer Würdenträger in Preußen waren die Konsequenz. Die Auseinandersetzungen führten zwangsläufig zu einer beträchtlichen Stärkung der Zentrumspartei. Ihre Mitgliederzahl im Reichstag stieg 1877 von 58 auf 93 Abgeordnete.

Bis zum Einlenken Bismarcks 1879 leistete die katholische Kirche starken passiven Widerstand; diese Jahre waren eine Bewährungsprobe für ihre Partei. Ihr Führer Ludwig Windthorst, neben August Bebel der mächtigste parlamentarische Gegner Bismarcks, verschaffte ihr im Reichstag wirkungsvolles Gehör, und das Ansehen der Katholiken in Norddeutschland, die dort als Minderheit lebten, stärkte er beträchtlich.

So sonderbar es ist: erst durch die öffentliche Auseinandersetzung mit dieser konfessionell gebundenen Partei entwickelte sich im Reich eine konfessionelle

Toleranz. Wie die sozialdemokratischen Abgeordneten haben auch die des Zentrums und die der anderen im Reichstag vertretenen Parteien 1914 für die Kriegskredite gestimmt, was als Beweis besonderer nationaler Bewährung galt. In der Weimarer Republik nahm die Zentrumspartei eine Schlüsselstellung ein und stellte fünf der vierzehn Reichskanzler. Ihr vorletzter, Heinrich Brüning, scheiterte in dem Versuch, den immer radikaleren Strömungen von rechts und links entgegenzuwirken.

PHILOSOPHIE, KUNST UND WISSENSCHAFT

Als der zu seiner Zeit bedeutendste Philosoph hatte Georg Wilhelm Friedrich Hegel, seit 1818 auf dem Lehrstuhl Fichtes in Berlin, großen Einfluß auf das geistige und politische Leben Preußens. Er verband den Begriff des Geistes mit dem der Freiheit, einer sehr eingeengten Freiheit: dem Recht, innerhalb der Gesetze gehorchen zu dürfen. Er stellte den einzelnen verantwortlich in den gesellschaftlichen Zusammenhang, allerdings so, wie er ihn verstand: »Der Staat ist das vorhandene, wirklich sittliche Leben«; die geistige Wirksamkeit, die ein Mensch besitzt, habe er allein durch den Staat. »Der Staat ist die vernünftige und sich objektiv wissende und für sich seiende Freiheit ... ist die Wirklichkeit der sittlichen Idee — der sittliche Geist, als der offenbare, sich selbst deutliche Wille, der sich denkt und weiß und insofern er weiß, vollführt.« Zwangsläufig muß das zu einer positiv moralischen Rechtfertigung des Krieges führen: »Der Krieg hat die höhere Bedeutung, daß durch ihn die sittliche Gesundheit der Völker in ihrer Indifferenz gegen das Festwerden der endlichen Bestimmtheiten erhalten wird.« Mit dieser Philosophie erreicht die Verherrlichung des Staates einen gefährlichen und folgenschweren Höhepunkt: sie rechtfertigt jede Unmoral

des Staates nach innen wie nach außen. In vulgarisierter Fassung und zu banaler praktischer Anwendung wurden diese Erkenntnisse von dem Historiker Heinrich von Treitschke in die Darstellung der deutschen Geschichte übertragen: Er verstand es, besonders nach den preußischen Siegen, als glänzender Stilist und hinreißender Redner die akademische Jugend zu begeistern. Die Probleme dieser Jahrhunderthälfte und die Lösungen, die sie verlangten, hatte er nicht im geringsten begriffen.

Beherrschte die Lehre Hegels das geschichtliche Denken, so daß man von seiner Philosophie als einer Staats- und Hofphilosophie Friedrich Wilhelms IV. sprach, so beeinflußte der Pessimismus des Philosophen Arthur Schopenhauer vor allem Literatur und Musik. Schopenhauers Anhänger waren, wie er selber, zu gescheit und zu nüchtern, um nicht zu wissen, daß ihre Epoche keinen Höhenflug des ›Weltgeistes‹ — verkörpert im preußischen Adler — darstellte. In der 2. Hälfte des Jahrhunderts entstand der sog. ›Neukantianismus‹, der den kritischen Idealismus des großen deutschen Philosophen Immanuel Kant (1724-1804) fortführte, an den Universitäten bald zur Vorherrschaft kam und Soziologie, Rechtswissenschaft und Theologie nachhaltig beeinflußte. Die Universität Jena, wo Ernst Haeckel die Lehre Darwins verbreitete, wurde zum Sammelpunkt eines neuen ›Materialismus‹. Zu Haeckels Füßen saßen auch die Brüder Carl und Gerhart Hauptmann; beide sollten in der deutschen Literatur eine wichtige Rolle spielen.

Schopenhauers Philosophie war ›Glaube neben dem Kirchenglauben‹; auf seiner Lebensanschauung lag noch ein Glanz von Idealismus, denn sie heiligte die Einmaligkeit des Lebens dadurch, daß sie den Werktag heiligte; sie predigte den Wert und die Würde des Diesseits: Gerade weil dieses Leben einmalig sei, dürfe man es nicht verschwenden, müsse man es nutzen und als kostbare Einmaligkeit behandeln. Zu Schopenhauers Anhängern gehörten der junge Friedrich Nietzsche, Richard Wagner und auch Thomas Mann. So verschieden deren Wirkungen auch sind, die Wurzeln ihrer Lebensanschauung gehen auf Schopenhauer zurück. Nietzsche, rücksichtsloser Widersacher seiner Zeit, die ihn aber kaum erkannte, übte mit seinen ›Unzeitgemäßen Betrachtungen‹ (1873-1876) die heftigste Kulturkritik, die bisher ausgesprochen worden war. Die Gedanken vom ›Tod Gottes‹, von der ›Umwertung aller Werte‹, vom ›Willen zur Macht‹ sind in seinem Hauptwerk ›Also sprach Zarathustra‹ enthalten. Seine Forderung nach dem ›Übermenschen‹, der alles Verlogene, Krankhafte, Lebensfeindliche vernichten sollte, ging von dem idealistisch gerichteten Gebot »Nicht fort sollst du dich pflanzen, sondern hinauf!« aus, das viel zu späteren grotesken Mißdeutungen beitragen sollte. Der Einfluß Nietzsches auf die nachfolgende Generation, auf August Strindberg und Knut Hamsun bis zu André Gide und Gottfried Benn, auf ganze Zeitströmungen, wie etwa auf die deutsche Jugendbewegung, macht Nietzsche, der in geistiger Umnachtung starb, zu einer Schlüsselfigur des europäischen Denkens.

Der Dichter und Komponist, Kapellmeister, Spielleiter und Organisator Richard Wagner strebte die Oper als ›Gesamtkunstwerk‹ an. Sein Bayreuther Opernhaus, erbaut 1872-1876, wurde zur ›Weihestätte‹, zu einem Ort, der ›Wagnerianer‹ aus aller Welt anzog und in ihren Anschauungen festigte. Wie von seinem zeitweisen Bewunderer Nietzsche gingen auch von Richard Wagner verhängnisvolle Geisteswege aus; sie hatten politische Folgen, die bis zu Hitler reichten, der ein Anhänger Wagners war. Widersprüchlichkeit lag in der Natur des großen Komponisten: Den Stoff seiner Kompositionen entnahm er mit Vorliebe der germanischen Sagenwelt — seine Textbücher schrieb er sich selbst; im Gefolge dieser Opern wurde ein Germanenkult Mode, der mit den wirklichen Verhältnissen der deutschen Frühgeschichte in nichts übereinstimmte. Wagners Bühnen-

Inszenierungsbild ›Rheingold‹ von Richard Wagner, 1. Akt ›Die Rheintöchter‹. Uraufführung München, 22. 9. 1869

germanentum agierte auf der gleichen Ebene wie der Antisemitismus, dem der Meister selber und viele seiner Anhänger huldigten. Die Judenfeindschaft, in Deutschland damals nicht stärker als anderswo, wurde bei Nietzsche und Wagner durch ein Werk des französischen Diplomaten und Schriftstellers Graf Gobineau vertieft, den ›Versuch über die Ungleichheit der Menschenrassen‹, in dem er die Lehre von der Überlegenheit der arischen Rasse und deren Herrschaftsanspruch pseudowissenschaftlich begründete.

Der ›Fall Wagner‹ beschäftigte Thomas Mann lebenslang, er hat aber auch einen Essay über Schopenhauer geschrieben und eine Auswahl seines Werkes veröffentlicht; beider Einfluß auf das eigene Werk hat Thomas Mann immer wieder betont; und biographische Einzelheiten aus Wagners Leben hat er in seinem Roman ›Dr. Faustus‹ verarbeitet. Dieser ›»Dr. Faustus«, ein deutscher Tonsetzer, verfällt dem Teufel — und nicht von ungefähr ist der Roman in der Zeit der deutschen

Höllenfahrt 1943-1945 geschrieben (im kalifornischen
Exil). Es ist die Geschichte der aus Schuld und Unver-
mögen ihrem Verfall zutreibenden bürgerlichen Gesellschaft der Zeit, die Nietzsche und Wagner unmittelbar
folgte.

Sucht man weitere Zeugnisse für die Nachwirkungen
des Dreigestirns Schopenhauer — Wagner — Nietzsche,
findet man sie im übrigen Werk Thomas Manns, vor
allem in ›Buddenbrooks‹, seinem ersten Roman (1901),
der bereits im Untertitel auf Schopenhauers Pessimismus hinweist: ›Verfall einer Familie‹; hier werden
die geistig-künstlerischen Neigungen als Verfallserschei-
nungen der bürgerlichen Lebensform gedeutet, Nietzsches Einfluß ist spürbar, Leitmotive werden geschaffen,
aber das Erzählerische steht in der Nachfolge der großen
Realisten Dickens, Thackeray, Zola und des einzigen
Deutschen gleichen Ranges — Theodor Fontane.

Der deutsche Roman ist zu Beginn des 20. Jahrhunderts nicht mehr isoliert. Der gegenseitige internationale
Gedankenaustausch, gefördert durch bessere und schnel-
lere Post- und Bahnverbindungen, durch Wohlstand
und Reisen, wird intensiver. Die Großstadt ist erregter
und erregender Umschlagplatz neuer Ideen, Tendenzen
und Stile.

Insbesondere zwei Großstädte wurden zu Sammel-
punkten des Neuen und Kommenden: Berlin als Thea-
terstadt, München als Kunststadt. Daneben gab es aber
noch immer zwei bis drei Dutzend Residenzstädte, mit
den Höfen von Königen, Großherzögen, Herzögen oder
Fürsten, die alle den Ehrgeiz hatten, eine Oper oder ein
Hoftheater oder zumindest eine Kunstgalerie zu besitzen. Der dynastisch-föderalistische Aufbau des Reiches
zeigte sich hier von seiner vorteilhaften Seite: Der Wettbewerb der Residenzen kam allen zugute; es gab keinen
zentralen Umschlagplatz für Literatur, Kunst und Wissenschaft, wie es Paris für Frankreich oder London für
England war. Die vorzüglichsten Opernaufführungen

Das Münchner Künstler-Theater. Architekt Max Littmann, 1908

hörte man in Dresden oder in Karlsruhe; Weimar und
Darmstadt sammelten moderne Kunst in neuen Galerien; die Hansestädte, Staaten für sich, setzten sich früh
für die Volksbildung ein. War es nicht ein ›Hoftheater‹
in einer Residenz, dann ein ›Stadttheater‹, das von seiten der Bürgerschaft mit oft hohen Zuschüssen subventioniert wurde. Auch keine der rasch wachsenden Städte
des Ruhrgebiets verzichtete auf ihr Theater. In diesem
schmalen Raum zwischen Rhein und Ruhr spielten nicht
weniger als vierzig Bühnen; man konnte von Düsseldorf
aus mit der Vorort- oder sogar mit der Straßenbahn
Abend für Abend ein anderes Theater besuchen, vierzig
Tage lang; rechnete man die Opernhäuser hinzu, zwei
Monate lang. Diese Theaterlandschaft war einzigartig.
In den Stadttheatern wurde freudiger experimentiert
als an den Hofbühnen, die sozusagen von Amts wegen
zurückhaltend sein mußten. So machte sich das Stadttheater Bochum mit seinen Shakespeare-Aufführungen
einen Namen oder Düsseldorf mit Kammerspielinsze-
nierungen. Da der Ort der Universitäten und Techni-

schen Hochschulen oft nicht mit dem Sitz des Fürsten zusammenfiel, gab es weitere Kulturzentren in den Universitätsstädten, von denen jede, Heidelberg, Tübingen, Göttingen, Leipzig oder Breslau, ihr eigenes, von alter Tradition bestimmtes Gesicht hatte.

Von der Universität Jena als Zentrum des Darwinismus wurde bereits gesprochen, auch von dem Zoologen Haeckel; er popularisierte die streng wissenschaftliche Denkweise der Naturforscher an den Universitäten durch sein Buch ›Die Welträtsel‹ (1899), das im Verlauf der Jahrzehnte eine Auflage von mehreren Hunderttausend erreichte und zur Bibel vieler Bürgerhäuser wurde. ›Entwicklung‹ ist jetzt das Zauberwort aller Wissenschaft. Der große Anreger war der Engländer Charles Darwin. Schon um die Mitte des Jahrhunderts hatte ein Buch mit ähnlichen Gedankengängen weite Verbreitung gefunden: ›Kraft und Stoff‹ (1855); sein Verfasser war ein philosophierender Arzt, Ludwig Büchner, Hauptvertreter des Materialismus im 19. Jahrhundert, Bruder des frühverstorbenen Dichters Georg Büchner. Werke dieser Sicht wollten und mußten den alten Kirchenglauben erschüttern, und die neuen Gläubigen sahen sich durch die erstaunlichen Erfolge in der naturwissenschaftlichen Forschung bestätigt.

Diese Forschung stand ganz unter dem Zeichen des Reagenzglases und des Mikroskops. Justus Liebig war einer der ersten, die systematisch-experimentell im Laboratorium den ›Welträtseln‹ auf die Spur kommen wollten. Schon mit einundzwanzig Jahren ernannte man ihn zum Professor in Gießen; sein besonderes Arbeitsfeld war die organische Chemie. Er wurde zum Ahnherrn ganzer Chemikergenerationen und gewann den Naturwissenschaften die Gleichberechtigung im deutschen Erziehungssystem. Liebig beeinflußte die Entwicklung der Chemie so nachhaltig, daß der wissenschaftliche Stammbaum der Liebig-Schule die Namen von nicht weniger als 42 Nobelpreisträgern aufweist. Vorbild

war ihm die Kunst der von den Franzosen entwickelten experimentellen Beweisführung. Kann man organische Stoffe, wie die Natur sie aufbaut, künstlich im Reagenzglas erzeugen? Das war Liebigs und seines Freundes

Patent-Urkunde für das erste deutsche Patent für einen Teerfarbstoff, 7. 8. 1878

Friedrich Wöhler große Frage; die bisherigen Forscher
hatten sie verneint; Liebig jedoch gab sich mit diesem
Nein nicht zufrieden. Er war der festen Überzeugung,
daß »die Erzeugung aller organischen Materien ... in
unseren Laboratorien nicht allein als wahrscheinlich,
sondern als gewiß betrachtet werden muß. Zucker, Sali-
zyl, Morphin werden künstlich hervorgebracht werden.
Wir kennen freilich die Wege noch nicht, auf denen dies
Endresultat zu erreichen ist, allein wir werden sie
kennenlernen«. Schon 1828 war es Wöhler gelungen,
Harnstoff synthetisch herzustellen; damit hatte die Erzeugung organischer Verbindungen aus anorganischen
Ausgangsstoffen begonnen. Liebig erkannte die gesetz-
lichen Zusammenhänge der chemischen Erscheinungen
des Mineral-, Pflanzen- und Tierreichs. Somit ist er zu
einer der folgenreichsten Einsichten des Jahrhunderts
gelangt: »Als Prinzip des Ackerbaues muß angesehen
werden, daß der Boden im vollen Maß wieder erhalten
muß, was ihm genommen wird.« Eine ganze Industrie
entstand aus dieser Erkenntnis: Der jährliche Weltver-
brauch von künstlichen Stickstoff-, Phosphor- und
Kalium-Düngemitteln hat heute 50 Millionen Tonnen
überstiegen, und die Bevölkerung Europas hat sich von
1800 bis heute von 175 auf 650 Millionen vermehrt.
Ein Schüler Liebigs, Friedrich August Kekulé von Stradonitz, fand den Schlüssel für die Struktur der organischen
Verbindungen, die ›Benzoltheorie‹, von der ein anderer
großer Chemiker, A. W. Hofmann, gesagt hat: »Alle
meine Entdeckungen gäbe ich hin gegen den einen Gedanken Kekulés.« Er nahm eine ›Wertigkeit‹ des Atoms
an, seine Bindefähigkeit mit anderen Atomen des eigenen oder eines anderen Elements, und baute auf dieser
Hypothese seine Strukturtheorie auf, mit der er die Ben-
zolformel aufstellte. Das geschah im Jahr 1865, und in
kurzer Zeit wiederholte die Industrie im großen, was
der Forscher im Reagenzglas im kleinen erzeugt hatte.
Es entstanden jene Fabriken, die, jede für sich, eine

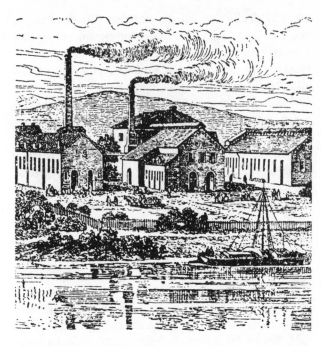

Das Werk Hoechst der Farbwerke Meister Lucius & Brüning, 1865

Großmacht darstellen und zusammen die zunehmende
Weltstellung der deutschen Chemie ausmachen sollten:

1863: Die Farbenfabriken Friedr. Bayer & Co. in Elber-
      feld (später in Leverkusen).
1863: Die Farbwerke Meister Lucius & Brüning, später
      ein Teil der Farbwerke Hoechst AG in Frank-
      furt/M.-Höchst
1863: Die Farbenfabrik Kalle & Co. in Biebrich/Rh.
1865: Die Badische Anilin- und Sodafabrik AG in
      Mannheim mit dem Sitz in Ludwigshafen/Rh.
1870: Die Frankfurter Anilinfabrik, später Casella-
      Farbwerke Mainkur AG in Frankfurt/M.

1916 fanden sich die meisten dieser Firmen zu einer Interessengemeinschaft zusammen, 1925 schloß sich ihnen die ›Badische Anilin‹ an, so daß mit der neuen ›I.G. Farbenindustrie AG‹ der bis zu seiner Auflösung 1945 größte deutsche Chemiekonzern entstanden war.

Bei aller Zuversichtlichkeit konnten weder Liebig noch Wöhler oder Kekulé diese Entwicklung voraussehen. Die Chemie wird zur hilfreichsten Wissenschaft des Menschen, sie schafft die Voraussetzungen der modernen Zivilisation. Wie die künstliche Düngung erst die Welternährung sichert, so verbilligen synthetische Farbstoffe und künstliche Fasern die Kleidung; Kunststoffe erleichtern das Bauen, Wohnen und Verpacken;

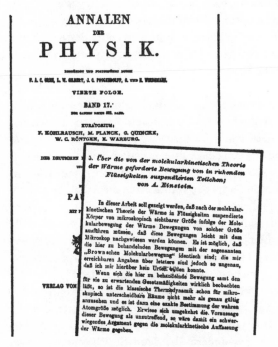

Band 17 der ›Annalen der Physik‹ (1905), in denen der 26jährige A. Einstein drei Abhandlungen veröffentlichte, die den »Umsturz im Weltbild der Physik« einleiteten; rechts Anfang der ersten Abhandlung.

Impfstoffe verhindern Seuchen, und zahllose Heilmittel bekämpfen Krankheiten.

Unter dem Mikroskop, dem anderen Symbol der Zeit, entdeckte der Arzt Robert Koch 1882 den Tuberkelbazillus (dafür Nobelpreis 1905) und ein Jahr später den Erreger der asiatischen Cholera. Der Bakteriologe Emil von Behring entwickelte das Heilserum gegen Diphtherie und Wundstarrkrampf (dafür Nobelpreis 1901), der Chemiker Paul Ehrlich, Begründer der modernen Chemotherapie, schuf zusammen mit dem Japaner Hata 1910 das Salvarsan, ein Heilmittel gegen die Syphilis (dafür Nobelpreis 1908). Das sind nur die wichtigsten Erfolge im Kampf gegen Ansteckungskrankheiten, die bisher als unabwendbare Geißeln der Menschheit angesehen wurden. Hatten 1875 von 100 000 Einwohnern noch 323 an Tuberkulose sterben müssen, so war diese Zahl 1912 schon auf die Hälfte zurückgegangen. Die Erfolge der Impfung gegen Diphtherie waren noch größer: Erlagen 1875 von 100 000 Einwohnern 159 dieser Krankheit, so waren es 1912 noch 21 und 1924 gar nur 6.

In der Reihe der deutschen Ärzte, die zu Wohltätern der Menschheit wurden, gehörte auch Carl Ludwig Schleich. Seine Entdeckung, die von ihm Infiltrationsanästhesie genannte Lokalanästhesie, machte ihn aber weit weniger bekannt als sein Erinnerungsbuch ›Besonnte Vergangenheit‹.

Jede neue Entdeckung, jeder zivilisatorische Fortschritt ist ein Stück Entzauberung der Welt. Aber neue Fragen entstehen durch neue Erkenntnisse und neue Anschauungen. Um 1900 erkannten die Physiker, daß in der Natur neben den Gesetzen der klassischen Mechanik auch Prinzipien walten, die das zukünftige Verhalten eines Körpers oder Systems aus ihrem gegenwärtigen Zustand nicht voraussagen lassen.

Max Planck und Albert Einstein veränderten mit diesen neuen Theorien und den Beweisen dafür grundlegend das Weltbild der Physik: Planck begründete die

Quantentheorie (1900), Einstein die Spezielle Relativitätstheorie (1905). Beide erhielten den Nobelpreis, Planck 1918, Einstein 1921.

Längst ist die Forschung international geworden, aber nur ein kleiner Kreis hier wie im Ausland weiß davon. Dreißig Jahre später ist Hitler, der ohne reguläre Ausbildung und gewiß ohne ›Bildung‹ zum ›Führer‹ des Staates emporgestiegen ist, sich des Werts der Wissenschaft nicht bewußt: In demagogischer Abwertung der Forschung — weil sie im wesentlichen »jüdische Physik« sei — vertreibt er die besten Forscher; er erkennt auch nicht die möglichen Folgen der Uranspaltung für die Kriegführung, obwohl das grundlegende Experiment, das dann von anderen Forschern im Ausland bis zur Atombombe weiterentwickelt wird, Otto Hahn und Fritz Straßmann 1939 im Kaiser-Wilhelm-Institut für Chemie in Berlin gelang.

Wie nahmen Kunst und Literatur Stellung zu den Tendenzen der Zeit? Wir sprachen schon von Thomas Mann, aber noch in der Buddenbrook-Zeit existierten die festgefügten Formen der Gesellschaft: auch die Romane eines Wilhelm Raabe schienen es zu bezeugen; wer tiefer blickt, etwa auf die berliner Gesellschaft der Romane Theodor Fontanes, erkennt schon die Ankündigung des Neuen, die Brüchigkeit des Vorhandenen. Wohl ist noch eine ganze Künstlerschule, die der ›Malerpoeten‹, am Werk, um Rechte und Gefühle der Bürger zu bestätigen und zu schildern: Hans Thoma ist der gemütvollste. Doch in den Großstädten werden die Werke der französischen ›Impressionisten‹ diskutiert, die eine das Bild in Formen und Farben auflösende Sehart vermitteln und damit von anderer Sensibilität sind. Bedeutsamster deutscher Impressionist ist Max Liebermann, dessen Meisterschaft öffentlich anerkannt wurde, allerdings nur bis 1933, als Hitler die Macht ergriff. Als er 1935 starb, brachten nur wenige den Mut auf, an seinem Grab zu stehen; denn er war Jude.

In der Literatur wird Arno Holz das Verdienst zugesprochen, die Zeichen der Zeit als einer der ersten erkannt zu haben: Er macht Schluß mit einer Lyrik, die sich in der Nachfolge Heinrich Heines erschöpft, er dichtet die ›Lieder eines Modernen‹ und begrüßt die neue Industriewelt:

> . . . hör ich dein Hämmern und dein Klopfen
> auf Stahl und Eisen, Stein und Erz.
>
> Denn süß klingt mir die Melodie
> aus diesen zukunftschwangern Tönen;
> die Hämmer senken sich und dröhnen:
> Schau her, auch dies ist Poesie!

Die Welt des Industriearbeiters wird ein neues Motiv der Dichtung: Der Name Arbeiterdichter kommt auf. Heinrich Lersch, Gerrit Engelke, Alfons Petzold oder Max Barthel zählt man dazu. Die Härte der Arbeit, die soziale Not finden in ihren Werken Ausdruck, aber auch eine neue Poesie der Arbeit.

Nicht die Poesie wird freilich aus einem ›Proleten‹ einen Arbeiter machen; erst die soziale Revolution nach der Niederlage von 1918 brachte den Achtstundentag, und erst die Stärkung der Gewerkschaften und die fortschreitende Technisierung in der ›zweiten‹ industriellen Revolution nach 1945 verbesserten die Arbeitsbedingungen grundlegend.

Weit genug, möchte man heute meinen, hätten es die Deutschen gebracht: 66 Millionen Einwohner (1815 waren es 25 Millionen, 1870 40 Millionen). Politisch war der langersehnte, wenn auch trügerische ›Platz an der Sonne‹ erreicht; das Realeinkommen pro Kopf der Bevölkerung betrug 728 Mark jährlich; es hatte sich seit 1860 (326 Mark) mehr als verdoppelt; der Handel blühte. Die Welt bewunderte die deutsche Wissenschaft. Wer auf irgendeinem ihrer Gebiete forschen wollte, lernte zunächst die deutsche Sprache. Und die Entwicklung der

Wissenschaft hatte dazu geführt, daß Industrie und Technik in diesem Zeitabschnitt die größten Fortschritte zu verzeichnen hatten.

SOZIALE UND TECHNISCHE ENTWICKLUNG

»Mein Vater war Spinnmeister in Eisenach; er hat bis Anfang der fünfziger Jahre jeden Tag, den Gott werden ließ, von morgens 5 Uhr bis abends 7 Uhr bei normalem Geschäftsgang, sechzehn Stunden von morgens 4 Uhr bis abends 8 Uhr bei gutem Geschäftsgang gearbeitet — und zwar ohne jede Unterbrechung, sogar ohne Mittagspause. Ich selber habe als Junge zwischen fünf und neun Jahren . . . meinem Vater das Mittagsbrot gebracht. Und ich bin dabeigestanden, wie mein Vater sein Mittagessen, an eine Maschine gelehnt oder auf eine Kiste gekauert, aus dem Henkeltopf mit aller Hast verzehrte, um mir dann den Topf zurückzugeben und sofort wieder an seine Arbeit zu gehen. Mein Vater war ein Mann von unerschöpflicher Robustheit, aber mit 48 Jahren in Haltung und Aussehen ein Greis . . .« So schildert der spätere Großindustrielle Ernst Abbe den Werktag eines Fabrikarbeiters um die Mitte des vorigen Jahrhunderts; die Arbeitszeit betrug 14 bis 16 Stunden; Sonntagsruhe kannte man nicht; es gab nicht einmal festgesetzte Essenspausen, und an bezahlten Urlaub war gar nicht zu denken: dies alles für einen Stundenlohn, der gerade ausreichte, mühsam das Dasein zu fristen.

Ernst Abbe, später Professor für theoretische Physik in Jena, Marburg und Berlin und Erfinder zahlreicher optischer Instrumente, hatte sich, nachdem er den Optiker und Feinmechaniker Carl Zeiss kennengelernt hatte, ganz der Praxis zugewandt; beide arbeiteten gemeinsam an der Konstruktion eines Mikroskops, zogen 1879 den Chemiker Friedrich Otto Schott hinzu und gründeten neben den bereits bestehenden Zeiss-Werken eine Fabrik für optische Gläser, die Firma ›Jenaer Glaswerk Schott & Gen.‹. Mit dem Tode von Carl Zeiss wurde Ernst Abbe Alleininhaber seiner Firma und blieb Mitinhaber von ›Schott & Gen.‹. Beide Fabriken wurden Großunternehmen; ›Zeiss‹ war bald weltbekannt. Aber in dieser hohen Zeit des Kapitalismus verzichtete Ernst Abbe auf persönlichen Reichtum: Er errichtete 1889 die ›Carl-Zeiss-Stiftung‹, die er 1891 zur alleinigen Inhaberin der Zeiss-Werke und zur Mitinhaberin des Glaswerkes ›Schott & Gen.‹ machte.

Dieses Verhalten Ernst Abbes war, verglichen mit anderen Unternehmern, ein Ausnahmefall: die Erlebnisse der eigenen Jugend hatten seinen Sinn für soziale Gerechtigkeit geweckt; das Wort ›Wohltäter‹ haßte er ebenso, wie er das Wort ›Gerechtigkeit‹ liebte; so schuf er eine Betriebsverfassung, deren Berechtigung erst ein halbes Jahrhundert später als ›Mitbestimmungsrecht‹ Anerkennung fand und zum politischen Ziel wurde. Die Unternehmer sonst blieben meist die des klassischen Kapitalismus, das heißt, was sie an höherem Lohn oder an kürzerer Arbeitszeit zugestanden, mußte vorher ihr höherer Gewinn gewesen sein — doch sie waren Unternehmer nach preußischem Zuschnitt: Im deutschen Kaiserreich waren ihnen Einschränkungen auferlegt, die auf die preußische Staatsidee zurückgingen, nach der der Landesvater als ›König der Bettler‹ sich für das Wohl seines geringsten Landeskindes verantwortlich zu fühlen habe. Zur Eröffnung des Deutschen Reichstags 1881 ließ Kaiser Wilhelm I. durch Bismarck eine ›Allerhöchste Botschaft‹ verlesen, welche die Grundsätze der künftigen deutschen sozialen Gesetzgebung enthielt:

». . . Für diese Fürsorge die rechten Mittel und Wege zu finden, ist eine schwierige, aber auch eine der höchsten Aufgaben jedes Gemeinwesens, welches auf den sittlichen Fundamenten des christlichen Volkslebens steht. Der engere Anschluß an die realen Kräfte dieses

Volkslebens und das Zusammenfassen der letzteren in der Form korporativer Genossenschaften unter staatlichem Schutz und staatlicher Förderung werden, wie wir hoffen, die Lösung auch von Aufgaben möglich machen, denen die Staatsgewalt allein in gleichem Umfange nicht gewachsen sein würde. Immerhin aber wird auch auf diesem Wege das Ziel nicht ohne die Aufwendung erheblicher Mittel zu erreichen sein.«

Gesetze zur Kranken- und Unfallversicherung der Arbeiter wurden angekündigt; von der Notwendigkeit der Altersversorgung der Arbeiter wurde gesprochen. Selbstverständlich hatte Bismarck diese kühnen, das soziale Gefüge verändernden Maßnahmen nicht aus Liebe zur Arbeiterschaft im Sinn: er wollte vielmehr den Sozialdemokraten, die er für staatsgefährlich ansah, den Wind aus den Segeln nehmen. Neben diesem Motiv bewegte ihn ein anderes: Preußens, jetzt auch Deutschlands Macht beruhte auf der Armee; die Wehrpflicht war allgemein; der gesundheitliche Zustand der Rekruten jedoch ließ zu wünschen übrig: die langen Arbeitszeiten und die ungesunden Wohnverhältnisse hatten die ›Proletarier‹ für den Wehrdienst oft untauglich gemacht. Bismarck mußte um die Kopfstärke des Heeres fürchten, obwohl die Bevölkerung des Reichsgebiets rasch zunahm. Nicht zuletzt deshalb wurden die Arbeitszeiten herabgesetzt, wurde eine ganze Serie von staatlichen Arbeiterschutzmaßnahmen getroffen. So legte 1891 die Gewerbeordnung fest, daß die im Handel tätigen Personen (Verkäufer) an Sonntagen nur fünf Stunden beschäftigt werden durften. 1851 hatte die erste in Preußen eingeführte Gewerbeordnung bestimmt, daß 12- und 14jährige nur 12 Stunden arbeiten durften, Jüngere überhaupt nicht. Vor 1839 waren Kinder auch unter 9 Jahren beschäftigt worden.

Parallel mit dieser Entwicklung stieg das öffentliche Ansehen des Arbeiters. Es bildete sich eine neue Schicht von Besitzenden: die der Angestellten. Es waren die Großstadtbewohner mit einer geregelten Arbeitszeit und einem gesicherten Einkommen; sie fühlten sich nicht als Geknechtete oder als Ausgebeutete. Sie konnten Eigentum bilden, gesellschaftlich aufsteigen; die Vorzüge eines solchen Lebens lockten die jungen, auf dem Lande geborenen Leute, die zweiten und dritten Söhne der Bauern und Handwerker in die Städte. 1871 wohnten 4,8 Prozent der Bevölkerung in den Großstädten und 62,5 Prozent auf Dörfern, 1900 ist das Verhältnis 16,2 Prozent zu 44 Prozent. Heute wohnt mehr als ein Drittel der Bevölkerung in Großstädten.

In das Privathaus war die Technik rasch eingedrungen. Den Anfang machte die Nähmaschine. Die erste brauchbare wurde 1845 von dem Amerikaner Elias Howe konstruiert; zwanzig Jahre später waren in Amerika bereits 150 000 Stück im Gebrauch. Die bedeutendste deutsche Nähmaschinenfabrik, Robert Kiehle in Leipzig, meldete immerhin im Oktober 1867, daß die tausendste Maschine verkauft sei. Noch heizte man mit Holz oder Kohle, noch spendete die Petroleumlampe das Licht. Aber Edisons Glühbirne machte die Elektrizität populär; elektrische Geräte folgten: die Kochplatte, das Bügeleisen und das Telefon. Die Technik veränderte alle Lebensgewohnheiten, sie prägte immer nachhaltiger das Gesicht der Zivilisation.

VOM MAKART-BUKETT ZUM WERKBUND

Im Frühling 1890 wurden auf dem Potsdamer Platz in Berlin zum erstenmal ›wilde Blumen‹ verkauft, Anemonen und Himmelsschlüssel, wie man sie in der Mark Brandenburg pflückte. Das Publikum ging an den aufgetürmten Bergen erstaunt vorbei. Man schüttelte den Kopf: Wilde Blumen? Was sollte man damit anfangen?

Nur zögernd entschloß man sich, solche Sträuße mit nach Haus zu nehmen; aber langsam machte das Beispiel Berlins Schule. Vier Jahre später war es immerhin noch in Hamburg unmöglich, frische Blumen zu kaufen; der künstliche Strauß, das zurechtgemachte ›Bouquet‹, herrschte vor; die einzelne Blume war lediglich Rohmaterial für den Gärtner. Die Berliner kamen allerdings bald auf den Geschmack, weil ihnen auch während des Winters die Eisenbahn innerhalb eines knappen Tages frische Blumen von der Riviera herbeischaffte.

Der Einzug frischer Blumen ins Heim hatte umwälzende Folgen: eine scheinbare Kleinigkeit veränderte die Umwelt und damit das Lebensgefühl. Die kräftigen Farben frischer Blumen beschämten die übliche düstere Wohnungspracht. Es mußte aufgeräumt werden; denn diese Blumen verlangten Licht und Luft in den Zimmern. Die letzte Stunde des ›Makartbuketts‹ hatte in den Wohnungen der fortschrittlichen Bürger geschlagen.

Helles Tageslicht in den Wohnungen war noch in der Zeit des Biedermeier, wie man den bürgerlichen Kunststil der Periode zwischen 1815 und 1848 nannte, selbstverständlich gewesen; einfache Mullvorhänge hatten Licht und Sonne in die Zimmer fallen lassen, die mit einem weißen Kachelofen und mit russisch-grün bezogenen Kirschbaummöbeln eingerichtet waren. Alles, was im Biedermeierzimmer gestanden hatte, war Handarbeit, also Handwerkerarbeit. Das änderte sich mit dem Aufkommen der Maschine: aus der Schreinerei wurde die Möbelfabrik, aus der Werkstatt der unternehmerische Betrieb. Auch brauchte man sich nicht mit einem einfachen Mullvorhang zu begnügen; der mechanische Webstuhl stellte so prunkvolle und so schwere Gardinen her, wie man sie nur haben wollte. Wohl hielten sie das Licht ab, dafür sahen sie um so prächtiger aus; sie verdunkelten die Zimmer so sehr, daß manche Architekten sogar mit dem Gedanken

spielten, Fenster völlig wegzulassen, das heißt, das Tageslicht aus den Wohnungen zu verbannen, um die Zimmer theatralisch dekorieren zu können. Da jedoch die Häuser ihre ›Fassade‹ behalten mußten, ließ man die Fenster zwar bestehen, verfertigte sie aber aus dunklem Glas in verschiedenen Tönungen und faßte das Glas in Blei ein: die ›Butzenscheibe‹ war fertig. Im Mittelalter hatte es solche Scheiben bereits gegeben: damals verwendete man sie, weil sie billiger als helles Fensterglas waren. Mit der Butzenscheibe trat folgerichtig die ›altdeutsche Zimmereinrichtung‹ auf den Plan. Ihr Vorbild waren die Renaissancemöbel, ebenso wie die Renaissancestoffe das Vorbild für die Gardinen dieser Jahrzehnte abgegeben hatten. Die schweren Schränke, Tische und Stühle waren freilich Erzeugnisse der Massenindustrie; sie wurden, da die Maschine alles herzustellen imstande war, was man von ihr verlangte, nicht nur nach Renaissancevorbildern angefertigt, sondern natürlich in ›verbesserter Form‹. So entstanden Ungetüme an Möbeln mit reichen Zierleisten und üppigen Schnitzereien, genauso mechanisch von der Maschine geformt und gestanzt wie die gepreßten Lederbezüge der Stühle, die mit Vorliebe Jagdszenen darstellten: insgesamt eine Verlogenheit des Aufwands, eine Diskrepanz zwischen Anspruch und Können, wie sie stets dann festzustellen ist, wenn innerliche Leere durch falsche Ansprüche verdrängt wird.

Die Abteilung ›Unsrer Väter Werk‹ in der Münchener Kunstgewerbe-Ausstellung von 1876 hatte den Siegeszug des ›altdeutschen Zimmers‹ besiegelt. Aber es blieb nicht bei dieser ›Renaissance der Renaissance‹: Die Maschine konnte ebensogut auch Barock- und Rokokomöbel herstellen samt allem Zubehör, das heißt auch hier wieder mit verfälschendem Zierat, den der originale Stil nicht kennt. Die Nachbildung war prunkender als das Vorbild. Seit man auf ›Oberfläche‹ aus war, die als Furnier vielleicht noch vielfältiger und schöner zur

Geltung kommt als im massiven Brett, wurden Möbel furniert. Auf schlichtes Holz (Fichte, Tanne, Kiefer) leimt man millimeterdicke Blätter von Edelhölzern. Was später den Einzug exotischer Hölzer in alle Wohnungen erlaubte, diente zunächst der Stilimitation. Die Ambivalenz des ›Kunststoffes‹ offenbarte sich schon hier: Was zunächst Imitation, ›Ersatz‹ war und Massenausbreitung ermöglicht, wird in seiner Eigenqualität erst später erkannt und überholt das Nachgeahmte. Zeitbewußte Formgestalter führen dann den ›Kunststoff‹ in seine materialbewußte Ehrlichkeit zurück.

Zunächst stellen also Fabriken Renaissancestuckdecken aus gepreßter Pappe her: sie sind quadratmeterweise zu kaufen und müssen bloß angeleimt werden. Nach gleichen Grundsätzen wird in der Gründerzeit auch gebaut. Bezeichnend dafür ist eine Anekdote um 1880 in Berlin. Der Maurer fragt den Architekten: »Der Bau is fertig, wat für 'n Stil solln wir dranmachen?«

Immer noch ist die Gesellschaft geteilt in den hoffähigen Teil, den Adel, das Militär, die Beamtenschaft, die Geistlichen — und in den anderen, der nicht ›zu Hofe gehen‹ darf, vom Landesherrn nicht eingeladen wird. Die Wohnung des Bürgers soll wenigstens der Fürstenwohnung gleichen. Der ›Hof‹ ist das Vorbild. Die finanziellen Opfer sind nicht allzu groß, wenn man sich z. B. zu einem dekorativen Tigerfell entschließt: die Industrie stellt es auf der Grundlage von Ziegenfellen her, die spottbillig aus Japan importiert und in sächsischen Fabriken ›auf Tiger umgefärbt‹ werden.

Die Industrie liefert aber nicht nur den Bürgern die exotischen Dekorationen und die altdeutschen Zimmer. Das Tigerfell wird auch für die Ateliers der Maler entdeckt. Dort, nicht in der Natur, entstehen die Bilder, auch die der Landschaftsmaler, denn noch ist die Devise der französischen ›plein-air‹-Maler nicht nach Deutschland gedrungen, daß eine Szene, die im Freien vorgeht, auch im Freien gemalt werden muß. Je erfolgreicher ein

Reklame für die Bartbinde zur ›Aufzwiebelung‹ der Bartspitzen, wie sie Kaiser Wilhelm II. trug

Maler ist, um so üppiger stattet er sein Atelier mit Requisiten aus.

Der erfolgreichste Künstler dieses Typs ist ein Schüler des Münchener Akademiedirektors Karl von Piloty (1826 bis 1886), der Salzburger Maler Hans Makart; nach ihm heißt jenes im Salon obligate ›Makart-Bukett‹.

Die ersten Anstöße zu einer radikalen Wende kamen aus England. Auch dort hatte es in der Architektur Stilmischungen gegeben, hatte man sich ebenfalls in rückständig bombastischer Machart eingerichtet. Im Unterschied zum Kontinent spezialisierten sich jedoch die englischen Baumeister bevorzugt nur auf *eine* Wiederholung, nämlich die der Gotik. Die feinziselierten steinernen Rosetten, früher in mühevoller Arbeit in den Werkstätten der Steinmetzen gemeißelt, wurden jetzt allerdings in Gußeisen fabriziert. Als man in Deutschland den in der Hochgotik begonnenen Kölner Dom 1842-1880 zu Ende baute, unterzog man sich nicht mehr der Mühe der Steinbildhauerei, sondern gab Türmchen und Verzierungen aus Gußeisen den Vorzug: von unten war der Unterschied nicht zu sehen.

Auf neue Ideen kamen die englischen Architekten eben durch ihre Beschäftigung mit der Gotik: Beim Studium der Grundrisse des gotischen Wohnhauses entdeckten sie das Haus als einen Organismus, das heißt, der Grundriß war nach den menschlichen Maßen angelegt, nach seinen Bedürfnissen und Gewohnheiten; es ›funktionierte‹, wie später die ›Wohnmaschine‹ Le Corbusiers funktionieren sollte. Somit war ein Leitmotiv gegeben, das die ganze weitere Entwicklung der Architektur und der Inneneinrichtung beeinflußt hat: Die Funktion soll nun die Form einer Sache bestimmen, gleichgültig, ob diese Sache eine Bahnhofshalle oder ein Tintenfaß ist. Gotische Türmchen haben auf einem Bahnhofsgebäude keine Funktion, und ein Tintenfaß muß nicht wie ein aufklappbarer Totenkopf aussehen. Es vergingen aber noch Jahrzehnte, bis die neue Einsicht sich durchsetzte. Umwege und Abwege blieben ihr nicht erspart. Im Zeitalter der schnelleren Kommunikation jedoch, des Austauschens von Zeitungen und Zeitschriften, vollzog sich dann die Wandlung auf internationaler Ebene sehr rasch. Noch wurden die neuen Anschauungen in Europa heftig diskutiert; aber schon erregten die Amerikaner Aufsehen, indem sie, frei von theoretischem und historisierendem Ballast, so praktisch wie nur möglich bauten. Schon füllten sie Eisengerüste mit Beton aus als neue Bauweise für ihre Wolkenkratzer; schon war Japan so nahe, daß seine Kultur Einfluß auf die europäische nahm: stellte das japanische Wohnhaus nicht einen Idealfall von ›Funktionalismus‹ dar?

Zu den Wegbereitern des Gedankens ›Zurück zur Einfachheit‹ gehören in England der Sozialreformer John Ruskin, der sich mit seinen auch in Deutschland verbreiteten kritischen Schriften für eine neue Ästhetik einsetzt, und der Dichter und Kunsthandwerker William Morris, der den *Jugendstil* vorbereitet. Der Jugendstil wird bald zu einem europäischen Ereignis. Franzosen, Holländer, Spanier, Italiener, Österreicher, Deutsche haben ihren Anteil daran. Nach hundert Jahren ist das der erste einheitliche Stil, der Europa beherrscht, nach der Nachahmung von Gotik, Renaissance und Barock eine Befreiung, keine stürmische Revolution, eher eine Evolution, aber die Jugend bekennt sich zu ihr. Doch sie wird nicht mit ihm älter, sondern sie entwickelt und vereinfacht ihn. Zunächst ist der Jugendstil stark ornamentgebunden, und die Industrie bemächtigt sich seiner mit der ihr innewohnenden Tendenz der Stereotypisierung. Das Pflanzen- und Tierornament überzieht Teppich und Tapete, Bucheinband und Plakat, und das Tintenfaß bekommt jetzt die Form eines Tulpenkelches. Als Bewegung in einer auch im Künstlerischen nach Ganzheit strebenden Zeit ist der Jugendstil Protest gegen die Verlogenheit und Heuchelei einer steril gewordenen europäischen Gesellschaft, deren obere Schichten sich ohne nationale Grenzen in Paris, Florenz oder St. Petersburg gleichermaßen zu Hause fühlen und, um die Jahrhundertwende, an die Verheißungen des Fortschritts, an ein kommendes Goldenes Zeitalter glauben. Die Pause der Selbstzufriedenheit ist aber nach wenigen Jahren zu Ende, die ›Belle Epoque‹ vorüber. Bezeichnend ist, daß oft die gleichen Architekten, etwa Peter Behrens, Häuser im Jugendstil und Fabrikhallen aus Eisenbeton und Glas ohne jedes Ornament bauen. Der Jugendstil ist kein Abschluß, sondern eine Station auf dem Weg, den Zweck mit der Schönheit einer Sache zu verbinden.

Seinen Namen erhielt dieser internationale Stil in Deutschland von der Zeitschrift ›Jugend‹, die der münchener Verleger Georg Hirth, der auch das ›altdeutsche

Zimmer‹ propagiert hatte, ins Leben rief (1896). Die Zeitschrift hatte sich zum Ziel gesetzt, »alles zu besprechen und zu illustrieren, was interessant ist und die Geister bewegt, und alles zu bringen, was schön und gut und echt künstlerisch ist«. Mit diesem Programm wurde sie ein publizistischer und finanzieller Erfolg. Die farbigen Titelblätter, mutige Bekenntnisse zur Daseinsfreude, gaben ihr Glanz und Ruhm; ihre gesamte, dem modernen Leben zugewandte Tendenz, mit deutlicher, aber nicht scharfer Kritik am Militarismus, am Standesdünkel und an dem zunehmenden öffentlichen Einfluß der Kirche, hatte zur Folge, daß man ihren Geist mit dem des Jugendstils insgesamt gleichsetzte. Bis zum Beginn des Ersten Weltkriegs übte diese Zeitschrift ›Jugend‹ einen nachhaltigen Einfluß auf das kulturelle Leben Deutschlands aus, der sich fünfzig Jahre später mit dem des ›New Yorker‹ für die Vereinigten Staaten vergleichen läßt.

Daß der Jugendstil nicht nur eine Ornamentkunst war, bewies eine Ausstellung, die der Großherzog von Hessen, Ernst Ludwig, ein großzügiger Förderer aller modernen Kunstbestrebungen, 1901 in Darmstadt veranstaltete. ›Ein Document deutscher Kunst‹ hieß sie. Besonders begabte junge Architekten hatten eine Villenkolonie gebaut und jedes Haus vom Grundriß bis zur Innenausstattung, vom Mobiliar bis zum Eßbesteck entworfen. Zu diesen Architekten gehörten Joseph Maria Olbrich, der 1899 von Wien nach Darmstadt berufen worden war, und Peter Behrens, dessen Wohnhaus als Jugendstildenkmal erhalten ist, und der als ›designer‹ Industrieprodukte von der Bogenlampe und dem Bügeleisen bis zum Kochgerät entwarf; daneben blieb er Graphiker und Buchkünstler.

Olbrich war 1903 Mitbegründer des *Bundes Deutscher Architekten* (BDA). 1907 baute er ein Arbeiterhaus für Opel, dessen Preis nur 4000,— Mark betrug, ein Jahr später entwarf er das Kaufhaus ›Tietz AG‹ in Düsseldorf.

Auch Henry van de Velde, sicher die anregendste Persönlichkeit in der Aufbruchbewegung des Jugendstils in Europa, hatte gebaut und nicht nur Möbel und Gebrauchsgegenstände entworfen. Belgier von Geburt, übte er seine stärkste Wirkung in Deutschland aus: von 1902 bis gegen Ende des Ersten Weltkriegs war er Leiter der Kunstgewerbeschule in Weimar; dort errichtete er das Haus des Nietzsche-Archivs, in Hagen/Westfalen das von einem aufgeschlossenen Kunstsammler der Stadt gestiftete Karl-Ernst-Osthaus-Museum, das spätere Folkwang-Museum; 1901 forderte er: »Den Sinn, die Form, den Zweck aller Dinge der materiellen modernen Welt mit derselben Wahrheit erkennen, mit der die Griechen, unter vielen anderen, Sinn, Form und Zweck der Säule erkannt haben. Es ist nicht leicht, den exakten Sinn und die exakte Form für die einfachsten Dinge heute zu finden.«

So verschwanden die Ornamente des Jugendstils, nicht aber seine Ideen. Mit Ruskin und Morris hatte er auch in England keineswegs seinen Abschluß gefunden; zahlreiche Architekten entwickelten ihre Anregungen weiter; so entstanden in England einfache, zweckmäßige Einfamilienhäuser, von deren neuer Schönheit man auf dem Kontinent begeistert war. In dieser Situation tat die deutsche Reichsregierung 1896 etwas Ungewöhnliches: sie versetzte den im Entwurfsbüro des Ministeriums für Öffentliche Arbeiten tätigen Regierungsbaumeister Hermann Muthesius an die deutsche Botschaft in London. Zurückgekehrt, veröffentlichte er ein dreibändiges Werk ›Das englische Haus‹ und begann, selber nach seinen Erkenntnissen zu bauen: »Die Straßen der berliner Vororte füllten sich damals mit Häusern im englischen Landhausstil«. 1904 wurde Muthesius als Beobachter zur Weltausstellung nach St. Louis (USA) entsandt, um besonders den deutschen Pavillon zu begutachten. Muthesius sparte nicht an Kritik; anläßlich der Eröffnung seiner Vorlesungen über modernes Kunstgewerbe an der

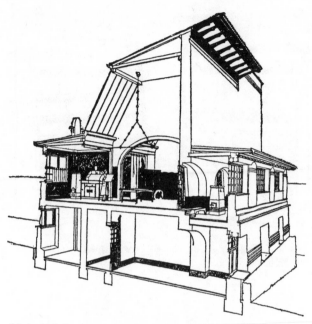

Schnitt durch das Ernst-Ludwig-Haus in Darmstadt. Architekt J. M. Olbrich, 1901. S. a. Bild 112, S. 82

Handelshochschule Berlin (1907) wagte er es, den Fabrikanten der kunstgewerblichen Massenproduktion ins Gewissen zu reden; sie vor allem waren es, die sich gegen die neuen Bestrebungen wandten oder sie ignorierten. Muthesius sagte: »Plötzlich fängt das Abnehmerpublikum an, selbständig zu denken; es ist angeregt und aufgerüttelt durch die Erzeugnisse der Künstler, es hat Ausstellungen gesehen und wundervolle harmonische Innenräume erblickt, die von Künstlern herrühren. Und es zweifelt nun an dem Rat, den ihm bisher der Fabrikant und Händler gab. Es ist nur natürlich und menschlich verständlich, daß der Fabrikant und der Händler zunächst diese Unbequemlichkeit bekämpfen

werden. Aber daß solche Proteste und Angriffe einer großen geistigen Zeitströmung gegenüber verhallen müssen, ist ebenso klar.«

Die Antwort ließ nicht auf sich warten: Der ›Verband für die wirtschaftlichen Interessen des Kunstgewerbes in Berlin‹ verdammte Muthesius als einen Feind der ›deutschen Kunst‹. Inzwischen hatte er jedoch von unerwarteter Seite Unterstützung bekommen. Peter Bruckmann, Inhaber einer Besteckfabrik in Heilbronn, stellte sich auf seine Seite: »Die Ausplünderung der alten Stile und die schlimmen Entgleisungen des Jugendstils hatte ich im eigenen Betrieb erfahren, und ich empfand die vollständige Anarchie in der Formgebung als einen unmöglichen Zustand . . .« So erhebt sich Peter Bruckmann in der Versammlung jenes Verbandes: »Es ist, als wenn Sie mit Pfeilen gegen die Sonne schießen [große Heiterkeit]. Ich sage nicht, daß Herr Muthesius die Sonne ist [erneute Heiterkeit]. Nein, die Sonne ist das junge, moderne Gewerbe, das nicht nur die Methode befriedigen, sondern ein Teil der Kulturarbeit sein will.«

Damit ist das Stichwort ›Kulturarbeit‹ gefallen, das Geschmackserziehung bedeutet, Teilhabe auch des letzten Warenhauskonsumenten an der neu entdeckten Schönheit der Zweckmäßigkeit. In Dresden hatte 1906 die ›Dritte deutsche Kunstgewerbe-Ausstellung‹ stattgefunden; auch dort waren die neuen gebrauchsgerechten Formen propagiert worden, besonders von dem Architekten und Städtebauer Fritz Schumacher (1869-1947). Er schreibt in seinen Erinnerungen: »Die Dresdner Ausstellung sah eine ihrer sozialen Aufgaben darin, einen klaren Strich zu ziehen zwischen dem schaffenden Künstler und den Kunstpächtern.« Dort wurden »das schlichte Bürgerzimmer und die Stube des Arbeiters mit demselben künstlerischen Ernst behandelt wie die Luxuswohnung. Für Büroräume, Gerichtssaal, Schulbau, Bahnhofshalle, Eisenbahnwagen und Schiffsraum wurden aus der gleichen Gesinnung neue Lösungen gesucht« (Hans

Eckstein in: ›Idee und Geschichte des Deutschen Werkbundes‹. Muthesius schrieb daraufhin an Schumacher, die Ausstellung habe den Sieg des deutschen Kunstgewerbes besiegelt. Doch auch gegen die dresdner Ausstellung hatten die Fachverbände des Kunstgewerbes, die Fabrikanten also, protestiert. Nach der düsseldorfer Rede von Muthesius forderten sie seine Entfernung aus seinem Amt; im preußischen Handelsministerium leitete er das Landesgewerbeamt mit dem Ziel einer Reform der Kunstgewerbeschulen. Der Angriff schlug fehl; der ›Fall Muthesius‹ wurde jedoch zum Anlaß, einen Verband gegen die Fachverbände zu gründen. Es erließen zwölf Künstler und zwölf Firmen einen Aufruf zur Gründung eines Bundes zur Wahrung der künstlerischen Interessen. Unter den Künstlern fanden sich die Architekten Peter Behrens, Fritz Schumacher, Joseph Maria Olbrich, Bruno Paul und Richard Riemerschmid, unter den Firmen Peter Bruckmann und Söhne (Bestecke), die ›Deutschen Werkstätten‹ in Hellerau bei Dresden (Möbel), die Druckerei Poeschel und Trepte in Leipzig, die Schriftsetzerei Gebrüder Klingspor in Offenbach, die Kunstdruckerei Künstlerbund in Karlsruhe und der Verlag Eugen Diederichs in Jena. Am 5. und 6. Oktober 1907 wurde diese Vereinigung als *Deutscher Werkbund* in München offiziell gegründet. Fritz Schumacher forderte in seiner Gründungsrede: »Wenn sich Kunst mit der Arbeit eines Volkes enger verschwistert, so sind die Folgen nicht nur ästhetischer Natur. Nicht etwa nur für den feinfühlenden Menschen, den äußere Disharmonien schmerzen, wird gearbeitet, nein, die Wirkung geht weit über den Kreis der Genießenden hinaus . . . Sie erstreckt sich auf den Arbeitenden selber, der das Werk hervorbringt . . . Die Freude an der Arbeit müssen wir wiedergewinnen, das ist gleichbedeutend mit einer Steigerung der Qualität. Und so ist Kunst nicht nur eine ästhetische, sondern zugleich eine sittliche Kraft . . . Wir sehen die nächste Aufgabe, die Deutschland nach einem Jahrhun-

Kredenz und Bücherschrank der ›Vereinigten Werkstätten‹. Entwurf R. Riemerschmid, 1897

dert der Technik und des Gedankens zu erfüllen hat, in der Wiedereroberung einer harmonischen Kultur.«

Schon bei der Brüsseler Weltausstellung 1910 und bei der ›Internationalen Architektur- und Kunstausstellung‹ 1911 in Lüttich konnte der Werkbund für Deutschland mitsprechen: er hatte gefordert, was die Zeit verlangte, und seine Mitglieder hatten sich durch eigene Leistungen durchgesetzt. Im Mai 1914 eröffnete der Deutsche Werkbund in Köln seine erste selbständige Ausstellung: Es wurden wegweisende Bauten gezeigt, wie ein Theater von Henry van de Velde, ein Büro- und Fabrikgebäude von Walter Gropius und ein Glashaus von Bruno Taut.

Der Erste Weltkrieg 1914-1918 unterbrach kaum diese Entwicklung; die zu fundamentalen Reformen drängenden Impulse ließen sich nicht mehr unterdrücken. Das ›Neue Bauen‹ nach sachlicher Konstruktion, nüchtern, material- und zweckgerecht, den Lebensnotwendigkeiten Rechnung tragend, fand allgemeine Anerkennung.

Entwurf für ein drehbares Haus. Architekt Bruno Taut, um 1910

Nach dem Ersten Weltkrieg entwarf Bruno Taut als Stadtbaurat in Magdeburg und als Professor für Wohnungsbau und Siedlungswesen an der Technischen Hochschule Berlin vorbildliche Wohnsiedlungen. 1933 mußte er jedoch Deutschland verlassen; die Türkei nahm den inzwischen weltberühmten Architekten auf, um seine Erfahrungen zu nutzen. Sein Bruder Max Taut beeinflußte maßgeblich den modernen Schul- und Industriebau.

Walter Gropius, einst Assistent von Peter Behrens, übernahm nach dem Ersten Weltkrieg als Nachfolger van de Veldes die Leitung der ›Vereinigten (ehemals Großherzoglichen) Schulen für bildende Kunst und Kunstgewerbe‹ in Weimar, die er später ›Staatliches Bauhaus Weimar‹ nannte und von denen noch die Rede sein wird.

Noch nie hat in der Geschichte der Architektur eine einzige Generation — alle Architekten waren um 1880 geboren — Gegenwart und Zukunft so bestimmt: neben Gropius und den anderen bereits Genannten sind noch Hans Poelzig, Erich Mendelsohn, Ludwig Mies van der Rohe, Richard Neutra und Hugo Häring zu nennen. Sie haben zum angenehmeren Wohnen, zur Behaglichkeit des Lebens, zur Freiheit des Wohlbefindens in den vier Wänden erheblich beigetragen.

Der Werkbund führt auch heute seine Erziehungsarbeit fort; seine Aufgaben haben sich geändert: viele Ziele, die er ursprünglich anstrebte, sind erreicht, zur Selbstverständlichkeit geworden. Der spätere erste Bundespräsident der Bundesrepublik Deutschland , Theodor Heuss, der von 1918-1933 einige Jahre in der Geschäftsführung und im Vorstand des Werkbundes tätig war, konnte anläßlich des fünfzigjährigen Bestehens feststellen, »daß der Deutsche Werkbund eine der großartigsten und fruchtbarsten Leistungen der neuen deutschen Geistesgeschichte ist«.

WOHLSTAND: BÜRGER UND ANTI-BÜRGER

Vor der Jahrhundertwende verdiente die bürgerliche Oberschicht zum erstenmal so gut, daß sie es ihren zweiten und dritten Söhnen erlauben konnte, ›angemessen‹ zu leben. Die ältesten Söhne hatten die Nachfolge ihres Vaters in der Führung der Fabrik, in der Leitung der Bank oder ihrer Filiale oder um welches Unternehmen sonst es sich handeln mochte, anzutreten. So verlangte es die gesellschaftliche Form. Die jüngeren Söhne jedoch durften sich in der Welt umsehen.

Für viele besaß der Militärdienst noch die alte Anziehungskraft, und sie wurden Offiziere; andere begannen ein Studium, nicht immer mit dem Ziel, unbedingt eine akademische Prüfung zu bestehen: sie belegten die sogenannten brotlosen Fächer, Literaturgeschichte oder Kunstgeschichte, und bisweilen machten sie auch ihren ›Doktor‹, was zur Erhöhung ihres sozialen Ansehens wesentlich beitrug. Für Studenten jüdischer Herkunft bedeutete dieser Dr. phil. ein Äquivalent für die Militärkarriere, die ihnen — zumindest, wenn sie sich nicht christlich taufen ließen — fast ausnahmslos verschlossen war. Die Töchter aus reicherem Hause, die immer stärker der häuslichen Enge und der elterlichen Beschränktheit entrinnen wollten, schlossen sich etwa in den berliner Literaten-Cafés oder in den münchner Künstlerateliers dem Leben der Bohème an, oder sie brachten ihre Mitgift in die Ehe mit einem Adeligen ein. Daneben gab es auch den Typ des weiblichen Bohèmiens adliger Herkunft. Das Leben der aus Husum stammenden Franziska Gräfin von Reventlow war dafür charakteristisch; sie machte sich als Übersetzerin und als Verfasserin geistreicher Novellen wie zeitkritischer Romane einen Namen — als kulturgeschichtliche Figur war sie noch bemerkenswerter: sie lebte gegen die Moral ihrer Zeit, tat, vom Radfahren angefangen, alles, was sich für eine Frau eigentlich ›nicht gehörte‹, und schlug auf diese Weise eine Bresche in den Wall von Vorurteilen und der Vergangenheitsidealisierung der Jahre um die Jahrhundertwende.

Dem Lebensstil nach kann man als ihre berliner Entsprechung die Dichterin Else Lasker-Schüler ansehen. Sie gilt heute als eine bedeutende Vertreterin des Expressionismus. Die Normen der bürgerlichen Gesellschaft galten ihr nichts. Daneben betrieb sie eine Mythisierung der eigenen Person. Sie sah sich als Wiederverkörperung eines ›Prinzen von Theben‹, eines ›Joseph von Ägypten‹ und trat so in Leben und Werk auf. 1937 mußte sie als Jüdin emigrieren. Ihr letzter Gedichtband ›Mein blaues Klavier‹ erschien 1943 in Jerusalem, wo sie, die Tochter eines Bankiers, zwei Jahre später in Armut starb und am Ölberg begraben liegt.

Zur Bohème gehört in den Augen des Bürgers auch die intellektuelle Frau, die das Ergebnis der von der Frauenbewegung erkämpften Emanzipation ist. Etwa seit 1900 darf die Frau auch studieren; auch sie bekennt sich zu den neuen literarischen Richtungen und verkörpert den Fortschritt gegenüber der konventionellen Moral. Helene Lange, Minna Cauer und Gertrud Bäumer sind hier als die führenden Frauenrechtlerinnen Deutschlands zu nennen. In diesem Zusammenhang muß auch an Lou Andreas-Salomé erinnert werden. Geboren als Tochter eines russischen Generals in Petersburg, studierte sie zu einer Zeit, als deutsche Universitäten den Frauen noch verschlossen waren, in der Schweiz. Sie war mit Nietzsche befreundet und spielte, nachdem sie sich seinem Einfluß entzogen hatte, seit 1890 in der münchner Bohème eine maßgebliche Rolle: Sie sammelte eine internationale Gesellschaft von Studenten, Literaten und Malern um sich und unternahm mit einem von ihnen, mit dem aus Prag stammenden jungen Dichter Rainer Maria Rilke, um die Jahrhundertwende zwei längere Rußlandreisen. Damals (1906) übte

46 *Ausstellungsstand der Firmen Dyckerhoff (Arnheim 1879). In der Mitte Zementbüste Kaiser Wilhelms I.*
47 *Kaiser Wilhelm II.*
48 *König Ludwig II. in der Venusgrotte auf Schloß Linderhof.*
49 *König Ludwig II. mit dem Schauspieler Joseph Kainz in Luzern (1881)*
50 *Arnold Böcklin mit seiner Frau (ca. 1870)*
51 *Verlobung: »Er spricht mit Mama.« Gemälde von Knut Ekwall*
52 *Frieda von Bülow, Rainer Maria Rilke, August Endell und Lou Andreas-Salomé (v. l. n. r.) in einer Laube in Wolfratshausen (Bayern)*
53 *Georg Hirschfeld mit seiner Frau (später Frau Elly Petersen). Gemälde von Lovis Corinth.*

46

48

49

47

50

51

52

53

54 August Kekulé von Stradonitz

55 Adolf von Baeyer

56 Paul Ehrlich

57 Richard Willstätter

58 Hermann Staudinger

59 Ernst Wiss

60 *Heinrich Hertz*   61 *Hermann von Helmholtz*   62 *Walther Nernst*

63 *Felix Klein*   64 *David Hilbert*   65 *Arnold Sommerfeld*

66 Rudolf Virchow

67 Ernst Haeckel

68 Wilhelm Ostwald

69 Leopold von Ranke   70 Theodor Mommsen   71 Ulrich von Wilamowitz-Möllendorf

72 Wilhelm Dilthey   73 Gustav von Schmoller   74 Otto von Gierke

75 Carl Justi

76 A. Hauser, M. J. Friedländer, Wilhelm von Bode

77 Georg Dehio

78 Heinrich Wölfflin

79 Karl Scheffler

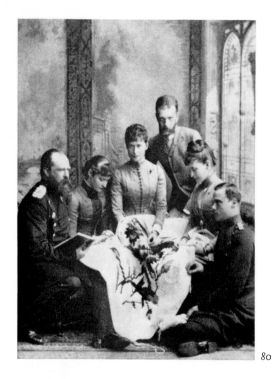

80

81

82

85 Carl Peters

86 Albert Schweitzer

83 Alfred Brehm

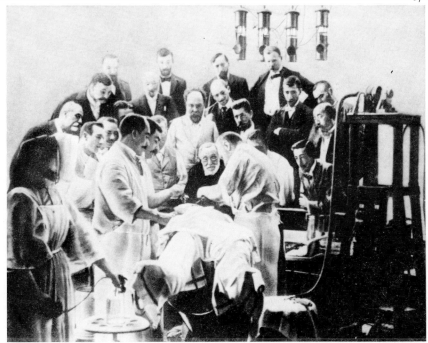

88

89

90

91

92
Rudolf Diesel

93 Theodor Heuss, Friedrich Naumann   94 Maximilian Harden   95 Theodor Wolff

96
Walter Hasenclever, Franz Werfel, Kurt Pinthus

97

98

99

auch auf den Bildhauer Ernst Barlach eine Rußlandreise
eine starke Wirkung aus — die blockhaft schweren und
oft herben Plastiken Barlachs, seine Bauern und Bettler,
Mönche und Apostel scheinen schwerblütig und von
weiter Einsamkeit umgeben. Sie stammen aus jener Er-
lebniswelt, von der noch manche andere großen Künstler jener Zeit sich angesprochen fühlten und deren Bo-

Verlagssignets: Insel-Verlag von P. Behrens und Albert Langen Verlag von
Th. Th. Heine, 1904

ten, die russischen Dichter der zweiten Hälfte des 19.
Jahrhunderts, nach Deutschland wirkten. 1904 war
Tschechow (geb. 1860) in Badenweiler gestorben, und
um die gleiche Zeit erlebte der russische Realismus in
Deutschland seine stärkste Entfaltung: Von 1901-1911
erschienen Gesammelte Werke von Tolstoj (1828-1910)
in 35 Bänden bei Diederichs in Jena; 22 Bände von
Dostojewskijs Werken gab der Verleger Reinhard Piper
1907-1915 heraus.

Im Wintersemester 1912/13 belegte Lou Andreas-Salomé, schon beinahe fünfzigjährig, an der wiener Universität, um die Vorlesungen Sigmund Freuds zu hören:
Sie suchte und fand die Nähe und sogar die Freundschaft
des Begründers der Psychoanalyse, so gegensätzlich
beide Naturen auch waren, und wirkte bis an ihr Le-
bensende auch noch als Analytikerin in Göttingen.

In den Jahren vor dem Ersten Weltkrieg wurde eine
kleine Schicht des deutschen Bürgertums so reich, daß sie
eine Rolle übernehmen konnte, die bisher nur den regie-
renden Fürsten oder reichen Adelsfamilien zukam: die
des Mäzens, des Vermittlers und des Anregers des kulturellen Lebens. Es fanden sich Gründer für neue Zeitschriften, für fortschrittliche Verlage und Galerien. Sie
konnten auf Grund ihres finanziellen Rückhalts die
Risiken eingehen, die mit solchen Unternehmungen
verbunden sind.

Alfred Walter Heymel, ein junger Mann aus Bremen,

von sagenhaftem Reichtum, selber Gedichte schreibend, folgte seiner leidenschaftlichen Liebe zu den Künsten und zur Literatur, indem er eine Monatsschrift ›Die Insel‹ ins Leben rief, gemeinsam mit Rudolf Alexander Schröder, seinem Vetter, damals angehender Innenarchitekt, und dem vielseitigen und einfallsreichen Schriftsteller Otto Julius Bierbaum. Die erste Nummer erschien am 15. Oktober 1899. Es entwickelte sich aus dieser für die damalige Zeit einzigartigen Zeitschrift ein Verlag von hoher literarisch-ästhetischer Bedeutung, der um das fortschrittliche Bildungsbürgertum warb und es sich eroberte, nicht zuletzt durch eine ›kultivierte‹ äußere Buchgestaltung, vor allem seiner Dünndruck-Klassikerausgaben: der Insel-Verlag. Er brachte auch die ersten Mappenwerke mit Originalgraphiken moderner Künstler heraus, wie Pierre Bonnard oder James Ensor. Der Mittler dieser neuen Welt der Kunst war Julius Meier-Graefe, Sohn eines Generaldirektors: er hatte bereits in einem der ersten Insel-Hefte ›Beiträge zu einer modernen Ästhetik‹ veröffentlicht. Als ›Kunstschriftsteller‹, wie damals die Kunstkritiker gern genannt wurden, führte er den harten Kampf um die Anerkennung der französischen Impressionisten in Deutschland und schätzte er die Kunst des großen deutschen Malers Hans von Marées richtig ein; er widmete ihm die erste Gesamtausstellung und eine dreibändige Darstellung. Von der offiziellen Kunstwissenschaft vielfach abgelehnt — der große berliner Museumsleiter Bode nannte ihn einen Dilettanten —, gehörte Meier-Graefe zu den ersten, die den Jugendstil, aber auch Greco und van Gogh in ihrer Bedeutung erkannten. In dem Werk ›Der Fall Böcklin‹ — so hieß sein gegen die Anerkennung des schweizer Malers gerichtetes Buch — deckte er das hohle Pathos im klassisch getarnten mythologischen Fundus dieser Bilder auf (1905). So wurde er auch zum Kritiker des wilhelminischen Zeitstils; sein Eintreten für den Impressionismus gab auch avantgardistischen deutschen Künstlern

den Vorwand, ihn einen Feind der ›nationalen Kunst‹ zu nennen. Meier-Graefe starb 1935 in der schweizer Emigration.

Albert Langen, Sohn einer kölner Industriellenfamilie, ein unabhängiger junger Mann, der sich in Paris umsah, machte dort die Bekanntschaft von Knut Hamsun und entschloß sich sofort, für die Übersetzung seines neuen Romans ›Mysterien‹ in München einen Verlag zu gründen (1893). Auch dieser Verlag sollte großen Einfluß auf das kulturelle Leben ausüben: Nicht nur, daß Langen als Schwiegersohn des norwegischen Dichters Björnstjerne Björnson die skandinavische Literatur in Deutschland bekanntmachte und ihr damit zu ihrem allgemeinen Ruhm verhalf (Björnson, Hamsun, Lagerlöf), sondern auch als Begründer einer Wochenschrift, die zum schärfsten satirischen Spiegelbild der Wilhelminischen Ära wurde, des ›Simplicissimus‹ (1896-1906). Sie wandte sich gegen alle Rückständigkeiten der Gesellschaft, gegen die Überheblichkeit Kaiser Wilhelms II., gegen die Bürokratie, gegen Militarismus und Klerikalismus. Direkte politische Erfolge waren dem ›Simplizissimus‹ freilich trotz angriffsfreudiger Schriftsteller und hervorragender Karikaturisten, wie Olaf Gulbransson und Th. Th. Heine, versagt — trotz der für damalige Zeiten hohen Auflage, die im Jahr 1904 85 000 Exemplare erreichte.

In Berlin waren es die Brüder Paul und Bruno Cassirer, die, ebenfalls aus reichem Hause, Verlage gründeten. Paul Cassirer gliederte dem seinen eine Galerie an, in der den Deutschen zum erstenmal die ›Fauves‹ und die ›Kubisten‹ gezeigt wurden; Bruno Cassirer verbreitete in seinem 1898 gegründeten Verlag insbesondere die Schriften von Alfred Lichtwark, dem Direktor der Hamburger Kunsthalle, der sich die Geschmackserziehung des Volkes zum Ziel gesetzt hatte. Von ihm stammen Veröffentlichungen über ›Die Erziehung des Farbensinns‹, über ›Wege und Ziele des Dilettantismus‹, über ›Makart-

Plakat für den ›Simplicissimus‹ von Th. Th. Heine, 1896

Künstler‹ dar, deren Redaktion Karl Scheffler 1906 übernahm und 25 Jahre leitete. Scheffler kam nicht aus reichem Hause, er hatte sich als Autodidakt hochgearbeitet und machte ›Kunst und Künstler‹ gleich zu einer in Europa führenden Zeitschrift für moderne Malerei, Bildhauerei und angewandte Künste. Schefflers bleibendes Verdienst ist es, sich über einen ihm gelegentlich spottend vorgeworfenen ›Manet-Monet-Monomanismus‹ hinaus auch für die deutschen Impressionisten, wie Max Liebermann, Lovis Corinth oder Max Slevogt, eingesetzt zu haben.

Jakob Hegner, reicher Industriellensohn und Verleger aus Wien, machte seinen Weg in Deutschland. In Hellerau verwirklichte er seine neuen reformerischen Ideen. Dort, einer Gartenvorstadt bei Dresden, hatte sich E. Jacques-Dalcroze mit seiner Lehranstalt für rhythmische Gymnastik etabliert, waren die Deutschen Werkstätten an der Arbeit, eine dem erneuerten Zeitgeist gemäße äußere Gestalt in Architektur, Mobiliar und Gerät zu schaffen. Dort gründete Hegner seine Zeitschrift ›Die Neuen Blätter‹ (1912) und einen Buchverlag, um die Werke Claudels, den er zunächst für sich entdeckt und dann auch übersetzt hatte, bekanntzumachen; 1913 wurde in dem von dem Architekten Heinrich Tessenow (1876-1950) neu erbauten Hellerauer Theater Claudels ›Verkündigung‹ uraufgeführt — Claudel selber führte die Regie, und an diesem Abend von europäischer Bedeutung waren die Dichter George Bernard Shaw, R. M. Rilke, Franz Werfel, Franz Kafka, der Maler und Dichter Oskar Kokoschka und der junge Regisseur Max Reinhardt zugegen.

Jakob Hegner übersetzte nicht nur viele Bücher seines Verlags — er druckte sie auch in eigener Werkstatt. Er vereinfachte revolutionär die Typographie und genoß bald den Ruf, der ›erste Drucker Deutschlands‹ zu sein. Auf dem Dachboden des Brockhaus-Verlages in Leipzig fand er eine seit hundert Jahren vergessene Antiqua-

Bouquet und Blumenstrauß‹ und das Hauptwerk ›Übungen in der Betrachtung von Kunstwerken‹. Er bereitete den Weg für ein neues Sehen. Paul Cassirer war vor allem Kunsthändler, Bruno Cassirer Kunstverleger. »Er wollte für den Naturalismus wirken und für alle aus lebendiger Anschauung entstandene Kunst« (Karl Scheffler). Seine wichtigste Leistung stellte in diesem Zusammenhang die Gründung der Zeitschrift ›Kunst und

schrift, die ›Walbaum‹, wieder, aber er benutzte auch andere ältere Schriften, wie die Bodoni und die Garamond, die bald weitere Verbreitung in den Druckereien fanden. Hegner, jüdischer Abkunft, zum Katholizismus übergetreten, mußte 1936 emigrieren, floh über Wien nach London und fing 1946 in Deutschland noch einmal von vorne an.

Der jüdische Anteil am Buch- und Verlagswesen war besonders hoch; er erklärt sich nicht nur daraus, daß, entsprechend dem zwangsläufig stärkeren Anteil der Juden am Wirtschaftsleben, nun auf Grund des Erfolgs der Gründergeneration, zweite und dritte Söhne jüdischer Familien für Kulturaufgaben frei wurden, sondern auch noch aus einem anderen Grund. Es war »die tiefe Beziehung des einzelnen Juden zum Buch überhaupt«, sagte Karl Wolfskehl, selber einer jener Söhne, die es sich leisten konnten, ein unabhängiges Leben zu führen. Er spielte eine in elementarer Großherzigkeit verschwenderische Vermittlerrolle in München, war einer der gewissenhaftesten Übersetzer, begeisterte sich für die älteste deutsche Dichtung, die er auch herausgab, und wurde zu einem Freund Stefan Georges. Geographisch legte er den vielleicht weitesten Weg zurück, den ein Emigrant zu gehen hatte: bis Neuseeland, wo er 1948 starb. Wolfskehl schrieb: »Einen Juden ohne Bücher kann man sich gar nicht vorstellen. Lesen gehört zum Juden so gut wie die leibliche Nahrung ... und auch der Ärmste strebt nach Buchbesitz. Nirgends ist die Freude an eigenen Büchereien verbreiteter als unter den Juden.«

Die Liebe zum Buch hat einen anderen Juden, Samuel Fischer, Verleger werden lassen. In Berlin gründete er, den man später den ›Cotta des Naturalismus‹ nannte, 1886 mit bescheidenen Mitteln, doch überzeugt von der Zukunft einiger Autoren, den S. Fischer Verlag, der zum ersten literarischen Verlag Deutschlands wurde. Er verlegte Hauptwerke des deutschen Naturalismus, insbe-

Titelblatt der ersten Ausgabe

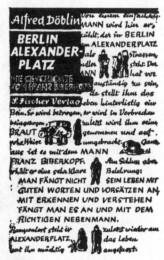

Buchumschlag von Georg Salter, 1930

sondere Gerhart Hauptmann, veröffentlichte aber auch von 1899 an alle Bücher Thomas Manns. Die monatliche Revue, die er unter dem Titel ›Freie Bühne für modernes Leben‹ begann, besteht noch heute als ›Die neue Rundschau‹ weiter, wie sein aus der Emigration zurückgekehrtes Verlagshaus auch gegenwärtig als ein Sammelpunkt der Literatur aus aller Welt gelten darf.

Obwohl es nicht mehr als 100 Millionen Deutschsprechende gab, war die deutsche Sprache, zu deren Verbreitung und Pflege die Verleger ihren Beitrag leisteten, neben Englisch und Französisch zu einer der ›Bildungssprachen‹ des 19. Jahrhunderts geworden. Die Gründe liegen in der vielfältigen Wirkung Goethes und Schillers innerhalb der Weltliteratur, in der Vermittlerrolle des deutschen Buchhandels, dessen Organisation und Qualität vorbildlich für alle anderen Länder waren, in der Wirkung der deutschen Philosophie, Musik und Geschichtsschreibung, im Vorbild der Humboldtschen Universitätsreform, in der unbestritten führenden Stellung der deutschen Wissenschaft, in der Wertarbeit auf technischem und industriellem Gebiet, in der fortschrittlichen Sozialgesetzgebung, nicht zuletzt aber in den revolutionären Gedanken, die, von Marx und Engels ausgehend, zuerst in deutscher Sprache zu Papier gebracht und gedruckt wurden und dann auf die ganze Welt übergriffen.

Auch auf dem Gebiet der Dramatik und des Romans hatten deutsche Autoren den Anschluß an die modernen Strömungen in Kunst und Literatur Europas gefunden. Ihre Werke wurden in viele Sprachen übersetzt. Doch war es das alte Europa, das Europa der Dynastien, des Adels und der Klassengesellschaft, dessen Kultur sie in sich aufgenommen, verarbeitet und bereichert hatten. Mit dem Schreckensdatum des 1. August 1914, dem Kriegsbeginn, fand dieses alte Europa sein Ende. Auch für die Kulturgeschichte ist der Erste Weltkrieg der schärfste Einschnitt zwischen dem 19. und dem 20. Jahrhundert, aber er ist nur der erste Akt eines Dramas, das bis heute noch andauert.

DER ERSTE WELTKRIEG

Am 28. Juni 1914 wurde der österreichische Thronfolger Erzherzog Franz Ferdinand (geb. 1863) und dessen Gemahlin durch den bosnischen Studenten Princip im Auftrag einer Geheimorganisation in Sarajewo ermordet. Ein an Serbien gerichtetes Ultimatum Österreichs, das Deutschland an seiner Seite wußte, führte zum Ersten Weltkrieg.

Eigentliche Kriegsursachen waren die machtpolitischen Gegensätze zwischen Deutschland und Österreich auf der einen, England, Frankreich und Rußland auf der anderen Seite. Insbesondere hatte die deutsche Flottenbaupolitik die Besorgnis Englands geweckt. Auf dem Balkan herrschte schon lange Unruhe; auch dort wurde die

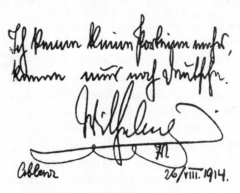

Handschrift Kaiser Wilhelms II., 1914

russische Politik, die gegen Österreich-Ungarn gerichtet war, von der ›Entente cordiale‹ (zwischen Frankreich und England seit 1904) unterstützt. In dieser Gruppierung traten die Staaten in den Krieg, ungeachtet der engen verwandtschaftlichen Beziehungen der Dynastien untereinander; einzig Frankreich war Republik. Es erklärte mit seinen anderen Alliierten im November 1914 der Türkei den Krieg, Japan befand sich schon am 23. August mit Deutschland im Krieg, und Italien, zunächst auf seiten des »Dreibunds«, erklärte am 23. Mai 1915 Österreich-Ungarn den Krieg.

Von der Stimmung des Volkes und vom Gefühl eines miterlebenden jungen Deutschen bei Weltkriegsbeginn soll hier mit den Worten des Dichters und Dramatikers Carl Zuckmayer erzählt werden. Er war damals noch nicht ganz achtzehn Jahre alt:

»Am 28. Juli erklärte Österreich den Krieg an Serbien und begann gegen Belgrad vorzurücken. Man las in den Blättern von einer Mobilmachung Rußlands gegen Österreich ... Am 31. reisten wir ab.

Die Frau des Hotelbesitzers fragte mich besorgt, ob ich mit meinen siebzehn womöglich auch schon in den schrecklichen Krieg müsse. ›Nie!‹ sagte ich, ›gehe ich in den Krieg, um auf andere Menschen zu schießen. Da laß ich mich lieber einsperren.‹ Es war der letzte Zug, ... der noch die Grenze passierte ... Aber wir hatten die Grenze noch nicht lange überschritten, da wurde es auf eine unfaßliche Weise anders. Schon die deutschen Zöllner, sonst unbeteiligte, gleichgültige Beamte, hatten uns Heimkehrende mit einer fast freudigen Herzlichkeit begrüßt, als seien wir persönliche Verwandte, die sie lang nicht gesehen hatten. ›Es geht los‹, sagte der eine oder andere, ›morgen muß ich einrücken.‹ Das hatte etwas von einem heiteren Stolz, einer frohen Zuversicht, als ginge es zu einem Schützenfest oder einer Hochzeitsfeier ...

In Köln gegen Morgen, kam der Ernst hinzu ... Der große Bahnhof hallte und dröhnte, wie man es noch nie gehört hatte: von Marschtritten, Fahrgeräuschen, Liedern, die irgendwo im Chor gesungen wurden, Geschrei, dem Rasseln einer Geschützverladung, Pferdewiehern, Hufknallen auf der harten Rampe: ein Regiment oder mehrere rückten ab. In unser Abteil stiegen einige Offiziere, in der neuen feldgrauen Uniform, mit blankem Lederzeug und Reitgamaschen ...

Wir hatten uns auf dem Bahnsteig Extrablätter ergattert: noch war die Mobilmachung nicht offiziell, noch war kein Krieg erklärt, was da vor sich ging, waren strategische Truppenverschiebungen, aber niemand dachte mehr an Frieden ...

Es war Samstag, der erste August. ... Ich lief in die Stadt. ... Mitten durch all die Menschen marschierten kleine Kommandos der Gouvernementswache, die an den Straßenecken noch druckfeuchte Plakate anschlugen, darauf stand in großen, weithin lesbaren Buchstaben:

Seine Majestät der Kaiser und König hat die Mobilmachung von Heer und Flotte angeordnet. Erster Mobilmachungstag ist der zweite August.

gez. Wilhelm, I. R.

Sonst nichts. Wer damals dabei war, hat diesen Text nie vergessen ...

Der Auszug der aktiven Armee, die sofort vor den Feind kam, hatte nichts von Kriegstaumel, Massenhysterie, Barbarei oder was man sich sonst von den — bald in der Welt als ›Hunnen‹ oder ›Boches‹ gebrandmarkten — deutschen Soldaten vorstellte. Es war eine disziplinierte, besonnene, ernst entschlossene Truppe, von der sich viele wohl der Tragik des Geschehens bewußt waren. Es war eine Pracht und zugleich ein Jammer, sie anzuschauen ... die wenigsten, die bei Kriegsbeginn dabei waren, sind zurückgekommen, und kurz darauf folgte der Nachwuchs. Deutschland hat sich nie ganz davon erholt. Als es soweit hätte sein können, wurden seine jungen Männer wieder in den Krieg getrieben, von einer gewissenlosen Führung entfesselt und noch viel unglückseliger in seinem Ausgang. Damals, im Jahre 14, glaubte man noch an ein Aufblühen durch den Krieg. Doch es wurde ein Welken ...

... Es war keineswegs ›militaristischer‹, es war revolutionärer Geist, der in den Barackenlagern und Zeltställen der Kriegsfreiwilligen, in den Rekrutendepots von 1914 lebte. Die Jüngsten kamen wie ich von der Schulbank, viele von den umliegenden Universitäten, ... aber außer diesen ›Intellektuellen‹ gab es die jungen Arbeiter, Lehrlinge, Kaufleute, Landwirte, Künstler, einen Durchschnitt durch alle Stände und Klassen ... Diese Sprengung des Kastengeistes hatte nichts von kommandierter ›Volksgemeinschaft‹, sie war durch keine materiellen Interessen und keine ideologische Doktrin unterbaut, sie ergab sich von selbst, sie hatte einen naturbestimmten, elementaren Zug oder wurde von uns jungen Menschen so erlebt und geglaubt ... Bei uns im Südwesten Deutschlands lebte wohl das Gedankengut der Revolution von 1848 und der Frankfurter Paulskirche noch stärker fort als anderwärts, und dieser Tenor beherrschte die Gespräche und Diskussionen ...: so wie der Krieg 70 die deutsche Einheit, so werde der Krieg 14 das deutsche Recht und die deutsche Freiheit bringen.

Unser Sieg (an dem keiner zweifelte) bedeute ein neues, kulturell und politisch geeintes Europa unter der Ägide des deutschen Geistes ... Der Kaiser, auf den wir unseren Fahneneid schworen, war für uns der, der am 4. August gesagt hatte: ›Ich kenne keine Parteien mehr, ich kenne nur noch Deutsche!‹ und von seinem Reichstag, einschließlich der Sozialdemokraten, begeistert akklamiert worden war. Das aber war für uns ein Versprechen, und wir erwarteten als Kriegsziel eine reformierte, konstitutionelle Monarchie, deren eigentliche Regierungsform demokratisch sei ...

Unter den Kriegsfreiwilligen dieser ersten Zeit waren ... berühmte Namen, große Persönlichkeiten des Geisteslebens und der Politik ... Ludwig Frank, Reichstagsabgeordneter aus Mannheim, die große Hoffnung der Sozialisten, moderner Politiker in frühen Mannesjahren, war einer der ersten, die ins Heer eintraten, auch einer der ersten, die gefallen sind. Desgleichen der junge Otto Braun, Sohn prominenter und sozialistischer Eltern, selbst eine Art von literarisch-intellektuellem Wunderkind. Der rebellische Dichter Richard Dehmel ging mit Enthusiasmus ins Feld, berühmte Reinhardt-Schauspieler, wie Alexander Moissi, von Geburt Italiener, und Paul Wegener, genossen als Freiwillige eine beschleunigte Offiziersausbildung, um rasch, aber mit gebührendem Vorzug hinauszukommen. Gerhart Hauptmann, Künder des sozialen Mitleids und der Menschlichkeit, schrieb Kriegsgedichte, desgleichen der notorische Spötter und Ironiker Alfred Kerr und der von ihm entdeckte junge Klabund, um nur einige von ungezählten Namen zu nennen. Der Aufruf des großherzigen Deutschenfreundes Romain Rolland, den der Krieg in der Schweiz überrascht hatte, zu einer Internationale des Geistes über die nationalen Gegensätze hinweg wurde von deutscher Seite schroff zurückgewiesen und verhallte in seinem eigenen Land ungehört. Thomas Mann gehörte einem Gremium deutscher Gelehrter und

Schriftsteller an, das eine harte Absage an die Intellektuellen des ›Westens‹ und ein rückhaltloses Bekenntnis zum nationalen Krieg publizierte. Wie kam das alles? ... sie waren zutiefst unpolitisch, auch jene, deren Werk von sozialem Empfinden inspiriert war, sie hatten vielleicht gesellschaftskritisch denken gelernt, aber kritische Verantwortung für Zeit- und Weltpolitik lag ihnen fern und gehörte nicht zum kulturellen Metier. Dadurch wurden auch sie von der Hochstimmung, der ekstatischen Gläubigkeit des vaterländischen Rausches, des patriotischen Ethos blindlings überwältigt ...

Es gab Ausnahmen, von denen wir nichts wußten und erst viel später erfuhren. In Berlin hatte sich in aller Stille ein anderer Prominenter der Reinhardt-Bühnen, Victor Arnold ..., das Leben genommen: weil er in einer Welt des Mordens und der Vernichtung nicht spielen und Späße machen könne. In Österreich starb der große Dichter Georg Trakl, als Sanitäter in einem Feldlazarett, an seiner Kriegsverzweiflung. Der junge deutsche Lyriker Alfred Lichtenstein, der mit der aktiven Truppe ausrückte, schrieb seine melancholischen Abschiedsverse, die mit den Zeilen enden:

Am Himmel brennt das brave Abendrot.
Vielleicht bin ich in vierzehn Tagen tot.

Es dauerte keine acht. Die große Ausrottung unserer geistigen und künstlerischen Zukunft hatte begonnen und steigerte sich dann vier Jahre hindurch zum Kataklysma. Ernst Stadler, der geniale junge Literaturdozent aus Straßburg, Dichter des ›Aufbruch‹, den wir jetzt so gut für unseren Kriegstaumel umdeuten konnten; Reinhard Johannes Sorge, einer der hoffnungsvollsten, schon bei Reinhardt aufgeführten jungen Dramatiker; Franz Marc, für uns der Sankt Franziskus der neuen Kunst, August Macke — sie sind alle gefallen, wie Unzählige, die nie mehr ersetzbar sind. Das gleiche wird auf der englischen, französischen, russischen Seite geschehen sein ...

In Paris hatte man bei Kriegsausbruch den Sozialisten Jaurès, einen der markantesten Führer der Arbeiter-Internationale, von chauvinistischer Seite ermordet. In Deutschland wurde der einzige Opponent gegen die Kriegskredite und für die Internationale, Karl Liebknecht, zeitweilig eingesperrt und dann in ein Arbeitsbataillon gesteckt. Davon nahm die Öffentlichkeit kaum Notiz, und an uns ging es spurlos vorüber (erst in den späten Kriegsjahren wurden mir die Namen Liebknecht und Rosa Luxemburg ein Begriff), denn wir waren von einer Liebe erfüllt, die uns für alles andere taub und blind machte. Ja, wir zogen in diesen Krieg wie junge Liebende, und wie diese hatten wir keine Ahnung von dem, was uns bevorstand ...« (Aus seinem Lebensbericht von 1965 ›Als wär's ein Stück von mir‹; in gekürzter Form.)

Im dritten Kriegsjahr erkannte Zuckmayer, wie er schreibt, »daß der Krieg kein ›Schicksal‹ aus den Wolken war, sondern das Versagen einer Welt, unserer Welt ... Es war der Selbstmord einer Welt. Das Ende einer Welt.«

Eigentlich hätte schon die Schlacht an der Marne, Anfang September 1914, die einen Rückzug der deutschen Truppen erzwang, als Warnung erkannt werden müssen. Aber zunächst hatte im Osten Hindenburg die ›russische Dampfwalze‹ zum Stehen gebracht. Bis zum 22. August war der Name des bereits pensionierten Generals v. Hindenburg der Öffentlichkeit so gut wie unbekannt. An jenem Tag erreichte ihn der Auftrag, die Führung der 8. Armee zu übernehmen. Mit seinem Stabschef, dem Generalmajor Erich Ludendorff, schlug er die eingedrungenen Truppen der russischen Narew- und Njemen-Armeen in den Schlachten bei Tannenberg und an den Masurischen Seen (26. August bis 15. September). Hindenburg war der Held des Tages, der ›trutzige Recke‹ wurde zum Held des Krieges. Hinter Hindenburgs Ruhm verblaßte sogar das Ansehen des Kaisers: man betrieb einen regelrechten Hindenburg-Kult. Bereits zu seinen Lebzeiten setzte man ihm Denkmäler, benannte man Straßen, Plätze, Hotels und Bierlokale nach ihm, ja einer ganzen Stadt in Oberschlesien wurde 1915 sein Name gegeben. Er selbst sagte, er habe nur seine Pflicht getan.

»Einstehe für Pflichterfüllung bis aufs äußerste«, hatte auch der Gouverneur der kleinen deutschen Kolonie von Kiautschou seinem Kaiser telegraphisch am 20. August 1914 beteuert, als der Angriff der Japaner und Engländer gegen Tsingtau bevorstand. Zwei Monate konnte die Festung gehalten werden, dann fiel sie — ein Vorzeichen für den späteren Verlust auch aller anderen überseeischen Besitzungen des Reichs.

Eine 1. Kriegsanleihe zur Bestreitung der Kriegskosten, Anfang Oktober 1914 aufgelegt, erbrachte die Summe von beinahe 4 1/2 Milliarden Mark — das sei, wie die amtliche Mitteilung hinzufügte, »die größte Zahlung, die jemals von einem Volk in so kurzer Zeit geleistet worden ist«. Der Gesamtertrag der deutschen Kriegsanleihen betrug bis 1918 schließlich über 98 Milliarden Mark.

Es gab auch Vorzeichen einer anderen Wendung: die Arbeiter wurden nicht mehr als Bürger dritter Klasse behandelt. Am 28. August 1914 verordnete der bayerische Kriegsminister: »Angesichts der Haltung der Sozialdemokratischen Partei im gegenwärtigen Krieg darf der Lektüre und der Verbreitung ihrer Presse unter den Heeresangehörigen kein Hindernis in den Weg gelegt werden.« Der erste einfache Soldat, der mit dem Eisernen Kreuz ausgezeichnet wurde, war Michael Schwarz, Leiter sozialistischer Jugendverbände in der Oberpfalz.

Auch einen anderen Namen nannte man mit Hochachtung: Der Infanterist Fischel, Sohn armer jüdischer Eltern aus Westfalen, hatte am 12. August die erste französische Fahne erobert. Vor dem Krieg hatten Juden nur in Ausnahmefällen Reserveoffiziere werden können — jetzt fielen mit den Schranken der Herkunft und der Partei auch die Schranken der Rasse.

Der Generalstab hatte mit einem kurzen Krieg gerechnet. Des Sieges war er so sicher, daß er an keinerlei Vorratswirtschaft in bezug auf Rohstoffe und Lebensmittel gedacht hatte. Der jüdische Industrielle und Schriftsteller Walther Rathenau erhob seine warnende Stimme, und man hörte auf ihn: eine Kriegsrohstoffabteilung im Kriegsministerium wurde eingerichtet. »Diese Tätigkeit«, meint Rathenaus Biograph Harry Graf Keßler, »hat ebensoviel zur Sicherung der deutschen Grenzen beigetragen wie die Schlacht bei Tannenberg und die Schützengräben in Frankreich. Sie war eine der entscheidenden Kriegshandlungen.«

Doch konnte Deutschland sich nicht aus dem eigenen Boden ernähren; als dichtbesiedelter Industriestaat mit 65 Millionen Einwohnern war es auf Lebensmittelimporte angewiesen. Es sah sich trotz seiner Kriegsführung mit U-Booten und einer starken Flotte — die der Kaiser allerdings schonen wollte, weil sie sein Lieblingsspielzeug war — einer immer wirksameren, von England verhängten Blockade gegenüber, und das bedeutete Hunger für die Deutschen. Lebensmittel wurden rationiert.

Dem jüdischen Chemiker Fritz Haber war schon im Jahre 1909 die Ammoniakhochdrucksynthese, die Bindung des Luftstickstoffs an Wasserstoff, gelungen. Jetzt rettete der synthetische Ammoniak die Armee vor raschem Zusammenbruch infolge von Munitionsmangel. Das Haber-Bosch-Verfahren (der Chemiker Carl Bosch hatte die verfahrenstechnische Seite gelöst) wurde von einer Jahresleistung von 6500 Tonnen im Jahre 1913 auf 200 000 Tonnen am Ende des Krieges gesteigert.

Das Verfahren war auch von höchster Bedeutung für die Herstellung künstlichen Düngers, der den Bodenertrag erheblich steigerte; aber das genügte bei weitem

Carl Bosch

Bezugschein für rationierte Lebensmittel, 1917

nicht, den Hunger zu beseitigen. Die deutsche Chemie entwickelte auch Ersatzstoffe für Leder und für Wolle (um diese nur als Beispiel zu nennen), und hier liegen auch die Ansätze für die spätere Kunststoffindustrie; das Wort ›Ersatz‹ freilich (z. B. für Hemden, die aus einer Papiermasse hergestellt waren) klang den Deutschen zunächst übel im Ohr, wie das Wort ›Kunst‹ — im Zusammenhang mit ›Kunstbutter‹ und ›Kunsthonig‹ für Nahrungsmittel, die das Naturprodukt ersetzen mußten. So zählte man über 800 amtlich genehmigte Ersatzarten von Wurst.

Der Winter 1916/17 brachte einen Tiefpunkt der Ernährungslage. In diesem ›Rübenwinter‹ schlimmer Not mußte sogar für die Kartoffel, die traditionelle Grundlage der deutschen Küche, ›Ersatz‹ geschaffen werden, denn im Herbst 1916 hatte es eine Mißernte gegeben. Den Ersatz fand man in der Steckrübe, die bis dahin als Viehfutter verwendet worden war.

Meist trugen jetzt die Frauen Sorge für Haus, Hof, Geschäft und Fabrik. Sie mußten hinausgehen, den fehlenden Mann zu ersetzen in der Landwirtschaft, bei der Post, als Straßenbahnschaffner und -fahrer, als Eisenbahnbeamte und Streckenwärter. Während die Mutter in der Fabrik Munition herstellte oder auf der Trambahn Dienst tat, wurden die Kinder in Krippen und Horten betreut. Es kam die Zeit der Hamsterfahrten auf die Dörfer, der Bezugsscheine, des Kohlenmangels. Die Frauen kauften Ahle, Pfriem und Sohlleder, lernten schustern im Frauenverein und besohlten ihre Schuhe und die der Kinder selbst.

Langsam gewannen auch die Künstler ihre Erfahrung aus dem Krieg. Sie erkannten den Mißbrauch, der mit dem Menschen getrieben wurde. In ihren Werken — mochten sie auch verboten oder von der Zensur unterdrückt werden — protestierten sie gegen die patriotische Lüge. Immer seltener wurden die Gedichte mit den ›Haltet-aus‹-Parolen. Die national gestimmte Gläubigkeit der deutschen ›Jugendbewegung‹, die Gesinnung eines Walter Flex war aus einem patriotisch empfindenden Elternhaus gekommen: Der Vater dieses Schriftstellers, Gymnasialprofessor, dichtete Weihespiele für Bismarckfeiern, kam sich jedoch minderwertig vor, denn er hatte nicht ›gedient‹, war also ohne militärischen Rang; auch die Mutter, aus gleichen Kreisen stammend, litt darunter, aber sie hatte als Braut eine Wallfahrt zum Niederwald-Denkmal gemacht und dort, angesichts der Germania, die das Schwert gen Frankreich reckt, gelobt, ihre künftigen Söhne ›dem Vaterland zu weihen‹. Sie bekam Söhne. 1914 hätte Walter, der schon einiges publiziert hatte, seine Einberufung hinauszögern können. Da schreibt ihm die Mutter am 11. August: »Liebster, Du weißt, daß ich Dich unbeschreiblich lieb habe und daß ich bewundernd und demütig stolz vor der Dichtergabe stehe, die Dir der liebe Gott verliehen hat. Aber ich will nicht, daß Du gegen Deinen Willen von diesem heiligen Krieg zurückgehalten wirst durch Connexionen

und Beeinflussungen, mögen sie auch der lautersten Quelle entstammen . . . Gott mit Dir!«

Walter Flex zog in den Krieg und fiel. Bekannt wurde er durch eine Schrift, die er als Denkmal einem vor ihm gefallenen Kameraden, Ernst Wurche, dem ›Wanderer zwischen beiden Welten‹, gewidmet hat. Dort heißt es: »Aller Glanz und alles Heil deutscher Zukunft schien ihm aus dem Geist des Wandervogels zu kommen, und wenn ich an ihn denke, der diesen Geist rein und hell verkörperte, so gebe ich ihm recht.« Das Buch wurde zu einem der meistgelesenen aus dem Ersten Weltkrieg.

Aber eine andere Richtung brach sich jetzt Bahn. ›Rasendes Leben‹, um sie mit dem Buchtitel eines der ersten expressionistischen Schriftsteller, Kasimir Edschmid, zu benennen, war die neue Losung. Ihren Namen hatten die Expressionisten von der bildenden Kunst übernommen: er bezeichnete die Gegenbewegung zu den ›Impressionisten‹, die in Frankreich von der Malergruppe der ›Fauves‹ ausgegangen waren. Schon im Jahr der ersten ›Fauves‹-Ausstellung, 1905, hatten einige Architekturstudenten der Technischen Hochschule Dresden eine Kulturvereinigung ›Die Brücke‹ gegründet. Deren Ziel war es, »alle revolutionären und gärenden Elemente an sich zu ziehen«. Wie in der Kunst, so hatte

Plakat von E. L. Kirchner, 1910

sich auch in der Literatur nach dem Hochgefühl der glänzenden Bilanzen um die Jahrhundertwende ein Überdruß gegen alle zivilisatorischen Erfolge eingestellt. Wie der Maler Paul Gauguin Europas überdrüssig in die Südsee entflohen war, wollte man auf das ›Eigentliche‹ zurück, zurück zum Primitiven — die Wertschätzung der Negerkunst begann —, zurück zum Kindlichen, wenn es nur ›Leben‹ war.

Junge Revolutionäre hatten sich 1910 um die Zeitschrift ›Der Sturm‹ und 1911 um die Zeitschrift ›Die Aktion‹ gesammelt. Jetzt im Krieg sahen sie jenen Wert am stärksten bedroht, dem ihr Aufruhr galt: den Wert des individuellen Lebens. Sie wandten sich gegen jede Gewalt, die sich dem Menschen in seiner Natürlichkeit entgegenstellte, vor allem gegen den Krieg. Ihre Losung nahmen sie aus dem Titel eines Buches, das der in die Schweiz emigrierte Schriftsteller Leonhard Frank dort veröffentlicht hatte: ›Der Mensch ist gut‹. Von dieser Parole ausgehend, orientierte sich der Expressionismus politisch nach links, wurde zum Sprachrohr humanistisch-pazifistischer Gesinnungen, förderte den Sozialismus und den Kommunismus, ohne damals ahnen zu können, daß Zwang und Versklavung auch in den neuen Staaten regieren würden, die im Namen der Freiheit gegen die Unterdrückung geschaffen wurden.

Der Verleger Kurt Wolff hatte in seiner Heftreihe ›Der jüngste Tag‹ den Expressionisten von 1913 an ein Forum geboten. Insgesamt 86 Nummern der schwarzen Hefte erschienen bis 1921; fast alle wichtigen Namen der expressionistischen Dichtung waren darin vertreten — die jeweilige Auflage ging allerdings nicht über ein paar tausend Exemplare hinaus. In der Anthologie ›Menschheitsdämmerung, Symphonie jüngster Dichtung‹ faßt Kurt Pinthus die Richtung 1919 in programmatischen Themen zusammen: ›Sturz und Schrei‹ — ›Erweckung des Herzens‹ — ›Aufruf und Empörung‹ — ›Liebe den Menschen‹!

Die Wirkung dieser Dichtungen beruht auf ihrer Intensität. Niemals in der bisherigen Weltdichtung erscholl so laut und aufrüttelnd der Schrei, Sturz und Sehnsucht einer Zeit, wie aus dem wilden Zuge dieser Jugend, von der so viele dem Krieg schon zum Opfer fielen.

Nur langsam erlangten diese Stimmen auch politi-

DER JÜNGSTE TAG
NEUE DICHTUNGEN

Zunächst sind erschienen:

FRANZ WERFEL: Die Versuchung · Ein Gespräch

WALTER HASENCLEVER: Das unendliche Gespräch · Eine nächtliche Szene

FRANZ KAFKA: Der Heizer · Eine Erzählung

FERDINAND HARDEKOPF: Der Abend · Ein Dialog

EMMY HENNINGS: Die letzte Freude · Gedichte

CARL EHRENSTEIN: Klagen eines Knaben · Skizzen

Der Ausstattung wurde größte Sorgfalt gewidmet. — Die Bücher kosten geheftet je 80 Pfennige, gebunden je M 1.50 und sind durch alle Buchhandlungen zu beziehen

LEIPZIG
KURT WOLFF VERLAG

Erste Seite des Verlagsprospekts, 1913

sches Gewicht. Noch 1915 war ein vom Schutzverband Deutscher Schriftsteller herausgegebenes ›Deutsches Soldatenbuch‹ erschienen, in dem mit auffallendem Eifer ›Sozialistische Ideale im Kriege‹ zusammengestellt waren — es mußte also noch bewiesen werden, daß Vaterlandsliebe, die jetzt Opferbereitschaft hieß, auch von Sozialisten aufgebracht wurde.

Zwei Jahre später, 1917, richten die SPD-Vorstände eine Denkschrift an den Reichskanzler Bethmann Hollweg, in der die innenpolitische Lage beschrieben wird: »Ein weiteres, die Stimmung verderbendes Moment liegt in dem Ausbleiben einer Neuordnung mehrerer innerpolitischer Verhältnisse auf der Grundlage gleichen Rechtes für alle. Hierdurch sind die breiten Schichten des Volkes, die in der Kriegszeit doch ihre ganze Kraft für das öffentliche Wohl eingesetzt haben, aufs tiefste erregt und mit heftigem Unmut erfüllt worden. Zwar sind Anerkennungen für die tüchtige Leistung des werktätigen Volkes ausgesprochen und bedeutsame Zusagen gemacht worden, aber diesen Anerkennungen und Zusagen sind keine Taten gefolgt. Dagegen hat sich der Widerstand der bisher Bevorrechteten gegen eine freiheitliche Neuordnung immer schroffer geltend gemacht. So ist es erklärlich, daß in den Massen des Volkes das Mißtrauen nicht schwand, sondern der Gedanke mehr und mehr überhandnahm, daß die fortdauernde Hinausschiebung politischer Reformen schließlich mit einer schweren Enttäuschung endigen werde.«

Daß der Prozeß der Demokratisierung nicht mehr aufzuhalten war — obwohl der Kaiser und die Oberste Heeresleitung diese Meinung nicht teilten —, das hatte der liberale Abgeordnete Friedrich Naumann in seiner Reichstagsrede vom 15. Mai 1915 zum Ausdruck gebracht: »... Denn der Krieg politisiert die Menge. Der Krieg hat jedem einzelnen Gedanken und Ansprüche aufgeprägt, die ihm oft früher ganz fremd waren. Wir besitzen weit über fünfzig Jahre Wahlrecht. Aber für

wie viele Menschen waren diese Wahlrechte nur fünfjährige Unterbrechung ihres politischen Schlafes? Ganz ebenso wird es nach dem Kriege kaum sein. Zwar, die politischen Einzelheiten und Fachfragen werden auch dann vielfach über die Köpfe der Massen hin behandelt und entschieden werden. Aber die Fragen: wozu der Krieg ist, wozu die Rüstung ist, wie der Friede sein könnte, wer bezahlt — diese Fragen kommen aus dem Kriege in einer Deutlichkeit hervor, daß wir mit dem alten Volk, das in diesen Dingen noch vielfach sich behandeln ließ wie das Volk der Untertanen von ehemals, nichts mehr zu tun haben. Aus den Untertanen werden durch den Krieg Bürger, und dieselben Massen, die Träger des Krieges gewesen sind, wollen auch die Träger eines Friedens und wollen auch die Träger weiterer Erneuerungsgedanken werden.«

Zwar war schon in der Osterbotschaft des Kaisers vom 7. April 1917 zu lesen, daß für das Klassenwahlrecht in Preußen kein Raum mehr sei und daß ein Gesetzentwurf die unmittelbare und geheime Wahl der Abgeordneten vorzusehen habe — aber dieses Gesetz ließ auf sich warten. Erst im Schatten der drohenden Katastrophe wurden Mitglieder des Parlaments (des Zentrums und der SPD) in die Regierung berufen, und erst die Niederlage machte aus dem deutschen Arbeiter einen Staatsbürger gleichen Rechts.

Ihr Streben nach einer Verfassungsreform verbanden die Mehrheitsparteien des Deutschen Reichstags immer deutlicher mit der Forderung nach einer wirklichen Beteiligung an der Regierung. Dies zu zeigen, brachten Sozialdemokraten, Zentrum und Fortschrittliche Volkspartei am 19. Juli 1917 die sogenannte ›Friedensresolution‹ ein, in der sie ihrer Bereitschaft zu einem Verständigungsfrieden Ausdruck gaben. Die Mehrheit des Parlaments stellte sich damit ausdrücklich in Gegensatz zur Regierung, zum Kaiser und zur Obersten Heeresleitung, die immer noch von Annexionen jenseits der Grenze

2. Extraausgabe Sonnabend, den 9. November 1918.

Vorwärts
Berliner Volksblatt.
Zentralorgan der sozialdemokratischen Partei Deutschlands.

Der Kaiser hat abgedankt!

Der Reichskanzler hat folgenden Erlaß herausgegeben:
Seine Majestät der Kaiser und König haben sich entschlossen,
dem Throne zu entsagen.

träumten. Dieser Tag bedeutete die große innenpolitische Wende: Das Parlament entschloß sich, von seinen Rechten, d. h. von seiner Macht, Gebrauch zu machen.

Ende Oktober 1918 brachen erste revolutionäre Unruhen bei der Kriegsflotte in Wilhelmshaven aus, die von den Matrosen ins Land getragen wurden. In den Garnisonen bildeten sich nach dem Vorbild der Sowjets Arbeiter- und Soldatenräte. Auch die deutsche Revolution, von den Ereignissen des gewaltsamen Umsturzes in Rußland im Oktober 1917 beeinflußt, wollte die gesellschaftliche Änderung nach der Lehre von Marx. Die Abschaffung der Monarchie und die Beendigung des Krieges waren nur die ersten Nahziele. Ein Vollzugsrat übte die politische Gewalt aus. Ihm folgte als Träger der Gesetzgebung und der Exekutive ein Rat der Volksbeauftragten, der aber verhältnismäßig rasch die linksradikalen Einflüsse auszuschalten verstand und dann mit Hilfe von Einheiten des alten Heeres im Dezember

1918 und Januar 1919 überall neu aufflackernde kommunistische Unruhen unterdrückte. So scheiterte die »Novemberrevolution«, bevor sie noch recht begonnen hatte, und alle Macht lag wieder in der Hand einer Regierung, die notgedrungen als erstes Ziel die Wiederherstellung von Ruhe und Ordnung proklamieren mußte.

Prinz Max von Baden, der letzte Kanzler des Kaiserreiches, verkündete am 9. November 1918 den Thronverzicht des Kaisers, der nach Holland floh, wo die Regierung ihm in Doorn Exil gewährte, und der Sozialdemokrat Philipp Scheidemann rief in Berlin von einem Fenster des Reichstagsgebäudes die Republik aus; zwei Stunden später verkündete Karl Liebknecht vor dem Berliner Schloß in einer Art Gegenkundgebung die sozialistische Republik im russischen Sinne.

Inzwischen dankten alle Bundesfürsten ab oder wurden dazu gezwungen; sie zogen sich — meist mit großen Vermögensabfindungen — in ein gesichertes Privatleben zurück. Die Oberste Heeresleitung unter Ludendorffs Nachfolger, General Groener, stellte sich dem von Prinz Max von Baden ernannten neuen Reichskanzler Friedrich Ebert, dem Vorsitzenden der Sozialdemokratischen Partei, zur Verfügung. Die monarchische Form, die seit über tausend Jahren das politische Schicksal der Deutschen bestimmt hatte, das Reich Bismarcks, das 48 Jahre gedauert hatte, sie brachen fast widerstandslos zusammen. Zum erstenmal war eine Republik ›des Deutschen Vaterland‹. Sie lebte nur 14 Jahre, und schon in ihrer Entstehung lag der Kern für ihren späteren Zerfall und Untergang.

[1871]

D. und Frankreich im Krieg; dt. Einigung: 18. Januar: König Wilhelm I. von Preußen (1797-1888) wird in Versailles zum Deutschen Kaiser proklamiert. Das Zweite Deutsche Reich wird durch Verträge mit den Bundesstaaten begründet. Die Kulturpflege bleibt Aufgabe der Bundesstaaten. 31. März: In Berlin tritt der nach allgemeinem gleichen Wahlrecht gewählte Reichstag zusammen. Bismarck (s. 1870) wird in den Fürstenstand erhoben. 10. Mai: Friede von Frankfurt a. M.: Frankreich tritt Elsaß-Lothringen an das Deutsche Reich ab und zahlt 5 Milliarden Francs Kriegsentschädigung.

Die ›Gründerjahre‹, ein Aufblühen der Wirtschaft nach dem gewonnenen Krieg und den französischen Kriegskontributionen (s. o.), beginnen; sie enden schon 1873 mit zahlreichen Zusammenbrüchen. Der bald wieder einsetzende wirtschaftliche Aufschwung führt bis zur Jahrhundertwende zu vielen Neugründungen gewerblicher und industrieller Betriebe, zur sog. ›Gründerzeit‹.

Der ›Kulturkampf‹ (das Wort stammt von dem liberalen Abgeordneten Prof. Virchow, s. 1882) beginnt. Der ›Kanzelparagraph‹ verbietet »politischen Mißbrauch« des geistlichen Amtes; die katholische Kirche leistet passiven Widerstand. 1872 wird der Jesuitenorden verboten (bis 1917; s. a. 1879).

Dem Pathologen Carl Weigert (1845-1904) gelingt die Karminfärbung von Bakterien.

Ein ›Gesetz betreffend das Urheberrecht von Schriftwerken, Abbildungen, musikalischen Kompositionen und dramatischen Werken‹ — seit 1867 (s. d.) im Gebiet des Norddeutschen Bundes gültig — tritt in Kraft und beendet den jahrhundertealten Kampf des Buchhandels gegen unerlaubte Nachdrucke (s. a. 1901 u. 1934).

Der Maler Anselm Feuerbach (1829-80), »in den konservativ-gegenständlich urteilenden Kreisen des Mittelstandes um 1910 als die große Persönlichkeit in der neueren deutschen Kunst angesehen« (Hermann Uhde-Bernays), malt das Frauenbild ›Iphigenie‹.

Der Industrielle August Thyssen (1842-1926) eröffnet in Mülheim/Ruhr ein Band- und Stabeisenwerk, den Kern des späteren Thyssen-Konzerns (Kohlen- und Erzgruben, Hütten- und Walzwerke, Gießereien und Maschinenfabriken). Der T.-Konzern wird 1926 in die Vereinigten Stahlwerke überführt und ist heute wieder selbständig.

Die ›Gesellschaft zur Verbreitung von Volksbildung‹ wird gegründet. Sie errichtet in 50 Jahren 136 773 Büchereien und 22 512 Wanderbüchereien.

Der Zeitungsverleger Rudolf Mosse (1843-1920) gründet das liberale ›Berliner Tageblatt‹. Unter seinem späteren Chefredakteur Theodor Wolff (s. 1906) Aufstieg zu intern. Geltung.

[1872]

Das ›Strafgesetzbuch für das Deutsche Reich‹ tritt in Kraft.

Alfred Krupp (s. 1860) errichtet in Essen die ›Villa Hügel‹, einen Wohnpalast aus Stein und Stahl mit 220 Räumen. Gleichzeitig baut er Wohnungen für 3000 Familien und Barackenunterkünfte für weitere 3000 Arbeiter.

Nach dem Vorbild der Firma Krupp (s. o.) schaffen andere, auch mittlere und kleine Fabriken, besonders die der neuen Industriezweige, Wohlfahrtseinrichtungen für ihre Arbeiter. Die Farbenfabrik Kalle & Co. AG in Biebrich/Rh. gründet eine Arbeitersparkasse, verbunden mit einer Prämienkasse.

Der evangelische Theologe Friedrich von Bodelschwingh (1831-1919) gründet die Anstalt Bethel bei Bielefeld mit Wohlfahrtskolonien, Heimstätten, Diakonissenanstalten und Schulen. Bis heute wurden dort ca. 30 000 Epileptiker gepflegt.

Im Elsaß, zusammen mit Lothringen neues ›Deutsches Reichsland‹ (s. 1871), wird die Universität Straßburg als ›Reichsuniversität‹ neu gegründet.

Der evangelische Theologe und Philosoph David Friedrich Strauß (1808-74) veröffentlicht ›Der alte und der neue Glaube‹, ein Werk, das mit seinen 4 Fragen (»Frage 1: Sind wir noch Christen? Antwort: Nein«) Aufsehen und im Bürgertum Unruhe erregt.

Der Historiker Leopold von Ranke (1794-1886), der Begründer der modernen quellenkritischen Geschichtswissenschaft (s. a. 1881), scheidet aus dem Lehramt der Universität in Berlin, an der er seit 1825 gewirkt hat. Als Nachfolger wünscht er sich seinen Schüler Jacob Burckhardt (s. 1860), der ablehnt. Heinrich von Treitschke (s. 1879) wird Nachfolger.

Die ›Geschichte der Stadt Rom im Mittelalter‹, Hauptwerk des Kulturhistorikers Ferdinand Gregorovius (1821-91), liegt abgeschlossen vor (8 Bde.).

1. Schritt zur Herstellung von ›Kunststoffen‹: Der Chemiker Adolf von Baeyer (1835-1917) gewinnt aus Phenol und Formaldehyd harzähnliche Stoffe. 37 Jahre nach dieser Erfindung stellt der belgische Chemiker Hendrik Baekeland (1863-1944) den ersten Kunststoff (›Bakelit‹) industriell her.

Der Mathematiker Felix Klein (1849-1925) veröffentlicht ›Vergleichende Betrachtungen über neuere geometrische Forschungen‹.

Franz Grillparzer (geb. 1791 in Wien), der »erste große Dramatiker Österreichs«, stirbt.

Der 1. Bd. des Romanzyklus ›Die Ahnen‹ von Gustav Freytag (1816-95) erscheint. Das Werk (1880 abgeschlossen) schildert »die historische Entwicklung der deutschen Volkseigentümlichkeit am Schicksal eines Geschlechts von den Germanen bis zur Gegenwart«.

Der Maler und Graphiker Max Liebermann (1847-1935) malt ›Die Gänserupferinnen‹. L. ist Hauptvertreter des dt. Impressionismus; er prägt die Kurzformel: »Zeichnen ist Auslassen«.

[1873]

Neue, einheitliche Maß-, Gewichts- und Münzgesetze treten in Kraft.

Der ›große Krach‹, eine schwere Wirtschaftskrise, erschüttert die liberalen Wirtschaftsauffassungen der ›Gründerjahre‹ (s. a. 1871).

Der Chemiker Justus von Liebig (geb. 1803), 1824 Prof. in Gießen, dem das chemische Unterrichtswesen und die Forschung die entscheidenden Anregungen verdankt, stirbt in München (seit 1852 Prof. an der Universität München).

Zeichnung von
Hans von Marées

Karl Humann,
Holzschnitt, 1882

Karl Humann (1839-96), Straßenbauingenieur im Dienste der türkischen Regierung, entdeckt in der Türkei, im Gelände von Pergamon, Reste des Zeusaltars. Auf eigene Faust beginnt er Ausgrabungen, die er im Auftrag des preußischen Staates weiterführt und 1886 vollendet. Seine Funde sind der Grundstock des Pergamon-Museums in Berlin (s. 1901).

Der Maler Hans von Marées (1837-87) stattet die Bibliothek der dt. Zoologischen Station in Neapel mit einem monumentalen Freskenzyklus (Thema: Das Meer- und Strandleben) aus — »in einsamer Größe, fern von den … Kunsttendenzen seiner Epoche, ein Werk, im klassischen Geist vollendet« (Kurt Badt). 1874 wird die von dem Zoologen Anton Dohrn (1840-1909) gegründete intern. Forschungsstätte eröffnet.

Die evangelische und konservative Tageszeitung ›Der Reichsbote‹ erscheint.

[1874]

Weltpostverein: Unterzeichnung des Postverein-Vertrages in Bern. Der Einheitstarif geht auf einen Vertrag Heinrich von Stephans (s. 1870) zurück.

Das ›Reichsgesetz über die Presse‹ mit der Garantie für weitgehende Pressefreiheit tritt in Kraft.

Ein ›Impfgesetz‹ für das Deutsche Reich regelt die Pockenschutzimpfung.

Die liberale Zeitschrift ›Deutsche Rundschau‹ (s. a. 1894 u. 1919) wird in Berlin von dem Juristen und Journalisten Julius Rodenberg (1831-1914) gegründet. Der Literaturhistoriker und -kritiker Wilhelm Scherer (s. 1879) ist ein entscheidender Mitarbeiter. Beiträge liefern G. Keller (s. 1879), C. F.

Meyer, Storm (s. 1888) und Fontane (1819-1898); anfänglich liegt ihr Schwerpunkt in der Novellistik, später im Essay (Dilthey [s. 1905], Herman Grimm [s. 1863]).

Im Deutschen Reich gibt es jetzt etwa 2650 Buchhandlungen, 40 Jahre vorher waren es nur 860 (1800: 500; 1764: 200; s. a. 1960, Börsenverein).

Neue Theaterkunst: Das von Herzog Georg II. von Sachsen-Meiningen (1826-1914) geleitete Hoftheater entsendet eine Truppe, ›Die Meininger‹, auf Gastspielreisen ins In- und Ausland; neu sind: Massenregie, Ensemblekunst und historisch getreue Ausstattung: »... die erweckende Tat, das letzte Geschenk, das die Monarchie der künstlerischen Kultur in Deutschland machte«. (Julius Bab)

[1875]
Alleinige Rechtsgültigkeit der Zivilehe.

In Gotha wird als Vereinigung von ›Marxisten‹ (s. 1864) und ›Lassalleanern‹ (s. 1863) die Sozialistische Arbeiterpartei Deutschlands gegründet; August Bebel und Wilhelm Liebknecht (s. 1869) übernehmen die Führung (s. a. 1890):

Unter Mitwirkung der Akademien in Berlin, München und Wien wird zur Fortführung der 1819 vom Reichsfreiherrn Karl vom Stein (1757-1831) in Frankfurt a. M. gegründeten Monumenta Germaniae Historica eine neue Zentraldirektion gebildet. Vorsitzender wird der Historiker Georg Waitz (1813-86). Die M. G. H. sammeln die schriftlichen Zeugnisse der mittelalterlichen Reichsgeschichte. Die Arbeiten werden heute in einem ›Deutschen Institut zur Erforschung des Mittelalters‹ fortgeführt.

Emil Du Bois-Reymond (1818-96), Begründer der physikalischen Richtung der Physiologie, veröffentlicht ›Gesammelte Abhandlungen zur allgemeinen Muskel- und Nervenphysik‹. 1882 erscheint D.s ›Die sieben Welträtsel‹; gegen sein berühmt gewordenes Wort »ignoramus et ignorabimus«, das sich auf die Unlösbarkeit von 4 der Welträtsel bezieht, wendet sich Ernst Haeckel (s. 1868) in seinem 1899 erscheinenden Werk ›Die Welträtsel‹.

Die Vitalbeobachtung gibt der neuen Kern- und Chromosomenforschung die zuverlässige Grundlage. Sie wird möglich durch die Fortschritte der Mikrotechnik (Fixier- und Färbemethoden): Der Anatom Oskar Hertwig (1849-1922), Schüler von Ernst Haeckel (s. 1868), beobachtet unter dem Mikroskop das Eindringen eines Samenfadens in das Ei eines Seeigels, und der Botaniker Eduard Strasburger (1844-1912), Mitverfasser eines noch heute erscheinenden Lehrbuches der Botanik, veröffentlicht seine Forschungen über ›Zellbildung und Zellteilung‹.

Der Verleger und Buchhändler Friedrich Johannes Frommann (1797-1886) schreibt zum 50jährigen Jubiläum des Börsenvereins der Deutschen Buchhändler in Leipzig (gegr. 1825, s. a. 1955) dessen Geschichte, wobei er die Mitwirkung des Vereins an der Nachdrucksgesetzgebung (s. 1867) beson-

Der Weltpostvertrag

Titelblatt 1874

Adolph von Menzel,
Selbstbildnis,
auf einem Band
des Delphin-Verlags

ders hervorhebt. Der Börsenverein beteiligt sich maßgeblich an der 1886 in Bern erfolgenden Gründung einer völkerrechtlichen Union zum Schutze von Werken der Literatur und Kunst (Berner Konvention). Seit 1836 stellt der Verein in Leipzig sein ›Buchhändlerbörsengebäude‹ für die Abrechnung der die Messe besuchenden Buchhändler mit den Verlegern zur Verfügung.

Der Maler Adolph von Menzel (1815-1905), u. a. Illustrator von Büchern über die preußische Geschichte, malt das ›Eisenwalzwerk‹, eines der frühesten Bilder, die den Alltag des Industriearbeiters darstellen.

Der Zentralverband der Industrie, die Interessenvertretung der Schwerindustrie, wird gegründet.

[1876]

Der Nationalökonom Adolph Wagner (1835-1914), wie Gustav Schmoller (s. 1900) als ›Kathedersozialist‹ bezeichnet, veröffentlicht eine ›Grundlegung der politischen Ökonomie‹ (s. a. 1878, Stoecker).

Der historische Roman ›Ein Kampf um Rom‹ des Historikers und Romanciers Felix Dahn (1834-1912) erscheint: auch wegen seiner bürgerlich-patriotischen Geschichtsauffassung einer der größten Bucherfolge; noch heute gelesen.

Anfrage für den Fall einer Mobilmachung, eigenhändige Unterschrift von Graf H. von Moltke, 1876

Eröffnung des Bayreuther Festspielhauses (s. a. 1951) mit der 1. Gesamtaufführung des Zyklus ›Der Ring des Nibelungen‹ von Richard Wagner (s. 1868).

Johannes Brahms (s. 1868) vollendet seine 1. Symphonie, op. 68.

Auf dem Weg zum Automobil: In der Gasmotorenfabrik Deutz AG, der späteren Motorenfabrik Deutz, heute Klöckner-Humboldt-Deutz AG, wird der 1. Viertakt-Verbrennungsmotor, der ›Otto-Motor‹, gebaut, so genannt nach seinem Erfinder, Nikolaus August Otto (1832-91). Mit dem Ingenieur Eugen Langen (1833-95) hatte Otto 1867 den atmosphärischen Gasmotor entwickelt.

Anfang der Kühltechnik: Der Ingenieur Carl von Linde (1842-1934) baut die 1. Kompressions-(Ammoniak-)Kältemaschine. Vorangegangen waren L.s grundlegende theoretische Arbeiten (1870-71). 1879 gründet L. in Wiesbaden die ›Gesellschaft für Lindes Eismaschinen‹ (s. a. 1895).

[1877]

Der dt.-amerikanische Staatsmann Carl Schurz (1829-1906) ist als Innenminister der USA maßgeblich an einer Verwaltungsreform beteiligt.

Das Reichspatentamt wird in Berlin gegründet. Das Patent gibt dem Erfinder das zeitlich beschränkte alleinige Recht, seine Erfindung erwerbsmäßig auszunutzen, und schützt ihn vor Nachahmungen.

Der klassische Philologe Ernst Curtius (1814-96) übernimmt die Oberleitung bei den Ausgrabungen der Kulturstätten in Olympia. Sein Ingenieur und Bauführer ist Wilhelm Dörpfeld (s. 1870), mit dem zusammen er die Giebelfiguren findet.

Der Maler Anton von Werner (1843-1915), der als Exponent der Kunstrichtung gilt, die der dt. Kaiser bevorzugte, vollendet sein Kolossalgemälde ›Kaiserproklamation in Versailles‹.

Der Papiergroßhändler Leopold Ullstein (1826-99) in Berlin kauft die Zeitung ›Neues Berliner Tageblatt‹ und wird damit zum Gründer des Verlags Ullstein, der unter der Leitung seiner 5 Söhne zwischen 1900 und 1930 mit Tageszeitungen, Wochenzeitschriften, Magazinen und Büchern eines der größten Verlagsunternehmen wird (s. a. 1890, Berliner Illustrierte).

Hermann Blohm und Ernst Voß gründen das Werftunternehmen Blohm & Voß AG in Hamburg.

[1878]

Berliner Kongreß: Beginn der Entfremdung zwischen dem Deutschen Reich und Rußland.

Nach zwei Attentaten auf Kaiser Wilhelm I. (von Männern, die keine Sozialdemokraten waren!) setzt Bismarck (s. 1871) im Reichstag das ›Gesetz gegen die gemeingefährlichen Bestrebungen der Sozialdemokratie‹, kurz ›Sozialistengesetz‹ genannt, durch. Es wird erst 1890 aufgehoben.

Übergang von einer liberalen Wirtschaftspolitik zur ›Schutzzollpolitik‹.

Der Hofprediger Adolf Stoecker (1835-1909) und der Nationalökonom Adolph Wagner (s. 1876) gründen die Christlichsoziale Arbeiterpartei, die sich gegen die Sozialdemokratie richtet und antisemitische Tendenzen verfolgt.

Friedrich Engels (s. 1867) veröffentlicht ›Herrn Eugen Dührings Umwälzung der Wissenschaft‹.

›Der Geist des römischen Rechts auf den verschiedenen Stufen seiner Entwicklung‹, Hauptwerk des Juristen Rudolf von Ihering (1818-92), 1852 begonnen, liegt abgeschlossen vor. I.s Schrift ›Der Kampf ums Recht‹ (1872), nach der das Rechtsleben im Kampf widerstrebender Interessen besteht, hatte großen Einfluß.

Der 1. Roman des fast 60jährigen Dichters Theodor Fontane (s. 1874) ›Vor dem Sturm‹ erscheint. (Th. Mann über F.: »Er ist unser aller Vater«; s. a. 1888).

Der österr. Schauspieler Joseph Kainz (1858-1900) spielt in Berlin mit den ›Meiningern‹ (s. 1874) den Prinzen von Homburg in dem gleichnamigen Stück von Heinrich von Kleist (1777-1811). Diese Aufführung ist »der eigentliche Geburtstag seines Ruhms«. (Julius Bab) Über München und Berlin (1883) führt K.s Weg an das Burgtheater nach Wien.

Das Spätwerk des führenden Architekten der Zeit, Gottfried Semper (1803-79), das Opernhaus in Dresden, ist nach 10jähriger Bauzeit vollendet.

Gründung des 1. dt. Fußballvereins in Hannover.

[1879]

Der ›Zweibund‹ mit Österreich-Ungarn wird geschlossen.

Ein oberstes Gericht, das Reichsgericht, wird in Leipzig errichtet.

Der ›Kulturkampf‹ (s. 1871) geht zu Ende.

Der Historiker Heinrich von Treitschke (1834-96), der für einen nationalen, ethisch fundierten Machtstaat eintritt, gibt den 1. Bd. seiner ›Deutschen Geschichte im 19. Jahrhundert‹ heraus, die trotz ihres Umfangs (5 Bde.) höhere

Aufl. als je ein wissenschaftliches Werk zuvor erreicht. Es wird zum Bildungsbuch des dt. Bürgertums und bestimmt sein Geschichtsbild bis weit ins 20. Jh. hinein.

Die unter Leitung von Friedrich Max Müller (s. 1861) zusammengestellte, auf 50 Bde. angelegte Sammlung von Übersetzungen orientalischer Religionsurkunden, ›Sacred Books of the East‹, beginnt in England zu erscheinen.

Der österr. Germanist und Literaturwissenschaftler Wilhelm Scherer (1841-86), Prof. in Berlin, Vertreter der positivistischen Richtung, veröffentlicht den 1. Bd. seiner ›Geschichte der deutschen Literatur bis zu Goethes Tode‹ (1879 bis 83). Die Sch.-Schule ist lange Zeit tonangebend in der dt. Germanistik (s. a. 1874, Dt. Rundschau).

Der schweizer Dichter Gottfried Keller (1819-90) veröffentlicht die Neufassung seines Romans ›Der grüne Heinrich‹ (erste Fassung 1854 f.), des »bedeutendsten Bildungsromans des deutschen Realismus«. (Hanns W. Eppelsheimer)

Werner von Siemens (s. 1867) baut die 1. Elektro-Lokomotive (s. a. 1880).

Der Kurz-, Weiß- und Wollwarenhändler Leonhard Tietz (1849-1914) eröffnet in Stralsund sein 1. Kaufhaus: Ursprung des heutigen Warenhaus-Konzerns Kaufhof AG, Köln.

[1880]

Der Chemiker Adolf von Baeyer (s. 1872), Schüler Kekulés (s. 1865) und Nachfolger Justus von Liebigs (s. 1873) in München, Nobelpreisträger von 1905, zeigt den Weg zur industriellen Synthese des Indigo-Farbstoffes, dessen chemische Konstitution er 3 Jahre später aufklärt. B. ist der »Führer der experimentellen Organischen Chemie am Ende des Jahrhunderts« und gilt als Stammvater von bis heute 5 Chemikergenerationen mit 17 Nobelpreisträgern der Chemie:

Erste Auflage 1878.
Titelblatt zur achten Auflage, 1914

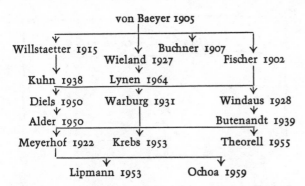

```
von Baeyer 1905
Willstaetter 1915    Buchner 1907
         Wieland 1927    Fischer 1902
Kuhn 1938    Lynen 1964
Diels 1950    Warburg 1931    Windaus 1928
Alder 1950              Butenandt 1939
Meyerhof 1922    Krebs 1953    Theorell 1955
     Lipmann 1953    Ochoa 1959
```

Werner von Siemens (s. 1879) baut in Mannheim den 1. elektrischen Aufzug.

[1881]

Die ›Weltgeschichte‹ des Historikers Leopold von Ranke (s. 1872) beginnt zu erscheinen.

Hermann von Helmholtz (s. 1862), Erfinder des Augenspiegels, formuliert als erster den Begriff des elektrischen Elementarteilchens. 1888 wird H. Präsident der auf seinen und Werner von Siemens' (s. 1880) Vorschlag gegründeten Physikalisch-Technischen Reichsanstalt in Berlin.

Die chemische Industrie wächst: Als Ergebnis erfolgreicher Forschungen auf dem Gebiet der organischen Chemie entwickelt sich die chemische Industrie schneller als andere Industriezweige. Es gibt bereits 22 Fabriken, die künstliche Farben herstellen; 90 Prozent der Produktion werden ins Ausland verkauft.

Der Kupferstecher Georg Meisenbach (1841-1912) erfindet die Autotypie, das wichtigste Verfahren für die Druckwiedergabe von Fotografien.

1. Ortsfernsprechverkehr: Das Berliner Fernsprechnetz wird eröffnet; zunächst melden sich nur 94 Berliner für einen Anschluß. 1882 sind es schon 579.

[1882]

Der ›Zweibund‹ zwischen Preußen und Österreich wird durch den Beitritt Italiens zum ›Dreibund‹ erweitert.

Friedrich Althoff (1839-1908) wird Universitätsreferent im Preußischen Kultusministerium. A. fördert die Gleichstellung der Technischen Hochschulen mit den Universitäten, den Bau von Krankenanstalten, die medizinische Fortbildung, den Ausbau des Bibliothekswesens und damit »den

Fortschritt der Wissenschaften auf allen Gebieten mehr als irgendein anderer«. (Paul Ehrlich, s. u.) Von 1880-1908 verdoppelt sich die Zahl der Studierenden an der Berliner Universität (von 4000 auf 8000), die Zahl der Dozenten an den preußischen Universitäten steigt von 1000 auf 1600.

Der Arzt Rudolf Virchow (1821-1902) wird erstmals in den Reichstag gewählt. V. ist Begründer der Zellular-Pathologie: »jede Krankheit ist eine Erkrankung bestimmter Zellen«. V. ist als Sozialreformer – »der Arzt ist der natürliche Anwalt der Armen« – Mitbegründer der liberalen Fortschrittspartei, die ab 1884 Freisinnige Partei heißt (s. a. 1871).

Der Arzt Robert Koch (1843-1910), Begründer der wissenschaftlichen Bakteriologie, entdeckt den Tuberkelbazillus und 1883 den Erreger der Cholera. Er erhält 1905 den Nobelpreis für seine Untersuchungen auf dem Gebiet der Tuberkulose.

Dem Chemiker und Arzt Paul Ehrlich (1854-1915) gelingt die 1. Färbung des Tuberkelbazillus (s. a. 1908).

In Berlin macht sich ein Teil der 1843 von dem Kapellmeister Benjamin Bilse (1816-1902) gegründeten Bilseschen Kapelle selbständig und gründet das Philharmonische Orchester Berlin, die späteren Berliner Philharmoniker (s. a. 1922 u. 1954).

Aus einem Brief Adolf von Baeyers an Heinrich Caro, 1880

Der Apotheker Paul Beiersdorf (1836-96) erhält sein 1. Patent für medizinische Pflaster, die erstmals eine genau dosierte Menge von Arzneistoffen enthalten (s. a. 1901, Leukoplast).

1. dt. Elektrizitäts-Ausstellung in München in dem von Tausenden von Glühlampen erhellten Glaspalast (s. 1931); erstmals wird elektrischer Kraftstrom fernübertragen, und zwar mittels eines Telegrafendrahtes über die 57-km-Strecke Miesbach-München.

[1883]

Beginn der Sozialversicherungsgesetzgebung. Einführung der staatlichen Kranken- und Zwangsversicherung.

Von August Bebel (s. 1869) erscheint die Untersuchung ›Die Frau und der Sozialismus‹ (50. Aufl. 1910; s. a. 1895).

›Also sprach Zarathustra. Ein Buch für Alle und Keinen‹ von Friedrich Nietzsche (s. 1869) erscheint, wie N. sagt, sein »Hauptwerk«, eine Verkündung des ›Übermenschen‹. N. hat »als Sprachkünstler, Denker, Psychologe die ganze Atmosphäre seiner Epoche verändert«. (Thomas Mann) »Alles Weitere war Exegese.« (Gottfried Benn; s. a. 1900)

Der Anatom Wilhelm Roux (1850-1924), Begründer der Entwicklungsmechanik, veröffentlicht ›Über die Bedeutung der Kernteilungsfiguren‹.

Von dem Psychiater Emil Kraeplin (1856-1926) erscheint »Compendium der Psychiatrie«. Aus dem schmalen Band wurde später das große Lehrbuch »Psychiatrie«, dessen letzte vollständige (8.) Auflage in 4 Bänden von 1909-1915 erschienen ist. 2 Bände einer nicht abgeschlossenen 9. Auflage liegen seit 1927 vor. K. schuf die in ihren Grundzügen bis heute unveränderte Systematik der seelischen Krankheiten.

Der Mathematiker Georg Cantor (1845-1918) entwickelt die Grundlagen der mathematischen Mengenlehre.

Eine elektrische Großindustrie entsteht: Emil Rathenau (1838-1915), Vater von Walter R. (s. 1922), vormals Maschineningenieur bei den Lokomotivenwerken Borsig, beschäftigt sich mit den industriellen Möglichkeiten der Elektrizität (Glühlampen, Telefon). Er gründet in Berlin eine Gesellschaft, die ab 1887 Allgemeine Elektricitätsgesellschaft (AEG) heißt.

Der ›Berliner Lokal-Anzeiger‹ (Zentralorgan für die Reichshauptstadt) erscheint (Aufl. 200 000 Exemplare). Ein Wochen-Abonnement kostet 10 Pf.

[1884]

Beginn der dt. Kolonialpolitik: Carl Peters (1856-1918) gründet die Gesellschaft für Deutsche Kolonisation und erwirbt Deutsch-Ostafrika. Gleichzeitig Gründung dt. Kolonien in Südwestafrika, Togo, Neuguinea, im Bismarck-Archipel und auf den Marschallinseln.

Die Unfallpflichtversicherung tritt in Kraft.

Der 1. Bd. der ›Geschichte des Altertums‹ des Historikers Eduard Meyer (1855-1930) erscheint. Diese »Universalgeschichte des Altertums« liegt 1902 in 5 Bdn. abgeschlossen vor.

Der Arzt Arthur Nicolaier (1862-1945) entdeckt den Tetanusbazillus, den Erreger des Wundstarrkrampfs.

Der Physiker Paul Nipkow (1860-1940) erfindet eine Spirallochscheibe zur Auflösung von Bildern; Grundlage der Bildabtastung für Fernsehen.

Gustav Adolf Wayß erwirbt das deutsche Patent für ›Eisenbeton‹ (heute ›Stahlbeton‹) von dem Franzosen Monier und gründet in Berlin ein ›Beton- und Monier‹-Unternehmen, das den Monierschen Gedanken in die Praxis umsetzt (später Fa. Wayß & Freytag AG). Der Eisenbeton eröffnet der Bautechnik neue Möglichkeiten und wird für die Baukunst des 20. Jh.s bestimmend.

Die Brüder Reinhard Mannesmann (1856-1922) und Max M. (1857-1915) erfinden das noch heute benutzte Verfahren zur Herstellung nahtloser Röhren.

1. dt. Bergbahn auf den Drachenfels bei Bonn.

Das ›Berliner Volksblatt‹, Stimme der Sozialdemokraten, erscheint. Nach Aufhebung des Sozialistengesetzes (1890) wird es umbenannt in ›Vorwärts, Zentralorgan der Sozialdemokratischen Partei Deutschlands‹.

[1885]

Der Chirurg Ernst von Bergmann (1836-1907), seit 1882 Prof. in Berlin, Begründer der Gehirnchirurgie, führt an seiner Klinik die aseptische Wundbehandlung ein.

Der Jurist und Historiker Theodor Mommsen (1817-1903) veröffentlicht den 5. Bd. seiner ›Römischen Geschichte‹. Der 4. Bd. ist nie erschienen, die Bde. 1-3 in den Jahren 1854 bis 56. M. hat ca. 1400 Einzelschriften verfaßt, ist einer der ersten großen Organisatoren der Wissenschaft, politisch ein Gegner Bismarcks (s. 1878) und des Antisemitismus. M. setzt sich für eine »voraussetzungslose Wissenschaft« ein (s. a. 1902).

Der Biologe August Weismann (1834-1914) erkennt die »Kontinuität des Keimplasmas« und entwickelt eine Theorie der Vererbung. Von W. stammt der Nachweis, daß erworbene Eigenschaften nicht vererbt werden.

Dem Arzt Albert Fränkel (1848-1916) gelingt die Entdeckung des Erregers der Lungenentzündung.

Die Goethe-Gesellschaft mit Sitz in Weimar wird gegründet. Sie dient noch heute der Pflege und Erforschung des Goetheschen Werkes. Der Literaturhistoriker Erich Schmidt (1853-1918), Schüler Wilhelm Scherers (s. 1879), wird als 1. Direktor an das Goethearchiv in Weimar berufen (s. a. 1887).

Carl Spitzweg (geb. 1808), beliebter Maler der kleinbürgerlichen Biedermeierzeit und bedeutender Kolorist, stirbt (s. a. 1912, Uhde-Bernays).

Der österr. Chemiker Carl Auer von Welsbach (1858-1929) erfindet den Glühstrumpf für das Gasglühlicht. A. entwickelt 1902 die Osmium-Glühlampe.

Heribert Bauer erfindet den Druckknopf.

Der Ingenieur und Schriftsteller Max Eyth (1836-1906) – mit John Fowler (1817-98) zusammen der Konstrukteur des Dampfpfluges – gründet in Berlin die Deutsche Landwirtschaftsgesellschaft. Seine Bücher ›Hinter Pflug und Schraubstock‹ (1899) und ›Der Schneider von Ulm‹ (1906) werden weit verbreitet und noch heute gelesen.

In Leipzig findet die erste Leipziger Mustermesse statt.

[1886]

König Ludwig II. von Bayern (s. 1864) ertrinkt unter bis heute nicht ganz geklärten Umständen im Starnberger See (wahrscheinlich Selbstmord in geistiger Umnachtung).

Der Psychiater Richard Freiherr von Krafft-Ebing (1840 bis 1902), Erforscher des geschlechtlichen Verhaltens des Menschen, veröffentlicht ›Psychopathia Sexualis‹.

Joseph Victor von Scheffel (geb. 1826), Autor des vielgelesenen historischen Romans ›Ekkehard‹ (1855), stirbt.

Am 1. Oktober gründet der Buchhändler Samuel Fischer (1859-1934) in Berlin den S. Fischer Verlag, der sich zu einem der bedeutendsten literarischen Verlage Deutschlands entwickelt.

Der Reeder Albert Ballin (1857-1918) wird Leiter des Amerika-Passagiergeschäfts der Hamburg-Amerika-Linie. Ab 1899 Generaldirektor der Firma, Freund Kaiser Wilhelms II., scheidet er am 9. November 1918 wegen des verlorenen Krieges freiwillig aus dem Leben.

Das Zeitalter des Automobils bricht an: Als Erfinder des Autos gelten Gottlieb Daimler (1834-1900) und Carl Benz (1844-1929). Nachdem Nikolaus Otto in Köln den 1. brauch-

Ottmar Mergenthaler und seine erste Setzmaschine, ›The Blower-Linotype‹,
1884

baren Verbrennungsmotor konstruiert hat (s. 1876), gelingt
es Daimler zusammen mit Wilhelm Maybach (1846-1929),
einen schnellaufenden Verbrennungsmotor mit Glührohr-
zündung zu entwickeln und damit sein 1. Auto zu bauen.
Carl Benz, durch die Patentansprüche Ottos zunächst an der
Verwendung des Viertakt-Motors gehindert, wendet sich
dem Zweitakt-Motor zu, den er am Sylvesterabend 1879 zum
erstenmal mit Erfolg laufen läßt. Der Zufall will es, daß
auch er 1886 seine 1. ›Motorkutsche‹ vorführen kann. Sein
Patent, am 29. Januar 1886 erteilt, trägt die Nummer 37 435 —
man hat es als den Geburtsschein des Autos bezeichnet.
    Die 1. Zeitung, deren Buchstaben nicht von der Hand,
sondern von einer Maschine gesetzt wurden, wird in New
York gedruckt. Der junge, aus Deutschland eingewanderte
Uhrmacher Ottmar Mergenthaler (1854-99) hat 1884 die
Setzmaschine erfunden und löst nach weiteren 7 Jahren alle
Einzelfragen der ›Linotype‹-Setzmaschine, die im Grund-
sätzlichen heute noch unverändert ist.

[1887]
Der dt.-russische Rückversicherungsvertrag tritt in Kraft, ein
Geheimvertrag, der gegenseitige Neutralität gewährleistet,
wenn eine der beiden Großmächte sich mit einer dritten im
Krieg befindet.
    Zum Schutz seiner Industrie schreibt England für alle ein-
geführten dt. Waren die Bezeichnung ›made in Germany‹
vor. Die Bezeichnung wird zum Gütezeichen auf dem Welt-
markt.
    Erich Schmidt (s. 1885) wird als Nachfolger seines Lehrers
Wilhelm Scherer (s. 1885) an die Berliner Universität be-

rufen. Im gleichen Jahr gibt er den von ihm aufgefundenen
und so benannten ›Urfaust‹ von Goethe heraus.
    Die vollständige, kritische Ausg. der Werke Goethes,
herausgegeben im Auftrag der Großherzogin Sophie von
Sachsen, ›Sophienausgabe‹ genannt, beginnt zu erscheinen.
Mit 143 Bänden ist sie 1919 abgeschlossen.
    Der 1. Deutsche Schriftstellerverband wird gegründet.
    Der Schriftsteller und Kunsterzieher Ferdinand Avenarius
(1856-1923) gründet die Zeitschrift ›Der Kunstwart‹, mit der
er die ästhetische Bildung des Bürgertums stark beeinflußt.
Praktische Kunsterziehung übernimmt der von A. 1902 gegründete Dürerbund.
    Max Klinger (1857-1920), naturalistischer, aber auch zum
Teil den Surrealismus schon vorwegnehmender Maler, Gra-
fiker und Bildhauer, vollendet sein Monumentalgemälde
›Urteil des Paris‹.
    Bei den Farbenfabriken Bayer (s. 1863) entdecken die Che-
miker Carl Duisberg (1861-1935) und Otto Hinsberg durch
Zufall ein neues Mittel gegen Fieber, das Phenazetin.
    Die mechanische Musikwiedergabe beginnt ihren Sieges-
zug: Der Deutsch-Amerikaner Emil Berliner (1851-1929) erfindet die flache Wachsplatte zur Wiedergabe von Tönen (bis
dahin gab es nur die Edisonschen Walzen) und dazu den
Wiedergabeapparat, das ›Grammophon‹. B. gründet 1893 und
1895 Firmen in den USA und 1898 in Hannover die Deutsche
Grammophon Gesellschaft.

[1888]
Das ›Dreikaiserjahr‹: Wilhelm I., König von Preußen und
Dt. Kaiser, stirbt; sein Sohn Friedrich III., die Hoffnung der
liberalen Kreise in Deutschland, stirbt nach nur 99 Tagen
Regierungszeit; dessen Sohn Wilhelm II. besteigt den Thron.
    Auf dem Weg zum Frauenstudium: In Karlsruhe wird mit
Unterstützung des großherzoglichen Hofes der Verein
Frauenbildungsreform gegründet; er setzt sich für die Erzie-
hung und Bildung der weiblichen Bevölkerung ein. Die
Gleichberechtigung der Frau in Ausbildung und Studium
(s. 1893) wird erst ab ca. 1920 erreicht.
    Der Philosoph Rudolf Eucken (1846-1926) veröffentlicht
›Die Einheit des Geisteslebens in Bewußtsein und Tat der
Menschheit‹, ein Versuch, das Gesamtgeschehen der Kultur
zu erfassen. E. erhält 1908 den Nobelpreis für Literatur.
    Beginn der drahtlosen Nachrichtentechnik: Der Physiker
Heinrich Hertz (1857-94) bestätigt experimentell die elektro-

Das erste Buch von
Gerhart Hauptmann, 1888

Theodor Storm, um 1875

magnetische Lichttheorie des englischen Physikers Maxwell (1831-79); H. entdeckt die elektromagnetischen Wellen (Hertzsche Wellen).

Höhepunkte des literarischen Realismus: Der Liebesroman ›Irrungen Wirrungen‹ von Theodor Fontane (s. 1878) erscheint, von einigen zeitgenössischen Kritikern als amoralisches Werk abgelehnt. – Von Theodor Storm (1817-88) erscheint einige Monate vor seinem Tod die Novelle ›Der Schimmelreiter‹. Th. Mann (s. 1909) über St.: »Er ist ein Meister, er bleibt« (s. a. 1894, Dt. Rundschau).

Im dt. Buchhandel wird der ›feste Ladenpreis‹ für Bücher eingeführt.

[1889]
Zur Hundertjahrfeier der Französischen Revolution wird in Paris die Zweite Internationale gegründet. Sie bestimmt den 1. Mai als Weltfeiertag der Arbeit. Die Arbeiterschaft setzt allgemeine Arbeitsruhe am 1. Mai erst nach dem 1. Weltkrieg (1918) durch.

Das dreibändige ›Lehrbuch der Dogmengeschichte‹ des Theologen Adolf Harnack (1851-1930), des späteren 1. Präsidenten der Kaiser-Wilhelm-Gesellschaft (s. 1911), liegt abgeschlossen vor.

Der ›Naturalismus‹ in der Literatur: Mit ›Papa Hamlet‹, ihrem gemeinsam geschriebenen Novellenzyklus, zeigen die Dichter Arno Holz (1863-1929) und Johannes Schlaf (1862-1941) einen ›konsequenten Naturalismus‹ (s. a. 1898).

Das soziale Drama ›Vor Sonnenaufgang‹ von Gerhart Hauptmann (1862-1946), das am 20. Oktober an der Freien Bühne Berlin unter der Leitung des Literarhistorikers Otto Brahm (1856-1910) uraufgeführt wird, bezeichnet den Durchbruch des Naturalismus auf der Bühne. Theodor Fontane (s. 1888) nennt in seiner Besprechung der Aufführung das Stück »die Erfüllung Ibsens«.

Der Maler Franz von Stuck (1863-1912) wird Prof. an der Münchner Akademie der bildenden Künste; Mitbegründer der Münchner Sezession; pathetischer Repräsentant der dekorativen Richtung in der Münchner Kunst (s. a. 1892).

3 junge Künstler, Fritz Mackensen (1866-1953), Otto Modersohn (1865-1943) und Hans am Ende (1864-1918), gründen in Worpswede bei Bremen eine Künstlerkolonie, von der für lange Zeit starke künstlerische Impulse ausgehen.

Das ›Spanische Liederbuch‹ (nach Dichtungen Geibels) des österr. Komponisten Hugo Wolf (1860-1903) entsteht.

Die Eroberung des Luftraums: Der Flugpionier Otto Lilienthal (1848-96) veröffentlicht seine Untersuchungsergebnisse über den Auftrieb an Tragflügeln ›Der Vogelflug als Grundlage der Fliegerkunst‹. 1890 unternimmt er die 1. Segelflugversuche. 1903 führen die Brüder Wright in den USA den 1. Motorflug aus.

[1890]
Kaiser Wilhelm II. (s. 1888) entläßt Bismarck (s. 1885) als Kanzler. Der Rückversicherungsvertrag mit Rußland (s. 1887) wird nicht erneuert.

Aufhebung des Sozialistengesetzes (s. 1878). Die wiedergegründete Sozialistische Arbeiterpartei (s. 1875) nennt sich Sozialdemokratische Partei Deutschlands. Neuorganisation der Gewerkschaften. Die ›freien‹ Gewerkschaften entstehen. 1892: 237 000 Mitglieder, 1912: 2,6 Millionen. Zwischen 1885 und 1910 erreichen die Gewerkschaften eine Verdoppelung des Realeinkommens der Arbeiter.

In Berlin findet eine intern. Arbeiterschutz-Konferenz statt, der Beginn der Bestrebungen zur Vereinheitlichung des Schutzes der Arbeiter und der Arbeitsbedingungen. 1897 wird auf einer entsprechenden Konferenz in Zürich der Achtstundentag gefordert.

Der nationalliberale Politiker Johannes von Miquel (1828 bis 1901), seit 1880 Oberbürgermeister von Frankfurt a. M., wird preußischer Finanzminister. Er führt die progressive Einkommenssteuer mit Erklärungspflicht ein, ebenso die Vermögenssteuer.

Der Theologe und Kirchenhistoriker Ignaz von Döllinger

(geb. 1799), Prof. in München, stirbt; D. trat zunächst für eine Erneuerung des Katholizismus ein, wurde exkommuniziert und schloß sich den Altkatholiken an.

Der Stabsarzt Emil von Behring (1854-1919) veröffentlicht gemeinsam mit dem Japaner Kitasato eine 1. Mitteilung über die Blutserumtherapie: »... es war notwendig, daß ich mich von den alten landläufigen Vorstellungen losmachte, welche noch immer rätselhafte und unerklärliche Lebensprinzipien auch da annehmen, wo wir imstande sind, uns chemisch und physikalisch wirksame Kräfte dienstbar zu machen.« B. erhält 1901 den Nobelpreis »für seine Arbeit über Serumtherapie und besonders für deren Anwendung gegen Diphtherie« (s. a. 1908, Ehrlich).

Gegen den ›Naturalismus‹: Ein kulturkritisches Werk ›Rembrandt als Erzieher‹ erscheint. Verfasser ist der ›Rembrandtdeutsche‹ Julius Langbehn (1851-1907), dessen Anschauungen gegen den Naturalismus (s. 1889) und den Besitz-Materialismus der ›Gründerzeit‹ (s. 1871) gerichtet sind. L. beeinflußt die Jugendbewegung (s. 1896), die Neuromantik und den Jugendstil (s. 1897; s. a. Scheffler 1906).

Die ›Berliner Illustrirte Zeitung‹ erscheint; sie geht 1894 in den Verlag Ullstein (s. 1877) über. Nach 1925 wird sie als 1. dt. Zeitschrift mit einer Aufl. von über 1 Million zum Typ der modernen Massenillustrierten; 1931 hat sie mit fast 2 Millionen Exemplaren ihre höchste Aufl. (s. a. 1898).

Handschrift
Theodor Fontanes,
1890

Frank Wedekind,
Karikatur von Bruno Paul

101   *Die fünf Brüder Ullstein (v. l. n. r.): Hans, Franz, Louis, Rudolph und Hermann*

103   *Samuel Fischer, Thomas Mann, Hans Reisiger, Annette Kolb und Brigitte Fischer (v. l. n. r.) in Garmisch (1915)*

104   *Uraufführung des »Rosenkavalier« in Dresden 1911: sitzend Richard Strauss (m.) und Ernst von Schuch (1. v. l.); stehend Max Reinhardt (1. v. l.) und Hugo von Hofmannsthal (2. v. l.)*

105   *Bauhaus (v. l. n. r.): Wassily Kandinsky und Frau, Georg Muche, Paul Klee, Walter Gropius*

106   *Deutsche Allgemeine Künstlerversammlung in Weimar (v. l. n. r.): Theodor Hagen, Louis Tuaillon, Paul Schultze-Naumburg, Claus Meyer, Eugen Kampf, Carl Marr, Gregor von Bochmann, Wilhelm Trübner, Max Klinger, Franz v. Stuck, Alfred Lichtwark, Hans Olde, Leopold Graf Kalckreuth, Harry Graf Keßler, Max Liebermann, Lovis Corinth, Henry van de Velde, Eberhard von Bodenhausen, Reinhold Lepsius, Carl Herrmann, Fritz Klimsch, Max Slevogt (1917)*

108   *Das Luftschiff »Graf Zeppelin« unter Führung Hugo Eckeners nach der Landung auf dem Wiener Flugplatz Aspern (1931)*

111   *Claude Dornier auf dem Flughafen Berlin-Tempelhof bei der Einweihung des Flugzeugtyps D. K. (ca. 1929)*

112   *Darmstadt, Mathildenhöhe: Ernst-Ludwig-Haus. Architekt: Joseph Maria Olbrich (1902)*

113   *Dresden, Hellerau: Siedlung*

114   *Merseburg: Leuna-Werke, Ammoniumsulphat-Bunker (1916)*

115   *Inneneinrichtung aus den Deutschen Werkstätten. Entwurf: Richard Riemerschmid (1912)*

101

103

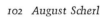

100 *Rudolf Mosse*

102 *August Scherl*

104

105

106

107 Otto Lilienthal

108

109 Ferdinand Graf von Zeppelin

110 Hugo Junkers

III

112

113

114

115

116

118

117

119

120 *Sigmund Freud*

121 *Albert Einstein*

122 *Max Planck*

123 Edmund Husserl

124 Max Weber

125 Ernst Troeltsch

126 Max Scheler

127 Nicolai Hartmann

128 Martin Heidegger

129 Vicki Baum

130 Alfred Kerr

131 Gottfried Benn

132 Carl Zuckmayer

[1891]
Das ›Gesetz betreffend die Invaliditäts- und Altersversicherung‹ tritt in Kraft. Es wird zum Vorbild aller ausländischen Sozialversicherungen.

In D. wächst der Nationalismus: Der Alldeutsche Verband wird gegründet. Imperialistische, teilweise auch antisemitische Tendenzen, Förderung der Kolonialpolitik; tritt im 1. Weltkrieg für weitgehende Annexion der von D. besetzten Gebiete ein.

Das Erfurter Programm der Sozialdemokratischen Partei (s. 1890) wird proklamiert. Karl Kautsky (1854-1938) verfaßt den grundsätzlichen Teil im marxistischen Sinn, während der von Eduard Bernstein (1850-1932) verfaßte praktische Teil ›revisionistisch‹ ist, d. h. darauf abzielt; »die Arbeiterklasse politisch zu organisieren und zur Demokratie auszubilden und für alle Reformen im Staate zu kämpfen, welche geeignet sind, die Arbeiterklasse zu heben und das Staatswesen im Sinne der Demokratie umzugestalten.« (Bernstein)

Auf dem Wege zur sozialen und wirtschaftlichen Gleichberechtigung: Der Physiker Ernst Abbe (1849-1905), der bisherige Alleininhaber der Optischen Werke von Zeiss, überträgt sein Vermögen auf die von ihm gegründete ›Carl-Zeiss-Stiftung‹ in Jena und beteiligt so die Betriebsangehörigen an ihrer Firma.

Der Mathematiker und Philosoph Gottlob Frege (1848 bis 1925) veröffentlicht seinen grundlegenden Beitrag zur mathematischen Logik ›Funktion und Begriff‹.

Von dem Dichter Richard Dehmel (1863-1920) erscheint ›Erlösungen. Eine Seelenwanderung in Gedichten‹.

Der Dramatiker, Schauspieler und Dramaturg Frank Wedekind (1864-1918) läßt eine ›Kindertragödie‹ unter dem Titel ›Frühlings Erwachen‹ erscheinen. Sie ist eine Anklage gegen die falsche Moralität der Zeit: »Bis zur Aufführung galt das Stück als reine Pornographie.« (Wedekind) Die Erstaufführung fand erst 1906 in Berlin unter der Regie von Max Reinhardt (s. 1904) statt.

Der Verleger August Scherl (1849-1921) gibt in Berlin die illustrierte Zeitschrift ›Die Woche‹ heraus. Sie wird wie die 1903 von Sch. übernommene ›Gartenlaube‹ bevorzugt in ›nationalen Kreisen‹ des Bürgertums gelesen. Der Sch.-Verlag wird einer der größten dt. Zeitschriften-Verlage; Sch. scheidet 1914 aus; 1916 Übernahme durch den deutschnationalen Hugenberg-Konzern (s. a. 1917, UFA).

[1892]
Auf dem Weg zum Frauenstudium: Herman Grimm (s. 1863) fordert (zunächst vergeblich), daß zu den Vorlesungen an der Berliner Universität Frauen als Zuhörerinnen zugelassen werden.

Wilhelm Windelband (1848-1915) veröffentlicht ein ›Lehrbuch der Geschichte der Philosophie‹ – den 1. Versuch einer problemgeschichtlichen Darstellung der Philosophie.

Gerhart Hauptmanns (s. 1889) Schauspiel ›Die Weber‹, das »Paradestück des Naturalismus«, behandelt den Aufstand der schlesischen Weber von 1844 gegen den Fabrikanten Zwanziger (s. a. 1900, Friedrichshagener Dichterkreis).

Der Schriftsteller Karl May (1842-1912) veröffentlicht seine ersten Reise- und Abenteuerromane; die 70 Bde. der Gesamtausg. sind in vielen Millionen Exemplaren verbreitet

›Heimkehr‹, Federzeichnung von Hans Thoma, 1892

und bei der Jugend bis heute noch beliebt. »Ein sehnsüchtiger Spießbürger, der selbst ein Junge war, durchstieß den
Muff seiner Zeit. Er kolportierte nicht die Ideale des Bürgertums . . ., sondern er kolportierte nochmals den Indianerroman aus der Zeit Coopers, der revolutionären Ideale
(als die Wilden noch bessere Menschen waren) . . . Fast alles
ist nach außen gebrachter Traum der unterdrückten Kreatur, die großes Leben haben will . . .« (Ernst Bloch)

11 angesehene Maler, darunter Franz von Stuck (s. 1889 u.
1899) gründen die Münchner Sezession für die Erneuerung der
Kunst und gegen den Einfluß, den der ›Malerfürst‹ Franz
von Lenbach (1836-1904) im Münchner Kunstleben ausübt.

Der Schriftsteller Maximilian Harden (1861-1927) gründet
die politische Wochenschrift ›Die Zukunft‹. Er deckt gesellschaftliche Skandale auf und bekämpft mit seiner Zeitschrift den ›neuen Kurs‹ Kaiser Wilhelms II.

Die ersten dt. Skiklubs werden gegründet: Am Feldberg
der Skiklub Todtnau (später Skiklub Schwarzwald) und im
Harz der Wintersportverein Braunlage von 1892 e. V.

[1893]

Auf dem Weg zum Frauenstudium: In Preußen werden
Mädchen, die sich privat vorbereitet haben, zum Abiturienten-Examen an den staatlichen Gymnasien zugelassen. Der
Besuch der Gymnasien selbst ist ihnen noch nicht erlaubt.
– In Karlsruhe wird mit Unterstützung des Großherzogs
von Baden das 1. Gymnasium für Mädchen eröffnet. Es wird
im 1. Jahr von 22 Mädchen besucht, von denen 4 bis zum
Abitur gelangen. Das Abitur berechtigt zum Studium zunächst nur in Baden (Universität in Heidelberg und Technische Hochschule in Karlsruhe, s. a. 1901).

Mit der dt. Ausg. des Romans ›Mysterien‹ des norwegischen Dichters Knut Hamsun beginnt Albert Langen (1869 bis
1909) in Paris einen Buch- und Kunstverlag, den er 1896
in München fortführt; er gibt dort die satirische Wochenschrift ›Simplicissimus‹ (s. 1896) heraus. Der Verlag Albert
Langen setzt sich für die skandinavische Literatur in D.
ein (u. a. Björnstjerne Björnson, Knut Hamsun, Selma Lagerlöf, August Strindberg).

Der österr. Dichter Hugo von Hofmannsthal (1874-1929),
bis 1905 dem George-Kreis (s. 1897) angehörend, veröffentlicht unter dem Pseudonym ›Loris‹ das lyrische Drama ›Der
Tor und der Tod‹.

Franz von Lenbach, Karikatur um 1890

Titelblatt der Erstausgabe, 1893

Neue, ›malerische‹ Baukunst: In München wird der Architekt Theodor Fischer (1862-1938) Stadtbaumeister. Als
Lehrer (später an der Technischen Hochschule München)
und als Vorbild einflußreich, vertritt F. gegenüber den Verkündern reiner Konstruktion und Technik eine ›malerische Baukunst‹ (s. a. 1908, Beton).

Erdöl als neue Kraftquelle: Der Ingenieur Rudolf Diesel
(1858-1913) baut mit Hilfe der Firmen M. A. N. in Augsburg
und Fried. Krupp einen Rohölmotor mit Selbstzündung, der
allerdings noch von einer Transmission angetrieben wird.
1895 arbeitet der Motor zufriedenstellend. Der 1. Fahrzeug-
Dieselmotor entsteht 1908 bei der Firma Adolph Saurer AG
in Arbon/Schweiz, den 1. brauchbaren Lastwagen mit Dieselmotor baut 1923 die MAN, den 1. serienmäßigen Diesel-
Personenwagen 1936 die Daimler-Benz AG, die 1. Diesellokomotive 1912 Gebrüder Sulzer in Winterthur/Schweiz.
Hugo Junkers (s. 1907) baut 1930 Flugzeugdieselmotoren in
das Großflugzeug ›Generalfeldmarschall von Hindenburg‹
ein.

Das Rheinisch-Westfälische Kohlensyndikat wird gegründet, das als Verkaufs-Kartell die Ruhrkohlenförderung monopolisiert; Vorbild für die Kartellbildung in anderen Wirtschaftszweigen.

[1894]

Der Chemiker, Physiker und Philosoph Wilhelm Ostwald
(1853-1932), Prof. in Leipzig, entdeckt den Mechanismus des
chemischen Prozesses der Katalyse, wofür er 1909 den No-

belpreis erhält. Philosophisch führt O. die Gedanken Haeckels (s. 1868) weiter, indem er auch die seelischen Vorgänge energetisch deutet.

Der Chemiker Ludwig Knorr (1859-1921), der Entdecker des 1. synthetischen Fiebermittels ›Antipyrin‹ (1884), veröffentlicht seine Untersuchung ›Über die Konstitution des Pyrazols‹. Vom Pyrazol aus gelangt 1897 Friedrich Stolz (1860 bis 1936) zum Anti-Schmerzmittel ›Pyramidon‹ (s. a. 1904).

Der Physiker Wilhelm Wien (1864-1928) formuliert im ›Wienschen Verschiebungsgesetz‹ eine wichtige Eigenschaft der schwarzen Strahlung (Wärmestrahlung). »Von diesem Gipfel der ›klassischen Physik‹ aus konnte Max Planck (s. 1900) zu seiner berühmten Strahlungsformel vordringen.« (A. Hermann) W. erhält 1911 den Nobelpreis.

Mit seiner Schrift ›Schmerzlose Operationen. Örtliche Betäubung mit indifferenten Flüssigkeiten‹ begründet der Arzt Carl Ludwig Schleich (1859-1922) die Lokalanästhesie. Seine Lebenserinnerungen ›Besonnte Vergangenheit‹ [1921] werden mit Aufl. von weit über 1 Million einer der größten Bucherfolge.

Die Zeitschrift ›Deutsche Rundschau‹ (s. 1874) beginnt mit dem Vorabdruck von Theodor Fontanes (s. 1888) Roman ›Effi Briest‹. »Mit diesem Roman eines Ehebruchs findet der deutsche Realismus seinen Anschluß an die Weltliteratur; in sozialethischer Hinsicht weist Fontane weit über seine Epoche hinaus.« (Thomas Mann; s. a. 1898)

Otto Brahm (s. 1889) übernimmt die Leitung des Deutschen Theaters in Berlin.

Die Schrift ›Caligula‹ des Historikers und Pazifisten Ludwig Quidde (1858-1941), eine auf Kaiser Wilhelm II. gemünzte ›Studie über römischen Cäsarenwahn‹, erscheint; sie erlebt viele Aufl.; Friedensnobelpreis 1927.

Nach Plänen des Architekten Paul Wallot (1841-1912) wird in Berlin das Reichstagsgebäude nach 10jähriger Bauzeit vollendet. W. ist einer der letzten Vertreter des pompösen Historismus in der Architektur.

[1895]
Auf dem Weg zur Gleichberechtigung der Frau: August Bebel (s. 1869) stellt im Reichstag den 1. Antrag auf Einführung des Frauenwahlrechts.

Das ›Unbewußte‹ wird ergründet: Der österr. Psychiater Sigmund Freud (1856-1939) und der österr. Physiologe Josef Breuer (1842-1925) veröffentlichen ›Studien über Hysterie‹. Sie erkennen, daß seelische Energien verschiebbar sind (s. a. 1900, Psychoanalyse).

Der Physiker Wilhelm Conrad Röntgen (1845-1923) entdeckt die ›X-Strahlen‹, später nach ihm Röntgenstrahlen benannt, für Medizin und Physik von größter Bedeutung, 1. Nobelpreis für Physik (1901).

Carl von Linde (s. 1876) gelingt die Verflüssigung der Luft durch tiefe Kühlung.

Mit maßgeblicher Förderung des Bankiers Kilian von Steiner (1838-1903) wird der Schwäbische Schillerverein (heute Deutsche Schillergesellschaft) gegründet. Er errichtet 1903 das

Das Reichstagsgebäude in Berlin. Architekt Paul Wallot, 1894

E. R. Weiß,
Selbstbildnis, 1896

Titelblatt der ersten Nummer
›Pan‹, Franz von Stuck, 1895

Schiller-Nationalmuseum in Marbach am Neckar (mit Archiv und Bibliothek); es enthält heute das Archiv des Cotta-Verlags und ein Deutsches Literaturarchiv mit Sammlungen und Nachlässen deutscher Dichter. 1. Leiter des Museums (ab 1904) ist Otto von Günther (1858-1949), »Geistiger Vater und Schöpfer des Museums«.

›Schloß Hubertus‹, einer der erfolgreichsten Romane des volkstümlichen Schriftstellers Ludwig Ganghofer (1855-1920) erscheint. 1966 Gesamtaufl. über 1 Million.

Harry Graf Keßler (1868-1937), Mäzen und Diplomat, gründet zusammen mit dem Schriftsteller Otto Julius Bierbaum (1865-1910) die Kunst- und Literaturzeitschrift ›Pan‹, gedruckt von der Firma Drugulin in Leipzig. Von dieser 1. ›Pan‹-Zeitschrift (die 2. erschien 1911 bei Cassirer, s. d.) ging die eigentliche Belebung der Buchkunst in Deutschland aus. K. reist 1902 nach London, um die Verbindung der führenden Drucker und Buchbinder Emery Walker, Cockerell und Eric Gill für den Insel-Verlag (s. 1899) herzustellen.

Der Schauspieler Ernst von Possart (1841-1921), »der letzte Verteidiger der alten Schule der klassischen Deklamation«, wird Theater-Generalintendant in München, fördert besonders die Oper (›Münchner Sommerfestspiele‹).

Käthe Kollwitz (1867-1945), Graphikerin und Bildhauerin, veröffentlicht die Folge der Radierungen ›Der Weberaufstand‹. K. stellt ihre Kunst in den Dienst sozialer Gerechtigkeit.

Beginn einer dt. Filmindustrie: Im Berliner Varieté-Theater ›Wintergarten‹ führen die Brüder Emil und Max Skladanowsky, Inhaber eines Patents auf ein ›Schneckenradgetriebe zur Fortbewegung eines Filmbandes‹, zum erstenmal öffentlich bewegte Reihenbilder, also Filme, vor. 1896 läßt der Techniker Oskar Meßter (1866-1943) aus London Edison-Filmstreifen nach Berlin kommen und baut den 1. brauchbaren Projektor und eine Aufnahme-Kamera; mit ihr macht er die ersten Wochenschau-Aufnahmen (s. a. 1897).

[1896]
Unter dem Eindruck des Dreyfus-Prozesses in Paris schreibt der österr. Schriftsteller Theodor Herzl (1860-1904) sein Werk ›Der Judenstaat‹, mit dem er den politischen Zionismus begründet. Der Staat Israel wird 1948 gegründet.

Der protestantische Theologe und Politiker Friedrich Naumann (1860-1919), seit 1895 Herausgeber der Zeitschrift ›Die Hilfe‹, wendet sich von Stoecker (s. 1878) ab und gründet den Nationalsozialen Verein, mit dem er die Verbindung

Albert Langen, Karikatur   Georg Hirth, Karikatur
von Alfred Kubin, 1901   von Alfred Kubin, 1896

von nationaler, christlicher und sozialer Gesinnung herbeiführen will und auch um die Arbeiterschaft wirbt. N. ist Mitbegründer des Werkbundes (s. 1907), der Staatsbürgerschule (1917, späterer Name Deutsche Hochschule für Politik) und der Deutschen Demokratischen Partei (1918), deren 1. Vorsitzender er wird. Ab 1907 Reichstagsabgeordneter, 1919 Mitglied der Weimarer Nationalversammlung.

Der Chirurg Ludwig Rehn (1849-1930) führt als erster am Menschen die Operationen der Naht eines Herzens und der Entfernung des Kropfes (bei der Basedowschen Krankheit) aus.

Die Jugend als neuer und eigener Wertbegriff: Am Gymnasium in Berlin-Steglitz gründet Karl Fischer (1881-1956) die 1. Wandergruppe. Seit 1901 als Bewegung unter dem Namen Wandervogel »rein jugendlich gesinnt«, breitet sie sich von 1908 bis 1914 über ganz D. aus.

In München erscheinen fast gleichzeitig die ersten Nummern von 2 Zeitschriften: die ›Jugend‹ des Verlegers Georg Hirth (1841-1916), mit der er den Künstlern der Sezession (s. 1892) ein Organ schafft, und Albert Langens ›Simplizissimus‹ (s. 1893), der zum bekanntesten politisch-satirischen Blatt wird; insbesondere die gerichtliche Bestrafung des Verlegers L. und des Schriftstellers Frank Wedekind (s. 1891), Verfasser eines Spottgedichts auf Kaiser Wilhelm II., und seines Illustrators Th. Th. Heine (1867-1948) machen den ›Simplicissimus‹ (1898) populär.

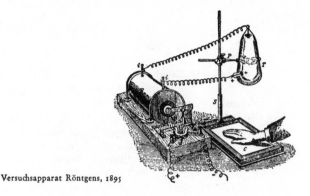

Versuchsapparat Röntgens, 1895

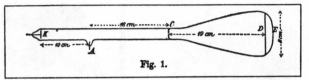

Die Braunsche Röhre, 1897

Eugen Diederichs (1867-1930) gründet in Florenz/Italien seinen Verlag, den er bald nach Leipzig und 1904 nach Jena verlegt. Er tritt für »eine Synthese der Renaissance und Romantik für eine neue deutsche Kultur« (Neuromantik, Jugendstil) ein. Die Buchgestaltung (von E. R. Weiß [1875-1942], Peter Behrens [s. 1907], F. H. Ehmcke [s. 1925], Bernhard Pankok [1872-1943] und Melchior Lechter [s. 1897]) setzt er dem »charakterlosen« Prunkstil der Zeit entgegen; sein Programm ist von Ideen des Wandervogels (s. o.) und der Jugendbewegung (s. 1890) beeinflußt (s. a. 1934, Richard Benz).

Der Architekt Alfred Messel (1835-1909) baut das Warenhaus Wertheim in Berlin und gibt damit einem neuen Baugedanken — der Lösung einer Bauaufgabe von innen her — Ausdruck.

Der ›Maschineriedirektor‹ (Bühnentechniker) Karl Lautenschläger (1843-1906) erfindet die Drehbühne, die zuerst in das Münchener Residenztheater eingebaut wird.

[1897]
Der Chemiker Eduard Buchner (1860-1917), Schüler A. von Baeyers (s. 1880), entdeckt im Hefeextrakt das Gärungsferment ›Zymase‹ als Ursache der alkoholischen Zuckergärung. Er widerlegte damit Pasteurs Behauptung, die Gärungsprozesse seien an Lebensvorgänge von Mikroorganismen gebunden. 1907 erhält er den Nobelpreis.

Der Physiker Karl Ferdinand Braun (1850-1918) konstruiert die Kathodenstrahl-Leuchtschirm-Röhre. Er erhält zusammen mit dem italienischen Funktechniker Guglielmo Marconi (1874-1937) 1909 den Nobelpreis.

Der Dichter Stefan George (1868-1933) veröffentlicht seine Gedichtsammlung ›Das Jahr der Seele‹. Die Buchausstattung besorgt Melchior Lechter (1865-1937); sie bedeutet den Beginn eines neuen Buchstils. Von Lechter stammen Einband und Titelblatt, alles andere ist genaue Wiedergabe der Handschrift G.s. Ein Jahr später erscheint die 1. öffentliche Ausg. — G. war 1890 erstmals mit ›Hymnen‹ (Privatdruck) hervorgetreten, sammelte einen schöngeistigen Kreis, den G.-Kreis (s. 1893), um sich; 1892 gründet G. die Zeitschrift ›Blätter für die Kunst‹ (s. a. 1907).

Der Maler und Zeichner Otto Eckmann (1865-1902), Vertreter der ›floralen‹ Richtung des Jugendstils (s. 1900), gibt dekorative Entwürfe unter dem Titel ›Neue Formen‹ heraus.

Der katholische Pfarrer und Heilkundige Sebastian Kneipp (geb. 1821), der, durch eigene Erkrankung veranlaßt, Wasserkuren entwickelte und weit verbreitete Bücher über seine Kur schrieb, stirbt in Bad Wörishofen.

Oskar Meßter (s. 1895) gibt den 1. dt. Kinokatalog heraus, illustriert und mit 84 ›Nummern‹ (Filmstreifen). Er gründet auch eine ständige Wochenschau, die ›Meßter-Woche‹.

[1898]
Bismarck (s. 1890) stirbt und wird bei seinem Alterssitz Friedrichsruh in der Nähe von Hamburg bestattet.

Theodor Fontane (s. 1894) stirbt. 1899 erscheint die Buchausg. seines letzten Romans, ›Der Stechlin‹. F.s Bedeutung wird erst viel später allgemein erkannt.

Arno Holz (s. 1889) veröffentlicht den Gedichtbd. ›Phantasus‹; durch entsprechende Druckanordnung will H. seine Leser zwingen, rhythmisch zu lesen. Verzicht auf Reim und Strophe.

Der Komponist Richard Strauss (1864-1949) wird Hofkapellmeister in seiner Geburtsstadt München (s. a. 1904).

Die wissenschaftlich-technische Zusammenarbeit wird international: Die Chemiefaserindustrie entsteht, ein Bei-

Melchior Lechter, Titelblatt
zu ›Der Schatz der Armen‹, 1898

Stefan George, Holzschnitt
von Reinhold Lepsius

spiel für die beginnende intern. wissenschaftlich-technische Zusammenarbeit: Der französische Chemiker Graf Chardonnet (1839-1924) errichtet 1880 auf Grund eigener Experimente in Besançon eine Kunstseidenfabrik. Der dt. Chemiker Max Fremery (1859-1932) erfindet 1898 eine neues Verfahren zur Erzeugung von Kunstfäden, das ›Glanzstoff-Verfahren‹. Später bediente sich F. des von englischen Forschern entwickelten Viskoseverfahrens.

Die von Adam Opel (1837-95) gegründeten Opel-Werke in Rüsselsheim, die seither Nähmaschinen und Fahrräder produziert haben, stellen ihr erstes Automobil vor.

Im Verlag Ullstein (s. 1890) erscheint die 1. Nummer der ›Berliner Morgenpost‹. (1899: 160 000 Bezieher; s. a. 1904).

Selbstbildnis von
Th. Th. Heine, 1899

[1899]

Der Philosoph und Pädagoge Paul Natorp (1854-1924), Neukantianer der ›Marburger Schule‹, veröffentlicht seine ›Sozialpädagogik‹.

Der Mathematiker David Hilbert (1862-1943) beweist in seinen ›Grundlagen der Geometrie‹ die Unabhängigkeit und Widerspruchsfreiheit ihrer Axiome.

Die Dichter O. J. Bierbaum (s. 1895), Alfred Walter von Heymel (1878-1914) und Rudolf Alexander Schröder (1878 bis 1962) gründen die literarisch-künstlerische Zeitschrift ›Die Insel‹, typographisch gestaltet und illustriert von Heinrich Vogeler, Th. Th. Heine (s. 1896), E. R. Weiß (s. 1896) und Marcus Behmer (1879-1958). Die Zeitschrift selbst erscheint nur 3 Jahre, aber der 1902 gegründete Insel-Verlag (s. a. 1895) entwickelt sich zu einem führenden Unternehmen, ab 1905 in der Hand von Anton Kippenberg (1874-1950), der Ehmcke (s. 1925), Ch. H. Kleukens (1880-1954) und Tiemann (1876-1951) als Buchkünstler gewinnt; erfolgreichster Autor ist Rilke (s. 1906).

Houston Stewart Chamberlain (1855-1927), ein in dt. Sprache schreibender englischer Schriftsteller, Schwiegersohn Richard Wagners (s. 1876), veröffentlicht ›Die Grundlagen des 19. Jahrhunderts‹. Das Werk bestärkt Kaiser Wilhelm II. in seiner ›deutschen Sendung‹ und wird zu einem Quellenwerk der antisemitischen ›völkischen‹ Bewegung.

Der österr. Schriftsteller Karl Kraus (1874-1936) gründet in Wien ›Die Fackel‹, eine Zeitschrift, deren scharfe Sprach- und Kulturkritik bis 1936 die politischen Ereignisse begleitet und ab 1911 nur Beiträge von K. selbst enthält. Eigens für K. gründet der dt. Verleger Kurt Wolff (s. 1906) 1916 den ›Verlag der Schriften von Karl Kraus‹.

Der 26jährige Maler Franz von Stuck (s. 1892) erhält auf der 1. Glaspalastausstellung in München eine Goldmedaille für sein Bild ›Wächter des Paradieses‹, das für 60 000 Mark angekauft wird. St. wird 1906 geadelt.

In Berlin beginnt der Bau einer Untergrundbahn.

[1900]

Der Diplomat Fürst Bernhard von Bülow (1849-1929) wird Reichskanzler (bis 1909). Seine ›Denkwürdigkeiten‹ erscheinen postum 1930/31 in 4 Bdn.

Das 1896 verkündete Bürgerliche Gesetzbuch (BGB) tritt in Kraft. Damit ist das seit den Freiheitskriegen (1813-15) geforderte einheitliche allgemeine dt. Zivilgesetzbuch geschaffen; es hat die politischen Wechsel überstanden und ist noch heute in Kraft.

Der ›Kathedersozialist‹ Gustav Schmoller (1838-1917) veröffentlicht sein Hauptwerk ›Grundriß der allgemeinen Volkswirtschaftslehre‹. 1907 gründet er den Verein für Sozialpolitik, der empirische Sozialforschung treibt.

Friedrich Nietzsche (s. 1883), seit 1889 geistig umnachtet, stirbt in Jena.

Wiederentdeckung der Mendelschen Erbgesetze (s. 1865).

Eine neue Deutung der menschlichen Triebkräfte: ›Die Traumdeutung‹, das Hauptwerk Sigmund Freuds (s. 1895), erscheint. Die Psychoanalyse, eine medizinische Analytik, Theorie und Heilpraxis, wirkt weit über die Medizin hinaus in alle Bereiche des kulturellen Lebens des 20. Jh.s. Die Einstellung zum Geschlechtsproblem ändert sich: Die Sexualität des Menschen wird erforscht – zunächst gegen stärkste Ablehnung der öffentlichen Meinung und eines großen Teils der Wissenschaft. Aber: »Es gibt keinen einzigen namhaften Menschen in Europa auf allen Gebieten der Kunst, der Forschung und der Lebenskunde, dessen Anschauungen nicht direkt oder indirekt durch Freuds Gedankenkreise in Anziehung oder Gegenwehr schöpferisch beeinflußt wären.« (Stefan Zweig)

Eine neue Deutung der Natur: Der Physiker Max Planck (1858-1947), ursprünglich Gegner der Atomistik, begründet mit der Formel über die Strahlung schwarzer Körper (s. a. W. Wien, 1894) die Quantentheorie und leitet damit den »Umsturz im Weltbild der Physik« ein: Die Energieumsätze erfolgen nicht stetig, sondern in Sprüngen, in ›Quanten‹. P. ist mit Einstein (s. 1905), dessen spezielle Relativi-

Titelblatt
von Peter Behrens

tätstheorie er in ihrer Bedeutung sofort erkennt, der führende Physiker seiner Zeit; 1930-37 Präsident der Kaiser-Wilhelm-Gesellschaft (s. 1911); Nobelpreis 1918.

Der Friedrichshagener Dichterkreis bildet sich. Mittelpunkt ist der Dichter Wilhelm Bölsche (1861-1939), der als Schüler Haeckels (s. 1875) in seinen Büchern die naturwissenschaftliche Forschung popularisiert. Dem F. D. gehörten Richard Dehmel (s. 1891), die Brüder Hart (Heinrich, 1855 bis 1906; Julius, 1859-1930) und zeitweise auch der junge Gerhart Hauptmann (s. 1892) an. Bölsches Hauptwerk ist ›Die naturwissenschaftlichen Grundlagen der Poesie‹ (1887). B. gründete zusammen mit Bro Wille (1860-1928) die Freie Volksbühne in Berlin (1890).

Ein neuer Lebensstil, in dem das Bauen einen zentralen Platz einnimmt: Großherzog Ernst-Ludwig von Hessen (1869-1907) veranlaßt in Darmstadt den Bau der Künstler-Siedlung Mathildenhöhe. Mit der Eröffnung verbunden wird eine Ausstellung ›Ein Dokument deutscher Kunst‹ (1901). Der Gesamtplan stammt von dem österr. Architekten Joseph Maria Olbrich (1867-1908), der sich mit 6 anderen jungen Künstlern, darunter Peter Behrens (s. 1907), in der ›Künstlerkolonie‹ das von ihm ›funktionell‹ geplante Ernst-Ludwig-Haus als Arbeitsstätte baut. Die Bemühungen wirken befruchtend auf den ›Jugendstil‹ (s. 1901) und den Werkbund (s. 1907).

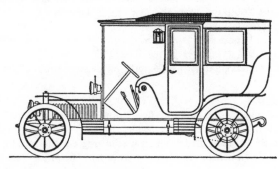

Karosserie-Entwurf für ein Opel-Automobil

Der General und Konstrukteur Graf Ferdinand von Zeppelin (1838-1917) vollendet den Bau seines 1. (starren) Luftschiffes. Es ist 128 m lang und mit 4 Daimler-Motoren (s. 1893) von je 11,5 PS ausgerüstet. Sein Bauelement ist das durch industrielle Großproduktion billig gewordene Aluminium. Beim 1. Aufstieg bleibt der ›Zeppelin‹ 18 Minuten in der Luft. Vom Luftschiffbau wird der Metall-, Flugzeug-, Motoren- und Getriebebau in Deutschland gefördert.

Die Industrieproduktion in Deutschland überflügelt zum erstenmal die bis dahin zweitgrößte Industrienation England. An 1. Stelle liegen die USA, deren industrielle Produktion so groß ist wie die von D. und England zusammen.

[1901]

Ein neues Urheberrechtsgesetz für Werke der Literatur und der Tonkunst tritt in Kraft. Es gewährt dem Urheber und seinen Erben die alleinige Nutzung seines Werkes bis 30 Jahre nach seinem Tod. 1907 folgt das entsprechende Gesetz für Werke der bildenden Künste und der Fotografie. 1934 wird die Schutzfrist auf 50 Jahre nach dem Tod verlängert, 1965 auf 70 Jahre.

Auf dem Weg zum Frauenstudium: Als 1. Land läßt das Großherzogtum Baden das Studium von Frauen allgemein an Universitäten zu; in Heidelberg war die Aufnahme in der mathematisch-naturwissenschaftlichen Abteilung schon ab 1891 möglich. In Bayern dürfen Frauen ab 1903, in Württemberg ab 1904, in Sachsen und Thüringen ab 1906, in Preußen ab 1908 studieren.

Eröffnung des Pergamon-Museums in Berlin (s. a. 1873).

Der österr. Bakteriologe Karl Landsteiner (1868-1943) entdeckt die menschlichen Blutgruppen; Nobelpreis 1930.

Dem Farbstoffchemiker René Bohn (1862-1922) gelingt die Synthese eines lichtechten und farbbeständigen ›Indanthren‹-Farbstoffes.

Von dem Schriftsteller Thomas Mann (1875-1955) erscheint der Gesellschaftsroman ›Buddenbrooks. Verfall einer Familie‹ (S. Fischer Verlag, in 2 Bdn.); schon bei Erscheinen wird der Roman begrüßt als »ein unzerstörbares Buch. Es wird wachsen mit der Zeit und noch von vielen Generationen gelesen werden.« (S. Lublinsky) Nobelpreis 1929 an M., »hauptsächlich für seinen Roman ›Buddenbrooks‹« (s. a. 1924).

Ernst Ruhmer erfindet die fotografische Lichtton-Aufnahme und -Wiedergabe (s. a. 1922).

Henry van de Velde, Zeichnung
von Edvard Munch, um 1900

Zierinitiale von H. Vogeler (l.)
und P. Behrens (r.), um 1903

Der Jugendstil bricht sich Bahn: Der belgische Maler, Architekt und Kunstgewerbler Henry van de Velde (1863-1957), der große Wegbereiter und Mitschöpfer des Jugendstils, des Werkbundes (s. 1907) und Vorbereiter der Reformgedanken des Bauhauses (s. 1919) entwirft für das Folkwang-Museum in Hagen (s. 1902) die Innenausstattung und wird 1902 nach Weimar berufen, wo er von 1909 bis 1914 die Kunstgewerbeschule leitet.

Der Architekt Richard Riemerschmid (1868-1957) gestaltet den Innenraum des neuen Schauspielhauses in München im Jugendstil.

Der Ingenieur Wilhelm Maybach (1846-1929) konstruiert für die Automobilfabrik Daimler (s. 1886) einen neuen Wagen, der später den Namen Mercedes erhält.

Das 1. Privatauto läuft in Berlin. Seit 1899 gibt es einen Automobilklub, der ab 1904 (93 Mitglieder) Kaiserlicher Automobilklub heißt.

Der Apotheker Oscar Troplowitz (1863-1918), Nachfolger von Paul Beiersdorf (s. 1882), entwickelt als Hilfsmittel für die Chirurgie das 1. Zinkoxyd-Heftpflaster ›Leukoplast‹.

[1902]

›Regeln für die deutsche Rechtschreibung nebst Wörterverzeichnis‹ treten in Kraft. Modernisierung der Orthographie (z. B. Tür statt Thür), Vereinheitlichung der Interpunktion.

Der Nobelpeis für Literatur wird dem Historiker Theodor Mommsen (s. 1885) zuerkannt, »dem größten lebenden Meister unserer Zeit in der Kunst der geschichtlichen Darstellung, im besonderen Hinblick auf seine monumentale ›Römische Geschichte‹«.

Von dem Geographen Friedrich Ratzel (1844-1904), auf den Gebieten der Völkerkunde, der politischen Geographie und der Anthropogeographie in D. führend, erscheint ›Die Erde und das Leben‹ in 2 Bdn.

Der Chemiker Emil Fischer (1852-1919), Schüler A. von Baeyers (s. 1880), weist den Aufbau der Eiweißstoffe aus Aminosäuren nach; im gleichen Jahr erhält er den Nobelpreis für seine Arbeiten auf dem Gebiet der Zucker- und Puringruppen.

Der Internist Friedrich von Müller (1858-1941) übernimmt an der Universität München die II. Medizinische Klinik. Sein ›Taschenbuch der Medizinisch-Klinischen Diagnostik‹ erreicht 1941 die Aufl. von 160 000 Exemplaren.

Der Kunstgelehrte Aby Warburg (1866-1929) gründet in Hamburg die Kulturwissenschaftliche Bibliothek Warburg, von der bedeutsame Forschungsarbeiten ausgehen, besonders über das Nachleben der Antike.

Die Deutsche Dichtergedächtnis-Stiftung, mit dem Zweck, »hervorragenden Dichtern durch Verbreitung ihrer Werke ein Denkmal im Herzen des deutschen Volkes zu setzen«, wird in Hamburg errichtet.

Der Verleger Karl Robert Langewiesche (1874-1931) gründet in Düsseldorf seinen Verlag für Die Blauen Bücher: Einheitspreise und einheitliche Ausstattung tragen zur Popularisierung bei.

Der Industrielle Karl Ernst Osthaus (1874-1921) gründet in Hagen das Folkwang-Museum (s. 1901) — 1922 nach Essen verlegt —, eine Kunstsammlung mit vorwiegend Werken des 20. Jh.s.

Der Elektrotechniker Robert Bosch (1861-1942), der schon die Niederspannungs-Magnetzündung entwickelt hat, baut die 1. Hochspannungsmagnetzündung für Verbrennungsmotoren. 1912 kommt aus seiner Fabrik das millionste Exemplar dieser die Weltgeltung der Robert Bosch GmbH begründenden Erfindung.

[1903]

Beginn dt. Auslandsinvestitionen: Mit Geldern der Deutschen Bank wird als Fortsetzung der Anatolischen Bahn die Bagdadbahn gebaut; sie wird erst 1940 voll in Betrieb genommen.

Der Neurologe und Gehirnanatom Oskar Vogt (1870-1959) lokalisiert (zusammen mit Brodmann und Campbell) bestimmte Gehirnfunktionen. Zusammen mit seiner Frau Cecilie gibt V. 1919 unter dem Titel ›Allgemeine Ergebnisse unserer Gehirnforschung‹ Nachweise lokalisierter Gehirnzentren bekannt.

Umschlag
des ›Kunstwart‹,
Zeichnung von
J. V. Cissarz

Der Schriftsteller Carl Muth (1864-1944) gründet die Zeitschrift ›Hochland‹, die »das geistige und künstlerische Leben des deutschen Katholizismus im Lichte der Gegenwart spiegeln« soll.

Der Elektroingenieur Oskar von Miller (1855-1934), ein Pionier der Energiewirtschaft, Mitbegründer der AEG (s. 1883), gründet in München das Deutsche Museum von Meisterwerken der Naturwissenschaft und Technik. Der Bau wird erst 1925 eröffnet (s. a. 1907, v. Seidl).

Der Mechanikergeselle Ernst Sachs (1867-1932) bringt die Fahrrad-Freilaufnabe ›Torpedo‹ auf den Markt; der Freilauf ist kombiniert mit Rücktritt-Bremse.

Auf dem Exerzierplatz zu Hamburg-Altona findet vor 2000 Zuschauern das 1. Endspiel um die dt. Fußballmeisterschaft statt: VFB Leipzig gegen DFC Prag: 7:2. Die Einnahme, auf Tellern gesammelt, beträgt 473 Mark.

[1904]
Von dem Literarhistoriker Albert Bielschowsky (1847-1902) erscheint der 2. Bd. seiner Goethe-Biographie (1. Bd. 1903), die auf lange Zeit das Goethebild des dt. Bürgertums bestimmt.

Der Völkerkundler Leo Frobenius (1873-1938) beginnt seine Forschungsreisen nach Afrika; sein Hauptarbeitsgebiet ist die Negerkunst. F.s Kulturmorphologie steht unter dem Einfluß Spenglers (s. 1922).

Der Zoologe Theodor Boveri (1863-1915) erkennt die Chromosomen des Zellkerns als stoffliche Träger der Erbanlagen.

Zeitungsanzeige, gezeichnet von Otto Eckmann

In den Farbwerken Hoechst AG (s. 1863) stellt der Chemiker Fritz Stolz (s. 1894) zum erstenmal ein Hormon, das Adrenalin, synthetisch her.

›Peter Camenzind‹, ein Entwicklungsroman mit autobiographischen Zügen des Erzählers und Lyrikers Hermann Hesse (1877-1962), erscheint.

In Berlin führt der Schauspieler und Regisseur Max Reinhardt (1873-1943) seine 1. Inszenierung von Shakespeares ›Sommernachtstraum‹ vor, den er noch 12mal – für über 1000 Aufführungen – neu inszeniert. Der Shakespeare-Zyklus in Berlin (1911-14) ist der Höhepunkt. Aus der Reinhardt-Schule kommen die Regisseure Hans Schweikart, Erich Engel, Ludwig Berger, Berthold Viertel, Gustaf Gründgens (1899-1963) und Heinz Hilpert (s. 1950), die amerikanischen Filmregisseure Ernst Lubitsch (s. 1919) und William Dieterle. In Österreich gründet R. die Staatliche Schauspielschule und das Reinhardt-Seminar in Wien und – zusammen mit Hugo von Hofmannsthal (s. 1893) und Richard Strauss (s. 1898) – die ›Salzburger Festspielhausgemeinde‹ (1917).

Die Schauspielerin Louise Dumont (1862-1932) gründet mit ihrem Mann Gustav Lindemann (1872-1960) das Düsseldorfer Schauspielhaus.

Der Impressionismus in der Malerei setzt sich in D. durch: Von dem Kunstschriftsteller Julius Meier-Graefe (1867 bis 1935) erscheint die ›Entwicklungsgeschichte der modernen Kunst‹. M.-G. trägt entscheidend zur Anerkennung des Impressionismus in D. bei, wird aber zunächst stark angefeindet. 1905 erscheint von M.-G. die Streitschrift ›Der Fall Böcklin‹, die sich gegen die Urteilslosigkeit des dt. Publikums und die Bewunderung für Böcklin und Richard Wagner (s. 1899) wendet.

In Berlin erscheint im Verlag Ullstein (s. 1898) die ›B. Z. am Mittag‹ als 1. dt. Zeitung, die kein Abonnement hat, sondern ganz auf Straßenverkauf eingestellt ist (s. a. 1924).

[1905]
Der Philosoph, Kulturhistoriker und Soziologe Wilhelm Dilthey (1833-1911), »der größte Historiker der Geistesgeschichte seit Hegel«, Schöpfer der Erkenntnistheorie der Geisteswissenschaften, veröffentlicht 4 Essays ›Das Erlebnis und die Dichtung‹, die »in der Literaturforschung eine neue Wendung und Vertiefung bewirkt haben«. (Max Rychner)

Jakob Burckhardts (s. 1860) ›Weltgeschichtliche Betrachtungen‹ erscheinen.

Titelzeichnung
›Varieté‹, 1911
für ›Der Sturm‹
von E. L. Kirchner

Von dem österr. Physiker und Philosophen Ernst Mach
(1838-1916), einem führenden Vertreter des Positivismus, erscheint ›Erkenntnis und Irrtum‹. M. hat den Begriff ›Gestalt‹ in die Wissenschaft eingeführt.

Der evangelische Theologe Albert Schweitzer (1875-1955)
veröffentlicht in französischer Sprache sein Werk ›Johann
Sebastian Bach‹. Die völlig umgearbeitete dt. Ausg. erscheint
1908. Sch. beschäftigt sich auch mit dem Orgelbau. Ein Zeit-
schriftenartikel über die Not der Eingeborenen in Äquatorial-
Afrika führt Sch. zum Medizinstudium und 1913 nach
Afrika, wo er in Lambarene/Gabun ein Krankenhaus eröffnet (s. a. 1931).

Der Zoologe Fritz Schaudinn (1871-1906) entdeckt zusammen mit Erich Hoffmann (1868-1959) den Erreger der Syphilis.

Der Theaterkritiker Siegfried Jacobsohn (1881-1926)
gründet die Wochenschrift ›Die Schaubühne‹. Nach dem
1. Weltkrieg wird sie in ›Die Weltbühne‹ (s. 1924) umbenannt.

Eine neue Ansicht der Natur: Der Physiker Albert Einstein
(1879-1955) veröffentlicht in den ›Annalen der Physik‹ die
grundlegenden Arbeiten zur ›Speziellen Relativitätstheorie‹;
1914/15 begründet er die ›Allgemeine Relativitätstheorie‹.
»Diese ist das vielleicht Höchste und Bewundernswürdigste,
was einem einzelnen Menschen zu schaffen vergönnt war.«
(A. Hermann) Nobelpreis 1921 (s. a. 1900, Planck)

Drei dt. Naturwissenschaftler erhalten je einen Nobelpreis:
Philipp Lenard (1862-1947) für Physik, Adolf v. Baeyer
(s. 1897) für Chemie und Robert Koch (s. 1882) für Medizin.

Von Hedwig Courths-Mahler (1867-1950) erscheint der
Roman ›Scheinehe‹. Damit beginnt ein märchenhafter
literarischer Aufstieg der Verfasserin sog. Trivialromane. Die
Gesamtaufl. ihrer Bücher wird auf 30 Millionen Exemplare
geschätzt.

Der Schauspieler Adalbert Matkowsky (1857-1909) spielt in
Berlin die Titelrolle in Schillers ›Wilhelm Tell‹ (s. 1867). Er ist
neben Joseph Kainz (s. 1878) der prominenteste Schauspieler
der Zeit.

Beginn des Expressionismus in der Malerei: Gründung
der expressionistischen Künstlergemeinschaft ›Die Brücke‹
in Dresden durch die Maler Ernst Ludwig Kirchner (1880 bis
1938), Erich Heckel (1883–1970) und Karl Schmidt-Rottluff
(1884-1976); später treten ihr Otto Müller (1874-1930), Max
Pechstein (1881-1955) und Emil Nolde (1867-1956) bei. ›Die
Brücke‹ wird mit ihrer 1. Ausstellung (1906) Ausgangspunkt
der expressionistischen Bewegung in der bildenden Kunst.

Der Bau des Rhein-Weser-Kanals, des 1. Abschnitts des
Mittellandkanals, beginnt.

Ernst Wiss entwickelt die Technik des autogenen
Schweißens.

In Chicago eröffnet Carl Laemmle (1867-1939), dt. Einwan-
derer aus Laupheim in Württemberg, ein Lichtspieltheater,
das 1. einer Filmtheater-Kette in den USA. L. wird später
Präsident der Universal Pictures Company.

[1906]

Das dt. Kaiserreich erlebt seine Parodie: Der vorbestrafte
Schuhmacher Wilhelm Voigt verkleidet sich als Hauptmann

Aus der
Dissertation
von Max Born,
›Untersuchungen
über die
Stabilität der
elastischen
Linie in Ebene
und Raum unter
verschiedenen
Grenz-
bedingungen‹,
14. 1. 1907

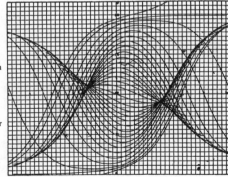

und läßt sich mit Hilfe einiger auf der Straße angehaltener Soldaten die Stadtkasse von Köpenick aushändigen (s. 1931, Dramatisierung durch Zuckmayer).

Der Physiker und Chemiker Walther Nernst (1864-1941) stellt den nach ihm benannten Wärmesatz auf (3. Hauptsatz der Thermodynamik). N. ist einer der Begründer der physikalischen Chemie; Nobelpreis für Chemie 1920.

Der Chemiker Fritz Hofmann (1866-1956) findet ein Verfahren zur Herstellung künstlichen Kautschuks. Später ist er an der Fabrikation des Kunstgummis Buna (s. 1926) beteiligt.

Die Pädagogen Gustav Wyneken (1875-1964) und Paul Geheeb (1870-1961) gründen die »Freie Schulgemeinde Wickersdorf«. W. war Mitarbeiter von Hermann Lietz (1868 bis 1919), dem Gründer des ersten Landerziehungsheims (1898 in Ilsenburg am Harz).

Der Dichter Rainer Maria Rilke (s. 1899), »gleich dem Maler van Gogh einer der großen Heiligen der modernen Kunst« (St. Spender), veröffentlicht ›Die Weise von Liebe und Tod des Cornets Christoph Rilke‹. 1912 eröffnet das populäre Werk als Nr. 1 die ›Insel-Bücherei‹, eine Kleinbuchreihe des Insel-Verlags (s. 1899), die »in Pappband mit Buntpapierüberzug 50 Pfennige« kostet, weit verbreitet wird und geschmacksbildend auf buchkünstlerischem Gebiet wirkt.

Der Kunsthistoriker Wilhelm von Bode (1845-1929) wird Generaldirektor der Museen in Berlin, die seiner Sammler- und Aufbautätigkeit ihren Weltrang verdanken.

Der Schriftsteller, Kunsterzieher und Förderer des Impressionismus Karl Scheffler (1869-1951) übernimmt die Redaktion der Zeitschrift ›Kunst und Künstler‹, die 1902 von dem Verleger Bruno Cassirer (1872-1941) begründet wurde, um »jene bedenkliche Romantik abzuwehren, die damals wie ein Rauschgift auf ein ganzes Volk von ›Rembrandtdeutschen‹ (s. 1890, Langbehn) wirkte«.

Der Journalist Theodor Wolff (1868-1943) wird Chefredakteur des ›Berliner Tageblatt‹ (s. 1871), dessen Gründer, Rudolf Mosse (s. 1879), sein Onkel ist.

[1907]

Der österr. Psychologe Alfred Adler (1870-1937), Begründer der Individualpsychologie, veröffentlicht ›Studien über die Minderwertigkeit von Organen‹.

Von Stefan George (s. 1897) erscheint ›Der siebente Ring‹ (s. a. 1927).

Der österr. Komponist und Dirigent Gustav Mahler (1860 bis 1911), einer der »größten Menschen und Künstler« (Schönberg), wird Direktor der Hofoper zu Wien und gleichzeitig (bis 1909) der Metropolitan Opera in New York.

Albert Langen (s. 1896) gründet eine ›Halbmonatsschrift für deutsche Kultur‹ unter dem Titel ›März‹. Herausgeber sind neben L. die Schriftsteller Ludwig Thoma (s. 1909) und Hermann Hesse (s. 1904). Das Programm des ›März‹: »Wir dienen der Kunst, die weder ein Luxus — noch ein Handelsartikel, sondern ein Lebenselement ist.« 1913 übernimmt der Schriftsteller u. Politiker Theodor Heuss (s. 1949) die Redaktion.

Der Architekt Gabriel von Seidl (1848-1913) beginnt mit dem Bau des Deutschen Museums in München (s. 1903).

Vom Jugendstil zur Neuen Sachlichkeit: Der Deutsche Werkbund wird in München gegründet. Mitglieder sind u. a. die Architekten Peter Behrens (s. u.), Theodor Fischer (s. 1908), J. M. Olbrich (s. 1900), Bruno Paul (s. u.), Richard Riemerschmid (s. 1901) und Fritz Schumacher (s. 1901). Der Dt. W. ist eine Vereinigung von Künstlern, Handwerkern und Industriellen, die eine auf Zweckmäßigkeit, Materialgerechtigkeit und Form ausgerichtete »Veredelung der gewerblichen Arbeit« anstreben. Die N. S. lösen 1933 den Dt. W. auf, 1947 wird er neu gegründet.

Peter Behrens (1868-1940), ein von der Malerei herkommender Architekt, der zur Darmstädter Künstlerkolonie gehört (s. 1900), wird von Emil Rathenau (s. 1883) zum künstlerischen Beirat der Elektrofirma AEG in Berlin berufen. Die Bauten für die AEG, vor allem die große Turbinen-

Wilhelm Voigt, der Hauptmann von Köpenick, Karikatur von Fritz Koch-Gotha

halle von 1909, sind »monumentale Sinnbilder der streng organisierten Arbeit«. Die Architekten Walter Gropius (1883-1969), Mies van der Rohe (1886-1969) und Le Corbusier (1887-1965) arbeiten in B.s. Atelier. B. strebt nach einer Vereinigung von Technik, konstruktionsgerechtem Material und Kunst in der Architektur, ist aber auch Schriftkünstler, Formgestalter und Bühnenausstatter; er ist ein Wegbereiter der ›Neuen Sachlichkeit‹.

J. M. Olbrich (s. 1900) baut in Darmstadt den Hauptbahnhof und den ›Hochzeitsturm‹ auf der Mathildenhöhe.

Der Zeichner, Architekt und Kunstgewerbler Bruno Paul (1874-1968) wird Direktor der Kunstgewerbeschule in Berlin, die auf seine Initiative mit der Hochschule für bildende Künste zur Vereinigten Staatsschule für freie und angewandte Kunst verbunden wird, eine Art Vorläufer des Bauhauses (s. 1919 u. 1928).

Der Ingenieur Hermann Anschütz-Kaempfe (1872-1931) erfindet den von den Schlingerbewegungen der Schiffe unabhängigen Kreiselkompaß.

Der Hütteningenieur Alfred Wilm (1869-1937) erfindet die 1. hochfeste Aluminiumlegierung, das Duraluminium.

Der Flugzeugkonstrukteur Hugo Junkers (1859-1935) erfindet den Doppelkolbenmotor; 1915 baut er das 1. Ganzmetallflugzeug (s. a. 1893).

Der Tierhändler und Zirkusbesitzer Carl Hagenbeck (1844 bis 1913) gründet den Tierpark Hamburg-Stellingen.

[1908]

Auf dem Weg zum Frauenstudium: Reform der Mädchenschulbildung jetzt auch (s. 1893) in Preußen mit Einrichtung von Mädchengymnasien.

Der Historiker Friedrich Meinecke (1862-1954), von 1893 bis 1935 Herausgeber der ›Historischen Zeitschrift‹, veröffentlicht ›Weltbürgertum und Nationalstaat‹. 1936 erscheint M.s Hauptwerk ›Die Entstehung des Historismus‹. 1948 wird M. der 1. Rektor der Freien Universität Berlin (s. d.).

Der russische Physiker und Mathematiker Hermann Minkowsky (1864-1909), Prof. in Göttingen, gibt in seiner Schrift ›Raum und Zeit‹ die mathematische Grundlage der speziellen Relativitätstheorie (s. 1905, Einstein).

Paul Ehrlich (s. 1882), Schöpfer der experimentellen Chemotherapie, erhält zusammen mit dem russischen Bakteriologen Ilja Metschnikow (1845-1916) für Arbeiten über die

Max Slevogt, Geburtsanzeige für seinen Sohn, 4. 8. 1908

Immunität den Nobelpreis für Medizin. Zusammen mit dem Japaner Hata entwickelt E. 1909 das ›Salvarsan‹ zur Behandlung der Syphilis. Mit Emil von Behring (s. 1890) ist er auch der Begründer der modernen Serumbehandlung.

Der Verleger Reinhard Piper (1879-1954) in München veröffentlicht die Doktorarbeit des jungen Kunsthistorikers Wilhelm Worringer (1881-1965), ›Abstraktion und Einfühlung‹; sie wird in 18 Sprachen übersetzt und ist »ein Schlüssel zu der heraufdämmernden Welt des Expressionismus«. Der 1904 gegründete Verlag R. Piper & Co. macht sich als führender Kunstverlag einen Namen. Dort erscheint das Manifest ›Der Blaue Reiter‹ (s. 1912), später folgen die Drucke der Marées-Gesellschaft.

Im Verlag von Georg Müller in München (gegr. 1903) erscheint von dem österr. Graphiker und Buchillustrator Alfred Kubin (1877-1959) der phantastische Roman ›Die andere Seite‹. Einfluß auf Franz Kafka (s. 1913), Ernst Jünger (s. 1929).

2 führende dt. Verlage entstehen: Der Buchhändler Ernst Rowohlt (1887-1960) gründet den Rowohlt Verlag, Paris – Leipzig und nimmt Kurt Wolff (1887-1963) als Teilhaber auf. Beide trennen sich 1912; W. führt den R. Verlag unter seinem Namen weiter, R. gründet 1919 seinen 2. Verlag. 1950, in R.s 3. Verlag, erscheinen die ersten dt. ›Taschenbücher‹. – Der Kurt Wolff Verlag, dessen Autor u. a. Franz Kafka (s. 1913) wird, verlegt die Buchreihe (meist expressionistischer Autoren) ›Der jüngste Tag‹ (ab 1913). Dessen Herausgeber

sind Franz Werfel (s. 1911), Walter Hasenclever (1890-1940) und Kurt Pinthus (1886-1975). W. gründet 1942 in New York den Verlag Pantheon Books.

Vordringen des Kinos: Auf der Versammlung des Deutschen Bühnenvereins zu Eisenach wird beklagt, daß 1907 29 private Sprechtheater schließen mußten; sie werden zu Lichtspieltheatern.

Der österr. Architekt Adolf Loos (1870-1933) veröffentlicht seine Programmschrift ›Ornament und Verbrechen‹. L. lehnt das Ornament am Bauwerk ab und baut im reinen Zweckstil, der seine Schönheit aus den Proportionen und aus der Raumordnung erhält.

Beton wird »gleichberechtigter Baustoff«: Der Architekt Th. Fischer (s. 1893) und der Ingenieur Heinrich Spangenberg (1879-1936) verwenden beim Bau der Evangelischen Garnisonskirche in Ulm Eisenbeton nicht nur als Konstruktionsmaterial, sondern Beton auch im Innern der Kirche ohne die bisher übliche Vortäuschung von Naturstein.

Das 1. Länderspiel im Fußball: Deutschland verliert gegen die Schweiz in Basel mit 3:5.

Die Haftpflichtversicherung für Automobilisten wird eingeführt.

In Hildesheim kann man Ortsgespräche selbst wählen: 1. Selbstwähltelefonamt in Deutschland.

Das 1. Familien-Freibad Europas wird am Wannsee bei Berlin eröffnet.

[1909]

Der Staatssekretär Theobald von Bethmann Hollweg (1856 bis 1921) wird als Nachfolger Bülows (s. 1900) Reichskanzler und preußischer Ministerpräsident.

Dem Philosophen und Mediziner Friedrich Dessauer (1881 bis 1963) gelingt erstmals die Röntgen-Kinematographie des schlagenden menschlichen Herzens. 1927 erscheint D.s ›Philosophie der Technik‹.

Der Zoologe Jakob von Uexküll (1864-1944), Begründer der Umweltlehre, veröffentlicht ›Umwelt und Innenwelt der Tiere‹ (s. a. 1920).

Der Zoologe und Philosoph Hans Driesch (1867-1941) veröffentlicht eine ›Philosophie des Organischen‹, mit der er die neo-vitalistische Richtung in der Biologie einleitet.

Auf dem Weg zur chemischen Großindustrie: Dem Chemiker Fritz Haber (1868-1934) gelingt die direkte Vereinigung von Stickstoff und Wasserstoff zu Ammoniak unter Anwendung hohen Drucks, hoher Temperaturen »und glücklich gewählter Katalysatoren«. Die Badische Anilin- und Sodafabrik (s. 1865) und der Ingenieur Carl Bosch (1874-1940) gestalten das Verfahren technisch aus (Haber-Bosch-Verfahren): Vorbild aller späteren Hochdrucksynthesen. Eine Ammoniak-Großindustrie (Leunawerke 1916/17) stellt im 1. Weltkrieg durch künstlichen Dünger die Ernährung sicher und liefert das Pulver für die Munition. Unter H.s Leitung erfolgt der 1. dt. Chlorgas-Angriff bei Ypern 1915. 1918 erhält H. den Nobelpreis für das Luftstickstoffverfahren als »überaus wichtiges Mittel zur Hebung der Landwirtschaft und des Wohlstandes der Menschheit«. Haber stirbt 1934 in der Emigration (s. a. 1935).

Der Schriftsteller Kurt Hiller (1885-1972) gründet »mit etlichen ähnlich Wollenden« einen Literaturverein: Der neue Club. »Hier sammelt sich zum ersten Mal die junge Berliner Dichtergeneration, die man später ›Expressionisten‹, ›Futuristen‹, ›Kubisten‹ nennt.« (s. a. 1918).

Der Rechtsanwalt und Schriftsteller Ludwig Thoma (1867 bis 1921) veröffentlicht die Komödie ›Moral‹, eine Kritik an der spießbürgerlichen Moral seiner Zeit (s. a. 1907, ›März‹).

Der 1. Film mit der Schauspielerin Henny Porten (1890 bis 1960), ›Das Liebesglück einer Blinden‹, wird uraufge-

Verlagssignets des Georg Müller Verlags von Paul Renner (oben) und E. R. Weiß (unten).

Ludwig Thoma, Karikatur von Th. Th. Heine, 1903

führt. Sie ist in den nächsten 20 Jahren eine ›Hauptdarstellerin‹ des dt. Films.

Der Franzose Louis Blériot (1872-1936) überfliegt den Ärmelkanal in 27,5 Minuten. Einige Monate später gewinnt der Ingenieur Hans Grade (1879-1946) den ›Lanz Preis der Lüfte‹ für den 1. Streckenflug von 1 km. G. baut 1919 den 1. dt. Kleinwagen.

Johann Christian Eberle, Bürgermeister der Stadt Nossen, ruft den ›Spar-Giro-Verkehr‹ ins Leben. 50 Jahre später, 1959, gibt es 4,7 Millionen Spar-Giro-Konten, über die jährlich 500 Millionen Überweisungen ›bargeldlos‹ erfolgen.

Wanderbewegung: Der Lehrer Richard Schirrmann (1874-1961) gibt eine Broschüre heraus: ›Wie ich mit Volksschülern wandere und welchen Gewinn ich mir davon verspreche‹. 1910 erläßt er einen Aufruf zum allgemeinen Schulwandern und zur Einrichtung eines Netzes von Jugendherbergen (s. 1932).

Wachsender Straßenverkehr: Die Polizei führt die ersten 4 ›Verkehrszeichen‹ ein.

[1910]

3 Nobelpreise für dt. Wissenschaftler: Der Physiologe und Biochemiker Albrecht Kossel (1853-1927), Erforscher des Zellkerns und der Eiweißstoffe, erhält den Nobelpreis für Medizin. Der Chemiker Otto Wallach (1847-1931), Schüler Kekulés (s. 1865), erhält den Nobelpreis für seine bahnbrechenden Arbeiten auf dem Gebiet der alizyklischen Substanzen. Der Lyriker, Dramatiker, Romanschriftsteller und Novellist Paul Heyse (1830-1914) erhält den Nobelpreis für Literatur »in Anerkennung (seiner) vollendeten, von Idealismus durchleuchteten Kunst«.

Der Arzt und sozialdemokratische Politiker Rudolf Hilferding (1877-1941), Reichsfinanzminister (1928/29), veröffentlicht ›Das Finanzkapital‹, ein Hauptwerk der marxistischen Sozialwissenschaft.

Gustav Kiepenheuer (1880-1949) gründet den gleichnamigen Verlag in Weimar, später in Potsdam und Berlin. K. ist u. a. Verleger von Bert Brecht (1898-1956; ›Baal‹, 1922) und Anna Seghers (1900-1983; ›Der Aufstand der Fischer von St. Barbara‹, 1928); K. ist Förderer der politisch engagierten Literatur.

Der Maler und Dichter Oskar Kokoschka (1886-1980) malt das Bildnis des Auguste Forel. Im gleichen Jahr beteiligt K. sich an der Gründung des avantgardistischen Kunstsalons

Anzeige, um 1910

und Verlags ›Der Sturm‹, in dem die Zeitschrift gleichen Namens erscheint; ihr Initiator ist Herwarth Walden (s. 1913).

Der Großindustrielle Eduard Arnhold (1849-1925), Mitglied des Preußischen Herrenhauses, 1918 Mitglied der dt. Friedensdelegation in Versailles, stiftet die Villa Massimo in Rom als Studienstätte für junge Künstler, dazu eine halbe Million Mark, deren Zinsen für die Verwaltung und für Stipendien bestimmt sind.

Die ›Puppenmutter‹ Käthe Kruse (1883-1968) zeigt in einem berliner Warenhaus ihre ›lebensechten‹ Puppen. Als Modelle dienten ihre eigenen Kinder.

Beginn der Verstärkertechnik: Der österr. Physiker Robert von Lieben (1878-1913) erhält ein Patent auf die von ihm entwickelte Verstärkerröhre.

Der berliner ›Sportpalast‹ wird eröffnet, eine Sport- und Vergnügungsstätte, deren große Zeit mit den (aus den USA eingeführten) Fahrrad-Rennen anbricht. Auch die ›gute Gesellschaft‹ in Berlin geht zum Sechstagerennen.

Max Pechstein, Selbstbildnis, 1910   Herwarth Walden, Zeichnung von Oskar Kokoschka, 1916   Julius Meier-Graefe   Carl Sternheim

Zunahme des Verbrauchs: Kolonialwaren wie Kaffee, Tee, Kakao, Zucker, Südfrüchte sind nicht mehr nur den Reichen vorbehalten. Trotz hohem Zolltarif stieg der Jahresverbrauch pro Kopf von
1836/40 bis 1910:

bei Kaffee	von 0,01 auf 2,99 kg
bei Kakao	von 0,01 auf 0,57 kg
bei frischen Südfrüchten	von 0,06 auf 3,15 kg
bei ausländischen Gewürzen	von 0,05 auf 0,18 kg
bei Reis	von 0,18 auf 2,58 kg

[1911]
Der Reichstag beschließt die staatliche Angestelltenversicherung; sie tritt am 1. Januar 1913 in Kraft.

Die Diakonissin Eva von Tiele-Winkler (1867-1930) gründet das 1. ›Kinderdorf‹ in Friedrichsgrund/Schlesien für eltern- und heimatlose Kinder. Jede ›Familie‹, betreut von einer ›Mutter‹, hat ein eigenes Haus, eigene Küche und eigenen Garten.

Der Literaturhistoriker und Shakespeare-Übersetzer Friedrich Gundolf (1880-1931) veröffentlicht sein Buch ›Shakespeare und der deutsche Geist‹. G. gehört zum George-Kreis (s. 1897).

Der Biochemiker Casimir Funk (1884-1967) prägt für den in der Reisschale enthaltenen Stoff, dessen Fehlen die Beri-Beri-Krankheit hervorruft, die Bezeichnung ›Vitamin‹. Die Vitamine (und später die Hormone) werden zu einem Hauptarbeitsgebiet der dt. chemischen und pharmazeutischen Forschung und Industrie.

2. dt. Südpolexpedition unter dem Forschungsreisenden Wilhelm Filchner (1877-1957). Im gleichen Jahr erreicht der Norweger Roald Amundsen (1872-1928), der sich an dt. Observatorien wissenschaftlich ausgebildet hat, den Südpol.

Der Kunsthändler und Verleger Paul Cassirer (1871-1926) veröffentlicht die Wochenschrift ›Pan‹ (1. Zeitschrift ›Pan‹ s. 1895, Gf. Keßler) für die gleichnamige Theatergesellschaft; sie erscheint bis 1914, Herausgeber ist Berlins einflußreichster Theaterkritiker Alfred Kerr (1867-1948).

Gründung der Kaiser-Wilhelm-Gesellschaft zur Förderung der Wissenschaften, hauptsächlich zur Pflege naturwissenschaftlicher Forschung und ohne Lehrauftrag für die Mitglieder. Im Anfang sind es 7 Institute, nach 25 Jahren 130. Die Namen großer dt. Forscher sind mit der Gesellschaft verknüpft, u. a. Max Planck (s. 1900), A. Einstein (s. 1905), W. Heisenberg (1901-1976), E. Fischer (s. 1902), R. Willstätter (1872-1943), F. Haber (s. 1909), R. Kuhn (1900-1967). Erster Präsident ist Adolf von Harnack (s. 1889).

Der Philosoph Hans Vaihinger (1852-1933), Gründer der ›Kant-Gesellschaft‹ (1904), veröffentlicht ›Die Philosophie des Als-ob‹.

Der Dichter Franz Werfel (1890-1945), ab 1912 zeitweise Lektor bei Kurt Wolff (s. 1908), veröffentlicht seine 1. Lyriksammlung ›Der Weltfreund‹ (s. a. 1946).

Der literarische Expressionismus findet einen 1. Sammelpunkt: Der Schriftsteller Franz Pfemfert (1879-1954) gründet die Zeitschrift ›Aktion‹ als »Sammelpunkt neuer Regungen« und für die »Idee der großen Deutschen Linken« eintretend. P. sah den Weltkrieg kommen und bezog vom 1. Tag an eine pazifistische Position.

26. Januar: Uraufführung der Oper ›Der Rosenkavalier‹ mit dem Text von Hugo von Hofmannsthal (s. 1904) und der Musik von Richard Strauss (s. 1904). Zur Beratung wird der

Georg Heym, Radierung von E. L. Kirchner, 1923   Eduard Arnhold

junge Regisseur Max Reinhardt (s. 1904) nach Dresden gerufen. Dirigent ist Ernst von Schuch (1846-1914). Das Bühnenbild ist von Alfred Roller (1864-1935), der von 1903 an
mit Gustav Mahler (s. 1907) in Wien einen neuen Stil der
Operninszenierung begründet hat.

Carl Sternheims (1878-1942) »bürgerliches Lustspiel« ›Die
Hose‹ erscheint, ein Angriff auf die Bourgeoisie der Wilhelminischen Ära.

Von Georg Heym (1887-1912), Mitarbeiter der ›Aktion‹
(s. o.), erscheint im Rowohlt Verlag (s. 1908) der Gedichtband ›Der ewige Tag‹. H. ertrinkt beim Eislauf im Wannsee
bei Berlin. »Heym steht allein, zeitlich am Eingang des Expressionismus, aber zeitlos am Anfang jeder Dichtkunst.«
(E. Blass)

Der Jurist Willy Wiegand (1884-1961) und der Schriftsteller
Ludwig Wolde (1884-1949) gründen in Bremen die ›Bremer
Presse‹ als handwerkliche Drucker-Werkstätte (1919 nach
München verlegt), wo Meisterwerke der Druckkunst (in
kleinen Auflagen) entstehen.

In München wird das Alpine Museum gegründet.

[1912]

Der Theologe, Religionssoziologe und Geschichtsphilosoph
Ernst Troeltsch (1865-1923) veröffentlicht ›Die Soziallehren
der christlichen Kirchen und Gruppen‹. T., auch politisch
engagiert, steht Max Weber (s. 1919) nahe. T. kämpft nach
1918 gegen den vielfach von Ressentiment bestimmten Rückzug des ›Bildungsbürgertums‹ aus der Verantwortung der
Demokratie. 1922 übernimmt T. das Amt eines Staatssekre-
tärs im preußischen Kultusministerium.

Der Goetheforscher und Schriftsteller Rudolf Steiner (1861

Theaterzettel zur Uraufführung des ›Rosenkavalier‹, Dresden, 26.1.1911

bis 1925) gründet die ›Anthroposophische Gesellschaft‹ (seit 1913 im ›Goetheaneum‹ in Dornach/Schweiz). St.s ›Freie Waldorfschulen‹ (ab 1919), heute ein Bund von 26 Schulen in D. und 40 im Ausland, stellen eine neue Form der Erziehung dar. Unter St.s Einfluß gründet 1922 der protestantische Pfarrer Friedrich Rittelmeyer (1872-1938) die ›Christengemeinschaft‹ als eine kirchliche Gemeinschaft der Anthroposophen.

Inventarisierung der dt. Kunstdenkmäler: Das ›Handbuch der deutschen Kunstdenkmäler‹ (5 Bde.) des Kunsthistorikers Georg Dehio (1850-1932) liegt abgeschlossen vor.

Anfänge der Humangenetik: Der Eugeniker Fritz Lenz (1887-1976) veröffentlicht ›Die krankhaften Erbanlagen des Mannes und die Bestimmung des Geschlechts beim Menschen‹.

Der Physiker Max von Laue (1879-1952) beweist (mit W. Friedrich und P. Knipping) den Wellencharakter der Röntgenstrahlen und begründet die Röntgenspektroskopie. Er entwickelt die Relativitätstheorie (s. 1905) weiter; Nobelpreis 1914.

Der Physiker Alexander Behn (1880-1952) erfindet ein Hilfsgerät für die Navigation zur Erkundung der Meerestiefe und zur Ortung von Fischschwärmen, das ›Echolot‹.

Der Geophysiker, Meteorologe und Begründer der ›Kontinentalverschiebungstheorie‹ Alfred Wegener (1880-1930) unternimmt die Ostwestdurchquerung Grönlands (zusammen mit dem Dänen J. P. Koch) bis 1917, mit Überwinterung auf dem Inlandeis.

Das Hauptwerk des österr. Chemikers Richard Zsigmondy (1865-1929), ›Kolloidchemie‹, erscheint. 1903 erfand Z. zusammen mit dem Physiker Henry Siedentopf (1872-1940) das Ultramikroskop; Nobelpreis 1925.

Gerhart Hauptmann (s. 1889) erhält, »vor allem als Anerkennung für seine fruchtbare und mannigfaltige Wirksamkeit im Bereich der dramatischen Dichtung«, den Nobelpreis für Literatur (s. a. 1946).

Der Kleist-Preis, 1911 gestiftet, wird erstmals verliehen: an Richard Dehmel (s. 1900).

In der 1910 von dem österr. Literaturhistoriker Ludwig von Ficker (1880-1967) in Innsbruck gegründeten Zeitschrift ›Der Brenner‹ wird das 1. Gedicht des Militärapothekers Georg Trakl (1887-1914) veröffentlicht: 1912 erscheint der Bd. ›Gedichte‹. T. nimmt sich 1914 nach grauenhaften Erlebnissen auf Verbandsplätzen des Krieges das Leben.

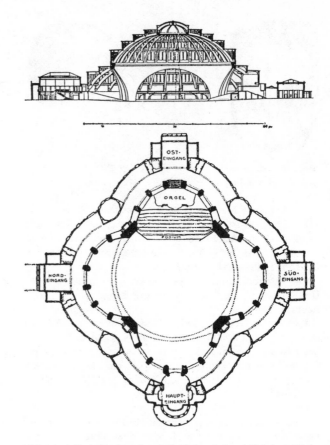

Jahrhunderthalle in Breslau. Querschnitt (o.) und Grundriß (u.). Architekt Max Berg, 1913

Von dem Arzt und Dichter Gottfried Benn (1886-1956) erscheint die Gedichtsammlung ›Morgue‹.

Der Kunstschriftsteller Hermann Uhde-Bernays (1875-1965) veröffentlicht ›Carl Spitzweg. Sein Leben und sein Werk. Seine Bedeutung in der Geschichte der Münchner Kunst‹. Das Buch begründet den Ruhm des Malers Spitzweg (s. 1885).

Das Märchenspiel ›Peterchens Mondfahrt‹ von Gerdt von Bassewitz (1878-1923) erscheint.

»Innere Notwendigkeit« und »künstlerische Synthese«: Nach 2 Ausstellungen in München (1911 u. 1912) gibt die

Redaktion Der Blaue Reiter, gegr. von Franz Marc (1880 bis 1916) und Wassily Kandinsky (1866-1944), im Verlag Piper (s. 1908) einen Almanach für moderne Kunst, ›Der Blaue Reiter‹, heraus. Dem Kreis des B. R.s gehören u. a. an: August Macke (s. 1913), Alexej von Jawlensky (1864-1942), Gabriele Münter (1877-1962), Alfred Kubin (s. 1908), Paul Klee (1879-1940), Lyonel Feininger (1871-1956) und der Komponist Arnold Schönberg (s. 1923).

Der Bildhauer und Baumeister Bernhard Hoetger (1874 bis 1949) gestaltet auf der Mathildenhöhe in Darmstadt (s. 1907) den Platanenhain.

In Leipzig wird die ›Deutsche Bücherei‹ als zentrale Sammelstelle für dt. Literatur unter Mithilfe der dt. Verlegerschaft gegründet. Der Bestand ist 1939 auf 1 600 000 Bde. angewachsen.

[1913]

Gegen veraltete Lebensformen wenden sich Wandervögel, Studenten und Schüler bei den Feiern zur 100jährigen Wiederkehr der Befreiungskriege (1812-15). Auf dem Hohen Meißner, einem Berg bei Kassel, legen sie ein ›Freideutsches Bekenntnis‹ ab, wonach sie ihr Leben »aus eigener Bestimmung vor eigener Verantwortung und mit innerer Wahrhaftigkeit« gestalten wollen.

Begründung der modernen Phänomenologie: Der Philosoph Edmund Husserl (1859-1938) veröffentlicht die ›Ideen zu einer reinen Phänomenologie und phänomenologischen Philosophie‹.

›Das deutsche Genossenschaftsrecht‹ (4 Bde.), das Hauptwerk des Rechtsgelehrten Otto von Gierke (1841-1921), ist abgeschlossen.

Geburtstag der Biochemie: Emil Fischer (s. 1902), Vizepräsident der Kaiser-Wilhelm-Gesellschaft (s. 1911), läßt dem Institut für Biologie eine kleine chemische Abteilung angliedern, die von 1918 an von dem Chemiker Otto Warburg (1883-1970) geleitet wird (s. a. 1930).

Der Chemiker Friedrich Bergius (1884-1949) entwickelt ein Hochdruckverfahren zur ›Kohleverflüssigung‹ (s. 1927). Gemeinsam mit Carl Bosch (s. 1909) Nobelpreis 1931.

Der Physiker Hans Geiger (1882-1945) entwickelt den Geiger-Zähler zum Nachweis radioaktiver Strahlen.

Der österr. Rundfunkingenieur Alexander Meißner (1883 bis 1958) erfindet die Rückkoppelungs-Schaltung, zunächst für die Funktechnik. Später wird die Rückkoppelung als ein

Federzeichnung von Franz Kafka aus dem Manuskript ›Der Prozeß‹   Wilhelm Lehmbruck, Zeichnung von Ludwig Meidner

Funktionsprinzip der Regulation biologischer Abläufe erkannt (s. a. 1960, Kybernetik).

Der Physiker Johannes Stark (1874-1957) entdeckt die Aufspaltung der Spektrallinien im elektrischen Feld (›Stark-Effekt‹); Nobelpreis 1919.

Der Dichter Franz Kafka (1883-1924) aus Prag veröffentlicht die Erzählung ›Der Heizer‹ (1927). K. erhält für sie 1915 den Fontane-Preis, aber allgemein wird K.s Bedeutung erst nach 1930 voll erkannt.

Der Zukunftsroman ›Der Tunnel‹ von Bernhard Kellermann (1879-1951) erscheint und wird ein Welterfolg. Er erreicht 400 Auflagen und wird in 25 Sprachen übersetzt.

Postum erscheint der Roman ›Die Heilige und ihr Narr‹ von Agnes Günther (1863-1911); eine »schwärmerische Seelengeschichte«, die über 1 Million Aufl. erreicht.

»Ein Magnet, der die für die Kunstwende der ersten Jahrzehnte des zwanzigsten Jahrhunderts entscheidenden Künstler unwiderstehlich anzog«, Herwarth Walden (1878 bis 1941), zeigt in Berlin die Ausstellung ›Der erste deutsche Herbstsalon‹. W., der vermutlich das Wort ›Expressionismus‹ in D. einführte, macht die Maler Kokoschka (s. 1910), Klee (s. 1912), Marc (s. 1914), Macke (s. 1914), Kandinsky (s. 1912), Feininger (s. 1912), Chagall in D. bekannt. 1921 zeigt W. in seinem Kunstsalon bereits die 100. Ausstellung. 1918 gründet er (zusammen mit Lothar Schreyer, 1886-1966) die ›Sturm-Bühne‹ (s. a. Kokoschka 1910).

›Gotischer Expressionismus‹: Die Plastik ›Emporsteigender Jüngling‹ des Bildhauers Wilhelm Lehmbruck (1881 bis 1919) entsteht.

Die Baufirma Dyckerhoff und Widmann (s. 1865) errichtet die Jahrhunderthalle in Breslau in Eisenbetonbauweise, mit einer Kuppel von 65 m Lichtweite. Architekt ist Baurat Max Berg (1870-1947). (Lichtweite des Pantheon: 44 m)

Der Film wird ›salonfähig‹. Der Schauspieler Albert Bassermann (1867-1952), der bis dahin sogar abgelehnt hatte, fotografiert zu werden, erscheint in dem vom Schauspieler Paul Wegener (1874-1948) inspirierten 1. »künstlerischen Film«, ›Der Student von Prag‹, nach einem Szenario von Hanns Heinz Ewers (1871-1943). — Kurt Pinthus (s. 1908) gibt eine Sammlung von Kinostücken dt. Autoren heraus.

In D. erscheinen ca. 30 000 neue Bücher, eine Zahl, die in der Bundesrepublik Deutschland erst 1967 wieder erreicht wird.

Bei Berlin entsteht eine Übungs- und Rennstrecke für Autos, die ›Avus-Bahn‹. Die Avus-Rennen werden gesellschaftliche Ereignisse, die Bahn ist Vorbild für Planungen großer Verbindungsstrecken, z. B. als ›Hafraba‹ zwischen Hamburg, Frankfurt und Basel, die nach 1933 als ›Reichsautobahnen‹ ausgeführt werden.

[1914]

28. Juni: Ermordung des österr. Thronfolgers Franz Ferdinand in Sarajevo/Bosnien. Am 1. August bricht der 1. Weltkrieg aus: »In diesem Augenblick erlöschen die Lichter über Europa, und keiner, der heute lebt, wird sie je wieder leuchten sehen.« (Sir Edward Grey, englischer Außenminister)

Die Schriftstellerin Ricarda Huch (1864-1947) veröffentlicht das dreibändige Werk ›Der große Krieg in Deutschland‹: ein Bild des Dreißigjährigen Krieges.

Beginn der 1. dt. Emigration im 20. Jh. (s. a. 1933). In der Schweiz ermöglichen Zeitschriften, z. B. die ›Weißen Blät-

Plakat von
Lucian Bernhard,
um 1915

ter‹, herausgegeben von dem Dichter René Schickele (1883 bis 1940), und der Verlag Rascher & Co. dt. Dichtern die Veröffentlichung ihrer Werke.

›Die Räuberbande‹, der 1. Roman von Leonhard Frank (1882-1961), erscheint im Georg Müller Verlag (s. 1908). Wie fast alle expressionistischen Dichter ist F. gegen den Krieg eingestellt. F. emigriert in die Schweiz (s. a. 1951).

Franz Marc (1880-1916), »der Maler der reinen Farben und kristallischen Formen«, malt den ›Turm der blauen Pferde‹. M. fällt im 1. Weltkrieg ebenso wie Ernst Stadler (1883 bis 1914), der Dichter und Literaturhistoriker, der als Elsässer zwischen dt. und französischer Literatur vermittelt hat, und der Maler August Macke (1887-1914).

[1915]

Der Philosoph Max Scheler (1874-1928) veröffentlicht ›Abhandlungen und Aufsätze‹ (2 Bde.), die 1919 unter dem Titel ›Vom Umsturz der Werte‹ neu erscheinen.

Von dem schweizer Kunsthistoriker Heinrich Wölfflin

Vignette von Franz Marc, 1912

Leonhard Frank, Scherenschnitt
von Ernst Moritz Engert

René Schickele, Zeichnung
von Hans Richter, um 1916

Hans Arp, Zeichnung von
Marcel Janco, um 1916

(1864-1945), Prof. in München, erscheint das theoretische Hauptwerk ›Kunstgeschichtliche Grundbegriffe‹. W. zeigt, daß sich der Wandel der Kunstformen vom Linearen zum Malerischen vollzieht. — W.s Auffassung beeinflußt auch andere Geisteswissenschaften.

Der Chemiker Richard Willstätter (s. 1911), Schüler und Nachfolger A. v. Baeyers (s. 1905) in München, erhält für seine Arbeiten über Chlorophyll und andere Pflanzenfarbstoffe den Nobelpreis.

[1916]

Krieg: Im Februar Beginn der Schlacht von Verdun: 335 000 dt. und 360 000 französische Soldaten fallen. Im Juni: Beginn der Schlacht an der Somme; erstmals wird von einer ›Materialschlacht‹ gesprochen. Ein dt. Friedensangebot wird von der Entente abgelehnt.

Der Chirurg Ferdinand Sauerbruch (1875-1951), der Begründer der Thoraxchirurgie, konstruiert durch Gliedstumpfmuskeln bewegbare Prothesen.

Von dem Religionsphilosophen Martin Buber (1878-1965) erscheint ›Vom Geist des Judentums‹ (s. a. 1925).

Von der Schriftstellerin Annette Kolb (1875-1967), die den Pazifismus vertritt, erscheinen ›Briefe einer Deutsch-Französin‹, eine Mahnung zur Völkerverständigung; Absage an jede Art von Chauvinismus.

Franz Kafka (s. 1913) veröffentlicht seine beiden Erzählungen ›Die Verwandlung‹ und ›Das Urteil‹ im Kurt Wolff Verlag (s. 1908).

Von Albert Ehrenstein (1886-1950) erscheint die expressionistische Gedichtsammlung ›Der Mensch schreit‹.

Literarischer Protest gegen die Unvernunft des Krieges: In

Erich Ludendorff

VERLAG · DIE AKTION · BERLIN-WILMERSDORF
SONDER-NUMMER
HEFT 50 PFG.

Titelblatt der Egon-Schiele-Sondernummer mit einem Selbstbildnis von Egon Schiele

Zürich gründen Maler, Schriftsteller, Musiker und Schauspieler die Dada-Bewegung. Sie proklamieren die Herrschaft des Unsinns in Kunst und Leben. Später gibt es Gruppen in Berlin, Paris, Rom, Budapest und New York. Dadaisten sind (zeitweise): Hans Arp, Richard Huelsenbeck, Hugo Ball, Tristan Tzara u. a.

In Berlin wird mit der von Wieland Herzfelde (geb. 1896) herausgegebenen Zeitschrift ›Neue Jugend‹ der Malik-Verlag gegründet. Die Zeitschrift — Mitarbeiter u. a. Else Lasker-Schüler (1869-1945), Theodor Däubler (s. u.), Albert Ehrenstein (s. o.), Richard Huelsenbeck, Johannes R. Becher, Hans Blüher (s. 1919), George Grosz (s. 1917), Gustav Landauer — wird bereits 1917 wegen ihrer entschiedenen Ablehnung des Krieges und scharfen Gesellschaftskritik verboten. Der M.-Verlag wird bald der repräsentative Verlag der Linken, der auch viele russische Autoren veröffentlicht.

Uraufführung des expressionistischen Dramas ›Der Sohn‹ von Walter Hasenclever (s. 1908). In Dresden spielt der Schauspieler Ernst Deutsch (1890-1969) die Titelrolle.

Der Dichter Theodor Däubler (1876-1934) veröffentlicht
›Der neue Standpunkt‹, das 1. bedeutende Buch in dt.
Sprache über den Expressionismus in der Malerei.

Bezug von Büchern im Abonnement: Die ›Deutschnationale Hausbücherei‹, später ›Deutsche Hausbücherei‹,
wird als 1. Buchgemeinschaft gegründet.

Karl Bücher (1847-1930), Prof. für Volkswirtschaft, gründet
in Leipzig das 1. Institut für Zeitungskunde an einer dt.
Universität.

[1917]

Krieg: D. kündigt den sog. ›uneingeschränkten U-Boot-
Krieg‹ an, in der Hoffnung, England doch noch besiegen zu
können. Danach treten die USA gegen D. und Österreich-
Ungarn in den Krieg ein.

Osterbotschaft Wilhelms II.: Ankündigung einer Wahl-
rechtsreform, Beseitigung des Dreiklassenwahlrechts in
Preußen.

Der ›Spartakusbund‹, eine radikal-marxistische Vereinigung, wird unter der Führung von Karl Liebknecht (1871 bis
1919) und Rosa Luxemburg (1870-1919) gegründet. Der Sp.
versucht 1918/19 in D. das Rätesystem durchzusetzen. 1919
entsteht aus dem Sp. die Kommunistische Partei Deutschlands (KPD).

Im Frühjahr Streikwellen in ganz D.; Bildung von Arbei-
terräten.

Der Theologe Friedrich Gogarten (1887-1967), der die
strenge Abgrenzung des Christlichen vom Weltlichen fordert,
veröffentlicht sein Buch ›Religion weither‹.

George Grosz,
Selbstbildnis

Theodor Däubler,
Zeichnung von Hans Richter

Der Schriftsteller und Philosoph Ludwig Klages (1872 bis
1956), Begründer der Ausdruckspsychologie und der wissenschaftlichen Graphologie, veröffentlicht das Buch ›Handschrift und Charakter‹ (s. a. 1929).

Der Psychologe Wolfgang Köhler (1887-1967) legt der
Preußischen Akademie der Wissenschaften seine grund-
legende experimentelle Arbeit über Intelligenzprüfungen an
Affen vor.

Von Carl Gustav Jung (1875-1961), dem schweizer Psychiater und Psychologen, erscheint ›Das Unbewußte im nor-
malen und kranken Seelenleben‹.

Der österr. Psychiater Julius Wagner von Jauregg (1857 bis
1940) wendet gegen die progressive Paralyse die Malaria-
Impfung als Heilfieber an; Nobelpreis 1927.

Der Archäologe Robert Koldewey (1855-1925) schließt die
1898 begonnene Ausgrabung Babylons ab.

Wilhelm Röhl, Leiter der chemotherapeutischen Forschung der Farbenfabriken Bayer (s. 1887), entdeckt die
Wirkung des Germanin zur Bekämpfung der Schlaf-
krankheit.

Von der Schriftstellerin Else Lasker-Schüler (s. 1916) erscheinen ›Die gesammelten Gedichte‹ (s.a. 1932).

George Grosz (1893-1959) attackiert mit seinen satirischen
Zeichnungen Militarismus, Kapitalismus und die Bourgeoisie; G. gründet mit anderen eine Dada-Gruppe in Berlin
(s. 1916).

Der Regisseur Otto Falckenberg (1873-1947) übernimmt die
Leitung der Münchener Kammerspiele: Erste Inszenierungen
von Bertolt-Brecht-Stücken (s. 1910).

Auf Veranlassung des Generalquartiermeisters Erich
Ludendorff (1865-1937) wird zur Propagierung der dt. Kriegs-
ziele eine Filmgesellschaft UFA (Universum Film AG) gegründet, die unter der Führung des deutschnationalen Politi-
kers Alfred Hugenberg (1865-1951) bald eine Monopol-
stellung einnimmt (s. a. 1891, Scherl).

Gründung des Normenausschusses der Deutschen Industrie. Auf allen Gebieten der Industrie, des Gewerbes und der
Wirtschaft soll durch Festlegung von Normen für Arbeits-
weise und Fertigung (z. B. Papierformat, Schrauben, Gewin-
de) Übereinstimmung von Formen und rationelle Arbeits-
weise gefördert werden, sog. DIN-Normen: Erfolgreiche
Arbeit bis heute.

Die ›Deutsche Luftreederei‹, die 1. dt. Luftverkehrsgesell-
schaft, tritt ins Leben. Ihren regelmäßigen Liniendienst

nimmt sie erst im Frühsommer 1919 auf. Sie befördert zunächst die wegen der Unruhen in Berlin nach Weimar ausweichenden Reichstags- und Regierungsmitglieder (s. 1919) sowie deren Akten.

[1918]

Krieg: Der Präsident der USA Woodrow Wilson (1856 bis 1924) legt in 14 Punkten Richtlinien für den Weltfrieden fest (8. Januar); auf ihrer Basis Waffenstillstand am 11. November, nachdem die dt. Oberste Heeresleitung die Fortführung des Krieges als aussichtslos erklärte. Am 3. Oktober wird Prinz Max von Baden (1867-1929) dt. Reichskanzler. 29. Oktober Beginn der dt. Revolution bei der Hochseeflotte in Wilhelmshaven. Am 9. November verzichtet in Berlin Wilhelm II. als dt. Kaiser und König von Preußen auf den Thron; Ausrufung der Republik in Berlin. Wilhelm II. flieht nach Holland, die dt. Fürsten danken ab, die Regierungsgeschäfte übernimmt der Vorsitzende der SPD, Friedrich Ebert (1871 bis 1925).

Das allgemeine Frauenstimmrecht und der gesetzliche Achtstunden-Arbeitstag treten in Kraft. Die Gesindeordnungen und die landesrechtlichen Ausnahmegesetze gegen Landarbeiter, die Streik- und Koalitionsverbote enthalten, werden aufgehoben.

Die von seiten der Kirche ausgeübte Schulaufsicht wird in Preußen aufgehoben.

Kurt Hiller (s. 1909), jetzt Verfechter des Aktivismus, einer aus dem Expressionismus hervorgegangenen geistig-politischen Bewegung, wird Vorsitzender des Politischen Rats geistiger Arbeiter in Berlin.

Von dem Philosophen Ernst Bloch (1885-1977) erscheint ›Vom Geist der Utopie‹. 1923 liegt das Werk in endgültiger (›systematischer‹) Form vor (s. a. 1959).

Von dem Psychologen Karl Bühler (1879-1963) erscheint ›Die geistige Entwicklung des Kindes‹.

Von Wilhelm Ostwald (s. 1894) erscheinen ›Die Farbenlehre‹ und ›Der Farbenatlas‹.

Von dem Schriftsteller Heinrich Mann (1871-1950) er-

Heinrich Mann, Karikatur
von Olaf Gulbransson

scheint der Roman ›Der Untertan‹, eine Satire gegen den preußischen Untertanengeist.

Der Drucker, Übersetzer und Verleger Jakob Hegner (1882 bis 1962) gründet in Hellerau bei Dresden seine Druckerei. H.s Bücher werden vorbildlich für Buchausstattung.

Die UFA (s. 1917) richtet eine Kultur- und Lehrfilmabteilung ein.

Der Kirchenmusiker und Bachinterpret Karl Straube (1873 bis 1950) wird Thomaskantor in Leipzig.

Berlin erhält den 1. Fernstrom.

Der Flugzeugkonstrukteur Hugo Junkers (s. 1907) meldet sein ›Tiefdecker-Flugzeug‹ und das ›Flugzeug mit direkt belasteten Flügeln‹ zum Patent an.

Der Raketenantrieb wird entwickelt: In einer Denkschrift für das österr. Kriegsministerium schreibt der Versuchsflieger und Student der Astronomie und Physik Max Valier (1895 bis 1930): »Das gegenwärtige Propellerflugzeug muß zur Erreichung äußerster Höhen für immer ungeeignet bleiben, und nur die Rakete ist als Antriebsmittel für Stratosphärenhöhen geeignet.«

133 Emil Jannings, Elisabeth Bergner

134 Fritz Lang

135 Leopold Jessner

136 Ernest Palmer,
F. W. Murnau

137

138

139 *Gustav Wyneken*

140 *Georg Kerschensteiner*

141 *Martin Buber*

142 *Harry Graf Keßler*

143

144

145

146

147

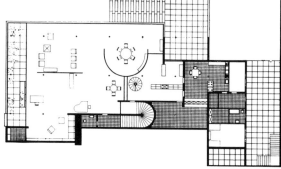

148

149

150

151 Franz Pfemfert

152 Kurt Tucholsky

153 Erich Kästner

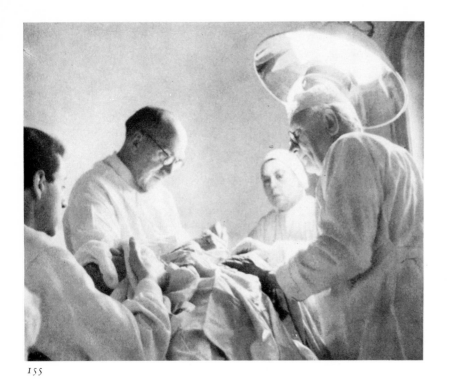

155

158 Fritz Haber

159 Adolf Butenandt

156 Carl von Linde

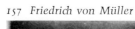

157 Friedrich von Müller

160 Rudolf Pechel

161 Karl Hofer

162 Ernst Jünger

164 Werner Bergengruen

163 Reinhold Schneider

Die Weimarer Republik 1918-1933

DER UNGELIEBTE STAAT

Der Zusammenbruch Ende 1918 traf die Mehrheit der Deutschen einigermaßen unerwartet. Gewiß, man war kriegsmüde geworden, müde und geschwächt durch die immer größeren Verluste. Aber da waren ja doch die Erfolge der Frühjahrsoffensiven des Jahres 1918 gewesen, auf die der Kaiser Sekt getrunken hatte, da war der Optimismus der Obersten Heeresleitung, und da war die verbreitete Meinung, daß nicht sein könne, was nicht sein dürfe. »War alles falsch?« begannen sich die Deutschen zu fragen, und es fiel ihnen schwer, darauf mit einem »Ja« zu antworten.

Nach der Reichsverfassung war die politische wie die militärische Führung in der Person des Kaisers vereinigt. Und der Monarch hatte durch viele Erklärungen keinen

---

154 *Sitzung der Abteilung für Dichtung in der Preußischen Akademie der Künste (v. l. n. r.): stehend Bernhard Kellermann, Alfred Döblin, Thomas Mann, Max Halbe; sitzend Hermann Stehr, Alfred Mombert, Eduard Stucken, Wilhelm von Scholz, Oskar Loerke, Walter von Molo, Ludwig Fulda, Heinrich Mann*
155 *Ferdinand Sauerbruch bei einer Operation*
165 *Bücherverbrennung durch nationalsozialistische Professoren und Studenten am 10. Mai 1933 in Berlin*
166 *Politische Prozesse: Carl von Ossietzky vor Gericht. Neben ihm sein Verteidiger Rudolf Olden (r.) (1931)*
167 *Rettung von Emigranten durch das Emergency Rescue Committee: Thomas Mann begrüßt im New Yorker Hafen seinen aus dem besiegten Frankreich geflohenen Bruder Heinrich Mann (31. Oktober 1940)*

Zweifel daran gelassen, daß er der einzige und allein Entscheidende im Deutschen Reich sei. Doch jetzt schien Wilhelm II. die Rolle, die er sich angemaßt hatte, nicht weiterspielen zu wollen. Jetzt war die Niederlage da, und die Deutschen wurden an den Konferenztisch gezwungen. Das heißt: sie wurden gezwungen, Demokraten zu werden, um in dieser neuen Eigenschaft in Friedensverhandlungen mit anderen Demokraten eintreten zu können. Der Kaiser hatte es seinem unablässigen Säbelgerassel zu verdanken, daß er »wegen schwerster Verletzung der internationalen Moral und der Heiligkeit der Verträge« unter Anklage gestellt werden sollte. Zwar lehnte die niederländische Regierung, unter deren Schutz Wilhelm II. nunmehr stand, nachdem er durch seine Flucht nach Doorn am 10. November den Thron aufgegeben hatte, die Auslieferung des Kaisers ab und ersparte den Alliierten dadurch einen Schritt von recht zweifelhafter Wirkung, aber nichtsdestoweniger hatte der Kaiser die Monarchie in Deutschland verspielt. In der Überheblichkeit eines falsch verstandenen ›Gottesgnadentums‹ hatte er die Zeichen der Zeit nicht erkannt. Unter einem anderen der Länderfürsten wäre eine Fortsetzung des monarchistischen Regierungssystems auch nach der Niederlage vielleicht noch möglich gewesen — unter Wilhelm II. bestimmt nicht. In Hunger und Not, ohne Freunde und ohne Rat in der allgemeinen Ratlosigkeit klammerten sich jetzt seine ehemaligen ›Untertanen‹ an die Demokratie wie an einen Strohhalm, der einem Ertrinkenden Rettung verheißt. Aber schon als die Friedensbedingungen bekannt wurden, erhielten die alten Kräfte Auftrieb. Die Bedingungen waren die eines Siegers, der Vorsorge trifft, daß der Besiegte die Waffen nicht wieder erheben kann. Sie wurden von den Deutschen als äußerst hart empfunden, mußten aber trotzdem — am 28. Juni 1919 in Versailles — von dem Außenminister Hermann Müller und dem Verkehrsminister Johannes Bell unterzeichnet werden. Gegen die materiellen ›Reparationen‹ hätte man weniger eingewandt. Deutschland verlor alle überseeischen Besitzungen und ein Achtel des Reichsgebietes mit bedeutenden Eisenerz- und Kohlelagern; sehr hohe Sach- und Geldlieferungen kamen hinzu. Allgemeinen Widerspruch fand aber die Behauptung der Alleinschuld Deutschlands und seiner Verbündeten am Ausbruch des Krieges: Dieser Vorwurf belastete die junge deutsche Republik folgenschwer, denn die wiedererstarkten Gegner der republikanischen Staatsform und des demokratischen Gedankens im Inneren des Reiches wußten den Versailler ›Schandfrieden‹, dessen erzwungene Unterzeichnung sie als das größte nationale Verbrechen hinstellten, zu ihrer stärksten Waffe gegen die eigene Regierung zu machen.

Der Krieg hatte zu einer neuen Kräfteverteilung in der Welt geführt. Die USA und Rußland waren die eigentlichen Sieger — auch wenn sich Amerika noch einmal in seinen bisherigen Isolationismus zurückzog und einen Eintritt in den 1920 in Genf errichteten Völkerbund ablehnte — auch wenn Rußland noch lange unter den inneren Schwierigkeiten einer ebenso mühsam erkämpften wie tiefgreifenden Revolution zu leiden hatte. Englands Weltgeltung war erschüttert. Besonders scharf wehrte sich Frankreich gegen die notwendigen Einsichten, die zu einer stärkeren europäischen Solidarität unter Einschluß des besiegten Deutschlands hätten führen müssen; aber die Franzosen hatten den Krieg vier Jahre im eigenen Land gehabt und schlimmste Zerstörungen, Grausamkeiten und riesige Verluste an Menschen und Gütern hinnehmen müssen.

Hier hatten die Deutschen tatsächlich viel wiedergutzumachen. Je weniger großmütig sich aber die herrschenden nationalistischen Kreise in Frankreich zeigten, desto schwieriger wurde es für die neue deutsche Regierung, deren Forderungen dem eigenen Volk gegenüber zu vertreten.

Der Druck, der durch die kaum erfüllbaren Repara-

tionslasten entstand, ließ bald alle Deutschen nur noch von einem ›Versailler Diktat‹ sprechen. Die nationalistische und nationalsozialistische Propagandatätigkeit seit Beginn der zwanziger Jahre machte es sich geschickt zunutze, daß der Widerstand gegen die Reparationen im Volk als gerecht empfunden wurde, und diffamierte die Mitglieder der Reichsregierung als ›Erfüllungspolitiker‹.

Die Weimarer Verfassung der jungen Republik trat am 11. August 1919 in Kraft. Man hatte nicht Berlin zum Versammlungsort gewählt, weil die Zustände dort immer noch unsicher waren — man befürchtete, daß Demonstrationen und Revolten die Beschlüsse des Parlaments beeinflussen könnten. Daß Friedrich Ebert Reichspräsident war und mit der ›Weimarer Koalition‹ die Sozialdemokratische Partei, das Zentrum und die Deutsche Demokratische Partei in die Regierung eingetreten waren, daß der Sozialdemokrat Philipp Scheide-

Die Weimarer Verfassung, erste und letzte Seite (mit den Unterschriften), 1919

mann sogar Reichskanzler war, schien dem rückwärts gerichteten Bürger unfaßbar und denen, die kompromißlos eine sozialistische oder gar kommunistische Revolution anstrebten, als Verrat.

Die Notwendigkeit, für den staatlichen Wiederaufbau Ordnung zu schaffen, gab der Regierung ein weit bürgerlicheres Aussehen, als die Mehrheit der Sozialdemokraten in den ersten drei Reichsregierungen, die insgesamt nur eineinhalb Jahre im Amt waren, erwarten ließ. ›Unabhängige‹ hatten sich schon auf der Gothaer Konferenz 1917 von der SPD getrennt und eine eigene Partei gegründet. Eine Gruppe dieser ›Unabhängigen‹ warf den Sozialdemokraten in der Regierung Verrat an den internationalen sozialistischen Prinzipien vor; diese linken Extremisten um Karl Liebknecht und Rosa Luxemburg fanden sich in der Kommunistischen Partei Deutschlands zusammen: Sie forderten alle gesetzgebende, rechtsprechende und vollziehende Gewalt für die nach russischem Muster gebildeten Arbeiter- und Soldatenräte.

Diese und weitere einander widerstreitende Strömungen, Putsche, Aufstände und mit Waffen geführte Kämpfe waren keineswegs dazu angetan, die um Erfüllung ihrer Aufgaben bemühte *Weimarer Republik* in ihren Anfängen zu festigen. Die innenpolitische Situation stand mit der nicht minder heiklen außenpolitischen in zunehmend unheilvollem Zusammenhang.

Die Republik hatte — übrigens gegen starken Widerstand bürgerlicher Kreise — nicht nur den Adel als Bevorrechtigung abgeschafft — seine Titel durften nur noch als bloßer Bestandteil des Namens geführt werden —, sondern auch die Orden und die Ehrenzeichen — Maßnahmen, die nach den vielen Mißbräuchen im bisherigen Untertanenstaat nahelagen. Die gesellschaftliche Gleichstellung aller scheiterte, weil Vorurteile gegen ›die Arbeiter‹ weiter bestanden. Den Staat wollte man wieder mächtig sehen. Die neue Republik war ungeliebt.

Proklamation.
Volksgenossen!

Um nach jahrelanger Vernichtung aufzubauen, hat das Volk die Macht der Zivil- und Militärbehörden gestürzt und die Regierung selbst in die Hand genommen. Die Bayerische Republik wird hierdurch proklamiert. Die oberste Behörde ist der von der Bevölkerung gewählte Arbeiter-, Soldaten- und Bauernrat, der provisorisch eingesetzt ist, bis eine endgültige Volksvertretung geschaffen werden wird. Er hat gesetzgeberische Gewalt. Die ganze Garnison hat sich der Republikanischen Regierung zur Verfügung gestellt. Generalkommando und Polizeidirektion stehen unter unserem Befehl. Die Dynastie Wittelsbach ist abgesetzt. Hoch die Republik!

Der Arbeiter- und Soldatenrat: Kurt Eisner.

Proklamation der Republik in Bayern, Flugblatt, 1918

Das zeigte sich in der weitgehenden Ablehnung der neuen Flagge Schwarz-Rot-Gold — der Farben der Paulskirche —, die ein Bekenntnis zu den liberal-revolutionären Ideen der ›Achtundvierziger‹ sein sollte. — Der Gesinnung des Bürgers nach sollte die Weimarer Republik aber die Fortsetzung des Reiches von 1871 sein, ›kleindeutsch‹ also und ein Obrigkeitsstaat. Der Deutsche war zur Demokratie nicht erzogen worden. Das Kaiserreich hatte die Farben Schwarz-Weiß-Rot geführt. Heer und Marine gewannen rasch ihren Nimbus zurück, und Marinekreise meinten, der deutsche Welthandel sei unter den Farben Schwarz-Weiß-Rot groß geworden und brauche sie daher auch künftig. So wurde verfügt, daß die Handelsmarine weiterhin unter den Farben Schwarz-Weiß-Rot, mit einer kleinen schwarz-rot-goldenen ›Gösch‹ in einer Fahnenecke, über die Meere fuhr. Diese Kompromißlösung offenbart, worauf und inwieweit die junge Republik Rücksichten zu nehmen hatte. Diejeni-

gen, die nicht an das Vermächtnis der Paulskirche glaubten und nichts mehr wußten von dem Aufbruch der
gleichzeitig nationalen und liberalen Kräfte, die schließlich zur Einigung geführt hatten, sahen in der Vergangenheit nur mehr die mächtige Figur Bismarcks. Sie taten
alles, um die Farben Schwarz-Weiß-Rot als Symbol der
Größe, die in Wirklichkeit schon lange vor dem Krieg
brüchig war, zu erhalten. Schlimmer noch, sie schmück-
ten sie mit der Gloriole der Erinnerung und fälschten
den verlorenen Krieg als Dolchstoß der roten Revolution in den Rücken der kämpfenden Armeen um. Die
ersten Anhänger der *Nationalsozialistischen Deutschen
Arbeiter-Partei*, die sich aus einer *Deutschen Arbeiter-
Partei* entwickelt hatte, sangen auf den Straßen:

> Hakenkreuz am Stahlhelm,
> Schwarz-weiß-rotes Band –
> Die Brigade Ehrhardt
> werden wir genannt.

So standen schon die Anfänge der Weimarer Republik
unter einem ungünstigen Stern; sie wurden erschwert
durch die unterschiedlichen Meinungen der Verantwortlichen, wieweit den Forderungen von Versailles nachzu-
kommen überhaupt möglich war. Die Rechtskreise blieben blind bei der Meinung, Deutschland sei »im Felde
unbesiegt«, und klagten weiter und immer gehässiger
die Unterzeichner des Versailler Vertrags und jede
›Erfüllungspolitik‹ an. Man hielt eine Einhaltung der
Friedensbedingungen für undurchführbar, und so dachten auch loyale Anhänger des Staates. Die so nötige
Wiederbelebung der Wirtschaft, die durch Reparationsleistungen und durch die Auslieferung des größten Teils
der Handelsflotte geschwächt war, stieß infolge einer
erst schleichend einsetzenden, dann galoppierenden
Geldentwertung auf unüberwindliche Schwierigkeiten.

»Es ist, als ob man Deutschland draußen gar nicht als
eine Republik wie eine andere, sondern als herrenloses
Land betrachtet, als einen national gefühllosen Rumpf,
mit dem man machen kann, was man will«, schrieb
Thomas Mann, als französische Truppen im Januar 1923
ins Ruhrgebiet einmarschierten, um durch eine Politik
der ›produktiven Pfänder‹, d. h. durch seine zeitweise
Besetzung und damit gesicherte wirtschaftliche Auswer-
tung, zur Vertragstreue zu zwingen. Durch dieses vom
französischen Ministerpräsidenten Raymond Poincaré
gewünschte Vorgehen wurde der deutsch-französische
Gegensatz erheblich verschärft; es trug auch dazu bei,
eine noch radikalere nationalistische Stimmung in
Deutschland zu wecken. Das Volk war der Auffassung,
daß Frankreich durch diese Besetzung die Separation
des Rheinlandes begünstigen wolle oder sogar nach
einer Annexion strebe. »Schon weht in Essen die Trico-
lore . . .«, begann eines jener Gedichte, die heimlich von
Hand zu Hand gingen. Entgegen dem Willen der Reichsregierung kam es über einen von ihr zunächst geforder-
ten passiven Widerstand (1923) zu Sabotageakten, die
mit Standgerichten beantwortet wurden. Mit der Er-
schießung des Freikorpskämpfers Albert Leo Schlageter
durch die französische Besatzung erstand dem ›Ruhrkampf‹ der prominenteste Märtyrer, und ihn stellten
denn auch die Nationalsozialisten später neben Horst
Wessel in den Mittelpunkt ihrer Glorifizierung alles
›Kämpferischen‹.

Die Weimarer Republik, die erste demokratische
Staatsform in Deutschland, war aus einer Niederlage
hervorgegangen und doch auf die Mitwirkung jener
Kräfte angewiesen, die sie mitverschuldet hatten – aber
dieser Tatbestand wurde weder klar erkannt noch gar
zugegeben. Mit der ›Dolchstoßlegende‹, eine feige und
pazifistisch aufgeweichte Heimat sei den tapferen Front-
truppen in den Rücken gefallen, suchten militaristisch-
reaktionäre Kräfte die Oberhand zu gewinnen. Der bis
1918 allmächtige General Ludendorff war einer ihrer
Exponenten. Sie wollten vergessen machen, daß sie und

vor allem die ehemaligen Militärs am Verlust des Krieges mitschuldig waren: Die Oberste Heeresleitung hatte im August 1918 seine Fortführung als aussichtslos erklärt — auch ihr war es schließlich nur noch darum gegangen, einen einigermaßen günstigen Frieden einzuhandeln.

Die militärischen Kräfte, die von der Republik zur Aufrechterhaltung der staatlichen Ordnung eingesetzt werden mußten, waren mit dem Herzen nicht bei dem Staat, den sie schützen sollten. Die nicht auszugleichenden Spannungen des politischen Lebens führten zu Mordtaten, die zwar als Folge der Verhetzung und der Kriegsroheit erkannt wurden, aber nicht verhindert werden konnten. Rechtsgerichtete Soldaten und Offiziere mißhandelten und ermordeten die kommunistischen Politiker Karl Liebknecht und Rosa Luxemburg im Januar 1919 in Berlin. Zwei Jahre später erschossen

Proklamation
an das deutsche Volk!
Die Regierung der Novemberverbrecher in Berlin ist heute für
abgesetzt erklärt worden.
Eine
provisorische deutsche
Nationalregierung
ist gebildet worden, diese besteht aus
Gen. Ludendorff
Ad. Hitler, Gen. v. Lossow
Obst. v. Seisser

Hitlerputsch
1923,
Flugblatt
der
Putschisten

zwei ehemalige Offiziere den Zentrumspolitiker Matthias Erzberger, der von Rechtskreisen für den Waffenstillstand und die Unterzeichnung des Friedensvertrags hauptverantwortlich gemacht worden war. Ein weiteres Opfer der Dolchstoßlegende war am 24. Juni 1922 Walther Rathenau, Außenminister der Republik: gehorsam dem »nationalen« Marschlied »Knallt ab den Walther Rathenau, die gottverfluchte Judensau«, erschossen ihn drei junge Männer auf der Fahrt zum Reichstag. Seine angebliche ›Erfüllungspolitik‹ und seine Politik der Aussöhnung mit den ehemaligen Gegnern, auch mit Rußland, vor allem aber seine jüdische Herkunft boten ausreichenden Grund, ihn zu ermorden. Die Täter ahnten nicht, daß sie einen Mann getötet hatten, der bei aller Internationalität seines Ansehens von Herzen ein deutscher Patriot gewesen war, der noch im Oktober 1918 eine ›Volkserhebung‹ vorgeschlagen hatte, um die Niederlage abzuwenden. Dieser Mord schreckte die Öffentlichkeit und die Regierung auf; der Reichstag verabschiedete ein ›Gesetz zum Schutz der Republik‹.

Der Brief, den Rathenaus Mutter an die Mutter des Mörders richtete, verdient es, hier als Dokument der Menschlichkeit angeführt zu werden. Sie schrieb: »In namenlosem Schmerz reiche ich Ihnen, Sie ärmste aller Frauen, die Hand. Sagen Sie Ihrem Sohn, daß ich im Namen und Geist des Ermordeten ihm verzeihe, wie Gott ihm verzeihen möge, wenn er vor der irdischen Gerechtigkeit ein volles offenes Bekenntnis ablegt und vor der göttlichen bereut. Hätte er meinen Sohn gekannt, den edelsten Menschen, den die Erde trug, so hätte er eher die Mordwaffe auf sich selbst gerichtet als auf ihn. Mögen diese Worte Ihrer Seele Frieden geben.«

Friedrich Ebert, der erste Präsident der Republik, starb — durch einen von Rechtskreisen verursachten Verleumdungsprozeß zermürbt — bereits im Februar 1925 — kaum daß sich der junge Staat nach den politischen und ökonomischen Wirren der ersten Jahre konsolidiert hatte. Zu seinem Nachfolger wurde als Kandidat der Rechtsparteien, deren rechteste bis zum Aufkommen der Nationalsozialistischen Deutschen Arbeiterpartei (NSDAP) die schon genannte Deutschnationale Volkspartei war, der Generalfeldmarschall von Hindenburg gewählt: so eng war die Mehrheit der Deutschen noch mit dem alten Reich verbunden, so erkennbar ihre Absage an den Geist von Weimar. Diese Wahl sollte sich später als eine entscheidende Station auf dem Weg zur Diktatur erweisen. Die weitere Entwicklung verlief dann so, daß im Jahre 1932 Adolf Hitler dem bisherigen Reichspräsidenten von Hindenburg als Wahlkandidat gegenüberstand und jetzt die Parteien der Mitte und der gemäßigten Linken sich gezwungen sahen, von zwei Übeln das geringere zu wählen: Sie mußten sich für Hindenburg einsetzen, der die Wahl gewann. Der andere Gegenkandidat war der Kommunist Ernst Thälmann. Er kam 1944 in einem Konzentrationslager Hitlers um, den Hindenburg 1933 zum Reichskanzler ernannt hatte.

Der Aufstieg Hitlers, dessen politische Laufbahn 1919 als Redner vor Soldaten in München begann, war keineswegs allein seinem demagogischen und rhetorischen Talent zuzuschreiben: Zuerst war er ›nur‹ von Offizieren eingesetzter ›Trommler‹ gegen die Linke; aber sehr schnell erkannte er deren Schwächen, und er lernte, wie man den Masseninstinkt führt und wo der Terror brutaler Schläger eingesetzt werden muß, um die besseren Argumente zum Schweigen zu bringen. Zuletzt kam die Wirtschaftskrise der Jahre 1931/32, in der die Zahl der Arbeitslosen auf mehr als sechs Millionen anstieg.

Damit war die Zeit für Adolf Hitler erst eigentlich angebrochen: seine radikalsten Anhänger gewann er aus dem wirtschaftlich bedrängtesten, politisch labilen, mittleren und kleinen Bürgertum sowie aus den Kreisen der immer dem Neuen zugewandten Jugend und Studen-

ten. Entscheidend war aber, daß Kräfte der Hochfinanz und der Schwerindustrie sich aus Furcht vor dem Bolschewismus für Hitler entschieden. Die halbmilitärischen Verbände der SA und der SS waren zunächst Hilfstruppen für den ›Saalschutz‹ bei Tausenden von Versammlungen, in denen um Anhänger geworben wurde. Prominentester und aktivster Redner, oft im Flugzeug von Versammlung zu Versammlung eilend, war Hitler selbst.

1932 wurde die NSDAP die stärkste Partei im Reichstag, nachdem sie schon in mehreren Länderparlamenten die Mehrheit gewonnen hatte. Die Annäherung der Deutschnationalen Volkspartei unter Alfred Hugenberg an sie festigte ihre Position weiterhin. Nach dem Rücktritt der Regierung des Generals Kurt von Schleicher wurde Hitler, von den Deutschnationalen beim Reichspräsidenten von Hindenburg ›hoffähig‹ gemacht, am 30. Januar 1933 Reichskanzler — vielleicht das folgenschwerste Ereignis in der deutschen Geschichte überhaupt. An seinem Zuständekommen hatte Schleichers Vorgänger als Reichskanzler, der ehemalige Zentrums-

Reichspräsident von Hindenburg; l.: Wahlplakat für seine Wiederwahl. 1932

abgeordnete Franz von Papen, großen Anteil. Zunächst waren die deutschnationalen Minister in der Regierung Hitler in der Mehrheit, aber in den Schlüsselstellungen im Reich und im Land Preußen (schon seit 1932) saßen jetzt Nationalsozialisten, vor allem Hitler selbst, Göring, ein ehemaliger Fliegeroffizier, SA-Führer und seit 1932 Reichstagspräsident, und Goebbels, seit 1926 ›Gauleiter‹ der NSDAP in Berlin, Herausgeber ihrer Berliner Tageszeitung ›Der Angriff‹. Im Angriff waren sie alle. Sie, die ein ›Tausendjähriges Reich‹ unter dem Hakenkreuz, ihrem Kampfzeichen, wollten, zerstörten das bestehende und die gesamte europäische Ordnung innerhalb von dreizehn Jahren so ›total‹ (ihr Lieblingswort), daß die Welt sich bis heute noch nicht erholt hat.

DIE ›GOLDENEN‹ ZWANZIGER JAHRE

Die allgemeine politische Entwicklung des Weimarer Staates, die als wahre Höllenfahrt enden sollte, ließ sich zunächst nicht so an, als sollte der Staat ewig krank bleiben. Der fähigste Politiker, den die Republik hatte, Gustav Stresemann, sah nach einem seiner diplomatischen Erfolge einen ›Silberstreifen‹ am Horizont, später sprach man sogar von den ›goldenen‹ zwanziger Jahren.

Die Einführung der Rentenmark 1923 zur Überwindung der Inflation war eine währungstechnische Großtat; aber sie wäre nicht möglich gewesen, wenn sich die politischen Anschauungen in Deutschland und in der Welt nicht gewandelt hätten. Nur eine neue Einsicht konnte die Änderung zum Guten herbeiführen: sie hieß Vertrauen. In Frankreich und in Deutschland gab es Mitte der zwanziger Jahre neue Regierungen, und das Mißtrauen, das die beiden Völker bisher geleitet hatte — ein allzu begreifliches Erbe des erbitterten Krieges —, wich endlich der versöhnlichen Erkenntnis, daß ihre Feindschaft nicht verewigt werden dürfe.

Die guten Jahre, die der Inflation folgten, dauerten bis zum Ausbruch der Weltwirtschaftskrise 1929. Dieses Jahrfünft erscheint aus verschiedenen Ursachen als ›golden‹. Zunächst beendete es die Wirrnis der Inflation, sodann führte es auf Grund der französisch-deutschen Verständigung — damals sprach Reichsaußenminister Gustav Stresemann vom ›Silberstreifen‹ der Hoffnung am Horizont der Zukunft — Deutschland in die Gemeinschaft der übrigen Völker zurück. Auf Initiative Stresemanns hin kam 1925 die Konferenz von Locarno zustande: sie trug wesentlich zur Entspannung bei. 1926 wurde Deutschland in den Genfer Völkerbund aufgenommen. Die Initiatoren der neuen Politik, Aristide Briand in Frankreich und Stresemann in Deutschland, erhielten dafür gemeinsam 1926 den Friedensnobelpreis wie vorher schon Sir Austen Chamberlain und Ch. G. Dawes (1925) — ein Zeichen dafür, daß die Wichtigkeit dieser Verständigung der übrigen Welt weithin klar war. Stresemanns früher Tod (1929) war, wie vier Jahre vorher der Friedrich Eberts, ein schwerer Verlust: Die politischen Entwicklungen nicht nur in Europa hätten einen völlig anderen Verlauf genommen, wenn die vorausschauende Politik dieser Staatsmänner fortgesetzt und von größeren Kreisen der Bevölkerung verstanden und gefördert worden wäre. Doch die Rufer blieben vereinzelt, unter den Schriftstellern war es auf französischer Seite Romain Rolland, auf deutscher die Schriftstellerin Annette Kolb, die sich für die Aussöhnung einsetzten. Annette Kolb hatte sich schon vor dem Ersten Weltkrieg und dann im Krieg mit ›Briefen einer Deutsch-Französin‹ leidenschaftlich um eine Versöhnung beider Völker bemüht. Ihr großer Essay über Briand blieb ein Ruf ohne Echo.

Die meisten Staaten Europas und auch die USA erlebten ihre ›zwanziger Jahre‹. Sie können verstanden werden als eine Reaktion auf den Krieg und seine unmittelbaren Folgen. Nicht daß man konsequent pazifistischen Sinnes geworden wäre, aber der Glaube, daß nur Machtpolitik zum Erfolg führe, war durch die Niederlage Deutschlands erschüttert und die Einsicht in die Notwendigkeit vernünftiger gegenseitiger Vereinbarungen gewachsen, wobei demokratische Prinzipien zunehmend die Vorherrschaft gewannen. Ein neues Lebensgefühl in der Literatur, der Musik, der Kunst und der Architektur ergriff zumindest die Kreise der Gebildeten. Die Frage nach dem Sinn des Lebens überhaupt wurde neu gestellt. Hatte der Mensch seine technischen Fortschritte nur gemacht, um sie für feindselige Offensiven und Gegenoffensiven zu nützen? Zeigte nicht das Ergebnis des Weltkriegs, daß auch eine demokratische Gesellschaft die Kraft besaß, Entscheidungen herbeizuführen; daß es auf seiten der Alliierten letzten Endes die Vernunft gewesen war, die den Hurra-Patriotismus der Deutschen besiegt hatte?

Ein aus Vernunft und Verantwortungsgefühl geborener humaner Geist regte sich unter den Völkern wie, unter dem Eindruck der Katastrophe, auch bei den fortschrittlichen Kräften in Deutschland. Was vor zehn Jahren noch für unmöglich gehalten wurde, geschah seit 1924: es wurden Mahnmale errichtet mit der Aufschrift: »Nie wieder Krieg.«

›Gruppenaufnahme aus München‹, Zeichnung von H. Marxen, um 1930. Reihe o. v. l.: Max Halbe, Oskar v. Miller, Ricarda Huch, Gustav Waldau; zweite Reihe: Hans Knappertsbusch, German Bestelmeyer, Oswald Spengler, Karl Vossler; dritte Reihe: Thomas Mann

5-Rentenmark-Schein, 1923

Die Europäisierung und Internationalisierung des Handels, die Ausbreitung der Wissenschaft, die Besinnung der Deutschen auf ihre geistige Kraft bestimmten die Jahre der Zwischenkriegszeit. Auf diesem Hintergrund konnte sich das kulturelle Leben reich entfalten, und zum erstenmal trat Berlin als Kulturhauptstadt europäischen Ranges neben Paris und London.

Der Regisseur Max Reinhardt, kurz vor dem Weltkrieg schon auf dem Höhepunkt als ›Zauberer des

Theaters‹, trat wiederum mit einer langen Reihe hervorragender und beispielgebender Inszenierungen klassischer wie zeitgenössischer Stücke hervor. Er hatte 1917 zusammen mit Hugo von Hofmannsthal, Richard Strauss u. a. die Salzburger Festspiele ins Leben gerufen. Jetzt gewann er für Berlin weltweiten Ruhm. Wirtschaftlich gesehen waren Reinhardts Berliner Bühnen – das Deutsche Theater, die Kammerspiele, das Große Schauspielhaus – Privatunternehmen. Daneben gab es das Preußische Staatstheater, wo Leopold Jessner als Generalintendant und Regisseur die Versäumnisse der Vergangenheit radikal nachholte: er brachte vor allem die jungen Dramatiker zur Uraufführung. Zu den bekanntesten Theaterleitern jener Jahre gehörte, neben Viktor Barnowsky und Felix Saltenburg, Erwin Piscator, der Propagandist des politischen Theaters, der die Stücke von Ernst Toller und Walter Mehring inszenierte — schärfste Anklagen gegen den Krieg und gewisse Übel der Nachkriegsgesellschaft, auf kahlen Gerüsten von Leitern und Treppen, Filmszenen ins Bühnenbild eingeblendet. Die ersten Dramen von Bertolt Brecht, wie ›Trommeln in der Nacht‹, ›Im Dickicht der Städte‹ und ›Mann ist Mann‹, wurden aufgeführt, erregten Beifall und Zorn. 1928 wurde mit der Musik von Kurt Weill seine ›Dreigroschenoper‹ — sie war und blieb das populärste Werk Brechts — im Berliner Theater am Schiffbauerdamm uraufgeführt.

Niemals war Deutschland reicher an hervorragenden Schauspielern und Schauspielerinnen; Namen wie Elisabeth Bergner, Tilla Durieux, Käthe Dorsch, Agnes Straub, Albert Bassermann, Heinrich George, Emil Jannings, Alexander Moissi und Albert Steinrück sind hier für viele andere stellvertretend zu nennen — einige nur konnten über den Film und später dann in Hollywood sich ihren Ruhm erhalten.

1926 wurde mit der *Sektion für Dichtkunst* in der Preußischen Akademie der Künste endlich auch eine

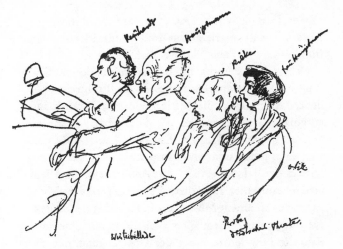

Bühnenprobe bei Max Reinhardt, Zeichnung von Emil Orlik

öffentliche Repräsentanz der deutschen Literatur geschaffen. Genau 230 Jahre nach der Gründung dieser Akademie erlaubte man auch den Schriftstellern den Zutritt. Bisher hatten sie nur als ›Ehrenmitglieder‹ fungiert: Goethe, Herder, Wieland, Tieck und A. W. Schlegel waren auf solche Weise geehrt worden; Schiller, den die französischen Revolutionäre gefeiert hatten, jedoch nicht. Zur neuen ›Dichterakademie‹ zählten u. a. Hermann Hesse, Ricarda Huch, Georg Kaiser, Bernhard Kellermann, Oskar Loerke, Heinrich und Thomas Mann, René Schickele, Arthur Schnitzler, Jakob Wassermann und Franz Werfel. Später hinzugewählt wurden Theodor Däubler, Alfred Döblin, Leonhard Frank, Alfred Mombert und Fritz von Unruh. Es waren glanzvolle Namen, und daß der Nobelpreis für Literatur 1929, nach 17 Jahren erstmals wieder an einen Deutschen, an Thomas Mann vergeben wurde, war ein Zeichen für die endgültige Überwindung der Kriegsfeindschaft gegen Deutschland auf dem Gebiet der Kultur. Thomas Manns Roman ›Buddenbrooks‹, für den er vor allem den Preis erhielt, kam im Winter 1929 zum sensationell niedrigen Preis von 2,85 Mark heraus und wurde in mehreren hunderttausend Exemplaren verkauft.

Neben der Literatur, die wieder internationale Geltung erlangte, waren es insbesondere die Ideen einer neuen Architektur, die befruchtend von Deutschland ausgingen. Sie nahmen im Werk des schon erwähnten Walter Gropius wirkungsreichste Gestalt an – nicht nur, weil er in Beton und Glas baute, nicht nur, weil er bereits in den Jahren 1910/11 mit Adolf Meyer in Alfeld an der Leine einen Fabrikbau, die Fagus-Werke, errichtet hatte, der zu einem Muster künftiger Industriearchitektur wurde, sondern vor allem deshalb, weil er eine neue Baugesinnung lehrte – aus der Überzeugung, daß die kommenden großen Bauaufgaben nur mit neuen Methoden zu bewältigen seien, die nachdrücklich auch das ›team work‹ in die Architekturplanung einbezogen – und die Einheit der Gestaltung als Einheit von Handwerk, Kunst und Technik verstand.

Gropius war 1915 vom Großherzog von Sachsen-Weimar zum Direktor der Großherzoglich Sächsischen Kunstgewerbeschule und der Großherzoglich Sächsischen Hochschule für Bildende Kunst in Weimar ernannt worden – 1919 schloß er sie unter dem Namen *Staatliches Bauhaus Weimar* zusammen. Im Manifest zu seiner Eröffnung schrieb er: »Heute stehen die Bildenden Künste in selbstgenügsamer Eigenheit, aus der sie erst wieder erlöst werden können durch bewußtes Mitund Ineinanderwirken aller Werkleute untereinander. Architekten, Maler und Bildhauer müssen die vielgliedrige Gestalt des Baues in seiner Gesamtheit und in seinen Teilen wiedererkennen und begreifen lernen ... Alle müssen zum Handwerk zurück, es gibt keine ›Kunst von Beruf‹. Es gibt keinen Wesensunterschied zwischen dem Künstler und dem Handwerker ... Die Grundlage des Werkmäßigen ist unerläßlich für jeden

Künstler. Dort ist der Urquell des schöpferischen Gestaltens.«

Waren bereits die Industriebauten von Peter Behrens und Hans Poelzig in ihrer Nüchternheit Zweckkonstruktionen gewesen zu einer Zeit, da man jede Brauerei oder Hutfabrik wie ein neugotisches Schloß errichtete, so galt es jetzt, die Lehr- und Werkgemeinschaft des Bauhauses durch Berufung hervorragender Künstler zu einer vorbildlichen Schule auszubauen. Dort wirkten u. a. die Maler Lyonel Feininger, Paul Klee, Oskar Schlemmer, Wassily Kandinsky, der Bildhauer Gerhard Marcks, der Keramik, und der Maler Georg Muche, der Textilien entwarf. Schon 1925 mußte das Bauhaus seine Wirkungsstätte in Weimar aufgeben, seine künstlerische Richtung war der in Thüringen schon herrschenden Rechtsregierung zu modern, zu ›international‹. Es wurde nach Dessau verlegt, und Gropius entwarf dafür das Gebäude und die Wohnhäuser der Lehrer. Die Zahl der Studenten betrug kaum mehr als zweihundert pro Studienzeit, aber die Wirkung dieser relativ kleinen Schar übertraf alles, was an moderner Baugesinnung und damit Reform des Lebens zu einem menschenwürdigeren Dasein bisher konzipiert worden war.

1933 wurde das Bauhaus aufgelöst, denn das Dritte Reich verfolgte die Anhänger der modernen Kunstrichtungen, mochten sie sich zur ›neuen Sachlichkeit‹ oder zur abstrakten Kunst bekennen, als ›Kulturbolschewisten‹; aber viele Bauhauslehrer und -schüler wirkten an Kunstschulen und -instituten in Europa und Amerika weiter und setzten die bisher erarbeiteten Lehren und Methoden fort. Gropius verließ Deutschland 1934 und erhielt 1937 eine Professur an der Harvard-Universität in den USA. Das ›Museum of Modern Art‹ veranstaltete eine Ausstellung ›Bauhaus 1919-1928‹, die ein starkes Echo fand.

»Amerika scheint eine große europäische Idee zu erben«, schrieb der Italiener Carlo Argan in einer Unter-

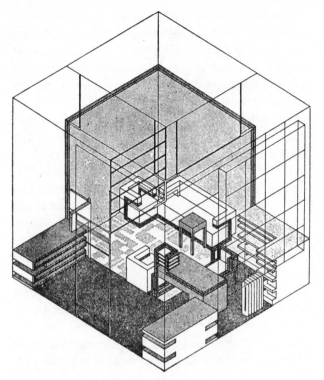

Walter Gropius, Entwurf für die Möblierung des Direktorzimmers im Bauhaus Weimar, 1923

suchung ›Gropius und das Bauhaus‹ und fuhr fort: »Eine Idee, die der Nazismus verbannt hatte. Um die Mitarbeiter von Gropius, die ebenfalls vor den nazistischen Verfolgungen nach Amerika geflüchtet waren, bilden sich ebenso viele kleine Bauhäuser: Laszlo Moholy-Nagy übernimmt die Leitung des ›New Bauhaus‹ in Chicago, andere Zentren für Gestaltungspädagogik entstehen ... Doch wenn auch der Einfluß dieser Zentren für Gestaltungserziehung für die Entwicklung der amerikanischen Kunst ... vor allem für die Entwicklung des ›industrial design‹ entscheidend gewesen ist — ihr Aktionsradius

hat doch nie die Weite desjenigen des Bauhauses in Dessau erreichen können.«

Das ›Bauhaus‹ und sein Schicksal steht stellvertretend für eine Reihe anderer Leistungen, die zur kulturellen Vielseitigkeit der zwanziger Jahre beitrugen. Da gab es seit dem 5. Februar 1916 die mit dem ›Cabaret Voltaire‹ in der Zürcher Spiegelgasse beginnende ›Dada‹-Bewegung, in der sich aus Protest gegen Gedenktafeln und Museen, gegen Tradition und herkömmliche Ästhetik Dichter, Maler und Schauspieler zusammengeschlossen hatten. Hans Arp, Richard Huelsenbeck, Hans Richter, George Grosz, Hugo Ball, Emmy Hennings, Walter Mehring, Kurt Schwitters, Max Ernst und viele andere bildeten diese Nachhut des Expressionismus. Es war eine Bewegung, die sich rasch verbreitete — es gab Abzweiger in Berlin und Paris, Wien und Budapest, Rom und New York. Es ist heute kaum mehr auszumachen, welche Wirkungen Expressionismus und Dada als leidenschaftliche Auflehnung gegen eine bürgerliche Kunst, die damals in der Zeit höchster Not des Individuums die Menschen schnöde im Stich gelassen hatte, auf die Intellektuellen und die Kunst der Welt ausgeübt haben: die meisten Spielarten des nachfolgenden Nonkonformismus zehren von diesem Erbe.

Auf dem Gebiet der Musik kündigten sich gleichfalls neue Richtungen an: Das Schaffen von Anton Webern, Alban Berg, Arnold Schönberg, Paul Hindemith, Ernst Toch und Wladimir Vogel fand erste Beachtung. Das musikalische Leben im Deutschland der Nachkriegsjahre in Oper und Konzert bot einen bisher einmaligen Reichtum an Begabungen, die in wenigen Jahren einen internationalen Standard höchster Leistung schufen — als Dirigenten sind hier zu nennen Clemens Krauss, Otto Klemperer, Bruno Walter, Erich Kleiber, Hermann Scherchen, Wilhelm Furtwängler und Hans Knappertsbusch.

Der deutsche, dazumal noch stumme Film, auf dem Weg von der Schaustellung zur Kunst, hat einige bemer-

Oskar Schlemmer, Planimetrische und stereometrische Beziehungen im Raum

kenswerte Ergebnisse hervorgebracht, die sich in der internationalen Filmgeschichte behaupten können. Aus den Jahren vor dem Krieg sind die ersten bewußt künstlerischen Filmgestaltungen dazuzurechnen: etwa ›Der Andere‹ (1913) mit Albert Bassermann, ›Der Student von Prag‹ (1913) mit Paul Wegener, ›Der Golem‹ (1914) auch mit Paul Wegener, und von den Filmen der Nachkriegszeit gehören dazu ›Das Kabinett des Dr. Caligari‹ (1919) mit Werner Krauss und Conrad Veidt, ›Dr. Mabuse, der Spieler‹ (1922), ›Die freudlose Gasse‹ (1925), ›Berlin, die Symphonie einer Großstadt‹ (1927), ›Menschen am Sonntag‹ (1929), ›Der blaue Engel‹, nach Heinrich Manns Roman ›Professor Unrat‹ (1929), mit Emil Jannings und Marlene Dietrich, schließlich (1931) ›Die Dreigroschenoper‹, nach Bertolt Brecht und mit der Musik von Kurt Weill. Die wichtigen Filmregisseure dieser Jahre, sofern sie internationalen Rang erlangten, waren Ernst Lubitsch, Fritz Lang, auch Leopold Jessner wieder, F. W. Murnau, G. W. Pabst, Walter Ruttmann, Robert Siodmak und Josef von Sternberg; sie haben zu der Ge-

schichte des künstlerischen Films mit interessanten und geglückten Werken theoretische und praktische Erkenntnisse beitragen können. Sie wurden auch in Hollywood beachtet, und manche, wie Max Ophüls, erreichten bei den Widrigkeiten der politischen Verhältnisse erst im Ausland ihren eigentlichen Rang und Ruf.

Die große Zeit der Kleinkunst war mit den Nachkriegsjahren gekommen. In den Kabaretts, die damals allenthalben aus dem Boden schossen, blühte die Zeitsatire. Bald stand in Berlin ›Schall und Rauch‹ im Mittelpunkt des kritischen Interesses, Walter Mehring und Kurt Tucholsky versorgten diese Kleinkunstbühne mit Texten. Trude Hesterberg sang in der ›Wilden Bühne‹ ihre berühmten Chansons, Claire Waldoff war Berlins populärste Chansonette. In München lachte man über Karl Valentin und Liesl Karlstadt, und im ›Simplicissimus‹ der Kathi Kobus trug Joachim Ringelnatz, einstiger Seefahrer, im Matrosenanzug seine bajazzohaft heiterwehmütigen Gesänge vom Seemann Kuttel Daddeldu oder seine ›Turngedichte‹ vor. In den letzten Jahren der Weimarer Republik und noch bis zum Frühjahr 1935 hat die Berliner ›Katakombe‹ Werner Fincks mit viel Witz und genauem Sinn für die Grenzen der Opposition sich behaupten können — dann wurde sie wegen ›politischer Brunnenvergiftung‹ polizeilich geschlossen, und ihre aktivsten Mitglieder wurden in das Konzentrationslager Esterwegen ›überstellt‹. Die ›Pfeffermühle‹, am 1. Januar 1933 von Erika und Klaus Mann, der Schauspielerin Therese Giehse und dem Musiker Magnus Henning als literarisches Kabarett, eigentlich aber zur Bekämpfung des Nationalsozialismus gegründet, mußte ihr Tätigkeitsfeld bald ins Ausland verlegen.

Wie die politische Meinungsbildung während dieser Jahre durch die Presse beeinflußt wurde, zeigt eine Aufstellung der Tageszeitungen. Der Rundfunk hatte noch kaum Wirkung, das Fernsehen war noch nicht erfunden. 1924 gab es insgesamt 1056 Zeitungen, davon waren orientiert: 444 nationalistisch-konservativ, 166 demokratisch-liberal, 284 katholisch, 142 sozialdemokratisch, 20 kommunistisch. Die qualitativ besten — es waren zugleich die international bekannten — vertraten eine demokratisch-liberale Richtung, wie die ›Frankfurter Zeitung‹, die ›Vossische Zeitung‹ und das ›Berliner Tageblatt‹, aber es waren keine Massenblätter: Der Durchschnittsleser orientierte sich an den örtlichen Organen, deren Mehrzahl fast jeden Tag eine Fortsetzung der Dolchstoßlegende und zugleich ein rückwärts projiziertes, beschränktes Bild der Welt brachte. Je schlechter es wirtschaftlich ging, um so reaktionärer und uneinsichtiger wurde dem Leser eingehämmert, daß das ›Diktat‹ von Versailles an allem schuld sei. Hitlers Presse ging einen noch verwerflicheren Weg. Sie prangerte die Juden als die Hauptschuldigen an.

Die ›goldenen zwanziger Jahre‹ endeten mit innenpolitischen Kämpfen, die schließlich als Straßenschlachten zwischen ›Rotfront‹ und ›Nazis‹ Tag für Tag und Nacht für Nacht auf brutalste Weise ausgetragen wurden. Mit dem schnellen Zerfall der Wirtschaft infolge der Weltwirtschaftskrise trat die Schwäche der Republik so bitter zutage, daß Alfred Kerr, jahrzehntelang einer der prominentesten Theaterkritiker Berlins, höhnisch fragen konnte:

Wer hat die schönsten Schäfchen?
Und klassische Musik?
Wer schläft das tiefste Schläfchen?
Eine gewisse, eine gewisse, eine gewisse
Republik.
Wer sieht ein täglich Morden
und findet keinen Rat?
Wer duldet Landsknechtshorden
als rüden Staat im Staat?
Wer quirlt mit mildem Händchen
im Topf der Politik?
Wem mangelt dies Talentchen?

Einer gewissen, einer gewissen, einer
gewissen Republik.
Sie hat ein reines Wollen
und einen sanften Sinn:
bevor noch Köpfe rollen,
streckt sie schon ihren hin.
Wer schläft das tiefste Schläfchen?
Trotz Militärmusik?

Die führenden Kreise der deutschen Wirtschaft und der Wissenschaft waren, wenn nicht überhaupt ›unpolitisch‹, so doch gegen die Republik eingestellt. An den Universitäten hatten die Rechtskräfte schon lange die Mehrheit. Die Antidemokraten sahen nicht, daß ihr Kampf gegen Weimar Hitler den Weg bereitete.

Am 17. Oktober 1930 wandte sich Thomas Mann im Berliner Beethovensaal in einem leidenschaftlichen ›Appell an die Vernunft‹ an jeden, der zu hören und zu verstehen vermochte, besonders aber an jene radikalisierten Wähler, die sich kurz vorher bei den Septemberwahlen in Massen zur Partei Hitlers bekannt hatten. Ihnen gab er zu bedenken:

»Ist das deutsch? Ist der Fanatismus, die gliederwerfende Unbesonnenheit, die orgiastische Verleugnung von Vernunft, Menschenwürde, geistiger Haltung in irgendeiner tieferen Seelenschicht des Deutschtums wirklich zu Hause? Dürfen die Verkünder des radikalen Nationalismus sich allzuviel einbilden auf den Stimmenzulauf, den sie gefunden, und ist der Nationalsozialismus parteimäßig gesehen nicht vielleicht ein Koloß auf tönernen Füßen, der an Dauerhaftigkeit nicht zu vergleichen ist mit der sozialdemokratischen Massenorganisation?

Wäre nicht der Mut dem Deutschen, von dem die Menschheit ein Bild der Rechtlichkeit, Mäßigkeit, geistigen Biederkeit im Herzen trägt, angemessener als das Berserkertum der Verzweiflung, als der Fanatismus, der heute deutsch und allein deutsch heißen will? Staatsmänner von echter Deutschheit, die als solche in aller Welt erkannt und geliebt wurden, haben diesen bald sich vordrängenden, bald geschickt sich schmiegenden Mut, den Mut der Geduld bewahrt und viel mehr damit erreicht, als zu erreichen wäre, wenn wir der Welt zu ihrem mitleidigen Befremden das Schauspiel ekstatischen Nervenzusammenbruch böten.« So trat ein deutscher Dichter für die Vernunft und für die Republik ein.

Diese prophetische Beschwörung fruchtete nicht. Von seinem Exil aus, acht Jahre später, gab dann Thomas Mann in einem Brief seinen Kindern Erika und Klaus einen Rückblick auf die Versäumnisse der Republik. Er schreibt:

»Die deutsche Freiheit, der Staat von Weimar ist zugrunde gegangen nicht ohne unser aller Mitschuld — mögen wir uns für das Maß von Tiefstand und Schändlichkeit, das dann nachfolgte, jeder Mitverantwortlichkeit billig entschlagen dürfen. Aber es sind Fehler begangen worden, Fehler und Unterlassungen, leugnen wir das nicht; die geistige Führung der Republik hat es vielleicht nicht nach der Seite des Geistes, aber nach der Seite der Führung und des Verantwortungsbewußtseins fehlen lassen, die Freiheit ist zuweilen bloßgestellt, ist oft nicht mit dem Ernst und der Sorgsamkeit behandelt worden, die unter den deutschen Bedingungen und Verhältnissen besonders notwendig gewesen wären — wen wundert es? Die Freiheit ist ein komplizierteres, ein heikleres Ding als die Gewalt; es ist weniger einfach, in ihr zu leben als in dieser, und wir deutschen Geistigen waren sehr jung in der Freiheit, politisch sehr jung und unerfahren — so sehr, wie Ihr es damals selbst den Jahren nach wart . . .«

ZEITTAFEL 1919-1932

[1919]

28. Juni: Unterzeichnung des Friedensvertrages in Versailles.

Nach Friedensschluß: In D. zählt man 2 Millionen, in Frankreich 1,5 Millionen und in England 750 000 Tote. Die USA haben 50 000 Tote zu verzeichnen. Die Industrieproduktion in Europa ist auf 2 Drittel des Stands von 1914 zurückgefallen und erreicht ihre Produktion erst wieder 1925.

Friedrich Ebert (s. 1918) wird von der Nationalversammlung in Weimar zum Reichspräsidenten gewählt.

Die Führer der KPD (s. 1917) Karl Liebknecht und Rosa Luxemburg werden von dt. Militärs am 15. Januar ermordet.

Im Januar Gründung der Deutschen Arbeiter-Partei, der späteren NSDAP, der Adolf Hitler (1889-1945), der Begründer des Nationalsozialismus, als Mitglied Nr. 555 beitritt.

12-Wochen-Arbeitsverbot für werdende Mütter und Wöchnerinnen, Nachtarbeitsverbot für Frauen und Kinder.

Der evangelische Theologe Karl Barth (1886-1969) veröffentlicht seine Interpretation ›Der Römerbrief‹, grundlegendes Werk der dialektischen Theologie (s. a. 1934).

Von dem klassischen Philologen Ulrich von Wilamowitz-Moellendorff (1848-1931), Erneuerer einer allgemeinen Altertumswissenschaft, die alle Äußerungen des antiken Lebens zur Erkenntnis der antiken Kultur nutzt, erscheint »Griechische Verskunst«, eine Zusammenfassung seiner metrischen Forschungen.

Der Soziologe und Wirtschaftswissenschaftler Max Weber (1864-1920) veröffentlicht die Schrift ›Politik als Beruf‹. W.s Hauptwerke erscheinen erst nach seinem Tod: ›Wirtschaft und Gesellschaft‹ (1920/21), ›Gesammelte Aufsätze zur Wissenschaftslehre‹ (1922) und ›Zur Sozial- und Wirtschaftsgeschichte‹ (1924).

Der Psychiater und Philosoph Karl Jaspers (1883-1969) veröffentlicht ›Psychologie der Weltanschauungen‹ (s. a. 1931).

Der Physiker Arnold Sommerfeld (1868-1951), seit 1906 Prof. in München, veröffentlicht sein Hauptwerk ›Atombau und Spektrallinien‹. Die ›Sommerfeld-Schule‹ der theoretischen Physik erlangt durch ihre Atomphysiker Weltruf.

Karl Kraus (s. 1889) veröffentlicht das Drama ›Die letzten Tage der Menschheit‹, das den 1. Weltkrieg festhält.

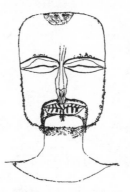

Paul Klee, Selbstbildnis, 1919

Kurt Schwitters

Von dem Schriftsteller Jakob Wassermann (1873-1934) erscheint der Roman ›Christian Wahnschaffe‹: »Die Welt der Söhne muß sich gegen die Welt der Väter erheben; anders kann es nicht anders werden!« 1921 veröffentlicht W. sein autobiographisches Bekenntnisbuch ›Mein Weg als Deutscher und Jude‹.

Von dem Schriftsteller Ernst Toller (1893-1939) erscheint das 1918 im Militärgefängnis vollendete Bekenntnisdrama ›Die Wandlung — Das Ringen eines Menschen‹; Uraufführung in Berlin.

Der Schriftsteller Hans Blüher (1888-1955), dem Wandervogel (s. 1896) nahestehend, veröffentlicht das Werk ›Die Rolle der Erotik in der männlichen Gesellschaft‹.

Erwin Piscator (1893-1966), Regisseur und Theaterleiter, gründet mit Oskar Lukian Spann in Königsberg die Kammerspielbühne ›Das Tribunal‹. Seit 1920 suchte P. das proletarische Theater als politisches Kampfmittel zu verwirklichen.

Max Reinhardt (s. 1911) eröffnet das von dem Architekten Hans Poelzig (1869-1936) gebaute Große Schauspielhaus in Berlin mit der ›Orestie‹ von Äschylus.

Der Schauspieler Fritz Kortner (1892-1970) wird an das Staatstheater Berlin verpflichtet.

Die Massenregie hält Einzug im künstlerischen Film: Ernst Lubitsch (1892-1947) gestaltet den Film ›Madame Dubarry‹.

Als 1. großer Naturfilm wird ›Das Wunder des Schneeschuhs‹ von Arnold Fanck (1889-1974) gedreht (trägt zur Popularisierung des Skilaufs bei).

Erinnerungsbriefmarke
an die Deutsche Nationalversammlung 1919
von Georg A. Máthey (1884–1968)

Der Maler und Bildhauer Max Ernst (1891-1976) gründet in
Köln eine Dada-Gruppe (s. 1916).

Hugo von Hofmannsthal (s. 1911) verfaßt nach seiner
Erzählung ›Die Frau ohne Schatten‹ einen Operntext, der
von Richard Strauss (s. 1911) vertont wird. Uraufführung im
gleichen Jahr in Dresden.

Ein Zentrum moderner Kunst entsteht: Unter Anknüp-
fung an die von Henry van de Velde (s. 1901) eingerichtete
Weimarer Kunstgewerbeschule (s. 1901) gründen der Architekt Walter Gropius (s. 1907), die Maler Lyonel Feininger (s.
1913) und Johannes Itten (1888-1967) und der Bildhauer Gerhard Marcks (1889–1981) das Staatliche Bauhaus in Weimar,
eine Kombination von Lehr- und Produktionsstätte. »Das
Bauhaus wurde zur Zäsur, die das Aussehen der Welt im 20.
Jahrhundert endgültig von den Historismen des 19. Jahrhunderts löste.« (M. Staber)

Fertigstellung des 1. Ganzmetall-Verkehrsflugzeugs X 13
durch Hugo Junkers (s. 1918).

1. ständiger Luftpostverkehr innerhalb des Deutschen
Reichs; ab 1929 Nachtluftpostlinien.

Der Journalist Rudolf Pechel (1882-1961) übernimmt
die Leitung der ›Deutschen Rundschau‹ (s. 1874).

[1920]

Am 10. Januar tritt der Vertrag von Versailles in Kraft.
Heftige Gegenagitation ›nationaler Kreise‹. In ganz D. Auf-
stände rechts- und linksradikaler Gruppen: Der Versuch des
Generallandschaftsdirektors Wolfgang Kapp (1858-1922), die
Reichsregierung zu stürzen, bricht durch Generalstreik der
Gewerkschaften zusammen.

Im dt. Auswärtigen Amt wird eine Kultur-Abteilung errichtet.

In Nachfolge der 1918 gegründeten Staatsbürgerschule wird
in Berlin die Deutsche Hochschule für Politik als eine von

Ernst Toller,
Zeichnung von B. F. Dolbin   Max Beckmann, Selbstbildnis, 1922

den Parteien unabhängige Lehr- und Bildungsstätte eröffnet
(s. a. 1896, F. Naumann).

Jakob von Uexküll (s. 1909) veröffentlicht ›Theoretische
Biologie‹.

Von dem Schriftsteller Emil Strauß (1866-1960) erscheint
die Novelle ›Der Schleier‹.

Von dem Schriftsteller Emil Ludwig (1881-1948) erscheint
›Goethe. Geschichte eines Menschen‹.

Höhepunkt des expressionistischen Dramas: Von dem Dramatiker Georg Kaiser (1878-1945) wird der 3. Teil seines
sozialkritischen Bühnenstücks ›Gas‹ in Frankfurt a. M. uraufgeführt.

Höhepunkt des Film-Expressionismus: ›Das Kabinett des
Dr. Caligari‹ wird aufgeführt. (Regie: Robert Wiene, Haupt-
darsteller: Werner Krauss (1884-1959), Conrad Veidt, Lil
Dagover).

Die Bergwacht wird für die Rettung in Bergnot und zum
Schutz gegen Gefahren des Alpinismus gegründet.

Adolf Hitlers
Mitgliedskarte
in der Deutschen
Arbeiter-Partei
Nr. 555, 1. 1. 1920

[1921]

Als Sanktion für von D. ungenügend geleistete Reparationen besetzen französische und belgische Truppen die Städte Düsseldorf, Duisburg und Ruhrort.

Der Oberbürgermeister von Köln, Konrad Adenauer (1876 bis 1967), Mitglied der Deutschen Zentrumspartei, wird Präsident des Preußischen Staatsrates (s. a. 1949).

Matthias Erzberger (geb. 1875), Reichsfinanzminister (1919/20), der die dt. Waffenstillstandsdelegation leitete (s. 1918), wird auf einem Spaziergang im Schwarzwald von 2 früheren Offizieren erschossen.

Von dem Philosophen Nicolai Hartmann (1882-1950) erscheint das Hauptwerk ›Grundzüge einer Metaphysik der Erkenntnis‹ (s. a. 1940).

Von dem österr. Philosophen Ludwig Wittgenstein (1889 bis 1951) erscheinen die logisch-philosophischen Abhandlungen ›Tractatus logico-philosophicus‹, die erst viel später, zunächst in England, wo W. sich 1911, 1929 und ab 1939 aufhält, Einfluß gewinnen.

Der Psychiater Ernst Kretschmer (1888-1964), Begründer der Konstitutionstypologie, veröffentlicht sein Hauptwerk ›Körperbau und Charakter‹.

Hermann Rorschach (1884-1922) zeigt einen neuen Weg der ›Psychodiagnostik‹ (psychologische Charakteranalyse anhand der Formdeutung von Klecksen).

Der Physiker Max Born (1882-1970) übernimmt das Physikalische Seminar der Universität Göttingen. Zu B.s Schülern

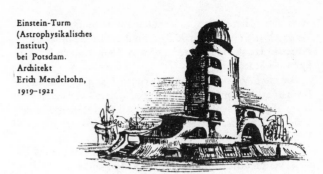

Einstein-Turm (Astrophysikalisches Institut) bei Potsdam. Architekt Erich Mendelsohn, 1919–1921

und Mitarbeitern gehören Werner Heisenberg (s. 1911), Pascual Jordan (1902-1980), Friedrich Hund (geb. 1896), Robert Oppenheimer (1904-1967), Edward Teller (geb. 1908), Enrico Fermi (1901-1954) u. a. (s.a. 1954).

Die ›Deutsche Gesellschaft für Vererbungsforschung‹ wird gegründet.

Der Komponist Paul Hindemith (1895-1963) schreibt seine einaktige Oper ›Mörder, Hoffnung der Frauen‹ (Text von O. Kokoschka, s. 1913).

In Donaueschingen begründet Fürst Egon von Fürstenberg (1896-1959) die Musiktage für zeitgenössische avantgardistische Musik.

Nach dem Entwurf des Architekten Erich Mendelsohn (1887-1953) wird in Potsdam der ›Einsteinturm‹, ein Observatorium und astrophysikalisches Laboratorium, gebaut.

[1922]

Dt.-russischer Vertrag von Rapallo, diplomatische Annäherung D.s an Rußland. Zerfall der dt. Währung.

Walther Rathenau (geb. 1867), Reichsaußenminister, wird von rechtsradikalen Attentätern erschossen, die damit den ›Juden‹ und ›Erfüllungspolitiker‹ R. treffen wollten. Der Reichstag beschließt eine ›Verordnung zum Schutz der Republik‹.

Der Historiker und Kulturphilosoph Oswald Spengler (1880-1936) gibt in seinem Hauptwerk ›Der Untergang des Abendlandes‹ eine »allgemeine Morphologie der Weltgeschichte«.

Die Gleichberechtigung der Frau im akademischen Lehr-

Max Born   Oswald Spengler, Zeichnung von R. Großmann, 1922

amt: Die Chemikerin und Botanikerin Margarethe von Wrangell (1876-1934) erhält als 1. Frau in D. eine ordentliche Professur (an der landwirtschaftlichen Hochschule in Hohenheim bei Stuttgart).

Von dem Volkswirt und Soziologen Franz Oppenheimer (1864-1943) beginnt das Hauptwerk ›System der Soziologie‹ (1929 abgeschlossen) zu erscheinen. O. betrachtete die Soziologie als Universalwissenschaft der Geschichte der menschlichen Gesellschaft.

Der Nervenarzt und Psychologe Hans Prinzhorn (1886 bis 1933) veröffentlicht ›Bildnerei der Geisteskranken‹.

Der Biochemiker Otto Meyerhof (1884-1951) erhält zusammen mit dem englischen Physiologen Archibald Vivian Hill (1886-1977) für Arbeiten über Stoffwechsel und Wärmeerzeugung im Muskel den Nobelpreis für Medizin.

Von dem Schriftsteller, Kritiker und Philosophen Ludwig Marcuse (1894-1971) erscheint die Biographie ›Georg Büchner‹.

Der Schriftsteller Bertolt Brecht (s. 1917) erhält für sein frühes Schauspiel ›Trommeln in der Nacht‹ den Kleist-Preis (s. 1912).

Der Dirigent Wilhelm Furtwängler (1886-1954) übernimmt als Nachfolger von Arthur Nikisch (1855-1922) die Leitung des Gewandhausorchesters in Leipzig. Gleichzeitig leitet er die Berliner Philharmoniker und von 1927 bis 1930 die Wiener Philharmoniker.

Der Architekt Fritz Höger (1877-1949) baut das Chilehaus in Hamburg.

In den Alhambra-Lichtspielen Berlin, erste Vorführung des ›Triergon‹-Verfahrens (Tonfilmtechnik), das seit 1919 von Joe Engl (1893-1943), Joseph Massolle (1889-1957) und Hans Vogt (1890-1979) entwickelt wurde.

[1923]

Ruhrgebiet: Im Januar Besetzung durch französische und belgische Truppen. D. proklamiert den ›passiven Widerstand‹. Im August beendet die neue dt. Regierung – Reichskanzler und Reichsaußenminister ist Gustav Stresemann (1878-1929) – den Ruhrkampf. St. erhält 1926 den Friedensnobelpreis.

An der Feldherrnhalle in München scheitert ein von Adolf Hitler (s. 1919) geleiteter Putsch gegen die bayerische Regierung.

Inflation: Höhepunkt der Geldentwertung. Die Stabilisie-

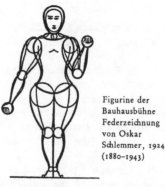

Figurine der Bauhausbühne Federzeichnung von Oskar Schlemmer, 1924 (1880–1943)

rung der Währung gelingt durch Einführung der Rentenmark.

Der katholische Schriftsteller und Theologe Romano Guardini (1885-1968) erhält den neu errichteten Lehrstuhl für Religionsphilosophie und katholische Weltanschauung an der Universität Berlin.

Von dem österr. Zoologen Karl von Frisch (1886-1982), ab 1925 Prof. in München, erscheint ›Die Sprache der Bienen‹. F. entdeckte den Bienentanz als Verständigungs- und Nachrichtenmittel der Bienen.

Von Rainer Maria Rilke (s. 1906) erscheinen die ›Sonette an Orpheus‹ und die ›Duineser Elegien‹.

Der Biochemiker Adolf Windaus (1876-1959) findet die Konstitution des Cholesterins; Nobelpreis 1928.

Von dem ungarischen (marxistischen) Philosophen und Literaturhistoriker Georg Lukács (1885-1971) erscheint in dt. Sprache ›Geschichte und Klassenbewußtsein‹.

Aufführung des teuersten Films der UFA (s. 1918), die jetzt über 115 eigene Lichtspieltheater verfügt: Uraufführung des 1. Teils des Nibelungenfilms ›Siegfrieds Tod‹ von Fritz Lang (1890-1976). Der 2. Teil ›Kriemhilds Rache‹ folgt 1924. Produktionsleiter ist Eric Pommer (1889-1966).

Der Verlag R. Piper & Co. (s. 1908) gibt Reproduktionen von besonderer Farbtreue nach Gemälden alter und neuer Meister heraus: ›Piperdrucke‹. (Seit 1932 in unabhängiger Firma, Piperdruck GmbH.)

Der österr. Komponist Arnold Schönberg (1874-1951) schreibt ›Fünf Stücke für Klavier‹, opus 23, denen erstmals das von ihm entwickelte System der Zwölftonreihe zugrunde liegt (s. a. 1912, ›Der Blaue Reiter‹).

Herbert Eimert (1897-1972), Musiktheoretiker, Komponist

und Musikkritiker, entwickelt unabhängig von Arnold Schönberg (s. o.) ein Zwölftonsystem: ›Atonale Musiklehre‹ (1924), ›Streichquartett‹ (1924).

Der Dirigent Erich Kleiber (1890-1956) wird Generalmusikdirektor an der Berliner Staatsoper.

Der Rundfunk (Hörfunk) beginnt: Unter der Leitung des Elektroingenieurs Hans Bredow (1879-1959) findet am 29. Oktober um 8 Uhr abends die 1. Sendung des dt. Unterhaltungsrundfunks im Berliner Voxhaus statt. Als Empfänger dienen Quarz-Kristall-Detektor-Apparate. B. baute 1908 den dt. Schiffs- und Überseefunkdienst auf.

Das 1. dt. Telefon-Selbstwählfernamt (Netzgruppe Weilheim in Bayern) wird eröffnet.

[1924]
Der Philosoph, Psychologe und Pädagoge Eduard Spranger (1882-1963) gibt sein grundlegendes Buch ›Die Psychologie des Jugendalters‹ heraus.

Das Hauptwerk von Georg Dehio (s. 1912), ›Die Geschichte der deutschen Kunst‹, liegt in 3 Doppelbdn. abgeschlossen vor.

›Die altniederländische Malerei‹ des Kunsthistorikers Max J. Friedländer (1867-1958) beginnt zu erscheinen.

Der Soziologe Leopold von Wiese (1876-1969) veröffentlicht seine ›Allgemeine Soziologie‹; 1933 erscheint eine 2. Aufl. unter dem Titel ›System der allgemeinen Soziologie‹.

In Frankfurt a. M. wird mit privater finanzieller Unterstützung aus den USA das Institut für Sozialforschung gegründet. 1. Direktor: Prof. Dr. Karl Grünberg (s. a. 1931, Horkheimer).

Die Geographen Alfred Wegener (s. 1912) und Wladimir Köppen (1846-1940) geben gemeinsam das Werk ›Die Klimate der geologischen Vorzeit‹ heraus, mit dem die Paläoklimatologie begründet wird.

Von dem Chirurgen und Krebsforscher Karl-Heinrich Bauer (1890-1978) erscheint die ›Mutationstheorie der Krebsgeschwulst-Entstehung‹.

Der Physiklehrer Hermann Oberth (geb. 1894) veröffentlicht seine als Doktorarbeit abgelehnte Schrift ›Die Rakete zu den Planetenräumen‹. Max Valier (s. 1918) propagiert ab 1924 O.s Ideen. O. gilt als »Vater der Weltraumfahrt«.

Von Thomas Mann (s. 1901) erscheint der Roman ›Der Zauberberg‹.

Die Reichsarbeitsgemeinschaft der Kinderfreunde wird gegründet (soziale Kinderfürsorge).

Der Schriftsteller Carl von Ossietzky (1889-1938) wird Herausgeber der Wochenschrift ›Die Weltbühne‹, mit der er die Feinde der Republik bekämpft (s. a. 1905, Jacobsohn).

Der Regisseur F. W. Murnau (1888-1931) gestaltet einen Stummfilm ohne Zwischentitel, ›Der letzte Mann‹, mit dem Schauspieler Emil Jannings (1892-1960) in der Hauptrolle.

Der Komponist Paul Hindemith (s. 1921) vertont R. M. Rilkes (s. 1923) ›Marienleben‹.

Der Bildungsverband der dt. Buchdrucker gründet die ›Büchergilde Gutenberg‹ als gewerkschaftlich orientierte Buchgemeinschaft.

Der Ullstein-Verlag (s. 1904) übernimmt die Monats-Zeitschrift ›Der Querschnitt‹, gegr. 1920 von dem Kunsthändler und Galerieinhaber Alfred Flechtheim (1878-1937). Die

Rainer Maria Rilke, nach einer Radierung von Emil Orlik

›Der kleine Alfred Kubin zeigt dem großen Verleger Reinhard Piper seine ersten Zeichnungen‹, Alfred Kubin, 1924

Gerhart Hauptmann liest vor, Zeichnung von Emil Orlik, 1924

Zeitschrift wird zum Spiegel der kulturellen Darbietungen und Ereignisse der zwanziger Jahre.

Der Flugplatz Berlin-Tempelhof wird eröffnet.

Die 1. dt. Funkausstellung und die 1. Automobilausstellung finden in Berlin statt.

Bau der 1. Reihen-Rotationsmaschine zum Druck beliebig großer Zeitungen (von der Firma König u. Bauer).

Anfänge der Beton-Schalenbauweise: Walther Bauersfeld (1879-1959), Physiker der Firma Carl Zeiss (s. 1891), entwickelt einen Projektor zur Darstellung der Bewegungen der Gestirne. Franz Dischinger (1887-1953) und Ulrich Finsterwalder (geb. 1897), Bauingenieure der Firma Dyckerhoff & Widmann (s. 1913), errichten für die Projektionsdemonstrationen in einer neuen Schalenbauweise die halbkreisförmige Kuppel von 16 m Durchmesser des »Planetariums«.

Zierinitial von Max Slevogt

[1925]
Vertrag von Locarno; Beginn einer dt.-französischen Verständigung.

Reichspräsident Friedrich Ebert (s. 1919) stirbt. Paul von Hindenburg (1847-1934), Generalfeldmarschall im 1. Weltkrieg, wird zum Reichspräsidenten gewählt.

Von Adolf Hitler (s. 1923) erscheint der 1. Teil von ›Mein Kampf‹, die Hauptschrift des N.S. (s. 1919), geschrieben in Festungshaft in Landsberg a. L., zu der H. im sog. ›Hitlerprozeß‹ verurteilt wurde; 2. Teil 1926.

Der Nobelpreis für Physik fällt gemeinsam an Gustav Hertz (1887-1975) und James Franck (1882-1964) für ihre Untersuchung der Anregung von Atomen durch Elektronenstöße.

Die Quantenmechanik entsteht: Der Physiker Werner Heisenberg (s. 1921) legt die in Zusammenarbeit mit Pascual Jordan (s. 1921) und Max Born (s. 1921) entstandene Arbeit ›Über

die quantentheoretische Umdeutung mechanischer und kinematischer Beziehungen‹ vor; Nobelpreis 1932.

Martin Buber (s. 1916) beginnt zusammen mit Franz Rosenzweig (1886-1929) mit der Übertragung der Bibel ins Deutsche: ›Die Schrift‹, bis 1938 liegen 15 Bde. vor.

Der Schriftsteller Max Brod (1884-1969) gibt entgegen den Anweisungen seines Freundes Franz Kafka (s. 1916) postum die Romane ›Der Prozeß‹ und (1926) ›Das Schloß‹ heraus.

Der Roman ›Jud Süß‹ von Lion Feuchtwanger (1884-1958) erscheint; 1917 bereits dramatisierte Fassung.

Der Schriftsteller und Dramatiker Carl Zuckmayer (1896–1977) veröffentlicht das Lustspiel ›Der fröhliche Weinberg‹ und erhält dafür den Kleist-Preis (s. 1912). Uraufführung am 19. Dezember in Berlin.

Das Buch ›Schrift, ihre Gestaltung und ihre Entwicklung‹ des Buchkünstlers und Graphikers Fritz Helmut Ehmcke (1878-1965) erscheint.

Willy Haas (1891-1973) gibt im Rowohlt Verlag (s. 1908) die Wochen-Zeitschrift ›Die literarische Welt‹ heraus, bald die führende kritische Literatur-Zeitschrift.

Von dem österr. Komponisten Alban Berg (1885-1935), Vertreter der Zwölftonmusik, wird die Oper ›Wozzeck‹ (Text nach Georg Büchner) in Berlin uraufgeführt.

Die I.G. Farbenindustrie AG entsteht aus dem Zusammenschluß von 6 großen dt. Chemiefirmen. Der Chemiker und Industrielle Carl Duisberg (s. 1887) ist die treibende Kraft der Konzernbildung.

Die Kleinbildfotografie kommt auf: Die Firma Ernst Leitz in Wetzlar bringt das von O. Barnack (1879-1936) entwickelte Modell der ›Leica‹ auf den Markt.

Lion Feuchtwanger 1928,
Porträtzeichnung
von Caspar Neher (s. S. 369)

[1926]

D. wird in den Völkerbund aufgenommen.

Von dem Pädagogen Alfred Kerschensteiner (1854-1932), dem Verfechter einer ›Arbeitsschule‹, die Berufsfreude und staatsbürgerliche Bildung vermitteln soll, erscheint ›Theorie der Bildung‹.

Der österr. Physiker Erwin Schrödinger (1887-1961) begründet die Wellenmechanik; Nobelpreis 1933.

Beginn einer Chemie der Makro-Moleküle: Der Chemiker Hermann Staudinger (1881-1965) beginnt mit der Erforschung der Makro-(Riesen-)Moleküle; Nobelpreis 1953. »Der Sieg der Kunststoffe ist kennzeichnend für das gesamte Ergebnis der neuesten Entwicklung: vor die ursprüngliche Natur, sie durchdringend und verdrängend, schiebt sich eine Zweite Welt, die von uns erzeugt ist.« (Adolf Portmann)

Von dem Schriftsteller Hans Grimm (1875-1959) erscheint der völkisch-politisch gefärbte Erziehungsroman ›Volk ohne Raum‹, dessen Titel bald als Schlagwort nationalistisch-aggressiver politischer Propaganda benutzt wird.

Von dem Schriftsteller Alfred Neumann (1895-1952) erscheint der historische Roman ›Der Teufel‹.

Uraufführung des UFA-Filmes ›Faust‹, Regie F. W. Murnau (s. 1924).

Die I.G.-Farbenindustrie AG (s. 1925) entwickelt den synthetischen Kautschuk ›Buna‹ (s. 1906, F. Hofmann).

Zusammenschluß von Stahlwerken: Die Stinnes-, Thyssen- (s. 1871), Phoenix-Gruppe und die Rheinischen Stahlwerke bilden die Vereinigten Stahlwerke AG, Düsseldorf.

Zusammenschluß im Automobilbau: Die Daimler-Moto-rengesellschaft (s. 1901) und die Firma Benz & Cie. AG (s. 1886), Mannheim, schließen sich zur Daimler-Benz AG in Untertürkheim zusammen.

Die Firma Fried. Krupp (s. 1893) bringt unter dem Namen Widia (Wi-Dia = wie Diamant) gesintertes Hartmetall auf den Markt; Umwälzung in der gesamten Bearbeitungs- und Gewinnungstechnik.

Auf der Strecke Hamburg-Berlin wird das 1. Zugfunk-Telefon eingerichtet.

Zusammenschluß im Luftverkehr: Die Deutsche Lufthansa AG bildet sich aus den Firmen Deutscher Aero Lloyd und der Junkers Luftverkehr AG (s. a. 1955).

[1927]

D. tritt dem ›Ständigen Internationalen Schiedsgerichtshof‹ im Haag bei.

Zum Schutz gegen Arbeitslosigkeit wird eine Pflichtversicherung eingeführt, ebenso das Arbeits- und Kündigungsschutzgesetz für werdende und stillende Mütter.

Von dem katholischen Kulturphilosophen Theodor Haecker (1879-1945) erscheint das Buch ›Christentum und Kultur‹.

Der Philosoph Martin Heidegger (1889-1976) veröffentlicht ›Sein und Zeit‹, die Begründung seiner Existentialphilosophie.

Der Rechtsphilosoph und Strafrechtslehrer Gustav Radbruch (1878-1949) veröffentlicht ›Der Mensch im Recht‹. R. war von 1921 bis 1923 Reichsjustizminister (s. a. 1945).

Von dem Historiker Ernst Kantorowicz (1895-1963), der dem George-Kreis (s. 1897) angehört, erscheint die Biographie ›Kaiser Friedrich II.‹.

Der Volkswirtschaftler und Soziologe Alfred Weber (1868 bis 1958) veröffentlicht ›Ideen zur Staats- und Kultursoziologie‹.

Von Karl Haushofer (1869-1946), dem Begründer der wissenschaftlichen Geopolitik, erscheint das Werk ›Grenzen in ihrer geographischen und politischen Bedeutung‹.

Der Geograph Alfred Hettner (1859-1941) veröffentlicht ›Die Geographie, ihre Geschichte, ihr Wesen und ihre Methoden‹. Von 1933 bis 1935 erscheint seine ›Vergleichende Länderkunde‹.

Der Chemiker Heinrich Wieland (1877-1957), ein Schüler A. v. Baeyers (s. 1905) und (nach R. Willstätter, s. 1915) auf dessen Lehrstuhl in München, erhält für die Aufklärung der

Theodor Haecker

Buchumschlag

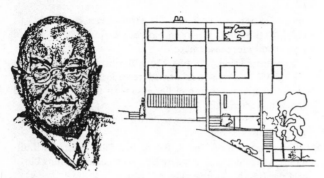

Carl Duisberg   Südfassade eines Hauses der Weißenhof-Siedlung in Stuttgart. Architekt Le Corbusier, 1927

Verbrennungsvorgänge im Körper (biologische Oxydation) den Nobelpreis (s. a. 1955).

Der Literaturhistoriker Oskar Walzel (1864-1944) veröffentlicht in dem von ihm herausgegebenen ›Handbuch der Literaturwissenschaft‹ (seit 1923) den Band ›Deutsche Dichtung von Gottsched bis zur Gegenwart‹ (2 Bde., 1927-1930).

Der Dichter Stefan George (s. 1907) erhält als 1. den von der Stadt Frankfurt a. M. gestifteten Goethepreis.

Der Schriftkünstler Paul Renner (1878-1956) gründet in München die Meisterschule für D.s Buchdrucker.

Als Anregung für neue Siedlungs- und Wohnbaukultur zeigen u. a. die Architekten Gropius (s. 1919), Behrens (s. 1907), Hilbersheimer, Le Corbusier (s. 1907), Oud, Poelzig (s. 1919), Scharoun (1893-1972), Bruno (1880-1938) und Max Taut (1884-1967) Beispiele auf der Werkbundausstellung am Weißenhof in Stuttgart. Die Gesamtplanung und Leitung hat der Architekt Mies van der Rohe (s. 1907). »Der Kampf um die neue Wohnung ist ein geistiges Problem und nur ein Glied in dem Kampf um neue Lebensformen.« (Mies van der Rohe; s. a. Behrens 1907 u. M. v. d. R. 1929).

1. öffentlicher Bildtelegraf: Zwischen Berlin und Wien wird die regelmäßige Bildübertragung aufgenommen.

Synthetisches Benzin: Aus Braunkohle nach dem Berginverfahren (s. 1913, Bergius) hergestelltes ›Leuna-Benzin‹ kommt in den Handel.

Eröffnung der Autorennstrecke Nürburgring in der Eifel.

Der Bau von Dieselmotorschiffen übertrifft mit 1,6 Millionen BRT erstmals den von Dampfschiffen (1,5 Millionen BRT).

In Breslau wird unter Beteiligung von Max Valier (s. 1924) und Hermann Oberth (s. 1924) ein Verein für Raumschiffahrt gegründet. Er hat 800 Mitglieder und gibt eine Monatszeitschrift ›Die Rakete‹ heraus.

[1928]

Der Philosoph Helmuth Plessner (geb. 1892) veröffentlicht ›Die Stufen des Organischen und der Mensch‹.

Der österr. Philosoph Rudolf Carnap (1891-1970), ein Hauptvertreter des logischen Positivismus, gibt sein Buch ›Der logische Aufbau der Welt‹ heraus.

Von dem Literaturhistoriker Max Kommerell (1902-1944), der dem Kreis um Stefan George (s. 1927) angehört, erscheint ›Der Dichter als Führer in der deutschen Klassik‹.

Der Mathematiker Johann von Neumann (1902-1957) begründet die Theorie der fastperiodischen Funktionen der Gruppen und führt Untersuchungen über die Theorie der Spiele und ihre Anwendungen durch.

Walter Benjamin (1892-1940), Essayist und Kritiker, veröffentlicht ›Vom Ursprung des deutschen Trauerspiels‹.

Von dem Schriftsteller Ludwig Renn (Pseudonym für Arnold Friedrich Vieth von Golßenau; 1889-1979) erscheint der antimilitaristische Roman ›Krieg‹.

Die Schriftstellerin Anna Seghers (s. 1910) veröffentlicht die Erzählung ›Der Aufstand der Fischer von St. Barbara‹ (Kleist-Preis, s. 1912).

Die ›Dreigroschenoper‹ des Schriftstellers Bertolt Brecht (s. 1922) mit der Musik von Kurt Weil (1900-1950) wird in Berlin (Theater am Schiffbauerdamm) uraufgeführt.

Der Architekt Bruno Paul (s. 1907) baut das 1. Hochhaus in Berlin, das ›Kathreiner-Gebäude‹.

1. Benutzung eines Fernschreibers auf Postleitungen.

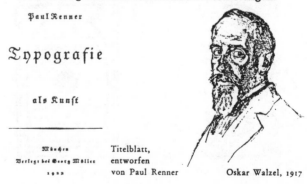

Titelblatt, entworfen von Paul Renner   Oskar Walzel, 1917

Die Flieger Hermann Köhl (1888-1938) und Günther von Hünefeld (1892-1929) überqueren zusammen mit dem Iren James E. Fitzmaurice erstmals den Atlantik in Ostwestrichtung in 35 Stunden mit einem Junkers-Flugzeug .

Fritz von Opel umrundet die Berliner Autorennstrecke Avus (s. 1913) mit dem von M. Valier (s. 1927), dem Pyrotechniker Friedrich Sander und F. v. O. gebauten Raketenauto ›Rak 2‹ mit einer Stundengeschwindigkeit von 220 km.

Der Zoologe Heinz Heck (geb. 1894) richtet den 1. geographischen Tierpark (München-Hellabrunn) ein. In Freianlagen erhält die Tierwelt der einzelnen Erdteile jeweils ein gesondertes Gelände. Erstmals wird im Zoo systematisch Tierzucht durch Bildung von Herden- oder Familienverbänden getrieben. 2 ausgestorbene Großtiere, der Auerochs und das graue Wildpferd (Tarpan), werden aus ihren zahmen Abkömmlingen wieder zurückgezüchtet.

[1929]

25. Oktober: ›Schwarzer Freitag‹: Der Börsenkrach in New York löst eine große Weltwirtschaftskrise aus.

Der Philosoph Ernst Cassirer (1874-1945), Vertreter des Neukantianismus, veröffentlicht seine ›Philosophie der symbolischen Formen‹.

›Der Geist als Widersacher der Seele‹ (3 Bde.), das Hauptwerk von Ludwig Klages (s. 1917), erscheint. Gegen den Rationalismus und gegen das Primat des Denkens gerichtete Philosophie.

Karl Mannheim (1893-1947), Begründer der Wissenssoziologie, veröffentlicht sein Hauptwerk ›Ideologie und Utopie‹.

Der Arzt Werner Forßmann (1904-1979) zeigt im Selbstversuch, daß ein Katheter bis zum Herzen gelangen kann. Neue Methode zur Untersuchung des kranken Herzens; Nobelpreis 1956.

Der österr. Gynäkologe Hermann Knaus (1892-1970) veröffentlicht einen Aufsatz ›Über den Zeitpunkt der Konzeptionsfähigkeit des Weibes‹; Begründung einer neuen Methode zur Empfängnisverhütung.

Dem Biochemiker Adolf Butenandt (geb. 1903) gelingt zusammen mit Doisy erstmals die Darstellung eines Geschlechtshormons (s. a. 1936).

Dem Chemiker Hans Fischer (1881-1945) gelingt die Synthese des Blutfarbstoffes Hämin und des Gallenfarbstoffes Bilirubin; Nobelpreis 1930.

Bertolt Brecht, Karikatur
von B. F. Dolbin

Alfred Döblin, Zeichnung
von B. F. Dolbin

Der Warenhausbesitzer Salomon Schocken (1877-1957) gründet in Berlin das ›Forschungsinstitut für Geschichte und Quellenstudium der hebräischen Dichtung‹ sowie 1931 den Schocken-Verlag, in dem die 1. Gesamtausgabe der Werke Kafkas (s. 1925) erscheint.

Der Arzt und Schriftsteller Alfred Döblin (1878-1957) veröffentlicht den Roman ›Berlin Alexanderplatz‹. Vieldimensionalität des Lebens wird durch Montage verschiedener Darstellungsweisen und Sprechstile deutlich gemacht.

Im Propyläen-Verlag erscheint der vorher von anderen Verlagen abgelehnte Anti-Kriegsroman ›Im Westen nichts Neues‹ von Erich Maria Remarque (1898-1970), der größte Bucherfolg dieser Jahre.

Von dem Schriftsteller Ernst Jünger (s. 1908) erscheint ›Das abenteuerliche Herz‹ (Neufassg. 1938; s. a. 1939).

Von der Schriftstellerin Vicki Baum (1888-1960) erscheinen die Unterhaltungsromane ›Stud. chem. Helene Willfüer‹ und ›Menschen im Hotel‹, mehrmals verfilmt.

Von dem Schriftsteller Erich Kästner (1899-1974) erscheint das Kinderbuch ›Emil und die Detektive‹.

Der Regisseur Robert Siodmak (1900-1973) dreht den Film ›Menschen am Sonntag‹.

Der 1. dt. Tonfilm ›Melodie des Herzens‹ mit dem Schauspieler Willy Fritsch (1901-1973) wird gedreht.

Mies van der Rohe (s. 1927) übernimmt die Gestaltung des Deutschen Pavillons für die Weltausstellung in Barcelona.

Der Flugzeugkonstrukteur Claude Dornier (1884-1969) baut das Großflugboot Do X für 170 Personen.

Der 1. gewölbte Massiv-Bogen mit mehr als 100 m Spannweite, die Ammer-Hochbrücke bei Echelsbach (Spannweite
130 m), wird nach dem System Melan-Spangenberg gebaut.

In Berlin findet die 1. Fernsehsendung statt.

Die Berliner Stadtbahn wird elektrifiziert.

Weltreise des Luftschiffes ›Graf Zeppelin‹ (s. 1900) unter
der Führung von Hugo Eckener (1868-1954).

Fritz von Opel (s. 1928) fliegt das 1. Raketenflugzeug ›Opel-
Sander-Flugzeug Rak 1‹ auf dem Flughafen Rebstock bei
Frankfurt a. M.

[1930]
Wirtschaftskrise, steigende Arbeitslosigkeit in D.

Von den 110 Sitzen des AStA (Studentenvertretung) der
Hochschulen in Bayern gewinnen die Nationalsozialisten in
den Wahlen 50: »Wenn eines mich an den Sieg unserer Bewegung glauben läßt, so ist es der Vormarsch unserer Bewegung in der Studentenschaft.« (Adolf Hitler; s. 1925).

Der Kunsthistoriker Erwin Panofsky (1892-1968) veröffentlicht ›Herkules am Scheidewege‹.

Otto Warburg (s. 1913) wird Direktor des für ihn errichteten Kaiser-Wilhelm-Instituts für Zellphysiologie in Berlin.
1931 erhält W. für die Entdeckung des Sauerstoff übertragen-
den Atmungsferments den Nobelpreis für Medizin (s. a.
1943).

Beginn einer ›Acetylenchemie‹: Der Chemiker Walter
Reppe (1892-1969) entwickelt bei der BASF (s. 1909) Kunststoffe auf Acetylenbasis.

Bruno Walter,
Zeichnung von B. F. Dolbin

Joachim Ringelnatz (1883–1934), Zeichnung
von Rolf v. Hoerschelmann (1885–1947)

Die ideologische Grundlage des Nationalsozialismus: Der
Schriftsteller und Journalist Alfred Rosenberg (1893-1946)
veröffentlicht ›Der Mythos des 20. Jahrhunderts‹.

In Dresden wird das Deutsche Hygiene-Museum eröffnet.
Der ›Gläserne Mensch‹, ein Lehrmodell, wird in viele Länder
geliefert.

Der 1. Bd. des Romans ›Der Mann ohne Eigenschaften‹
des österr. Schriftstellers Robert Musil (1880-1942) erscheint.

Hermann Hesse (s. 1907) veröffentlicht den Roman ›Narziss
und Goldmund; Nobelpreis 1946.

›Die Powenzbande‹, Roman von Ernst Penzoldt (1892 bis
1955), erscheint.

Der Roman ›Das Wunschkind‹ von Ina Seidel (1885-1974)
erscheint.

Uraufführung des UFA-Films ›Der Blaue Engel‹ (nach dem
Roman ›Professor Unrat‹ von Heinrich Mann, s. 1918). Am
Drehbuch arbeitet Carl Zuckmayer (s. 1925) mit. Musik:
Friedrich Hollaender. Regie: Josef von Sternberg. Darsteller

Scherenschnitt
von Rudolf Koch (1876–1934)

Ernst Barlach,
Linolschnitt von Otto Pankok

168 Kurt Huber

169 Hans Scholl, Sophie Scholl, Christoph Probst

170 Heinrich Wieland

171
Helmuth James Graf
von Moltke

172
Claus Graf Schenk
von Stauffenberg

173 Alfred Delp

174 Dietrich Bonhoeffer

175 Martin Niemöller

176 Wolfgang Borchert

177 Jürgen Fehling

178 Wilhelm Furtwängler

179

180 Joseph C. Witsch, Heinrich Böll

181

182 Heinz Nordhoff

183 Karl von Frisch

184 Gustav Radbruch

185 Gerhard Domagk

186 Karl Jaspers

187 Eduard Spranger

188 Wilhelm Worringer

189 Friedrich Meinecke

190 Rudolf Bultmann

191 Werner Heisenberg

192

193

u. a.: Emil Jannings (s. 1924), Marlene Dietrich (geb. 1901), Hans Albers (1892-1960).

Ernst Barlach (1870-1938), Bildhauer, Graphiker, Schriftsteller und Dramatiker, führt die Nischenfiguren an der Katharinenkirche in Lübeck aus.

Der Schriftkünstler und Graphiker Georg Trump (geb. 1896) entwirft die Linear-Antiqua, seine 1. Druckschrift, der er noch ca. 30 weitere folgen läßt.

Ernst Schmidt konstruiert ein Strahltriebwerk für Düsenflugzeuge.

Zusammenschluß der dt. landwirtschaftlichen Genossenschaften zum Raiffeisen-Verband (s. 1864).

Die ›Europa‹, das neue Passagierschiff des ›Norddeutschen Lloyd‹, gewinnt das ›Blaue Band‹ für die schnellste Überquerung des Atlantik (von Bremen nach New York).

Ernst Penzoldt
Zeichnung von Fritz Fliege

Karl Valentin, Karikatur

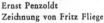

[1931]

Juli: Schließung der Banken, Sparkassen und Börsen unter dem Druck einer schweren Wirtschafts- und Finanzkrise.

Von Albert Schweitzer (s. 1905) erscheint im Felix Meiner Verlag der Bericht ›Aus meinem Leben und Denken‹ mit der zentralen Forderung »Ehrfurcht vor dem Leben« (Aufl. bis 1968 460 000 Ex.). Sch. erhält den Friedensnobelpreis 1952.

Von Karl Jaspers (s. 1919) erscheint ›Die geistige Situation der Zeit‹ (als Bd. 100 Sammlung Göschen). 1933: 5. Aufl. ins Englische übersetzt (›Man in the Modern Age‹). 1932 erscheint J.s dreibändige ›Philosophie‹.

›Ewiges Indien‹, ein Hauptwerk des Indologen Heinrich Zimmer (1850-1943), erscheint.

Der Sozialphilosoph Max Horkheimer (1895-1973) wird Direktor des Instituts für Sozialforschung in Frankfurt a.M. (s. 1924).

Der Schriftsteller Kurt Tucholsky (1890-1935) veröffentlicht die Liebesgeschichte ›Schloß Gripsholm‹; bis 1932 Mitarbeiter der ›Weltbühne‹ (s. 1924), zeitweilig Chefredakteur.

192 *PEN-Generalversammlung 1953 in Frankfurt a. M. im Kaisersaal des Römer (v. l. n. r.): Benno Reifenberg, Gustaf Gründgens, Erich Kästner, Kasimir Edschmid*
193 *Konrad Lorenz mit Enkeln: Anschauungsunterricht vor dem Aquarium*

Carl Zuckmayers (s. 1930) Drama ›Der Hauptmann von Köpenick‹ erscheint: Tragikomödie des preußischen Militarismus (s. 1906).

Der österr. Schriftsteller Hermann Broch (1886-1951) veröffentlicht den 1. Teil seiner Romantrilogie ›Die Schlafwandler‹ (s. a. 1945).

Die Schriftstellerin Gertrud von Le Fort (1876-1971) veröffentlicht die Erzählung ›Die Letzte am Schafott‹ (1949 von dem französischen Dichter Georges Bernanos dramatisiert).

Arnold Frank (s. 1919) dreht den Skifilm ›Der weiße Rausch‹.

Der Glaspalast in München, in dem gerade eine Ausstellung ›Deutsche Romantiker‹ gezeigt wird, brennt nieder. Wertvolle Gemälde romantischer Maler werden vernichtet.

Der von dem Ingenieur Franz Kruckenberg (1882-1965) in Leichtbauweise konstruierte Schnelltriebwagen (›Schienenzeppelin‹) legt mit einer Höchstgeschwindigkeit von 230 km/h die Strecke Hamburg-Berlin in 97 Minuten zurück.

[1932]

Höhepunkt der Weltwirtschaftskrise.

Die Arbeitslosenziffer in D. übersteigt 6 Millionen.

Die Arbeitslosen-, Krisen- und Wohlfahrtsunterstützung muß gekürzt werden.

Paul von Hindenburg (s. 1925) wird zum 2. Mal zum Reichspräsidenten gewählt.

Die 1. Autobahnstrecke (von Köln nach Bonn) wird dem Verkehr übergeben.

Else Lasker-Schüler,
Selbstbildnis

›Jüngling mit Füllen‹,
Radierung von Renée Sintenis

Der Internist und Neurologe Viktor von Weizsäcker (1886
bis 1957), Vertreter einer ›psychosomatischen‹ Richtung in
der Medizin, veröffentlicht sein Werk ›Körpergeschehen und
Neurose‹ (s. a. 1951).

Zum 100. Todestag von Goethe finden in ganz D. und in
der Welt Feiern statt. Stiftung der Goethe-Medaille für
Wissenschaft und Kunst.

Ernst Robert Curtius (1886-1956), Romanist, Kritiker und
Schriftsteller, veröffentlicht seine Schrift ›Deutscher Geist in
Gefahr‹ (s. a. 1949).

Die Dichterin Else Lasker-Schüler (s. 1917) erhält den
Kleist-Preis (s. 1912).

Von dem Erzähler und Lyriker Georg Britting (1891-1964)
erscheint der (einzige) Roman ›Lebenslauf eines dicken
Mannes, der Hamlet hieß‹.

Der Schriftsteller Hans Fallada (1893-1947) veröffentlicht
den Roman ›Kleiner Mann — was nun?‹, das Arbeitslosen-
schicksal eines kleinen Angestellten.

Von Ludwig Klages (s. 1929) erscheint das Werk ›Der Geist
als Widersacher der Seele‹.

Der Schriftsteller und Dramatiker Fritz von Unruh (1885-
1970), Verfasser pazifistischer Romane, emigriert.

Der österr. Schriftsteller Joseph Roth (1894-1939) veröffentlicht den Roman ›Radetzkymarsch‹.

Der Film ›M‹ des Regisseurs Fritz Lang (s. 1923) wird aufgeführt.

Max Ophüls (1902-1957), Regisseur und Drehbuchautor,
dreht den Film ›Liebelei‹ nach einem Schauspiel von Arthur
Schnitzler (1862-1931).

Die Bildhauerin Renée Sintenis (1888-1965) erhält für ihre
1924 geschaffene Statuette ›Läufer‹, ein Abbild des finnischen
›Laufwunders‹ Nurmi, den Preis der Olympiade.

Das Bauhaus (s. 1919), 1925 von Weimar nach Dessau
übergesiedelt, wird dort von der N.S.-Landesregierung geschlossen.

Starke Entwicklung des Jugendherbergswerks (s. 1909): Es
gibt ca. 2000 Jugendherbergen mit 4,2 Millionen Übernach-
tungen im Jahr (1982 zählt man in der Bundesrepublik
Deutschland 567 Jugendherbergen).

*Der wahre Wert eines Menschen ist in
erster Linie dadurch bestimmt, in welchem
Grade und in welchem Sinne er zur Befreiung
vom Ich gelangt ist.*

A. Einstein

Handschrift Albert Einsteins

Die Freiheit stirbt. 1933–1945

Die Freiheit ist kein Genuß, sie ist eine
Aufgabe. Sie bringt und gibt nicht, sie
verlangt. Es gäbe nicht so viele Tyran-
nen auf der Erde, wenn es nicht leichter
wäre, zu gehorchen und zu leiden, als
frei zu sein.   Ricarda Huch

DIE MACHTERGREIFUNG HITLERS

»Nicht durch die Prinzipien der Humanität lebt der
Mensch oder ist er fähig, sich neben der Tierwelt zu behaupten, sondern einzig und allein durch die Mittel bru-
talsten Kampfes« — dieses Hitlerwort bedeutete eine
Kampfansage an alles, was den deutschen Geist bisher ausgezeichnet hatte. Aufmerksame gab es genug,
die vor diesem »Weg in die Barbarei« warnten, aber
eine Warnung erschien den meisten überflüssig — lebte
man nicht im aufgeklärten 20. Jahrhundert? Sollte ein
solcher Rückfall überhaupt denkbar sein?

1925 erschien im Eher-Verlag in München der erste
Teil eines zweibändigen Werkes ›Mein Kampf‹. Sein
Verfasser war der vor kurzem aus der Festungshaft ent-
lassene, als Kunstmaler in Wien gescheiterte Adolf Hitler. Sein Putsch, der ihn am 8. November 1923 an die
Macht bringen und die Regierung in Berlin stürzen
sollte, war schon nach kurzem Marsch an der Feldherrnhalle in München mißlungen. Ein allzu mildes
Urteil hatte ihm einige Jahre Festungshaft eingetragen,
die er zur Abfassung seines abstrusen, in schlechtem
Deutsch geschriebenen Buches nutzte. Manche kauften
das Buch, wenige lasen es. Später bereuten viele, es nicht
gelesen zu haben.

Nach der Festungshaft wurde Hitler wieder zum Führer der neugegründeten NSDAP gewählt. Es gelang ihm,
eine beträchtliche Anhängerschaft zu gewinnen. Inflation, Wirtschaftskrise und Arbeitslosigkeit konnte er
dank seiner demagogischen Fähigkeiten dazu ausnutzen,
seine NSDAP als eine Partei für ›völkisch‹ Denkende,
d. h. Antisemiten, Unzufriedene, arbeitslose Soldaten
und Zukurzgekommene, aufzubauen. 1932 war sie die
stärkste Partei und Hitlers Machtposition trotz eines
zeitweisen Stimmenrückganges nicht mehr zu übersehen.

Zunächst ging es nach außen hin noch legal zu. Am
30. Januar 1933 hieß der neue Reichskanzler Adolf Hitler. Er bildetete das ›Kabinett der nationalen Konzentra-
tion‹, von dem wir bei der Schilderung von Hitlers Aufstieg gehört haben. In ihm gab es neben Hitlers Helfern,
den Deutschnationalen, und seinem ›Steigbügelhalter‹,
dem früheren Reichskanzler von Papen, einige ›Fach-
minister‹, insgesamt nur drei Nationalsozialisten. Für
den 5. März 1933 wurden Neuwahlen zum Reichstag
ausgeschrieben, doch trotz allen Wahlterrors behauptete
sich die katholische Partei des Zentrums, behaupteten
sich auch die Sozialdemokraten und die Kommunisten.
Die erwartete absolute Mehrheit bekam Hitler nicht;
mit 48 Prozent brauchte er weiter die Unterstützung der
Deutschnationalen. Aber in kurzer Zeit gelang es der
NSDAP, durch brutalste Methoden die Staatsgewalt voll-
kommen an sich zu reißen.

Bereits am 28. Februar war eine ›Notverordnung zum
Schutze von Volk und Staat‹ erlassen worden: sie hob
die in der Weimarer Verfassung festgelegten Grundrechte weitgehend auf — der Willkür in der Verfolgung
der politischen Gegner war damit freier Lauf gelassen.
Unmittelbaren Vorwand für die Beseitigung der Demokratie bot der bis heute nicht voll geklärte Brand des
Reichstagsgebäudes am 27. Februar 1933, der den Kommunisten zur Last gelegt wurde. Er löste eine Welle von
Verfolgungen und Verhaftungen mißliebiger Parteigeg-
ner aus. In dem vor dem Leipziger Reichsgericht mit gro-

ßer Propaganda inszenierten Prozeß vom 21. September bis 23. Dezember 1933 wurde der niederländische Kommunist van der Lubbe als angeblicher Täter zum Tode verurteilt, die KPD war bereits verboten worden. Die systematische Jagd auf politisch Andersdenkende begann – und mit ihr die Emigration derer, die unmittelbar bedroht waren. Konzentrationslager, in denen die SA brutalste Quälereien beging, wurden errichtet, und Hermann Göring, preußischer Ministerpräsident, durfte lauthals ausrufen: »Wir sind nicht gekommen, um Gerechtigkeit auszuüben, sondern um zu vernichten und um auszurotten.« Am 24. März war das ›Gesetz zur Behebung der Not von Volk und Reich‹, das sogenannte ›Ermächtigungsgesetz‹, vom Reichstag angenommen worden — gegen die Stimmen der 120 Sozialdemokraten, deren Fraktionsführer Otto Wels als einziger der Redner Hitler widersprochen hatte. Die 81 Abgeordneten der Kommunistischen Partei konnten ihr Mandatsrecht schon nicht mehr ausüben – sie saßen bereits in Gefängnissen oder befanden sich auf der Flucht. In seiner mutigen Rede verteidigte Wels zum letztenmal im Reichstag die demokratischen Grundrechte: »Freiheit und Leben kann man uns nehmen, die Ehre nicht . . . Wir deutschen Sozialdemokraten bekennen uns in dieser geschichtlichen Stunde feierlich zu den Grundsätzen der Menschlichkeit und der Gerechtigkeit, der Freiheit des Sozialismus. Kein Ermächtigungsgesetz gibt Ihnen die Macht, Ideen, die ewig und unzerstörbar sind, zu vernichten.«

Die Zentrumspartei stimmte dem Ermächtigungsgesetz nur zu, weil Hitler die – betrügerische – Zusage gemacht hatte, die Notverordnung vom 28. Februar zurückzunehmen. Die Reichsregierung erlangte damit die Vollmacht, Gesetze eigenmächtig und von der Verfassung abweichend zu erlassen. Rücksichtslos brachte die NSDAP alle Ressorts der öffentlichen Meinungsbildung und alle Einrichtungen der Kultur, wie Presse, Funk,

Film, Theater und Literatur, unter ihren Einfluß. Mit Halbwahrheiten und Täuschungsmanövern wußte Hitler die Massen zu beeinflussen. Alle Parteien außer der NSDAP wurden aufgelöst, die Gewerkschaften beseitigt, Verbände und Organisationen ›gleichgeschaltet‹, ihr Vermögen meist ›eingezogen‹. Die öffentliche Meinung wurde von Dr. Joseph Goebbels gesteuert, seit dem 13. März ›Reichsminister für Volksaufklärung und Propaganda‹ und bald auch Präsident einer ›Reichskulturkammer‹. Und mit Hilfe jener, wie Göring sagte, »gesetzlich verankerten Erlasse« wurden ›Sondergerichte‹ geschaffen, die jede weitere Opposition auf ›legale‹ Weise ausschalten und jeden andersmeinenden Widerstand im Keim ersticken konnten. Die ›Abwehrmaßnahmen gegen kommunistische Gewaltakte‹ standen am Beginn einer Entwicklung, die zum Abbau aller demokratischen Einrichtungen führte mit dem Ziel, den totalen ›Führerstaat‹ aufzurichten. Die deutsche Fahne trug nun wieder die Farben Schwarz-Weiß-Rot, die Hakenkreuzflagge mußte daneben gezeigt werden, und bei geringstem Anlaß wurde das Beflaggen der Häuser als eine Art Gesinnungsprobe der Bewohner angeordnet. Die Hymne der Partei, das Horst-Wessel-Lied, wurde neben dem Deutschlandlied die zweite Nationalhymne.

Das ›Gesetz zur Sicherung der Einheit von Partei und Staat‹ vom 1. Dezember 1933 sollte schließlich das gesamte politische, wirtschaftliche, soziale und kulturelle Leben unter die alleinige Macht der NSDAP bringen. Auch die Religionsgemeinschaften sollten den staatlichen Interessen untergeordnet sein. Der Abschluß eines von den Katholiken lange gewünschten Konkordats mit dem Päpstlichen Stuhl brachte Hitler zunächst Sympathien im Innern ein und stärkte sein Ansehen nach außen. Bald jedoch wurden die wahren Absichten der NSDAP offenbar: sie wollte ihre eigene Weltanschauung an Stelle der Religion setzen. Die Kulturbibel der Nationalsozialisten, ›Der Mythus des 20. Jahrhunderts‹, verfaßt von Alfred Rosenberg, seit 1921 Hauptschriftleiter von Hitlers Tageszeitung ›Völkischer Beobachter‹, war durch und durch antikatholisch. Die Opposition der Kirchen wurde wach. Kanzelredner, wie der Bischof von Münster, Kardinal Clemens August Graf Galen, und der Erzbischof von München-Freising, Kardinal Michael von Faulhaber, oder der evangelische Landesbischof Theophil Wurm wirkten durch ihre Unerschrockenheit ebenso wie Martin Niemöller, Pfarrer in Berlin-Dahlem, der 1933 den ›Pfarrernotbund‹ begründete, aus dem die Widerstandsbewegung der ›Bekennenden Kirche‹ in allen Landeskirchen hervorging, und der durch die theologische Lehre Karl Barths beeinflußt war. Dieser Kirchenkampf unter schweren Verfolgungen war eine der ganz wenigen offenen Bekundungen geschlossenen Widerstandes in der N.S.-Zeit. Er hat vielen Menschen in ihrer Gewissensnot geholfen, und er hat viele Anhänger der ›Bekennenden Kirche‹ in Gefängnis und Tod gebracht.

Die Gefahr einer wahrhaft sozialistischen ›zweiten Revolution‹, unter Verschmelzung der bisherigen Reichswehr mit der SA zu einer Miliz, wie sie der ›Stabschef‹ der SA, Ernst Röhm, einer der nächsten Vertrauten Hitlers, anstrebte, wurde am 30. Juni 1934 durch die von Hitler befohlene Ermordung Röhms und der ihm ergebenen Gefolgschaft beseitigt. Gleichzeitig waren mehrere hundert mißliebige Gegner des Regimes, wie der Vorgänger Hitlers als Reichskanzler, General von Schleicher, Hitlers Gegner von 1923, Gustav Ritter von Kahr, der Leiter der katholischen Aktion Erich Klausener und der gefürchtete Gegner auf konservativer Seite, der Publizist Edgar J. Jung, umgebracht worden. Diese Morde wurden nachträglich auf Antrag Hitlers als Staatsnotwehr durch Gesetz für rechtens erklärt.

In den Juden sah Hitler die eigentliche Ursache des nationalen Unglücks. Er betrachtete sie vor allem als die ›November-Verbrecher‹, die die Niederlage von 1918

Adolf Hitler,
Karikatur von Paul Klee

verursacht hatten — so, als ob sie und nicht die Oberste Heeresleitung ein sofortiges Waffenstillstandsangebot vom Kaiser gefordert hätten. Hitlers Rassenhaß und seine in Großkundgebungen von Stadt zu Stadt getragenen Angriffe gegen die Kirche, die Juden und die Demokratie hätten kaum so viel Zustimmung gefunden, wenn nicht die wirtschaftlichen Verhältnisse zu einer großen Verarmung und Zukunftsangst geführt hätten. Die Auswirkungen der Arbeitslosigkeit trieben die Wähler geradezu in seine Arme. Nunmehr an der Macht, leitete er unverzüglich die Verfolgung der Juden ein, wie er es in unzähligen Wahlreden gefordert und in seinem Buch ›Mein Kampf‹ angekündigt hatte.

Da es im Weltkrieg jüdische Frontkämpfer und jüdische Gefallene gegeben hatte und die soldatischen Tugenden zu Beginn von Hitlers Regierung in den Vordergrund gestellt wurden, nahm man bei der Ausschaltung der Juden aus dem öffentlichen Leben zunächst auf diese Frontkämpfer Rücksicht. Das war nur eine Tarnung der wahren Absichten, aber deshalb glaubten zunächst viele deutsche Juden, daß alles vielleicht doch glimpflich für sie ablaufen werde. Manche Rücksichten auf die Weltöffentlichkeit zwangen die National-sozialisten in den ersten beiden Herrschaftsjahren zur Zurückhaltung. Aber im September 1935 wurden die *Nürnberger Gesetze* »zum Schutz des deutschen Blutes und der deutschen Ehre« erlassen; sie nahmen allen, die nicht »deutschen oder artverwandten Blutes« waren, das Bürgerrecht; sie enthielten auch schmählich diskriminierende Bestimmungen für die Juden bei einer ›Vermischung mit Ariern‹. Die Nürn-berger Gesetze bildeten die Basis für die Entrechtung aller Juden und der sogenannten ›Mischlinge‹. Die dazu die Mittel hatten oder Hilfe erlangten, entgingen durch Flucht oder Auswanderung der späteren Vernichtung. Viele blieben aber im Land, weil sie zu stark an ihrer Heimat hingen.

Die antijüdischen Maßnahmen verschärften sich nach den Olympischen Spielen, die 1936 in Berlin abgehalten wurden. Erst danach konnte Hitler dem Ausland und den Deutschen, die es erkennen wollten, sein wahres Gesicht zeigen. In der Nacht vom 9. auf den 10. Novem-ber 1938 wurden auf Parteibefehl alle Synagogen in Brand gesteckt, jüdische Geschäfte, die es noch gab, wur-den demoliert, ihre Inhaber mißhandelt. Ein Ansturm der Betroffenen auf die Konsulate begann, aber es war immer schwieriger geworden, die Ausreise von den deut-schen Behörden durch Hergabe von Vermögensteilen zu erkaufen und Einreisegenehmigungen der fremden Staaten zu erlangen; mit dem Ausbruch des Zweiten Weltkrieges waren schließlich die legalen Wege so gut wie verschlossen. Die Eroberungen stark jüdisch besiedel-ter Gebiete im Osten führte dann zu jener ›Endlösung‹, die mit der Ermordung von Millionen europäischer Juden auch die noch im Reich verbliebenen deutschen Ju-den traf. Bevor man sie zur Vernichtung nach dem Osten

brachte, zwang man sie, den gelben Davidstern anzu-legen, wobei die Nationalsozialisten zu ihrer Bestürzung feststellen mußten, daß den so Gekennzeichneten statt Ablehnung vielerorts Sympathie der Mitbürger gezeigt wurde. Nicht wenige der Verfolgten wurden unter Le-bensgefahr auch ihrer deutschen Beschützer bis Kriegs-ende verborgen gehalten, viele wurden entdeckt, was den sicheren Tod — auch für den Helfer — bedeutete.

DIE WIRTSCHAFT UND DER KRIEG

Wie konnte sich das Dritte Reich wirtschaftlich halten, nachdem es vor allem doch wirtschaftliche Schwierig-keiten gewesen waren, die das Ende der Weimarer Re-publik herbeigeführt hatten? Zunächst unterlag die Fi-nanzpolitik der nationalsozialistischen Regierung keiner parlamentarischen Kontrolle mehr: Die Autobahnen, später die Aufrüstung wurden mit Wechseln an die Reichsbank bezahlt, die sich dort häuften und den Wert der Währung aushöhlten. Die innere Verschuldung des Reiches belief sich 1938 bereits auf 42 Milliarden Mark gegenüber 7,17 Milliarden Mark im Jahre 1932. Durch die Vergabe großer öffentlicher Arbeiten, durch die Einführung der Arbeitsdienstpflicht und Wiedereinfüh-rung der allgemeinen Wehrpflicht (1935) war es dem Regime gelungen, die Zahl der Arbeitslosen von 6,1 Mil-lionen im Jahre 1932 auf 0,4 Millionen im Juli 1938 zu vermindern. Letztlich war die Verschuldung nur durch einen Eroberungskrieg zu beseitigen, auf den die riesige Aufrüstung zusteuerte: Wieder war es Göring, der in zynischer Offenheit von der Bevölkerung ›Kanonen statt Butter‹ (1937) forderte.

Mit diesen Kanonen wurde dann der Zweite Welt-krieg am 1. September 1939 auch tatsächlich begonnen, er nahm alle Kräfte und Reserven der Nation in An-spruch bis — 1943 — Goebbels den ›totalen Krieg‹ proklamierte, die Ausschöpfung der letzten Reserven von Wirtschaft und Arbeitskraft. Das Ende des Zweiten Weltkriegs, das jedem vernünftigen Deutschen klarmachen mußte, welche Fehlspekulation die nationalsozialistische Politik von Anfang an bedeutet hatte, bestätigte gerade jenen Feinden Hitlers im In- und Ausland, die in dem mangelhaften wirtschaftlichen Potential des Dritten Reiches den Keim des Untergangs gesehen hatten, die Richtigkeit ihrer Anschauung. Hinzu kam die von Antisemitismus und Ressentiment geleitete Wissenschaftsfeindlichkeit Hitlers: die entscheidenden waffentechnischen Entwicklungen gelangen seinen Gegnern im Ausland.

Gerade wegen der vorausschaubaren wirtschaftlichen Hindernisse war in weiten Kreisen des Auslands 1933 dem NS-Regime nur eine kurze Lebenszeit eingeräumt worden. Deshalb verzichteten auch Staaten, die das neue Regime in Deutschland grundsätzlich ablehnten, auf Gegenmaßnahmen, etwa auf wirtschaftlichen Boykott, der möglich gewesen wäre — auch nach dem Bekanntwerden der ersten brutalen Ausschreitungen gegen die Juden, die unter offizieller Billigung erfolgt waren. Bestimmt war es aber ein Fehler, daß das Ausland nichts gegen die Brüche internationaler Verträge unternahm. Als deutsche Truppen im März 1936 vertragswidrig in die entmilitarisierte Zone des Rheinlands einmarschierten, blieb eine Reaktion des Auslandes, insbesondere des unmittelbar betroffenen Frankreich — auch zur Enttäuschung der inneren Gegner —, aus. Jeder derartige ›Erfolg‹ festigte die Position des Regimes im Innern, wo inzwischen die ›Gestapo‹ — die Geheime Staatspolizei — mit Mitteln des Terrors für ›Ordnung und Ruhe‹ sorgte. Wer als Deutscher den ›neuen Staat‹ Adolf Hitlers ablehnte, der konnte zunächst nur in stiller Abwehr heimlich Bundesgenossen suchen. Denn wer offen Bedenken zeigte, wurde als ›Meckerer‹ denunziert, ein reiches Betätigungsfeld für Parteigenossen, die ab März 1933

Aufnahme in die NSDAP suchten und sich als ›Märzgefallene‹ erst einmal bewähren mußten. Die Spaltung der Deutschen durch bewußte moralische Korruption begann. Ganz wenige waren so mutig und hielten sich für unabhängig genug, Verachtung für die Machthaber auch nach außen zu bekunden oder gar die Verfolgten zu unterstützen. Sie wurden alle ›vernichtet‹, zunächst in ihrer wirtschaftlichen Existenz. Meist wurden sie in die schon 1933 errichteten Konzentrationslager (KZ) gebracht, Straflager außerhalb der Justiz, wo sie durch grausame Behandlung gequält, verstümmelt, getötet wurden. Die Mehrzahl der Bevölkerung wußte nichts davon oder schloß aus Angst die Augen vor den Verbrechen.

TOD DER KULTUR

Mit der gleichen Brutalität, aber nicht so offensichtlich, wurde auch das kulturelle Leben ›gleichgeschaltet‹, d. h. dem Nationalsozialismus ausgeliefert. Ausgelöscht wurde in Tradition und Gegenwart, was nicht in die ›völkische Konzeption‹ von Literatur und Kunst paßte. Jetzt gab es offiziell eine ›völkische‹ Wissenschaft, es gab im Gegensatz zu einer behaupteten ›Jüdischen Physik‹ eines Albert Einstein eine ›Deutsche Physik‹, wie der Heidelberger Nobelpreisträger Philipp Lenard, ein ›begeisterter‹ Nationalsozialist, sein Lehrbuch nannte. Merkwürdigerweise waren in der Weimarer Zeit die Universitäten zu besonderen Brutstätten des Nationalsozialismus geworden, dessen Irrationalismus der philosophischen Zeitströmung und der republikfeindlichen Einstellung der Mehrzahl der Professoren besonders entgegenkam. Als erstes bedrohliches Zeichen der endgültigen Zerstörung des freiheitlichen Geistes gilt die im Mai 1933 zu Beginn des Sommersemesters in Kundgebungen vieler Universitäten organisierte Bücherverbrennung. Was man unter ›undeutschem Geist‹ verstand, wurde dem Scheiterhaufen übergeben, die weitere Verbreitung der Bücher sofort verboten. Unter den Autoren befanden sich die bedeutendsten Schriftsteller, wie Thomas und Heinrich Mann, Bertolt Brecht, Franz Kafka, Erich Maria Remarque, Kurt Tucholsky, Leonhard Frank, Alfred Döblin, Jakob Wassermann, Franz Werfel, Robert Musil, Arnold Zweig, Stefan Zweig, René Schickele, Fritz von Unruh, Lion Feuchtwanger u. a. Die Listen mißliebiger Autoren wurden von Monat zu Monat erweitert. Die ›Emigranten‹, d. h. die Schriftsteller, die ihr Leben durch Flucht hatten retten können, wurden ›ausgebürgert‹, für vogelfrei erklärt. 1937 wurde in unmittelbarer Nähe Weimars, auf dem von Goethe oft besuchten Ettersberg, das Konzentrationslager Buchenwald errichtet — so nahe der Stadt deutscher Klassik und der Gründung der ersten deutschen Republik, daß kein Zweifel bestehen konnte, warum die Nationalsozialisten eine Stätte brutaler Verfolgung gerade hier errichteten. Aber es gab weiter von Goebbels' ›Reichsschrifttumskammer‹ organisierte ›Dichtertreffen‹ in Weimar, und es gab Dichter, die noch dorthin fuhren. Einige, weil sie von Hitler ›begeistert‹ waren, andere, weil sie nicht nein zu sagen wagten, viele aber auch, weil sie dankbar waren, daß die besser schreibenden Schriftsteller verbannt oder verboten waren.

In Weimar wurde den Teilnehmern ein Schrifttum empfohlen, das rassischen Idolen einer ›Blut- und Boden‹-Ideologie und dem Vorbild der schon lange vorhandenen, aber vor 1933 nicht allzuhoch eingeschätzten ›nationalen‹ oder gar ›kämpferischen‹ Literatur zu folgen hatte. Es wurde der Auftrag gegeben, die breiten Massen für deutsch-völkisches Heldentum zu begeistern. Nur unter dem Druck der öffentlichen Meinung, die sich zwar nicht mehr kundtun konnte, aber von den Nationalsozialisten ausgehorcht wurde, auch unter einem gewissen Druck des Auslandes, konnten noch Werke von

Schriftstellern erscheinen, die sich nie mit dem Nationalsozialismus eingelassen hatten, wie z. B. Hermann Hesse, der in der Schweiz lebte, Ricarda Huch, die protestierend aus der ›gleichgeschalteten‹ Dichterakademie ausgetreten war, Ernst Jünger, der es ablehnte, in die neue einzutreten. Es gab auch manche Sonderfälle, wie den Gottfried Benns, der sich 1933 in der Hoffnung auf eine Verwirklichung irrationaler Kunst für den Staat Hitlers nachdrücklich einsetzte, aber schon Ende dieses Jahres seinen Irrtum erkannte und, von der Partei diffamiert, als Militärarzt, der er schon im Ersten Weltkrieg gewesen war, sich reaktivieren ließ, so eine ›aristokratische Form der Emigration‹ wählend.

Das kulturelle ›Gedankengut‹ der Nationalsozialisten war weit davon entfernt, eine Einheit zu sein, aber es hatte doch einen festen Kern: die Überzeugung von der Überlegenheit der sogenannten ›arischen Rasse‹, insbesondere der blonden nordischen ›Herrenrasse‹. Ein auf Ressentiment und Ignoranz beruhendes Sendungsbewußtsein hatte nicht nur den grausamsten Antisemitismus zur Folge, sondern auch eine Arroganz den anderen Völkern gegenüber, die aus Unkenntnis der Kräfteverhältnisse in der Welt fast zwangsläufig zur Katastrophe führte. Hinter der geschickt dargebotenen Kulisse der Olympischen Spiele 1936 in Berlin, an deren Aufbau sogar ein Mann mitwirkte, der selbst kein ›Arier‹ war, Dr. Lewald, der Präsident des deutschen Olympischen Komitees, konnte das Ausland die eigentlichen Absichten Hitlers tatsächlich nicht erkennen. In der Musik, auf dem Theater, hatten sich ja eine ganze Reihe erstklassiger Künstler, auch bedeutende Gelehrte, in Hitlers Dienst gestellt. Auch der einfache Mann auf der Straße, der nicht zufällig einen Verfolgten oder ›Staatsfeind‹ kannte, konnte die wahren Maßnahmen Hitlers, gerade gegen die Juden, nicht bemerken. Mit den letzten Kriegsvorbereitungen, für die Göring, ab 1936 Beauftragter eines ›Vierjahresplanes‹, später ab Kriegsbeginn Leiter der

Gequälte Leinwand -

Seelische Verwesung -

Krankhafte Phantasten -

Geisteskranke Nichtskönner

von Judencliquen preisgekrönt, von Literaten gepriesen, waren Produkte und Produzenten einer „Kunst", für die Staatliche und Städtische Institute gewissenlos Millionenbeträge deutschen Volksvermögens verschleuderten, während deutsche Künstler zur gleichen Zeit verhungerten. So, wie jener „Staat" war seine „Kunst".

Seht Euch das an! Urteilt selbst!

Besuchet die Ausstellung

„Entartete Kunst"

Hofgarten-Arkaden, Galeriestraße 4

Eintritt frei Für Jugendliche verboten

Plakat für die Ausstellung ›Entartete Kunst‹, 1937

Kriegswirtschaft, die jüdischen Vermögenswerte brauchte, wurden die wirtschaftlichen ›Arisierungsmaßnahmen‹ durch ›gesetzliche‹ Sanktionierung des Raubes beendet. Es folgten die brutalen Austreibungs- und Vernichtungsmaßnahmen gegen die Juden und alle ›Nichtarier‹, zu denen auch Menschen mit nur teilweise jüdischer Abstammung, aber auch die Zigeuner gerechnet wurden, bis zu der berüchtigten ›Endlösung‹. Die ersten Tötungs- und Massenverbrennungseinrichtungen waren zunächst an deutschen Geisteskranken ›erprobt‹ worden. Auf Einspruch kirchlicher Würdenträger wurden sie in Deutschland selbst nicht weiter verwendet. Sie fanden aber außerhalb des Reichsgebietes in Verbrennungsöfen von Auschwitz, Maidanek, Treblinka und anderen

Konzentrationslagern erst die Opfer, für die sie eigentlich bestimmt waren. Hitler hat fast die gesamte europäische Judenschaft, fünf bis sechs Millionen Menschen, vernichten lassen. Himmler, sein gehorsamer Diener, Anführer aller ›Schreibtischmörder‹, hat darüber Buch führen lassen, und als er selbst einmal einen Tatort besichtigen mußte, befiel ihn Übelkeit.

Um die ›nordische‹ Rasse zu stärken, der er selbst keineswegs angehörte, wollte Himmler den deutschen Ehefrauen mehrere Männer zuführen, und bei steigenden Verlusten an der Front wurden die Organisationen ausgebaut, die dafür sorgten, daß unverheiratete Frauen von SS-Männern, die nach rassischen Gesichtspunkten ausgewählt waren, Kinder empfangen konnten (›Lebensborn‹).

Diese Entwicklung war 1933, wenn man Hitlers Buch ›Mein Kampf‹ gelesen hatte, vielleicht zu ahnen, gewiß aber nicht vorauszusehen. Und nur wenige hatten es gelesen. In den Konzentrationslagern wurde unter strenger Geheimhaltung ›Justiz‹ neben der eigentlichen richterlichen Justiz geübt, mit dem Ziel, die vermeintlich staatsfeindlichen Elemente unschädlich zu machen. Der Schauspieler Wolfgang Langhoff, der dreizehn Monate in einem solchen Lager verbracht hatte, bis ihm die Flucht gelang, gab die erste literarisch überzeugende und deshalb dann weitverbreitete Kunde von den Vorgängen in der Welt hinter Stacheldraht. Sein Bericht über ›Die Moorsoldaten‹ (KZ-Häftlinge) erschien 1935 in der Schweiz: Wer von dort ein Exemplar nach Deutschland einschmuggelte, wo nur wenige und nur gerüchtweise von den Grausamkeiten wußten, mußte selbst mit Verhaftung rechnen. Langhoffs Buch wollte »die Welt warnen und zur Abwehr der drohenden Gefahr aufrufen«, zugleich aber auch eine Vorstellung von jenem »besseren Deutschland geben, das hinter Stacheldraht im eigenen Lande gefangensaß«. Der weitere Ausbau des ›SS-Staates‹ — so nannte Eugen Kogon seinen für die

Deutschen selbst bestimmten ersten Bericht nach 1945 — schritt mit grausamer Konsequenz voran. Noch hatte die Welt kaum ein Ohr für die Warnungen, die aus gelegentlichen Berichten der Entkommenen sprachen. Das sogenannte ›Dritte Reich‹ der Deutschen blieb von allen Staaten anerkannt. Auch deshalb hatten es die Emigranten schwer — manche Staaten nahmen ausgesprochen Rücksicht auf Hitler oder verwiesen aus Angst vor seiner Macht die deutschen Flüchtlinge des Landes. Und innerhalb des Reiches standen alle Bürger unter ständiger Überwachung und unter Bedrohung, soweit sie die Wahrheit, die als ›Greuelpropaganda‹ bezeichnet wurde, weitergaben.

Das ›Dritte Reich‹ wurde zum ›Großdeutschen Reich‹, als am 1. März 1938 deutsche Truppen in Österreich eindrangen. Am 13. wurde der ›Anschluß‹ durch ein Reichsgesetz verkündet. In einem scheinbar frisch-fröhlichen Theatercoup, hinter dem wiederum die grausamste Verfolgung der Juden, Sozialisten und Kommunisten stand, wurde die alte Frage ›Was ist des Deutschen Vaterland?‹ jetzt auf das gewaltsamste und ganz im ›großdeutschen‹ Sinne gelöst. Die Münchner Konferenz mit den französischen und englischen Ministerpräsidenten Edouard Daladier und Arthur Neville Chamberlain, unter Assistenz Benito Mussolinis, vom 29. September 1938 brachte keine Eindämmung, sondern neue Gewaltakte Hitlers. Im März 1939 zogen deutsche Truppen in Prag ein, es entstand das Reichsprotektorat ›Böhmen-Mähren‹; dies war der letzte Landraub, den Hitler ohne Krieg begehen konnte.

EMIGRATION UND WIDERSTAND

Die vielen Emigranten, die sich in Wien oder Prag in Sicherheit gewähnt hatten, mußten sich, wenn sie nicht den Selbstmord wählten, wieder auf die Flucht begeben; in Europa blieben für sie nur noch die neutralen skandinavischen Länder, die Schweiz, Holland, Belgien und Frankreich erreichbar, aber für wie lange noch? Und ließ man sie an der Grenze herein? Im Zweiten Weltkrieg blieben tatsächlich nur die Schweiz und Schweden von einer Besetzung verschont — nur dort waren die Emigranten vor dem Zugriff der den Truppen nachfolgenden SS- und Polizeieinheiten sicher.

Wenn man heute von ›deutscher Emigration‹ spricht, denkt man zunächst nicht an die unzähligen aus rassischen oder politischen Gründen zur Auswanderung Gezwungenen, sondern an die Künstler, Universitätsprofessoren und Politiker, die im Ausland das Bild eines anderen, besseren Deutschland zu bewahren wußten. An der Spitze standen diejenigen, die offiziell und mit großer Bekanntmachung ›ausgebürgert‹ worden waren, weil die Nationalsozialisten ihren Einfluß, auch von jenseits der Grenzen, fürchteten. Anerkannter Repräsentant der Emigration für die, die in ihr die Weiterführung deutscher Kultur sahen und auch heute noch sehen, ist der Schriftsteller und Nobelpreisträger Thomas Mann. Er hat auf die ›Aberkennung‹ der Ehrendoktorwürde der Universität Bonn mit einem Brief geantwortet (1. 1. 1937), der ein Dokument nationaler Würde und menschlicher Größe im Unglück ist.

Die eigene Regierung verbot wenig später den Deutschen, die bis dahin einen großen Teil der Nobelpreisträger gestellt hatten, den Preis anzunehmen und stifteten zum ›Trost‹ und als eine Art Ersatz einen ›Deutschen Nationalpreis für Kunst und Wissenschaft‹. Vielen Künstlern, die im Lande geblieben waren, wie Ernst Barlach oder Emil Nolde, wurde nicht erlaubt, ihren Beruf auszuüben: es erschienen staatliche Kontrolleure in den Ateliers, die festzustellen hatten, daß dort nicht gearbeitet wurde. Eine beschämendere Situation läßt sich im ›Lande der Dichter und Denker‹ kaum vorstellen.

Die USA nahmen von allen Ländern den größten Flüchtlingsstrom auf. Dorthin sind von 1933-1943 rund 30000 Angehörige der freien Berufe, Schriftsteller, Wissenschaftler und Künstler, emigriert. Daß ein Volk so radikal von den bedeutendsten Repräsentanten seiner Kultur getrennt wurde wie in Deutschland, ist in der Weltgeschichte einmalig. Die Folgen für das deutsche Kulturleben werden noch lange zu erkennen sein.

Eine eigene nationalsozialistische Kulturleistung gab es nicht. Dafür hatte Hitlers Propagandaminister Dr. Goebbels immer die Entschuldigung bereit, daß man ja noch in den Anfängen stecke, daß das neue Reich ja für die nächsten tausend Jahre geplant sei und daß erst einmal das Alte ausgemerzt werden müsse. Dabei ist es geblieben. Hitler, der mit protzigen Bauten, bei denen er selbst gerne Architekt spielte, den Maßstab für jene tausend Jahre setzen wollte, schrieb den Bauleuten einen faden Neoklassizismus mit griechischen Säulen und römischen Fassaden vor; für diesen Pseudostil hatte ihm ein ehemaliger Innenarchitekt das Muster geboten. Brutale Züge waren auch hier unverkennbar und eine kleinbürgerliche Mentalität, die gar nicht bewußt zu brechen brauchte mit der humanen Baugesinnung, wie sie jetzt etwa in den amerikanischen Großstadtbauten der emigrierten Architekten-Elite sichtbar wurde. Schon 1933 ließ Hitler in München das neo-klassizistische und plumpe, unkünstlerische ›Haus der deutschen Kunst‹ errichten. Den Tempelbau zierten eherne Tafeln mit seinen eigenen Aussprüchen wie: ›Kein Volk lebt länger als die Dokumente seiner Kultur.‹ Alljährliche Ausstellungen von Gemälden und Plastiken der von ihm befohlenen ›volksverbundenen Kunst‹, ausgesucht von Hitler und seinem ›Leibfotografen‹ Hofmann, ließen in der Malerei nur jenen Realismus zu, der auch von Farbfotografien erreicht werden konnte. Die Themen mußten der ›Volksgemeinschaft‹ entnommen sein: ›der deutsche Arbeiter‹, ›der deutsche Bauer‹, ›der deutsche Soldat‹, ›die

Entwurf für den Festzug am ›Tag der Deutschen Kunst‹ in München, 1935. Schlußgruppe mit dem ›Führerbau‹

deutsche Familie‹ — wobei erwartet wurde, daß auf diesen Gemälden neben den Eltern mindestens drei Kinder dargestellt waren. In der Plastik hatten überlebensgroße, nackte Figuren die unwiderstehliche Macht des Staates zu symbolisieren, in ihrer Unbekleidetheit in merkwürdigem Kontrast zur Forderung des Alltags, in dem allein die Uniform und die Rangabzeichen die Würde des Menschen bestimmten. Der Zivilist galt nichts mehr, und so wie die Meinungen waren auch die Künste uniformiert. Eine nackte ›bäuerliche Venus‹ erlangte Berühmtheit als Modellfall, wie weit sich ›bodenverbundene‹ Kunst mit dem für das Volk noch gerade zuträglich gehaltenen Maß an Erotik verbinden durfte, um der ›Sittlichkeit‹ zu genügen; deren Propagierung ließen sich die Nationalsozialisten immer angelegen sein, allerdings nie so weit, daß der Soldatennachwuchs gefährdet war. Bekannt, wenn auch nicht gern befolgt, wurde die Weisung: »Die deutsche Frau raucht nicht«, bei der entweder Hitlers Tugendauffassung oder Görings Deviseneinsparung (für Orienttabake) Pate standen. Kritik war verboten. Kunstkritik hieß jetzt ›Kunstbetrachtung‹, und da Hitler flache Dächer bei Wohnbauten als ›bolschewistisch‹ befand, gab es Friedhofsverwaltungen, die keine oben abgeflachten Grabsteine mehr aufstellen ließen.

Trotz unaufhörlicher Propaganda, gerade auf dem Gebiet der Kultur, gab es viele Deutsche, die das alles durchschauten und auf den Tag der Freiheit warteten.

Immerhin erreichte Hitler für die deutsche Kultur etwas, was sie ohne ihn nie hätte erreichen können: die eigentlichen Schauplätze der deutschen Kultur lagen jetzt nicht mehr in Deutschland, sondern in Wien, Prag, Paris, Amsterdam, Zürich, Stockholm, London, New York. Dort erschienen noch freie Zeitungen und Zeitschriften in deutscher Sprache, dort entstanden deutsche Exilverlage: Fritz Helmut Landshoff eröffnete 1933 bei dem Verleger Querido in Amsterdam einen deutschen Querido-Verlag. Er wurde zeitweilig von Klaus Mann beraten, mit dem zusammen er die erste und wohl wichtigste literarische Zeitschrift der Emigration, ›Die Sammlung‹, herausgab. Hermann Kesten wurde im Mai des gleichen Jahres zum literarischen Leiter eines anderen deutschen Exilverlags, Allert de Langes in Amsterdam, bestellt, den ab 1934 Walter Landauer leitete. In diesen beiden Verlagshäusern wurde ein wesentlicher Teil der damaligen deutschen Literatur verlegt, Wichtiges auch im Europa-Verlag Emil Oprechts in Zürich. Im Exil wurden u. a. die Bücher von Thomas und Heinrich Mann, Alfred Döblin, Hermann Broch, Robert Musil, Franz Kafka, Hugo von Hofmannsthal, Bertolt Brecht und, unter beträchtlichen Opfern, von jüngeren und weniger bekannten Schriftstellern veröffentlicht. Über die Literatur in der Emigration gibt es heute eine Bibliographie, die mehr als zehntausend Titel aufweist. Direkt und indirekt berichtet sie über Mut und Tapferkeit, aber auch über das Ausmaß an Leid und Not, das hinter dem Wort ›Emigration‹ steht.

Der Begründer der Psychoanalyse, Sigmund Freud, mußte 1938 von Wien nach London fliehen, der Physiker Albert Einstein, in Ulm geboren, lehrte in Amerika. Der Anteil des deutschen Judentums an der deutschen Kultur, bis Hitler kam, als glückliche Symbiose empfunden, bekundet sich an den elf jüdischen oder der Abstammung nach teilweise jüdischen Nobelpreisträgern von insgesamt achtunddreißig bis 1933, die also fast ein Drittel ausmachten, bei einem jüdischen Bevölkerungsanteil von knapp einem Hundertstel!

Universitätsprofessoren, die emigrieren mußten, fanden hin und wieder Lehrstühle auch in kleineren Ländern. Dort entstanden dann, wie etwa in Ankara, Zellen deutscher Kultur — bespitzelt von einer Auslandsorganisation der NSDAP, die zunächst zur Beaufsichtigung der deutschen Diplomaten und zur Propaganda im Ausland geschaffen worden war und jetzt ihre Beobachtungen über Emigranten nach Berlin melden mußte.

Bis 1945 sprachen die Emigranten auch stellvertretend für jene Wissenschaftler und Künstler zur freien Welt, die in Deutschland selbst Widerstand leisteten oder dort von den Nationalsozialisten umgebracht oder in Konzentrationslager verschleppt worden waren. So darf auf dem Gebiet der Kultur innerer Widerstand und Emigration zusammen betrachtet werden. Beiden ist zu verdanken, daß nach Hitler überhaupt noch von ›deutscher Kultur‹ gesprochen werden kann.

Trotz aller Propaganda nahm das kulturelle Leben im Dritten Reich nicht völlig jene Züge an, die die Machthaber ihm aufprägen wollten. Die großen Theater boten noch glänzende Aufführungen, die bedeutenden Orchester spielten noch ausgezeichnet — aber das Programm war reglementiert und diktiert: Ein heimlicher Kampf gegen die politische Bevormundung spielte sich oft hinter den Kulissen ab. Der Widerstand des aufmerksamen Publikums begann im kleinen: in der Auswahl der Buchlektüre, des Konzertprogramms, der Theatervorstellung, des Zeitungsabonnements. Einige wenige Zeitungen und Zeitschriften ließen die Leser einen anderen Text zwischen den Zeilen lesen. Schriftsteller und Journalisten entwickelten darin geradezu eine Kunstfertigkeit und die Leser, die Gegner des Regimes waren, ein entsprechendes Verstehen.

Spät erst hat die Mehrheit der Deutschen, hat auch das Ausland etwas von dem Widerstand erfahren, der im Inneren des Reiches geleistet wurde; denn bereits wer ›etwas wußte‹, war dem Konzentrationslager nahe. Seinen ›Volksgenossen‹, aber auch dem Ausland gegenüber mußte das NS-Regime die Gegnerschaft im Innern bagatellisieren. Einer der ersten zusammenfassenden Berichte über diesen ›Deutschen Widerstand‹ wurde 1947 von Rudolf Pechel in der Schweiz veröffentlicht; weitere Dokumentationen haben nach und nach das Ausmaß der Gegnerschaft abschätzen lassen, die auch in Deutschland selbst erst sichtbar wurde, als die aussichtslose Lage des Krieges zu Handlungen anspornte, die von den Machthabern nicht mehr verheimlicht werden konnten. Da trotz schwerster Strafen ausländische Sender abgehört wurden, konnte die Verbindung der Regimegegner mit der freien Welt immer aufrechterhalten werden, wenn auch nur einseitig. Der Herausgeber des Buches ›Der lautlose Aufstand‹ (1953), Günther Weisenborn, schreibt:

»In jedem eroberten Land gab es eine Widerstandsbewegung. Im Herzen Europas aber lebte die älteste Widerstandsbewegung gegen Hitler, die deutsche.

Sie wurde vom Dritten Reich absolut verheimlicht — und mit solchem Erfolg, daß die Weltöffentlichkeit heute kaum etwas von ihr weiß.

Das Dritte Reich führte seinen ersten Krieg gegen den lautlosen Aufstand der deutschen Widerstandsbewegung, und es war ein fürchterlicher und verheimlichter Krieg. Es war der Krieg an der Schafottfront.

Nach den Aufzeichnungen des Reichsjustizministeriums, dem sogenannten ›Mordregister‹, sind von 1933 bis 1944 insgesamt 11 881 Todesurteile durch die Justizbehörden vollstreckt worden, die bis zur Kapitulation wahrscheinlich auf etwa 12 500 Hinrichtungen angestiegen sind. Hinzu kommen die unzähligen Opfer der Militärgerichtsbarkeit (Standgerichte), die von Sachkennern für die vier Monate des Jahres 1945 auf 7000-8000 geschätzt werden. Es handelt sich hier im wesentlichen um politische Verurteilungen. Insgesamt darf man die Zahl der nach einem Urteil Hingerichteten auf etwa 32 500 schätzen. Man darf heute schätzen, daß bis zum Kriegsausbruch rund eine Million Menschen wegen

ihrer oppositionellen Haltung von der Gestapo verhaftet wurden. Von Hunderttausenden hat man nie wieder etwas gehört. Sie sind mit großer Wahrscheinlichkeit umgekommen.

Im Kampf um seine Freiheit, im Kampf gegen Hitler, opferte unser Volk mehr als eine Armee Menschen.«

Die Bevölkerung im Dritten Reich konnte von diesem Widerstandskampf immer dann erfahren, wenn an den Litfaßsäulen jene brandroten Plakate mit der Überschrift ›Im Namen des Volkes‹ zu lesen waren. Doch wurde von dieser Abschreckungsmaßnahme bald Abstand genommen: die Fälle häuften sich so, daß die Bevölkerung den Begründungen nicht mehr glaubte.

Die Opposition gegen das NS-Regime ging quer durch alle Weltanschauungen, quer durch alle Berufe. Widerstandskämpfer kamen aus der politisch verfolgten Linken: aus den Kreisen der Kommunisten (›Rote Kapelle‹), der Sozialdemokraten und Gewerkschaftler (Wilhelm Leuschner, Julius Leber u. a.), aus den christlichen Konfessionen (Martin Niemöller, Clemens August Graf Galen), aus dem ›Kreisauer Kreis‹ (Helmuth James Graf von Moltke, Pater Alfred Delp u. a.), aus Militär, Politik, Adel und Diplomatie (Claus Graf Schenk von Stauffenberg, General Ludwig Beck, Admiral Wilhelm Canaris, Carl Friedrich Goerdeler, Generalfeldmarschall Erwin von Witzleben, Werner Graf von der Schulenburg u. a.); auch einzelne Studenten, Intellektuelle und Künstler organisierten Widerstandsgruppen, um der Schmach der Diktatur ein Ende zu bereiten. Da gab es, um nur ein Beispiel zu nennen, jene Studenten, die im Februar 1943 in der Münchner Universität Flugblätter ausstreuten, unterschrieben ›Die weiße Rose‹. Auf ihren Inhalt stand die Todesstrafe — sie wußten es. »Sie fochten mit ihrem armseligen Vervielfältigungsapparat gegen die Allgewalt des Staates ... Hätte es aber im deutschen Widerstand nur sie gegeben, die Geschwister Scholl und ihre Freunde, so hätten sie allein genügt, um etwas von der Ehre des Menschen zu retten, welcher die deutsche Sprache spricht.« (Golo Mann)

Hitlers Herrschaftsstil war einerseits durch Terror, andererseits durch Gewinnung von Komplicen bei verbrecherischen oder unehrenhaften Handlungen gekennzeichnet. Auch gab es Anhänger, besonders unter den Frauen, die ihm ein persönliches ›Fluidum‹ zusprachen, mit dem er die Menschen als fanatischer Redner oder mit einem Blick aus seinen blauen Augen — sein einzig sichtbares ›nordisches‹ Rassemerkmal — gewann. Das Offizierskorps der von ihm durch eine 80-Milliarden-Aufrüstung (seit 1936) neugeschaffenen Wehrmacht war noch stark von Adeligen durchsetzt, die dort ihren, vom alten Preußentum bestimmten Ehrbegriff aufrechterhalten konnten, während schon längst unter den ›Volksgenossen‹, die für eine nationale Spielart des Sozialismus, eine ›Kraft durch Freude‹-Massenkultur gewonnen werden sollten, alle Standesvorrechte getilgt worden waren. Selbst die Aristokratie wollte sich in die Volksgemeinschaft ›einordnen‹. Hitler sah die Fürstensöhne am liebsten in seiner SS oder SA, mindestens solange die Gefahr einer monarchistischen Restauration in seiner Nachfolge oder gar statt seiner gebannt war. So war es für ihn ein hoher Triumph, als er nach dem ›Blitzsieg‹ über Frankreich 1940 ein Telegramm des Ex-Kaisers in Händen hielt: »Unter dem tiefgreifenden Eindruck der Waffenstreckung Frankreichs beglückwünsche ich Sie und die gesamte deutsche Wehrmacht zu dem von Gott gesandten gewaltigen Sieg . . .«

Hitler, der nie daran dachte, die Monarchie wieder zu errichten, mußte zunächst einmal die Generäle ganz für sich gewinnen, um die Macht wirklich zu besitzen, mit der allein er den ›Lebensraum‹ für das deutsche Volk erobern und die Weltherrschaft antreten konnte. Dem Führerkorps hatte er bereits 1937 seine Gewaltpläne entwickelt. Er war aber auf politische und militärische Bedenken gestoßen, die zwar nicht sofort und offen

Manifest der Münchner Studenten
— Fortsetzung —

HJ, SA und SS haben uns in den fruchtbarsten Bildungsjahren unseres Lebens zu uniformieren, zu revolutionieren, zu narkotisieren versucht. Weltanschauliche Schulung hieß die verächtliche Methode, das aufsteimende Selbstdenken und Selbstwerten in einem Nebel leerer Phrasen zu ersticken. Eine Führerauslese, wie sie teuflischer und zugleich borniert nicht gedacht werden kann, zieht ihre künftigen Parteibonzen auf Ordensburgen zu gottlosen, schamlosen und gewissenlosen Ausbeutern und Mordbuben heran, zur blinden, stupiden Führergefolgschaft. Wir „Arbeiter des Geistes" wären gerade recht, dieser neuen Herrenschicht den Knüppel zu machen.

Frontkämpfer werden von Studentenführern und Gauleiteraspiranten wie Schulbuben gemaßregelt, Gauleiter greifen mit geilen Späßen den Studentinnen an ihre Ehre. Deutsche Studentinnen haben an der Münchner Hochschule auf die Beschimpfung ihrer Ehre eine würdige Antwort gegeben, deutsche Studenten haben sich für ihre Kameradinnen eingesetzt und standgehalten. Das ist ein Anfang zur Erkämpfung unserer freien Selbstbestimmung, ohne die geistige Werte nicht geschaffen werden können. Unser Dank gilt den tapferen Kameradinnen und Kameraden, die mit leuchtendem Beispiel vorangegangen sind.

Es gibt für uns nur eine Parole: Kampf gegen die Partei! Heraus aus den Parteigliederungen, in denen man uns politisch weiter mundtot machen will! Heraus aus den Hörsälen der SS-Unter- und Oberführer und Parteikriecher! Es geht uns um wahre Wissenschaft und echte Geistesfreiheit! Kein Droh-

mittel kann uns schrecken, auch nicht die Schließung unserer Hochschulen. Es gilt den Kampf jedes einzelnen von uns um unsere Zukunft, unsere Freiheit und Ehre in einem seiner sittlichen Verantwortung bewußten Staatswesen.

Freiheit und Ehre! Zehn Jahre lang haben Hitler und seine Genossen die beiden herrlichen deutschen Worte bis zum Ekel ausgequetscht, abgedroschen, verdreht, wie es nur Dilettanten vermögen, die die höchsten Werte einer Nation vor die Säue werfen. Was ihnen Freiheit und Ehre gilt, das haben sie in zehn Jahren der Zerstörung aller materiellen und geistigen Freiheit, aller sittlichen Substanz im deutschen Volk genugsam gezeigt. Auch dem dümmsten Deutschen hat das furchtbare Blutbad die Augen geöffnet, das sie im Namen von Freiheit und Ehre der deutschen Nation in ganz Europa angerichtet haben und täglich neu anrichten. Der deutsche Name bleibt für immer geschändet, wenn nicht die deutsche Jugend endlich aufsteht, rächt und sühnt zugleich, seine Peiniger zerschmettert und ein neues, geistiges Europa aufrichtet.

Studentinnen! Studenten! Auf uns sieht das deutsche Volk. Von uns erwartet es, so wie in 1813 die Brechung des napoleonischen, so 1943 des nationalsozialistischen Terrors aus der Macht des Geistes. Beresina und Stalingrad flammen im Osten auf, die Toten von Stalingrad beschwören uns: Frisch auf, mein Volk, die Flammenzeichen rauchen!

Unser Volk steht im Aufbruch gegen die Verknechtung Europas durch den Nationalsozialismus, im neuen gläubigen Durchbruch von Freiheit und Ehre!

Englisches Flugblatt mit dem Text des Manifestes der ›Weißen Rose‹ (2. Seite), 1943

geäußert, ihm aber bald von seinen Spitzeln in der Wehrmacht zugetragen worden waren. Schon lange war die militärische Führungsspitze von seinen Anhängern, meist ehrgeizigen Karrieremachern, durchsetzt. Ihnen gelang es — vor allem mit Hilfe des nach einem noch höheren militärischen Rang strebenden Göring —, den schwachen, aber hitlertreuen 60jährigen Reichskriegsminister von Blomberg (1878-1946) zu stürzen. Blomberg hatte sich in Hitlers Gegenwart — Hitler mied sonst die Kirche, wo er konnte — mit einer Frau kirchlich trauen lassen, deren zweifelhafte Vergangenheit Göring und Himmler kannten, nicht aber Blomberg selbst. Durch eine Denunziation wurde von den gleichen Kräften der Oberbefehlshaber des Heeres, Generaloberst von Fritsch (1880-1939), zu Fall gebracht. Nun konnte Hitler ein Oberkommando der Wehrmacht (OKW) bilden, das er auf sich selbst übertrug. Die Befehle hatten für ihn der General Wilhelm Keitel (1882-1946) auszuführen, dem bald vom Volksmund der Name Lakai-tel zugelegt wurde.

Auch der Generalstabschef des Heeres, Ludwig Beck (1880-1944), hatte Hitlers Kriegsplänen offiziell widersprochen: »... Soldatischer Gehorsam hat dort eine Grenze, wo ... Wissen, ... Gewissen und ... Verantwortung die Ausführung eines Befehls verbieten.« Ludwig Beck trat zurück, wurde aber in der Zeit nach 1938 Mittelpunkt der gegen Hitler gerichteten Bewegung. Dreimal versuchten vor allem die Männer aus seiner Widerstandsgruppe, durch die Beseitigung des NS-Regimes einen Rechtsstaat wiederherzustellen, Hitler durch ein Attentat zu töten oder vor Gericht zu stellen: im September 1938, als der Krieg gegen die Tschechoslowakei bevorstand, Ende 1939, als der deutsche Angriff im Westen ohne Zweifel einen Zweiten Weltkrieg heraufbeschwören mußte, und schließlich 1942 nach der Winterkatastrophe des deutschen Heeres in Rußland. Alle diese Versuche scheiterten, wie auch die Kontaktaufnahmen der Widerstandsgruppen zu den alliierten Staaten, die auf einer bedingungslosen Kapitulation Deutschlands bestanden, nicht zum Erfolg führten.

Als dann im Krieg die Grausamkeiten der SS und Geheimen Polizei den Militärs nicht verborgen bleiben konnten, als Hitlers ›Feldherrntalent‹ zu den ersten militärischen Mißerfolgen führte und die Ablehnung auch im Inneren des Reiches wuchs, als fast der gesamte junge Adel im Krieg sich geopfert hatte, als schließlich der russische Sieg in Stalingrad Anfang 1943 die allen sichtbare Wende des Krieges gebracht hatte, organisierte sich der Widerstand gegen Hitler auch unter den Offizieren. In Rußland, wo sich unter kommunistischer Führung ein ›Nationalkomitee Freies Deutschland‹ aus Emigranten, Deserteuren und kriegsgefangenen Kommunisten gebildet hatte, wurde von einigen hitlerfeindlichen Offizieren, die bei Stalingrad gefangengenommen worden waren, ein ›Bund Deutscher Offiziere‹ gegründet. Dessen Präsident wurde General Walther von Seydlitz-Kurzbach, der schon in Stalingrad dem Oberbefehlshaber F. Paulus vergeblich vorgeschlagen hatte, gegen Hitlers als verbrecherisch erkannten Befehl zu handeln und die 6. Armee aus dem sich schließenden Kessel nach Westen zurückzuführen. Jetzt, aus der Gefangenschaft, rief er mit Flugblättern und Lautsprechern die noch für Hitler kämpfenden Soldaten auf, den Nationalsozialismus zu beseitigen und sich auf die Reichsgrenzen von 1937 zurückzuziehen, die ihm die Russen im Falle des Gelingens garantiert hatten. Hitler ließ Seydlitz in Abwesenheit zum Tode verurteilen und seine Familie wie die der anderen Führer der Bewegung ›Freies Deutschland‹ ins KZ bringen. Von dem zunächst in Gefangenschaft und unter russischer Mithilfe organisierten Widerstand der Militärs gegen Hitler führt eine direkte Linie zu den Ereignissen des 20. Juli 1944 in Deutschland. Auch die Männer des 20. Juli wollten den Krieg so rasch wie möglich beenden.

Schon im März 1943 hatte Carl Friedrich Goerdeler, der 1936 als Oberbürgermeister von Leipzig zurückgetreten war, als der Stadtrat in seiner Abwesenheit das Denkmal des großen jüdischen Komponisten Felix Mendelssohn-Bartholdy (1809-1847) hatte entfernen lassen,

in einem Rundschreiben einige ihm besonders nahe-
stehende Generäle zum Handeln aufgefordert: es gehe
»also praktisch nur darum, einen Zustand herzustellen,
in dem es auch nur vierundzwanzig Stunden möglich
ist, die Wahrheit wieder zu Worte kommen zu lassen
und damit das allgemeine Vertrauen in den festen Willen zu gewinnen, daß Recht und Anstand wieder herrschen sollen«. Das für den 20. Juli 1944 vorbereitete
Bombenattentat des Obersten Claus Graf Schenk von
Stauffenberg auf Hitler im Führerhauptquartier scheiterte.

Hitler rächte sich blutig. Was er mit einer »ganz kleinen Clique ehrgeiziger, gewissenloser und zugleich ver-
brecherisch-dummer Offiziere« bezeichnete, das umfaßte in Wirklichkeit Hunderte von Mitverschworenen
und eine ständig wachsende Zahl von entschlossenen
Gegnern aus allen Schichten der Bevölkerung: die Zahl
der zivilen Opfer, die in den Monaten nach dem 20. Juli
bis zum Kriegsende durch Hinrichtung oder durch er-
zwungenen Selbstmord ihr Leben lassen mußten, beträgt
nach bisherigen Ermittlungen 4980 Personen.

Die Welt konnte von diesem Widerstand zunächst
keine Kenntnis haben. Auch die deutschen Emigranten
glaubten, allein dazustehen, und waren deshalb schon

subjektiv im Recht, wenn sie sich als einzige Hüter eines
wahren Deutschlands betrachteten; doch wenn Nachrichten über den inneren Widerstand nach außen dran-
gen, dann bestärkten sie die Flüchtlinge im Ausharren.
Die Opfer, die beide Gruppen gebracht hatten, setzten
1945 den Maßstab für die geistigen und politischen
Kräfte eines vom Nationalsozialismus befreiten Deutschland.

Am 30. April 1945 beging Hitler im Bunker seiner
Reichskanzlei in Berlin Selbstmord, nachdem er am
19. März im sogenannten ›Nerobefehl‹ die Zerstörung
aller Verkehrs-, Nachrichten-, Industrie- und Versor-
gungsanlagen, die dem Feind irgendwie nützlich sein
konnten, und am 12. April die Verteidigung deutscher
Städte befohlen hatte — alles unter Androhung der
Todesstrafe bei Zuwiderhandlungen.

Am 7. Mai 1945 kapitulierte die deutsche Wehrmacht
bedingungslos. Damit war der am 1. September 1939
durch den deutschen Angriff auf Polen begonnene
Zweite Weltkrieg beendet. Er hatte auf der ganzen Welt
etwa 30 Millionen Zivilisten und 10 Millionen Soldaten das Leben gekostet; man schätzt 35 Millionen Ver-
wundete und 3 Millionen Vermißte. Jeden Tag waren
ungefähr 2500 Deutsche getötet oder verwundet worden.

›Der Einzige,
der noch mit »Heil Hitler« grüßt‹,
Zeichnung von Th. Th. Heine, 1945

ZEITTAFEL 1933-MAI 1945

[1933]
30. Januar: Reichspräsident von Hindenburg (s. 1932) beauftragt Adolf Hitler (s. 1925) mit der Bildung einer neuen Reichsregierung. Das bedeutet die ›Machtergreifung‹, d. h. den Beginn der Herrschaft des Nationalsozialismus (N.S.), ausgeübt durch die NSDAP (s. 1919) unter dem ›Führer und Reichskanzler Adolf Hitler‹. Der N.S. dauert bis zum Ende des 2. Weltkriegs (Mai 1945). Der N.S. propagiert eine ›völkische‹ Kultur, ist aber in Wahrheit freiheits- und somit kulturfeindlich. Er vernichtet – von Jahr zu Jahr die Verfolgung steigernd – die seiner Ideologie nicht konformen Träger der Kultur psychisch (Terror, Zwang zur Emigration) und physisch (Haft, Konzentrationslager, Mord). Die dt. Emigranten (zwischen 1933 und 1943) setzen im Ausland einen wesentlichen Teil der dt. Kultur fort.

28. Februar: Reichstagsbrand; am nächsten Tag Notverordnung zur Ausschaltung der politischen Gegner.

10. Mai: In Berlin und in anderen Universitätsstädten verbrennen N.S.-Studenten unter Mitwirkung eines Teils der Professorenschaft Tausende von Büchern von Gelehrten und Schriftstellern, die als Juden oder als Gegner des N.S. gelten, auf öffentlichen Scheiterhaufen.

Von dem Theologen und Philosophen Paul Tillich (1886 bis 1965) erscheint ›Die sozialistische Entscheidung‹. T. emigriert in die USA.

September: Der Theologe Martin Niemöller (geb. 1892) gründet in Berlin-Dahlem den ›Pfarrer-Notbund‹, die Keimzelle der gegen den N.S. gerichteten ›Bekennenden Kirche‹

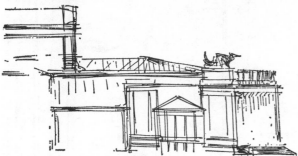
Architekturskizze von der Hand Adolf Hitlers

(s. 1934). N. wird von 1937-1945 in einem Konzentrationslager gefangengehalten.

Der schon seit 1927 in Frankreich lebende, von den N.S. ausgebürgerte Schriftsteller Rudolf Leonhard (1889-1953) gründet in Paris einen ›Schutzverband deutscher Schriftsteller im Exil‹.

Die Firma Röhm und Haas in Darmstadt bringt ›Plexiglas‹, ein leichtes Kunstglas von großer Lichtdurchlässigkeit (92%), Witterungsbeständigkeit und hoher Bruchfestigkeit auf den Markt.

[1934]
30. Juni: Der sog. Röhm-Putsch ist in Wahrheit die von Hitler (s. 1933) veranlaßte 1. Mordwelle, die öffentlich bekannt wird; sie wird auf Antrag Hitlers (s. o.) vom Reichstag nachträglich legalisiert.

Die Barmer Synode der Bekennenden Kirche (s. 1933) wendet sich öffentlich gegen die Übergriffe des N.S. und erinnert den Staat an seine Grenzen.

Der schweizer Theologe Karl Barth (s. 1919) wird von den N.S. seiner Professur an der Universität Bonn enthoben, weil er es ablehnt, den neu eingeführten Beamteneid auf Adolf Hitler (s. o.) zu leisten.

Im Verlag J. P. Bachem in Köln erscheinen als amtliche Beilage zum kirchlichen Anzeiger der Erzdiözese Köln ›Studien zum Mythus des xx. Jahrhunderts‹, eine Kritik des Buches des N.S.-Ideologen Alfred Rosenberg (s. 1930).

Der Erzbischof von München, Kardinal von Faulhaber (1869-1952), hält am Jahresende stark besuchte Predigten gegen die Weltanschauung des N.S.

Dem schweizer Chemiker Tadeus Reichstein (geb. 1897) gelingt die künstliche Herstellung von Vitamin C (s. 1911).

Der Urheberrechtsschutz für Werke der Literatur und Tonkunst im Deutschen Reich wird von 30 auf 50 Jahre verlängert (s. a. 1901).

Von dem Schriftsteller Richard Benz (1884-1966) erscheint ›Geist und Reich. Um die Bestimmung des Deutschen‹ (bei Diederichs, s. 1896), ein Buch, das sich in einigen Kapiteln gegen die N.S.-Weltanschauung richtet.

Der Komponist Paul Hindemith (s. 1924) schreibt die Sinfonie ›Mathis der Maler‹. H. emigriert 1935 in die Türkei, 1940 in die USA.

Ein Rundfunk-›Volksempfänger‹ wird in Firmenkooperation entwickelt (Preis 35 Mark).

Der österr. Autokonstrukteur Ferdinand Porsche (1875 bis 1951) legt der Reichsregierung einen Plan zur Entwicklung eines ›Volkswagens‹ (s. 1938) vor.

Die 1. dt. Expedition zum Berg Nanga-Parbat (8125 m) im Himalaya-Gebirge endet in einer Katastrophe. 4 dt. Bergsteiger und 6 Sherpa-Träger finden den Tod. 1953 erreicht der österr. Bergsteiger Hermann Buhl (1924-1957), Mitglied der dt.-österr. ›Willy-Merkl-Gedächtnis-Expedition‹, im Alleingang den Gipfel.

[1935]

15. November: Joseph Goebbels (1897-1945), Präsident der Reichskulturkammer, Reichspropagandaleiter der NSDAP, Reichsminister für Volksaufklärung und Propaganda, erklärt: »Es ist im Kulturleben unseres Volkes kein Jude mehr tätig.« Am gleichen Tag Beginn noch schärferer staatlicher Judenverfolgungsmaßnahmen durch die 1. Ausführungsbestimmung zu den sog. Nürnberger (Rasse-)Gesetzen.

Der Soziologe Alfred Weber (1868-1958) veröffentlicht das Werk ›Kulturgeschichte als Kultursoziologie‹.

Gemeinsam mit 3 amerikanischen Forschern erhält der Zoologe Hans Spemann (1869-1941), der eine embryonale Mikrochirurgie entwickelt hat, den Nobelpreis für Medizin.

Der Mathematiker Richard Courant (1888-1972), der der Göttinger mathematischen Schule (zusammen mit Felix Klein [s. 1872] und David Hilbert [s. 1899]) angehört, emigriert aus D. und wird Direktor des Mathematic-Department der New York University.

Entgegen dem Verbot durch staatliche Stellen veranstaltet die Kaiser-Wilhelm-Gesellschaft (s. 1913) eine durch Max Planck (s. 1911) eröffnete Trauerfeier für den in der Emigration 1934 verstorbenen Chemiker und Nobelpreisträger Fritz Haber (s. 1911). Otto Hahn (1879-1968) hält die Trauerrede.

Der Schriftsteller Werner Bergengruen (1892-1964) veröffentlicht den Roman ›Der Großtyrann und das Gericht‹. Sein gegen den N.S. gerichteter Gedichtzyklus ›Der ewige Kaiser‹ erscheint 1937 anonym in Österreich und wird später in D. illegal verbreitet.

Der Komponist Carl Orff (1895-1982) vertont die ›Carmina burana‹. Durch das ›Orff-Schulwerk‹ (1930-1935) erneuert O. die Methode der Musikerziehung.

In Berlin 1. regelmäßiges Fernsehprogramm.

[1936]

Besetzung des Rheinlands durch die Wehrmacht. Achse Berlin—Rom.

XI. Olympiade in Berlin und Garmisch-Partenkirchen.

Der Archäologe Ernst Buschor (1886-1961) veröffentlicht ›Die Plastik der Griechen‹.

Der Chemiker und Biologe Adolf Butenandt (s. 1929) wird Direktor des Kaiser-Wilhelm-Instituts (s. 1913) für Biochemie in Berlin-Dahlem.

Dem pazifistischen Schriftsteller Carl von Ossietzky (s. 1924) wird der Friedensnobelpreis für das Jahr 1935 zuerkannt. v. O. war bereits 1933 von den N.S. verhaftet

Collage aus
›Der Löwe von Belfort‹
von Max Ernst,
1934

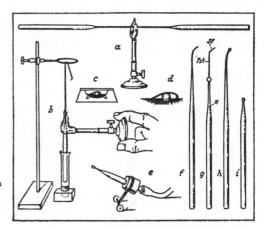

Von Hans Spemann
entwickelte
mikrochirurgische
Instrumente

Henry van de Velde,
Holzschnitt von E. L. Kirchner,
um 1936

worden. Nach der Preiszuerkennung aus dem Konzentrationslager entlassen, stirbt v. O. 1938 an den Folgen der Haft. Die N.S.-Regierung nimmt Stellung gegen den Nobelpreis; in der Folgezeit werden weitere dt. Preisträger, die Chemiker Richard Kuhn (s. 1911) und Adolf Butenandt (s. o.) und der Bakteriologe Gerhard Domagk (1895-1964) gezwungen, ihre Nobelpreise auszuschlagen. Nach Kriegsende werden die Preise den Forschern wieder zuerkannt und überreicht.

Der 1. Farbspielfilm wird gezeigt: ›Das Schönheitsfleckchen‹.

In München soll eine (nach der XI. Olympiade) von den N.S. gezeigte Ausstellung ›Entartete Kunst‹ die moderne Kunst diffamieren. Viele der gezeigten Bilder werden 1938 von der Regierung zur Beschaffung von Devisen in der Schweiz versteigert. Weitere dt. Künstler müssen emigrieren, unter ihnen Oskar Kokoschka (s. 1921), Lyonel Feininger (s. 1919) und der Maler Max Beckmann (1889-1950; s. a. 1955).

Der österr. Dirigent Clemens Krauss (1895-1954) wird Chefdirigent an der Berliner Staatsoper. K. ist von 1938 bis 1945 Intendant der Münchner Staatsoper.

Für die Farbfotografie wird das ›Agfacolorverfahren‹ (Umkehrfilm) entwickelt (s. a. 1939).

[1937]

Der Biophysiker Boris Rajewsky (1893-1974) wird Direktor eines neu errichteten Kaiser-Wilhelm-Instituts (s. 1936) für Biophysik in Frankfurt a.M. Gleichzeitig wird für R. an der dortigen Universität das 1. Ordinariat für Biophysik geschaffen. R. ist Begründer des wissenschaftlichen Strahlenschutzes.

Der Chemiker Paul Schlack (geb. 1897) entwickelt die Chemiefaser Perlon.

In der ›Deutschen Rundschau‹ (s. 1919) veröffentlicht Rudolf Pechel (s. 1919) einen Artikel ›Sibirien‹; unter dem Vorwand einer Buchbesprechung schildert P. die Unterdrückung D.s durch den N.S. Später kommt P. in K. Z.-Haft.

Das ›Handbuch der Weltliteratur‹ von Hanns W. Eppelsheimer (1890-1972) erscheint (s. a. 1958, Weltausstellung).

Jochen Klepper (1903-1942) veröffentlicht den historischen Roman ›Der Vater‹. 1956 erscheinen seine nachgelassenen Tagebücher ›Unter dem Schatten deiner Flügel‹, die auch den Bericht über die N.S.-Verfolgung enthalten, die ihn mit seiner Familie in den Freitod führt.

Der Schauspieler Gustaf Gründgens (s. 1904) wird Generalintendant der Preußischen Staatstheater. Der Regisseur Jürgen Fehling (1899-1963) inszeniert Shakespeares ›Richard III.‹. Die hinkende Hauptfigur wird von den Zuschauern als Bild des (ebenfalls hinkenden) Joseph Goebbels (s. 1935) erkannt.

Mit Unterstützung des norwegischen Malers Edvard Munch (1863-1944) reist der Maler Ernst Wilhelm Nay (1902-1968) nach Norwegen (auf die Lofoten-Inseln), wo er entscheidende Anregungen für seine Malerei erhält.

Der Flugzeugbauer Willy Messerschmitt (1898-1978) stellt das Flugzeug ME 109 beim Zürcher Flugmeeting mit Erfolg vor. Seine ME 262 mit BMW-Triebwerken war das 1. serienmäßig hergestellte Düsenflugzeug (›Strahljäger‹).

Auf der Berliner Funkausstellung zeigt die Deutsche Reichspost zweifarbiges Fernsehen mit 180 Zeilen und mit 25 Bildern je Sekunde.

[1938]

›Anschluß‹ Österreichs. Besetzung des Sudetenlands.

9. November: ›Reichskristallnacht‹, schwere Judenpogrome, auch in dem inzwischen ›angeschlossenen‹ Österreich. Synagogen werden verbrannt, jüdische Geschäfte geplündert, die Juden im Wirtschaftsleben ›ausgeschaltet‹. Am 12. November verbietet Goebbels (s. 1937) als Präsident der Reichskulturkammer allen Juden, Theater, Kino, Konzerte, Vorträge, Kabaretts, Zirkusveranstaltungen, Tanzveranstaltungen und Ausstellungen kultureller Art zu besuchen.

Dem Chemiker Otto Hahn (s. 1935) gelingt mit seinem Mitarbeiter Fritz Straßmann (1902-80) die Kernspaltung des Urans und des Thoriums durch Neutronenbeschuß, wofür

›Der Pflüger‹, nach einem Farbholzschnitt von HAP Grieshaber, 1938

ihm 1945 der Nobelpreis (für das Jahr 1944) zuerkannt wird. An den Vorarbeiten war auch die von den N.S. verfolgte österr. Physikerin Lise Meitner (1878-1968) beteiligt (s. 1955), der die Emigration durch Mithilfe von H. noch rechtzeitig (1938) gelang (s. a. 1955).

Dem Chemiker Richard Kuhn (s. 1936) wird für seine Forschungen auf dem Gebiet der Carotinoide und Vitamine der Nobelpreis verliehen, den er erst nach Kriegsende entgegennehmen kann.

Der Arzt und Schriftsteller Hans Carossa (1878-1956) wird 60 Jahre alt. Mit dem Erfolg seiner Bücher (Aufl.-Höhe der 6 wichtigsten Werke jeweils am 60. Geb.) steht C. an 4. Stelle nach Thomas Mann (s. 1924), Jakob Wassermann (s. 1919) und Hugo von.Hofmannsthal (s. 1919). Die Werke der 3 letztgenannten sind in D. verfemt oder verboten und können erst nach 1945 wieder verbreitet werden. Th. Mann 1935: 1,7 Millionen (Mio.), J. Wassermann 1933: 0,7 Mio., H. v. Hofmannsthal 1934: 0,4 Mio., H. Carossa 1938: 0,3 Mio. Aufl.

›Las Casas vor Karl v., Szenen aus der Konquistadorenzeit‹ von dem Schriftsteller und Historiker Reinhold Schneider (1903-1958) erscheint; während der N.S.-Herrschaft werden Sch.s Sonette in D. illegal verbreitet.

Adolf Hitler (s. 1933) legt den Grundstein zum Volkswagenwerk (s. 1934, Porsche) in Fallersleben.

Zusammenarbeit der Humboldt-Deutz-Motoren AG und der Klöcknerwerke AG als Klöckner-Humboldt-Deutz AG.

Der Schriftsteller und Bildhauer Kurt Kluge (1887-1940) veröffentlicht den Roman ›Der Herr Kortüm‹.

[1939]
15. März: Die Wehrmacht besetzt die ›Resttschechei‹.
1. September: Der 2. Weltkrieg beginnt mit dem Angriff dt. Truppen auf Polen.

Eugenio Pacelli (1876-1958), der frühere päpstliche Nuntius in München und Berlin, wird zum Papst gewählt (Pius XII.).

Die Informations- und Nachrichtensperre in D. ist vollständig. Die Weitergabe von Nachrichten innerhalb D.s wird ebenso wie das Abhören ausländischer Sender mit dem Tode bestraft. N.S.-Propaganda und Kriegspropaganda beherrschen das dt. Nachrichten- und Pressewesen.

Der Chemiker Adolf Butenandt (s. 1936) erhält für seine Forschungen über Sexualhormone den Nobelpreis, muß ihn aber ablehnen (s. a. 1936, von Ossietzky).

Der Bakteriologe Gerhard Domagk (s. 1936) entdeckt die Heilwirkung der Sulfonamide. Er erhält dafür den Nobelpreis für Medizin, darf ihn aber wie A. Butenandt (s. o.) nicht annehmen (s. a. 1952).

Ernst Jünger (s.1929) veröffentlicht die Erzählung ›Auf den Marmorklippen‹, die von Lesern vielfach als verschlüsselte Gegnerschaft zum N.S. verstanden wird.

Von dem Schriftsteller Ernst Wiechert (1887-1950) erscheint der Roman ›Das einfache Leben‹.

Das Agfacolorverfahren (s. 1936) wird im Negativ-Positiv-System erstmals für Kinozwecke benutzt.

Auf der vor Kriegsausbruch noch stattfindenden Berliner Funkausstellung (s. 1937) wird ein ›Deutscher Einheitsempfänger‹ für Fernsehen im Betrieb vorgeführt. Der Krieg bricht die Fernsehentwicklung in D. bis 1952 (s. d.) ab.

In Peenemünde wird das Heinkel-Raketenflugzeug HE 176 erprobt.

[1940]
Der Philosoph Nicolai Hartmann (s. 1921) entwirft in seiner ›Ontologie‹ den Aufbau der realen Welt als eine kategorische Schichtenlehre des Seienden.

Der Lyrikerin Nelly Sachs (1891-1970) gelingt mit Hilfe der schwedischen Dichterin Selma Lagerlöf die Emigration nach Stockholm. 1966 erhält sie, zusammen mit dem israelischen Dichter S.J. Agnon (1888-1970) den Nobelpreis für Literatur.

Mit Hilfe des Films ›Jud Süß‹ unter der Regie von Veit Harlan (1889-1964) setzt Joseph Goebbels (s. 1938) die Hetze gegen die Juden fort. Hauptdarsteller ist der Schauspieler Werner Krauss (s. a. 1920, Film Dr. Caligari).

Der Kirchenmusiker Günther Ramin (1898-1956) wird Thomaskantor in Leipzig als Nachfolger von Karl Straube (s. 1918).

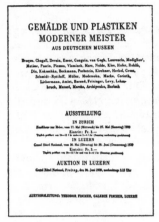

Versteigerungskatalog
›entartete‹ Kunst bei Galerie
Fischer, Luzern, 1939

Aus einer Zeitungsanzeige
der Berliner Kinos, 1940

[1941]

Der Widerstand in D. gegen den N.S. wächst: Der frühere Oberbürgermeister von Leipzig (bis 1937) Carl Friedrich Goerdeler (1884-1945), später ein Opfer des 20. Juli 1944, entwirft einen Friedensplan, den er der britischen Regierung in die Hand spielt.

Gegen die von den N.S. angeordnete und in Geheimaktion durchgeführte Tötung von Geisteskranken erhebt, ungeachtet seiner persönlichen Gefährdung, der katholische Bischof von Münster, Clemens August Graf von Galen (1878 bis 1946), Anklage wegen Mordes.

Der evangelische Theologe Rudolf Bultmann (1884-1976) veröffentlicht »Offenbarung und Heilsgeschehen« mit dem Programm der »Entmythologisierung«.

Der Roman ›Das Reich der Dämonen‹ des Schriftstellers Frank Thiess (1890-1977) erscheint.

Von dem österr. Zoologen Hans Hass (geb. 1919) erscheint ›Unter Korallen und Haien‹, Bericht über eine neuartige Unterwasserforschung mit Hilfe von Taucherbrille, Atmungsversorgung, Schwimmflossen und Unterwasser-Kamera. Beginn der neuen Sportart des Sporttauchens.

[1942]

Beginn planmäßiger Deportationen aller dt. Juden aus dem Reichsgebiet. Aussiedlung der Juden aus allen eroberten Gebieten in den Osten; planmäßige Vernichtung in Gaskammern und durch Massenerschießungen (bis Kriegsende Tötung von etwa 6 Millionen europäischer Juden).

Juli: Anne Frank (1929-44), ein jüdisches Mädchen, das 1944 ein Opfer der gegen die Juden in Holland gerichteten Verfolgungen wird, beginnt ein Tagebuch, dessen Eintragungen bis zum August 1944 reichen; sie schreibt es in einem Hinterhaus in Amsterdam, wo sich die Familie Frank vor den Verfolgern verborgen hält. Das Tagebuch wird nach dem Krieg im Verlag Lambert Schneider, später als Fischer-Taschenbuch veröffentlicht, und hat 1957 die Aufl. von über 1 Mio.

Die Firmen Junkers (s. 1928) und BMW entwickeln Turbinen-Strahltriebwerke für Jagdflugzeuge (s. a. 1937: Messerschmitt).

[1943]

In München wird die Widerstandsbewegung ›Weiße Rose‹ entdeckt, nachdem ihre Mitglieder durch Flugblätter öffentlich zum Widerstand aufgefordert hatten. Die Geschwister Hans (geb. 1918) und Sophie Scholl (geb. 1921), Prof. Kurt Huber (geb. 1893) u. a. werden als geistige Führer des studentischen Widerstands gegen den N.S. vor ein ›Volksgericht‹ gestellt und im April hingerichtet.

Heinrich Wieland (s. 1927 u. 1955) gewährt in seinem Institut Gegnern des Regimes Arbeitsmöglichkeiten.

Otto Warburg (s. 1930) gibt eine neue Erklärung für die Grundprozesse der pflanzlichen Atmung.

Zeichnung von
Georg Kolbe

Flugblätter der Widerstandsbewegung in Deutschland.

Aufruf an alle Deutsche !

Der Krieg geht seinem sicheren Ende entgegen. Wie im Jahre 1918 versucht die deutsche Regierung alle Aufmerksamkeit auf die wachsende U-Bootsgefahr zu lenken, während im Osten die Armeen unaufhörlich zurückströmen, im Westen die Invasion erwartet wird. Die Rüstung Amerikas hat ihren Höhepunkt noch nicht erreicht, aber heute schon übertrifft sie alles in der Geschichte seither Dagewesene. Mit mathematischer Sicherheit führt Hitler das deutsche Volk in den Abgrund. Hitler kann den Krieg nicht gewinnen, nur noch verlängern! Seine und seiner Helfer Schuld hat jedes Mass unendlich überschritten. Die gerechte Strafe rückt näher und näher !

Was aber tut das deutsche Volk? Es sieht nicht, und es hört nicht. Blindlings folgt es seinen Verführern ins Verderben. Sieg um jeden Preis, haben sie auf ihre Fahne geschrieben. Ich kämpfe bis zum letzten Mann , sagt Hitler - indes ist der Krieg bereits verloren.

Deutsche! Wollt Ihr und Eure Kinder dasselbe Schicksal erleiden, das den Juden widerfahren ist? Wollt Ihr mit dem gleichen Masse gemessen werden, wie Eure Verführer? Sollen wir auf ewig das von aller Welt gehasste und ausgestossene Volk sein? Nein! Darum trennt Euch von dem nationalsozialistischen Untermenschentum! Beweist durch die Tat, dass Ihr anders denkt! Ein neuer Befreiungskrieg bricht an. Der bessere Teil des Volkes kämpft auf unserer Seite. Zerreisst den Mantel der Gleichgültigkeit, den Ihr um Euer Herz gelegt! Entscheidet Euch, eh' es zu spät ist !

Erste Seite des Original-Manifestes der ›Weißen Rose‹, 1943 (s. a. Abb. S. 172)

Der Biologe Max Hartmann (1876-1962) veröffentlicht in dem Werk ›Die Sexualität‹ seine Untersuchungen auf dem Gebiet der Physiologie der Fortpflanzung.

Von dem Schriftsteller Stefan Andres (1906-1970) erscheint die Novelle ›Wir sind Utopia‹.

[1944]

Weitere Zunahme des Widerstands gegen den N.S. und Hitlers Kriegführung. 20. Juli: Ein Bombenattentat des Obersten im Generalstab Claus Graf Schenk von Stauffenberg (geb. 1907) gegen Hitler (s. 1938) mißlingt. St., die treibende Kraft einer vor allem von Offizieren des Heeres unterstützten Aufstandsbewegung gegen den N.S., wird in Berlin noch in der gleichen Nacht standrechtlich erschossen. Hitler (s. o.) geht mit äußerster Grausamkeit und in Schauprozessen gegen die Verschwörer vor; über 5000 Hinrichtungen.

Der Rechtsanwalt und Schloßherr von Kreisau, Helmuth James Graf von Moltke (1907-45), 1933 Gründer des Kreisauer (Widerstands-)Kreises, wird verhaftet und 1945 hingerichtet; M. ist Verfasser der ›Letzten Briefe aus dem Gefängnis Tegel‹ (1965: 10. Aufl.).

Ein dt. Modell-Uranbrenner erreicht das Stadium der Neutronenvervielfachung. Durch den Kriegsverlauf und die passive Haltung dt. Forscher gegenüber dem N.S. werden weitere Versuche, Atomenergie zu erzeugen, verhindert. Europäische Wissenschaftler, von den N.S. zur Emigration nach den USA gezwungen, beteiligen sich dort an den Forschungsarbeiten, die zur Atombombe führen (s. a. 1945).

Joseph Goebbels (s. 1940) verkündet die ›Totale Kriegführung‹: Schließung aller Theater und Verbot aller noch nicht von den N.S. in Besitz genommenen Zeitungen und Zeitschriften.

Der Geograph und Schriftsteller Albrecht Haushofer (1903 bis 45), am 20. Juli (s. o.) verhaftet, schreibt während seiner Haft die ›Moabiter Sonette‹. Als Beteiligter an der Widerstandsbewegung wird er 1945, kurz vor Kriegsende, von den N.S. erschossen.

[1945]

25. April: Bildung der Vereinten Nationen (UNO).

Letzte ›Durchhalte‹-Parolen der N.S.-Propaganda mit Hilfe des historischen Films ›Kolberg‹ (Regie: Veit Harlan; s. 1940).

9. Mai: Gesamtkapitulation D.s tritt in Kraft. Adolf Hitler (s. 1944) hat bereits am 30. 4. Selbstmord in Berlin begangen; Joseph Goebbels (s. 1944) war seinem Beispiel gefolgt.

Bundesrepublik Deutschland 1945 – 1960

Die bedingungslose Kapitulation der deutschen Wehrmacht erfolgte am 7. Mai 1945 im Hauptquartier des alliierten Oberbefehlshabers, General Eisenhower, in Reims. Der Kapitulationsakt mußte am 8. Mai im sowjetischen Hauptquartier wiederholt werden. Am 23. Mai wurde Großadmiral Dönitz, den Hitler in seinem Testament zum Reichspräsidenten und Oberbefehlshaber der Wehrmacht ernannt hatte, abgesetzt und verhaftet. Dönitz hatte die Nachfolge des von Hitler zum Reichskanzler bestimmten Joseph Goebbels nach dessen Selbstmord angetreten.

Schon vor Kriegsende, vor allem auf den Konferenzen von Teheran (28. 11. bis 1. 2. 1944) und Jalta (1. bis 11. 2. 1945) hatten die Alliierten ihre Nachkriegspolitik gegenüber Deutschland festgelegt. Als vordringlich galt die Beseitigung des Nationalsozialismus, die Aufteilung Deutschlands in drei Besatzungszonen, die Bildung des alliierten Kontrollrats, die Demontage von Fabriken, Reparationsleistungen und Gebietsabtretungen. Die ›Curzon-Linie‹, eine von Lord Curzon 1919 festgelegte, von den Polen jedoch abgelehnte polnische Ostgrenze, sollte jetzt Polens Grenze gegen Rußland werden, die polnische Westgrenze sich auf Kosten Deutschlands bis zur Oder verschieben.

Drei Monate nach der bedingungslosen Kapitulation erfolgte mit der *Berliner Viermächte-Erklärung* die Übernahme der Regierungsgewalt durch die Oberbefehlshaber der Besatzungszonen. Frankreich war inzwischen eine eigene Besatzungszone zugesprochen worden. Berlin wurde in vier Sektoren aufgeteilt, für deren Verwaltung eine alliierte Vier-Mächte-Kommandantur errichtet wurde. Die britischen und amerikanischen Truppen wurden aus Mecklenburg, Sachsen, Sachsen-Anhalt und Thüringen zurückgezogen.

Die Konferenz von Potsdam zwischen Stalin, Truman und Churchill (der nach den Neuwahlen in England durch Attlee ersetzt wurde) verabschiedete das *Potsdamer Abkommen* (August 1945). Danach sollte den Deutschen geholfen werden, sich auf die Wiederherstellung ihres politischen Lebens auf friedlicher und demokratischer Grundlage vorzubereiten; Nationalsozialismus und Militarismus sollten ausgemerzt werden. Die vier Oberbefehlshaber sollten die oberste Gewalt ausüben, entweder einstimmig für ganz Deutschland oder jeder einzelne für seine Zone. Zentrale deutsche Verwaltungsabteilungen waren geplant, jedoch war bis auf weiteres keine zentrale deutsche Regierung vorgesehen. Während der Besatzungszeit sollte Deutschland als eine wirtschaftliche Einheit betrachtet, doch die deutsche Wirtschaft dezentralisiert und unter Kontrolle gehalten werden. Die Deutschen sollten stufenweise eine örtliche Selbstverwaltung aufbauen, die demokratisch-politischen Parteien waren erlaubt und wurden gefördert. Alle Gebiete östlich der Linie Oder/Görlitzer Neiße waren von der Zuständigkeit des Kontrollrats ausgenommen, die inzwischen aus Polen, der Tschechoslowakei und Ungarn ausgewiesenen und weiter aussiedelnden Deutschen in die vier Zonen aufzunehmen. Es wurden Reparationen und die Demontage von Industrieanlagen bis zu 50% des Vorkriegsstandes beschlossen. Im Juli wurde das Saargebiet abgetrennt und als Protektorat an Frankreich wirtschaftlich angeschlossen. Die NSDAP wurde verboten, ihre Führer wurden interniert, eine Arbeitspflicht für Männer und Frauen wurde eingeführt. Beschlagnahmt wurden die Handelsflotte, die Patente, das Auslandsvermögen, Zechen und Konzerne. Facharbeiter und Wissenschaftler wurden zwangsverpflichtet. In der sowjetisch besetzten Zone (SBZ) wurde im Oktober 1945 jeder Grundbesitz über 100 ha entschädigungslos enteignet und neu verteilt.

DIE NACHKRIEGSZEIT: DAS GETEILTE DEUTSCHLAND

Nach der deutschen Kapitulation vor den Siegermächten des Jahres 1945 sprachen die Trümmer der zerstörten Städte im eigenen Land eine zu deutliche Sprache, als daß eine Ableugnung der Niederlage, wie viele Deutsche sie 1918 versucht hatten, möglich gewesen wäre. Der Klage über das Elend jener Tage — konnte das Ausland ihr den Vorwurf einer deutschen Kollektivschuld entgegensetzen? Diese Frage gehörte zu den zentralen Problemen, die die Deutschen nach einem mehr oder minder echten »Abschied von der bisherigen Geschichte« (Alfred Weber) lösen wollten. Sie hatten jetzt viel über ihre Vergangenheit nachzudenken. Gleichzeitig fanden Gedanken einen Weg in das zerstörte Land, die zu denken oder gar zu verbreiten unter der Diktatur verboten gewesen war. Nicht selten war es eine Wiederbegegnung mit Anschauungen und Richtungen, die während der zwanziger Jahre von Deutschland aus ihren Weg in die Welt genommen hatten, Gedanken, die vom Nationalsozialismus abgelehnt oder gar bekämpft worden waren und nun, um fremde Erfahrungen bereichert, zurückgekehrt waren.

Eine erste Selbstbesinnung der Deutschen führte sie auf ihre vernachlässigte demokratische Tradition zurück. Am historischen Ort, in der Frankfurter Paulskirche, wurde im Mai 1948 die Jahrhundertfeier der 48er Revolution begangen, im August 1949 feierte man an gleicher Stelle den 200. Geburtstag Goethes. Dabei hielt Thomas Mann die Festrede: Seine Ausführungen (er wiederholte sie wenige Tage später in Weimar) kreisten sorgenvoll um die Hoffnung, daß eine wahrhaftige Frei-

heit des Geistes wieder in dieses Land zurückfinden möge. Er selbst war nur zu Besuch nach Deutschland gekommen, nicht etwa zurückgekehrt.

Konnte von Demokratie überhaupt gesprochen werden? Wer war das ›Volk‹, das sich nun selbst regieren sollte? Gab es nach einem solchen Zusammenbruch überhaupt noch ein Gefühl von Zusammengehörigkeit? Nach den Niederlagen und Rückzügen der Armeen Hitlers und unter den Todesängsten vor den Bombenangriffen im Lande war, spätestens nach der Katastrophe von Stalingrad, aus der einst gepriesenen ›Volksgemeinschaft‹ eine Notgemeinschaft geworden, in der jeder, der nachdenken konnte, hinter der immer grotesker sich übersteigernden offiziellen Propaganda die näherkommende Gefahr spürte. Und jeder versuchte auf seine Weise, ihr zu entfliehen. Als sich in den Januartagen des Jahres 1945 die Zivilbevölkerung der Ostprovinzen auf die Flucht vor den vordringenden russischen Armeen nach Westen begab, waren die Züge von Hunderttausenden verzweifelter und verhungernder Menschen für die Deutschen im Kernland die Aufforderung zu einem allgemeinen ›Rette sich, wer kann‹.

194 Bruno Walter

195 Paul Hindemith

196

197

200

198 Golo Mann

199 Paul Tillich

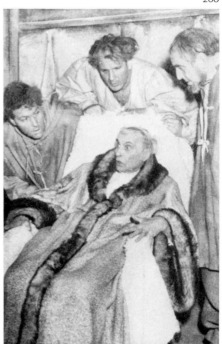

201 *Otto Warburg, Otto Hahn, Max Hartmann,*
Lise Meitner, Werner Heisenberg, Theodor Heuss, Max von Laue

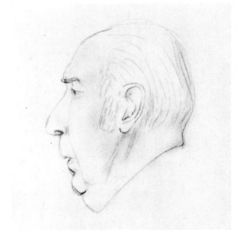

202 *Theodor Heuss*

203

204

205 Hermann Oberth, Wernher von Braun

206 Rudolf Mössbauer

207 Feodor Lynen

208 C. F. von Weizsäcker

209

212

210

213

211

In solcher Stimmung wurde Deutschland besiegt und von den Alliierten in Besatzungszonen eingeteilt. Die Kapitulation war diesmal von den Verantwortlichen unterzeichnet worden, nicht wie 1919 in Versailles von den Mitgliedern einer bereits neuen Regierung. An die Konstituierung einer deutschen Regierung oder Verwaltungsspitze war 1945 nicht zu denken; in den vier Zonen herrschten die Militärregierungen der USA, Englands, Frankreichs und der Sowjetunion. Sie versuchten, mit dem vorhandenen Chaos fertig zu werden und dabei ihre Maßnahmen soweit als möglich zu koordinieren. Ihr gemeinsames Organ war der Alliierte Kontrollrat, der aus den vier Militärbefehlshabern der vier Besatzungszonen bestand (Sitz Berlin) und Gesetze, Befehle und Direktiven für ganz Deutschland erließ. Durch das Potsdamer Abkommen vom 2. August 1945 war die Ausweisung deutscher Bevölkerungsteile aus Polen, Ungarn und der Tschechoslowakei vorgesehen bzw. gebilligt worden. Millionen von Flüchtlingen hatten schon westlich der Elbe vor der Roten Armee Schutz gesucht. Man schätzt, daß in den Wirren des Zusammenbruchs drei Millionen Vertriebene umgekommen sind.

Hunderttausende von Kriegsgefangenen wurden noch erwartet. Die Wohnungsnot war groß: In Berlin, Hamburg und Frankfurt a. M. waren achtzig Prozent der Wohnviertel zerstört, in vielen anderen Städten mehr als die Hälfte. Die Rationierung von Lebensmitteln, die Bewirtschaftung von Rohstoffen und Gebrauchsgütern,

wie sie schon vor Kriegsbeginn eingeführt worden war, mußte trotz einsetzender Hilfsmaßnahmen des Auslands noch verschärft werden. Die meisten Fabriken waren weitgehend zerstört, die Produktion ruhte. Im Industrieplan des Alliierten Kontrollrats von 1946 wurde eine Demontage der noch vorhandenen Industrie bis auf 50 Prozent des Vorkriegsstandes gefordert. In der sowjetisch besetzten Zone wurden 213 der bedeutendsten Industriebetriebe in 25 Sowjetische Aktiengesellschaften (SAG) zusammengefaßt und gingen damit vorübergehend in sowjetischen Besitz über; 1951 betrug ihr Produktionswert 32 v. H. der gesamten Industrieproduktion; Ende 1953 wurden sie gegen einen Kaufpreis von mehr als 2,5 Milliarden Mark in deutsche Verwaltung zurückgegeben. Die meisten sonstigen Industriebetriebe von Bedeutung wurden enteignet und in Volkseigentum überführt.

Mangel und Reglementierungen führten zur Bildung eines ›schwarzen Marktes‹, der entgegen allen Verboten bald in üppiger Blüte stand. Lebensmittel, Zigaretten, Alkohol und die Artikel des täglichen Bedarfs gab es dort entweder nur zu hohen Preisen oder im Tausch gegen andere gleichwertige Waren. Die für die amerikanischen Soldaten ausgegebenen Zigaretten gelangten illegal an die deutsche Bevölkerung und wurden zur Grundwährung des Gütertausches. Bald war alles und jedes käuflich, und um die ›Moral‹ dieser Monate und Jahre war es entsprechend bestellt. Wer nicht mithalten konnte oder wollte, war dem Hunger preisgegeben. Krankheit und Tod gingen um. Die Folgen des totalen Zusammenbruchs forderten viele Opfer.

Politische Sorgen kamen hinzu; schon im Sommer 1945 hatten die Amerikaner in ihrer Zone versucht (die Engländer und Franzosen folgten bald dem Beispiel), den Verwaltungsaufbau ›von unten her‹ in Gang zu bringen, die Aktivität der Bürger anzuregen und durch Zulassung von Parteien und entsprechenden Wahlen (ab

209 *Modell des deutschen Pavillons für die Weltausstellung in Brüssel 1958. Architekten: Egon Eiermann und Sep Ruf*

210 *Neue Höchster Festhalle. Architekt: F. W. Kraemer*

211 *Kunststoffproduktion: Meß- und Steuerzentrale in einer Fabrik*

212/213 *Eröffnung der Neuen Philharmonie in Berlin 1963. Architekt: Hans Scharoun*

Die Wandlung

Eine Monatsschrift

Unter Mitwirkung von Karl Jaspers
Werner Krauss und Alfred Weber
herausgegeben von Dolf Sternberger

VERLEGT VON LAMBERT SCHNEIDER IN HEIDELBERG
BEI CARL WINTER · UNIVERSITÄTSVERLAG

1946) wieder zu einer Selbstverwaltung der Gemeinden, schließlich der Landkreise, Provinzen und Länder zu gelangen. Damit wollten die Alliierten eine Art politischer Selbsterziehung der Deutschen einleiten. Das Programm einer ›Re-education‹ sollte die Deutschen zu den demokratischen Werten ihrer eigenen Geschichte zurückführen und ihnen zeigen, wie der deutsche Geist durch die Emigranten von 1848 und 1933 sich mit dem Geist anderer Völker, vor allem in den USA, verbunden und zur Bildung demokratischer Gemeinschaften beigetragen hatte.

Zum Wiederaufbau brauchte man Fachleute, aber solche, die keine Nationalsozialisten gewesen waren. Die Besatzungsbehörden begannen eine ›Entnazifizierung‹ des gesamten öffentlichen Lebens. Dieses in den vier Besatzungszonen mit unterschiedlicher Strenge unter Mitwirkung deutscher Stellen und dann auch deutscher Gesetze durchgeführte Fragebogen- und Spruchkammerverfahren »zur Befreiung des deutschen Volkes vom Nationalsozialismus und Militarismus« wurde gegen die etwa sechs Millionen ehemaliger Mitglieder der NSDAP und ihrer Organisationen eingeleitet. Die von diesem Verfahren Erfaßten wurden in fünf Klassen eingestuft: Hauptschuldige, Belastete, Minderbelastete, Mitläufer und Nichtbetroffene. Einen Auftakt dieser Entnazifizierung bildeten die Kriegsverbrecherprozesse, die von 1945-1949 gegen leitende Persönlichkeiten und Organisationen des nationalsozialistischen Deutschland geführt wurden. Der erste, die gesamte Weltöffentlichkeit bewegende Prozeß fand 1946 in Nürnberg vor dem ›Internationalen Militärgerichtshof‹ — der auf Grund eines alliierten Statuts mit amerikanischen, englischen, französischen und russischen, aber nicht mit deutschen Richtern besetzt war — gegen 24 Hauptkriegsverbrecher und 6 verbrecherische Organisationen statt. Am 1. Oktober 1946 wurden zwölf Todesurteile gefällt, von denen nur zehn vollstreckt werden konnten. Göring beging, wie schon vor ihm Hitler, Goebbels und Himmler, Selbstmord, Bormann wurde in Abwesenheit zum Tod verurteilt. Das NS-Führerkorps, die Gestapo, die SA und die SS wurden zu ›verbrecherischen Organisationen‹ erklärt. Weitere Kriegsverbrecherprozesse wurden von Militärgerichten der Besatzungsmächte und in Ländern der früheren Kriegsgegner durchgeführt. Es waren Prozesse der Sieger, und es wäre sicherlich besser gewesen, wenn antinationalsozialistische deutsche

Richter an den Gerichten beteiligt gewesen wären. Die Urteile wären dann gewiß nicht milder ausgefallen, aber die in die Zukunft weisende Erkenntnis der Nürnberger Prozesse hätte sich nachdrücklicher durchgesetzt: daß nämlich hier Anklage und Gericht Rechtsmaßstäbe für das Verhalten der Staaten untereinander und für das Verhältnis des Bürgers zu seinem Staat aufgestellt haben, die für alle Nationen Richtschnur sein können. Eine weitere Bedeutung der Prozesse lag darin, daß die Untersuchungen umfangreiches Material zutage förderten, das den wahren Charakter des nationalsozialistischen Staatswesens und die verbrecherischen Methoden seiner Führer auch jenen Deutschen dokumentarisch vor Augen führte, die bis dahin an diesen Staat und seine Führung geglaubt hatten.

In der sowjetisch besetzten Zone begann 1946 der Aufbau einer ›sozialistischen‹ Gesellschaftsordnung, die in Wahrheit eine kommunistische war. Die neu gegründete SPD wurde unter starkem Druck der sowjetischen Besatzungsmacht mit der KPD zur ›Sozialistischen Einheitspartei Deutschlands‹ (SED) zusammengeschlossen, in der das kommunistische Element von vornherein das Übergewicht hatte und mit der Zeit allein herrschte.

Außer der SPD waren zunächst auch noch eine christlich-soziale Partei, die (Ost-)CDU, und eine liberale, die ›Liberal-Demokratische Partei‹ (LDP), zugelassen worden. Alle Parteien schlossen sich im Juli 1945 zum ›Block der antifaschistisch-demokratischen Parteien‹ zusammen, der unter der Führung der KPD, später der SED, nur geschlossen in den Volksvertretungen auftrat und damit den nichtkommunistischen Parteien jede Eigenständigkeit nahm. 1948 wurde der ›Block‹ um zwei neue Parteien, die ›National-Demokratische Partei Deutschlands‹ (NDPD) und die ›Demokratische Bauernpartei Deutschlands‹ (DBD) erweitert; ferner gehörten ihm auch einige Massenorganisationen wie der ›Freie Deutsche Gewerkschaftsbund‹ und die ›Freie Deutsche Jugend‹

an, die ebenfalls Abgeordnete in die Volksvertretungen entsandten. Der Prozeß der Enteignung von Privatvermögen nahm seinen Anfang. Man erkannte jetzt, daß die Demarkationslinie zwischen der sowjetischen und den westlichen Zonen zugleich zwei Machtsphären teilte, in denen die politischen und wirtschaftlichen Aufgaben der Besatzungsmächte völlig verschieden verstanden wurden. Beträchtliche Unterschiede in der Forderung nach Reparationen und im Tempo des Wiederaufbaus wurden bald deutlich und führten zu einem erheblichen Gefälle zwischen den Volkswirtschaften der ›Westzonen‹ und der SBZ.

Der amerikanische Außenminister James F. Byrnes verkündete am 6. September 1946 in Stuttgart nicht mehr und nicht weniger als eine Abkehr von der bisherigen Nachkriegspolitik der Westalliierten in ihren Besatzungszonen, die künftig als eine wirtschaftliche Einheit angesehen und behandelt werden sollten. Zu diesem Zweck wurden am 1. Januar 1947 die amerikanische und die britische Zone zur ›Bi-Zone‹ zusammengeschlossen, der sich wenig später auch die französische Zone angliederte. Mit der Einsetzung deutscher Verwaltungsbehörden war auch eine Vorstufe für ein neues deutsches Staatswesen im Bereich der drei westlichen Besatzungszonen geschaffen.

1947 wurde vom US-Staatssekretär George Marshall das ›European Recovery Program‹ (ERP) angeregt: Im Rahmen dieses *Marshallplans* leisteten die USA großzügige Wirtschaftshilfe an viele europäische Länder, teils in Form von Rohstoffen und Waren, teils in Form von Krediten und Zuschüssen. Insgesamt wurden in den Jahren 1948-1952 rund 13 Milliarden Dollar verteilt. Davon flossen in das Gebiet der späteren Bundesrepublik 1,24 Milliarden. So kam es, daß Westdeutschland in den ersten drei Wiederaufbaujahren von 1947-1950 im Rahmen des Marshallplans pro Kopf der Bevölkerung einen Kredit von fast 400 Markt erhielt, während im gleichen

Zeitraum im sowjetisch besetzten Gebiet durch Reparationen der Bevölkerung pro Kopf mehr als dieser Betrag entzogen wurde. Hier kündigte sich bereits der Unterschied zwischen den Zonen in der Behandlung des ehemaligen Gegners unter dem Aspekt der sich zum ›Kalten Krieg‹ steigernden Ost-West-Spannung an. Mit dem Wiederaufbauprogramm des Marshallplans hatten die westlichen Alliierten den Gedanken an Reparationen aufgegeben, wobei ihnen auch die schlechten Folgen ihrer einstigen Forderungen an die Weimarer Republik vor Augen gestanden hatte.

Die Aufteilung Deutschlands in Zonen legte bald den Gedanken eines neuen Zusammenschlusses, allerdings zu einer höheren Einheit, nahe. Kein Geringerer als Winston Churchill selbst forderte am 19. September 1946 in Zürich einen Zusammenschluß Europas unter Einbeziehung Deutschlands, d. h. der Teile, die von dem alten Deutschen Reich noch übriggeblieben waren. Ein ganzes Bundesland, Preußen, war durch ein alliiertes Gesetz ausgelöscht. Auch vom ›preußischen Geist‹ schien nicht mehr viel übriggeblieben. Bismarcks autoritäres Denken, des Kaisers souveräne Ablehnung des Parlaments, die unglückliche Schwäche der Weimarer Republik: das waren in der Historiographie der Nachkriegszeit die Stationen eines nun sichtbar gewordenen Weges vom Obrigkeitsdenken zur Diktatur, und Preußen mußte dafür mit der Aufgabe seiner staatlichen Existenz zahlen.

PROVISORIUM UND GRUNDGESETZ

Die Auflösung Preußens, der Sonderstatus von Berlin, die Zonenabgrenzung, der Austritt der Russen aus dem Alliierten Kontrollrat 1948, die Aufspaltung deutscher Gebiete hatten eine innerstaatliche Neuordnung durch Bildung neuer Länder auf dem Gebiet des als Proviso-

rium gedachten Staatsgebildes zur Folge, das 1949 mit dem Namen Bundesrepublik Deutschland ins Leben trat. Nichts lag jetzt den Deutschen auch für ihren neuen und vorläufigen Staat näher als eine Hinwendung zu Europa, verständlich unter dem Eindruck der Folgen des verlorenen Krieges und aller Hinterlassenschaften der Hitlerschen Schreckensherrschaft.

Die Gegenwart forderte von den Deutschen moralische Glaubwürdigkeit, eine sichtbare Abkehr von der jüngsten Vergangenheit. Man gedachte des Widerstands gegen den Nationalsozialismus. Ob es die Verschwörer des 20. Juli 1944 waren, Soldaten, Sozialisten oder Christen: Würde die geringe Zahl der Überlebenden genügen, um kraft ihres Widerstands gegen Hitler und ihrer Bereitschaft, am Neuaufbau mitzuwirken, dem neuen Staat, der ein demokratischer und ein sozialer Rechtsstaat werden sollte, moralische Glaubwürdigkeit zu geben? Die Bundesrepublik wurde am 23. Mai 1949 mit dem Inkrafttreten einer Verfassung, dem Grundgesetz, ins Leben gerufen. Die BRD ist ein Bundesstaat und besteht (seit der Vereinigung von Württemberg und Baden 1952 und der Wiederangliederung des Saarlandes 1957) aus elf Ländern: Baden-Württemberg, Bayern, Berlin, Bremen, Hamburg, Hessen, Niedersachsen, Nordrhein-Westfalen, Rheinland-Pfalz, Schleswig-Holstein und Saarland. Berlin (West) ist zwar nach dem Grundgesetz Land der Bundesrepublik Deutschland, doch ist sie in der Ausübung der Staatsgewalt in Berlin (West) gewissen Beschränkungen unterworfen; so gelten z. B. Bundesgesetze in Berlin (West) erst, nachdem das Landesparlament ein entsprechendes Mantelgesetz beschlossen hat; die Vertreter von Berlin (West) im Bundestag und Bundesrat haben nur beratende Stimme.

Hitler hatte den Deutschen die politische Selbstbestimmung genommen. Neue Parteien waren gegründet worden, als 1945/46 die ersten Wahlen stattfinden durften. Zum Teil waren es Fortsetzungen der alten, die schon vor 1933 bestanden hatten. Dem Bürgertum, soweit es noch bestand und aus dem Nationalsozialismus gelernt hatte, schien am ehesten eine auf christlicher Weltanschauung fundierte Staatsgrundlage und eine entsprechende Partei die Gewähr für einen echten Neubeginn zu bieten. Auch in der christlichen Arbeiterbewegung gab es noch überlebende Politiker. Mit ihnen schlossen sich Politiker beider Konfessionen, der evangelischen und der katholischen, zu einer Partei zusammen, der Christlich-Demokratischen Union (CDU). Von der Gründung der Bundesrepublik an bis heute hat diese neue Partei, die in Bayern durch eine ›Bruderpartei‹, die Christlich-Soziale-Union (CSU), vertreten wird, vier Bundeskanzler – Konrad Adenauer, Ludwig Erhard, Kurt Georg Kiesinger und Helmut Kohl – gestellt.

Mit der Vereinigung beider Konfessionen in einer Partei meinte man eine Lehre aus dem Versagen der Republik von Weimar zu ziehen: Damals hatte es protestantische und katholische Parteien gegeben, die sich bekämpften, obwohl sie verwandte Ziele verfolgten. Jetzt verbündeten sie sich. Der Kampf des Nationalsozialismus gegen die beiden Kirchen und die Verfolgung hatten den Konfessionen Toleranz untereinander und die Rückbesinnung auf das gemeinsame christliche Erbe nahegelegt. Schon einer der ersten nach 1933 sichtbar gewordenen Widerstandskreise um den Münchener Rechtsanwalt und Publizisten Edgar J. Jung, der Protestant war und 1934 im Zusammenhang mit der sogenannten Röhm-Affäre auf Befehl Hitlers ermordet wurde, hatte die Unterstützung katholischer Geistlicher gefunden. So war es auch bei dem Kreisauer Kreis um den Juristen Helmuth James Graf von Moltke, der selbst Protestant war und in nahe politische Beziehung zu dem katholischen Pater Ludwig Delp trat. Mit ihnen hatten sich in den Kriegsjahren christliche und sozialistische Männer zusammengefunden, deren Ziel es war, nicht nur den Nationalsozialismus zu bekämpfen, sondern auch eine Konzeption für den Neuaufbau nach dem Krieg zu entwickeln.

Unter den Opfern, die diesem Kreis und der sozialdemokratischen Widerstandsbewegung in Deutschland zugleich angehörten, nehmen der Publizist Carlo Mierendorff, der Politiker Julius Leber, der Gewerkschaftsführer Wilhelm Leuschner und der Pädagoge Adolf Reichwein eine hervorragende Stelle ein. Die Sozialdemokratische Partei (SPD) selbst, die schon im Juni 1933 verboten und in allen deutschen Parlamenten ausgeschaltet worden war, deren Führer verfolgt und in großer Zahl umgebracht worden waren, wurde 1945 unter Führung von Kurt Schumacher wieder aufgebaut. Sie durfte auf die Tätigkeit ihrer Mitglieder im Widerstand und in der im Exil weitergeführten Partei besonders stolz sein. Otto Wels, von dessen mutiger Rede bei der Ablehnung des Ermächtigungsgesetzes in dem von den Nationalsozialisten schon terrorisierten Reichstag wir bereits gehört haben, hatte von Prag aus der Exil-SPD die Richtung gegeben. Von Paris hatten die emigrierten Reichstagsabgeordneten Eduard Breitscheid und Rudolf Hilferding, in London Erich Ollenhauer für die illegale Opposition in Deutschland und für die Fortführung der Partei gearbeitet. Der religiöse Sozialist Paul Tillich hatte in New York einen ›Council of a free Germany‹ gegründet. So war es für die neue SPD leicht, an diese Tradition anzuknüpfen.

Kurt Schumacher, 1. Parteivorsitzender der SPD der Nachkriegszeit, verhinderte 1946 die Verschmelzung seiner Partei mit der Kommunistischen Partei, die sich seit 1948 immer offensichtlicher der KPdSU – der Kommunistischen Partei der Sowjetunion – unterordnete. Sie wurde in der Bundesrepublik 1956, 11 Jahre nach ihrer erneuten Zulassung, vom Bundesverfassungsgericht verboten.

Nach Schumachers Tod (1952) ging die Führung der SPD an Erich Ollenhauer über, nach dessen Tod (1963) an Willy Brandt. Ein entscheidendes Ereignis bildete die Verkündung des ›Godesberger Programms‹ im Jahre 1959. Mit ihm trennten sich die Sozialdemokraten endgültig von ihrer revolutionären Theorie und machten sich den Weg zu einer ethisch fundierten, sozialen, staatstragenden Volkspartei frei. Überlieferte starre Dogmen wurden aufgelockert. Die Sozialdemokratie wurde nunmehr beschrieben als »eine Gemeinschaft von Menschen, die aus verschiedenen Glaubens- und Denkrichtungen kommen; ihre Übereinstimmung beruht auf gemeinsamen sittlichen Grundwerten und gleichen politischen Zielen«. Und Sozialismus wurde definiert als »die dauernde Aufgabe, Freiheit und Gerechtigkeit zu erkämpfen und sie zu bewahren«. 1969 stellte die SPD mit Willy Brandt zum ersten Mal den Bundeskanzler.

Auch der Liberalismus fand nach 1945 in der Bundesrepublik ein neues Sammelbecken in der Freien Demokratischen Partei (FDP). Erstmals waren damit in Deutschland die liberalen Kräfte in *einer* Partei vereinigt, in der sich die Traditionen der Fortschrittspartei und der Nationalliberalen Partei des Kaiserreichs, der Deutschen Demokratischen Partei und der Deutschen Volkspartei der Weimarer Republik zusammenfanden, um einen neuen Weg für den Liberalismus als politische Kraft zu suchen. Sehr zu Hilfe kam der FDP dabei, daß eine jener seltenen Persönlichkeiten, die politische Tätigkeit mit einer auf hohen geistigen Ansprüchen beruhenden kritischen Fähigkeit und Gelehrsamkeit zu vereinen wissen, ihr erster Vorsitzender wurde. Es war auch ein Glücksfall, daß dieser schwäbisch-demokratische Politiker, Theordor Heuss, sich bereit erklärte, der erste Bundespräsident zu sein; in dieses Amt wurde er zweimal gewählt (1949 und 1954). – Die FDP hat als kleinere, aber drittstärkste Partei im Bundestag von 1961 bis 1966 zusammen mit der CDU/CSU, von 1969

bis 1982 mit der SPD die Regierungsverantwortung getragen.

Neben den drei genannten Parteien waren noch andere Parteien und Gruppierungen, etwa solche, die sich speziell für Länderinteressen oder die nach 1945 eingeströmten Flüchtlinge einsetzten, in den Gemeinden und in den Länderparlamenten vertreten. Bei den Ländern liegt auch die sogenannte ›Kulturhoheit‹, die nach dem Grundgesetz nicht vom Bund, sondern von den Ländern entsprechend ihren verschiedenen Eigenarten wahrgenommen wird. Eine ›ständige Konferenz der Kultusminister‹ koordiniert Maßnahmen der mit Kultur, Erziehung und Kultus (Religionsausübung) befaßten Länderressorts.

Der Wunsch, gemeinsam zu handeln und sich nicht durch Glaubens- und Weltanschauungsfragen auseinanderzuleben, ist auch beim Neuaufbau der Gewerkschaften beachtet worden.

Die Zusammenarbeit ehemaliger Gewerkschaftsführer aller Richtungen in der Widerstandsbewegung führte zu einer Annäherung und Überwindung alter Gegensätze. Schon früh kamen Wilhelm Leuschner vom Allgemeinen Deutschen Gewerkschaftbund, Jakob Kaiser von den christlichen Gewerkschaften und Ernst Lemmer von den Hirsch-Dunckerschen Gewerkschaften überein, nach dem Sturz der Nationalsozialisten einen Einheitsverband zu schaffen, der die Interessen der Arbeitnehmer ohne Unterschied der Konfession, der politischen und weltanschaulichen Einstellung vertreten sollte. Aus den ehemaligen Richtungsgewerkschaften wurde nach 1945 eine Einheitsgewerkschaft. Bemühungen, daneben wiederum christliche Gewerkschaften aufzubauen, blieben ohne nachhaltige Wirkung. Dagegen werden die Interessen eines Teiles der Angestellten durch die Deutsche Angestellten-Gewerkschaft (DAG) vertreten, und der Deutsche Beamtenbund ist die Spitzenvereinigung von Beamtenverbänden.

Der *Deutsche Gewerkschaftsbund* (DGB) vereinigt Arbeitnehmer aller parteipolitischen und weltanschaulichen Richtungen. Der DGB verhält sich gegenüber allen Weltanschauungen und Religionen neutral. Für viele Menschen, die den verschiedensten Glaubensrichtungen angehören, sind die Einheitsgewerkschaften damit auch zu einer Schule der Toleranz geworden. Da die meisten gewerkschaftlichen Forderungen politische Forderungen sind, beteiligen sich die Gewerkschaften zwangsläufig an politischen Auseinandersetzungen. Gegenüber den politischen Parteien vertreten sie einen eigenen Standpunkt und sind parteipolitisch unabhängig.

In der DDR entstand der Freie Deutsche Gewerkschaftsbund (FDGB). Er ist eine Einheitsorganisation ohne Selbstverwaltung. Der FDGB soll zwar die Interessen seiner Mitglieder wahrnehmen (und tut dies auch in Einzelfällen), er unterliegt aber den Weisungen der SED, ist im Dienst der zentralen Planungsbehörden mitverantwortlich für die Erfüllung der Planziffern im Betrieb, hat also zugleich die Interessen des ›Arbeitgeber-Staates‹ zu vertreten und kann daher von den Arbeitern nicht als unabhängiger Anwalt ihrer Sache angesehen werden. Die Löhne werden in der DDR von staatlichen Instanzen einseitig festgesetzt.

Im Mai 1949 fanden in der sowjetisch besetzten Zone die Wahlen zum 3. Volkskongreß statt, der einen Verfassungsentwurf des Volksrates bestätigte: Dieser ›Volksrat‹ proklamierte am 7. Oktober 1949 das Bestehen einer *Deutschen Demokratischen Republik* (DDR) — und ihr Staatspräsident wurde Wilhelm Pieck (1876-1960). Der Staatsstruktur nach ist die DDR eine Volksrepublik nach sowjetischem Vorbild. Seit 1960 ist der Staatspräsident vom Staatsrat ersetzt, der auch ohne Zustimmung der Volkskammer Gesetze erlassen kann. Maßgebender Einfluß und Kontrolle der Spitzenorgane der SED — Zentralkomitee (ZK), Politbüro und Sekretariat — sind auf allen Stufen des Staatsapparates sowohl institutionell wie personell gesichert. Die Führung der SED ist zwar dem Buchstaben nach kollektiv, wird aber auch heute noch personifiziert durch Walter Ulbricht (geb. 1893), der als einstiger Mitbegründer der Kommunistischen Partei Deutschlands von 1938 bis 1945 im russischen Exil lebte, unmittelbar nach dem Zusammenbruch des Nationalsozialismus am Wiederaufbau der KPD beteiligt war und seit Juli 1953 das Amt des 1. Sekretärs des Zentralkomitees der SED, seit September 1960 zugleich das des 1. Vorsitzenden des Staatsrates der DDR innehat.

Zur Unterbindung der Abwanderung Unzufriedener in den Westen ließ Ulbricht mit Zustimmung der Mächte des Warschauer Pakts im August 1961 die Sektorengrenze in Berlin plötzlich durch die ›Mauer‹ sperren, und auch die Demarkationslinie zwischen der DDR und der Bundesrepublik wurde seitdem durch Mauern, Verminung, Stacheldraht und andere Sperrmaßnahmen immer wirkungsvoller abgedichtet. Zwar gelingt immer noch einzelnen Menschen der Durchbruch in den Westen, aber der Schießbefehl für die Grenzwächter in der DDR, Tretminen und scharfe Hunde machen jeden Fluchtversuch zu einem gefährlichen Unternehmen; die Zahl der Zwischenfälle und Todesopfer ist groß. Die Berliner Mauer ist zum Symbol der deutschen Teilung geworden.

WOHLSTAND – GELENKT

»Vater der Bundesrepublik Deutschland« ist Konrad Adenauer oft genannt worden: ein Politiker, der schon auf ein langes Wirken zurückblicken konnte, als er sich nach dem Zusammenbruch von 1945 aufs neue in die Politik begab. Ursprünglich Rechtsanwalt, Mitglied der Zentrumspartei, war er bis 1918 Mitglied des Preußischen Herrenhauses und von 1920 bis 1932 auch Präsident des Preußischen Staatsrats gewesen. Seine eigentliche politische Leistung hatte er aber von 1917 bis 1933 als erfolgreicher und angesehener Oberbürgermeister der Stadt Köln erbracht, bis ihn die Nationalsozialisten aus seinem Amt entfernten. Die Zeit des ›Dritten Reiches‹ hatte er als Privatmann überstanden. Zeitweise von der Geheimen Staatspolizei überwacht, war er im Zusammenhang mit der Verschwörung des 20. Juli 1944 verhaftet, dann wieder freigelassen worden. Die britische Militärregierung setzte ihn 1945 als Oberbürgermeister von Köln erneut ein, entließ ihn jedoch schon im Oktober 1945 seiner Eigenwilligkeit wegen.

Adenauer war 1945 einer der Gründer der CDU, seit 1946 ihr Vorsitzender in der englischen Besatzungszone, 1949 Vorsitzender der Gesamtpartei. Der ›Parlamen-

tarische Rat‹, die Verfassunggebende Versammlung der Abgeordneten der Landtage der westdeutschen Länder, wählte ihn zum Vorsitzenden, und der erste Bundestag im Jahr 1949 mit nur einer Stimme Mehrheit zum Bundeskanzler. Als solcher und auch als sein eigener Außenminister von 1951 bis 1955 hat Adenauer die Anfänge der Bundesrepublik maßgeblich bestimmt. Am Erfolg beteiligt war sein Wirtschaftsminister und späterer Nachfolger Ludwig Erhard, der als Direktor der Verwaltung für Wirtschaft der damaligen Bi-Zone am 20. Juni 1948 die *Soziale Marktwirtschaft*, die im wesentlichen eine freie Marktwirtschaft war, einführte. An diesem Tag wurde mit einer kühnen Operation, der *Währungsreform*, ein stabiler Geldwert geschaffen. Es war eine radikale Maßnahme, noch unter Autorität und Mithilfe der Westalliierten: Die Reichsmark wurde auf zehn Pfennige abgewertet und als neue Währung die D-Mark (Deutsche Mark) eingeführt. Jeder konnte eine ›Kopfquote‹ von 40 DM, später noch einmal 20 DM, im Verhältnis 1:1 umtauschen. Die gesamte aus Kriegs- und Nachkriegsnöten erwachsene Zwangsbewirtschaftung wurde aufgehoben, und der freie Wettbewerb trat an ihre Stelle.

Vor allem mußte den Vertriebenen und Flüchtlingen entscheidende Hilfe zum Aufbau ihrer neuen Existenz gegeben werden. Dafür wurde eine ›Soforthilfe‹, später (1952) ein ›Lastenausgleich‹ zwischen Geschädigten und denen, die keine oder nur geringe Vermögensschäden erlitten hatten, eingeführt. Jetzt erst zeigte sich, daß die Arbeiterschaft und das Unternehmertum die Zeit vor der Währungsreform zum Aufbau der Arbeitsstätten genutzt hatten. Vom wiedererweckten Vertrauen in die eigene Kraft getragen, benutzten sie das neue Geld für den Ausbau der alten Anlagen und zum Bau von neuen Fabriken: »Der deutsche Arbeiter hat das Totenhaus, das Deutschland nach dem Kriege war, in ein Bienenhaus verwandelt.« (Paris Match, März 1952)

Konrad Adenauer,
Karikatur von
Mirko Szewczuk, 1954

Durch den wirtschaftlichen Aufschwung waren bald alle produktiven Kräfte in den Arbeitsprozeß eingegliedert, auch die Millionen der Flüchtlinge und aus den Ostgebieten Vertriebenen, auch die Millionen, die vielfach wegen Gefahr für Leib und Leben, aber auch aus den unterschiedlichsten menschlichen Gründen die Sowjetzone hatten verlassen müssen. Von einer ›Belastung‹ durch die Vertriebenen konnte nicht mehr die Rede sein – im Gegenteil, sie trieben die Wirtschaft durch Wettbewerb mit den Einheimischen an. Vollbeschäftigung, von Jahr zu Jahr ansteigende Löhne und Gehälter und größere Gewinne für die Unternehmer hoben den allgemeinen Lebensstandard rasch: Auto, Kühlschrank, Fernsehapparat wurden zum selbstverständlichen Besitz auch der Arbeiterklasse. Immer neue, durch geschickt angepaßte Steuerpolitik geförderte Investitionen erleichterten der Industrie den Eintritt in das ›Zeitalter der Automation‹. Die Gewerkschaften erreichten dem wachsenden Sozialprodukt entsprechend höhere Löhne, kürzere Arbeits- und längere Urlaubszeiten.

An den Nettoproduktionswerten gemessen nahm die chemische Industrie bald den ersten Rang ein, gefolgt vom Maschinenbau, von der elektrotechnischen Industrie und vom Fahrzeugbau. Die Automobilindustrie stand 1964 mit 2,91 Millionen neuen Wagen nach den USA an zweiter Stelle in der Welt (1981: mit 3,58 Millionen an dritter Stelle hinter Japan und den USA). Während die Deutschen 1945 ein Volk ohne Automobile waren und noch 1950 sich nur elf von tausend Einwohnern ein Auto leisten konnten, besaßen schon 1963 nicht weniger als einhundertachtundzwanzig von ihnen einen Wagen (1981: 384 PKW auf tausend Einwohner). Die Schwerindustrie, also Kohlenbergbau und Stahlindustrie, die vor dem Krieg an der Spitze gestanden hatte, folgte jetzt erst an zweiter Stelle. Solche wirtschaftliche Stabilität und Prosperität, die sich durch immer größere Exportzahlen und (von 1951 bis in die siebziger Jahre) jedes Jahr auch durch Ausfuhrüberschuß ausdrückte, machte es möglich, eine materielle Wiedergutmachung des nationalsozialistischen Unrechts einzuleiten. Aufgrund von Entschädigungs- und Wiedergutmachungsgesetzen werden den aus politischen, religiösen oder rassischen Gründen Verfolgten u. a. Renten, Darlehen und Ausbildungsbeihilfen gewährt. Dem internationalen Ansehen der Bundesrepublik Deutschland kam zugute, daß sie sich in einem Abkommen vom 10. September 1952 zur Wiedergutmachung gegenüber dem Staate Israel in einer Höhe von 3,5 Milliarden DM verpflichtete. Wenigstens materiell konnte jetzt einiges von dem ausgeglichen werden, was Hitlers Unrechtsstaat insbesondere den Juden angetan hatte. Ähnliche Abkommen wurden mit europäischen Ländern getroffen, die durch Besatzung und Krieg gelitten hatten. Von der DDR wurde bisher keine Entschädigung an Verfolgte des Nationalsozialismus geleistet.

Der immer deutlicher sich anbahnende Ost-West-Konflikt führte dazu, daß die westlichen Alliierten eine Wiederbewaffnung der Bundesrepublik ins Auge faßten, nachdem in der sowjetischen Besatzungszone (DDR) schon Mitte 1948 mit der Aufstellung militärischer Verbände begonnen worden war. Während der Korea-Krise (1950) wurde die Bildung einer Europäischen Verteidigungsgemeinschaft (EVG) mit deutscher Beteiligung erwogen, aber die Aufstellung einer übernationalen Westeuropäischen Union, mit Bindung an die inzwischen (1949) gebildete NATO (Nordatlantikpakt-Organisation) von Frankreich abgelehnt. In den Pariser Verträgen von 1954 trat die Bundesrepublik der Westeuropäischen Union (WEU, aus dem Brüsseler Beistandspakt von 1948 zwischen den Beneluxländern Belgien, Niederlande, Luxemburg entstanden) und der NATO bei. 1956 begann die Aufstellung einer Bundeswehr; das Wehrpflichtgesetz datiert vom 21. Juli 1956.

Da das Land wirtschaftlich so rasch erstarkt war,

konnte sich die Bundesregierung auch nicht der neuen Verpflichtung entziehen, den sogenannten ›Entwicklungsländern‹ zu helfen. Das geschah und geschieht durch finanzielle Unterstützung (Nettoleistung der Bundesrepublik Deutschland 1950–1980: rund 170 Milliarden DM Nettogesamtleistung öffentlichen und privaten Ursprungs) wie auch durch den persönlichen Einsatz junger Deutscher als ›Entwicklungshelfer‹, schließlich auch dadurch, daß viele deutsche Industriewerke Praktikanten aus jenen Ländern die Möglichkeit bieten, sich hierzulande auszubilden.

Finanziell und wirtschaftlich konnte Konrad Adenauer 1963 bei seinem Rücktritt als Bundeskanzler eine günstige Bilanz ziehen. Für den einzelnen Bürger hatte sich inzwischen das Monatseinkommen je Haushalt im Durchschnitt von 340 auf 970 DM gesteigert (bis 1980 auf rund 3.200 DM), und die tarifliche Arbeitszeit wurde von 48 Stunden im Durchschnitt auf 42 Stunden pro Woche verkürzt (seit 1970 vierzig Stunden). Von den Westmächten fand sich die Bundesrepublik als gleichwertiger Partner anerkannt. Obgleich Mitglied des Europarates in Straßburg, der bekanntlich der Herstellung einer größeren europäischen Einheit dient, wirkte sie dennoch nicht in der UN mit. Ein hoher Export hielt die deutsche Währung stabil. Übernationale Zusammenschlüsse, wie die ›Europäische Wirtschaftsgemeinschaft‹ (EWG) und die ›Europäische Atomgemeinschaft‹ (Euratom), trugen durch die Aufnahme der Bundesrepublik in größere Verbände zur Festigung der Wirtschaft und eines auf die Integration Europas gerichteten Denkens bei. Durch die EWG wurde eine Zollunion der bis 1967 (seitdem EG) beteiligten sechs Länder – Belgien, Bundesrepublik Deutschland, Frankreich, Italien, Luxemburg, Niederlande – verwirklicht, die der Kern eines supranationalen Gesamtzusammenschlusses des europäischen Wirtschaftsgebiets und damit die Vorstufe einer politischen Einigung Europas sein sollte.

WIEDERAUFBAU DER KULTUR

Auch zur Kennzeichnung der kulturellen Entwicklung sind die Worte ›Wiederaufbau‹ und ›Stabilisierung‹ angebracht, denn nicht nur die meisten Gebäude (Universitäten, Schulen, Kirchen, Museen, Theater, Rundfunkanstalten usw.) waren zerstört, auch alle damit zusammenhängenden Verwaltungen, die im ›Dritten Reich‹ entweder aufgelöst und verboten oder ›gleichgeschaltet‹ worden waren, mußten neu eingerichtet werden. Die zunächst von den Besatzungsmächten betriebenen Rundfunksender wurden in den Bundesländern ›Körperschaften des öffentlichen Rechts‹. Politisch und finanziell unabhängig, werden Rundfunk und Fernsehen also weder privat betrieben wie in den USA, noch sind sie einer staatlichen Aufsicht unterworfen wie in Frankreich. Eine Sonderstellung nehmen die ›Deutsche Welle‹ und der ›Deutschlandfunk‹ ein, die vom Bund selber eingerichtet wurden: ihre Sendungen sind vor allem für das Ausland bestimmt.

Auf allen Gebieten des Geisteslebens versuchte man, die Kluft zu überbrücken, die in den vierzehn Jahren des angemaßten ›Tausendjährigen Reiches‹ aufgerissen worden war. Die von den Besatzungsmächten lizenzierten neuen Zeitungen standen ebenso wie die Universitäten, Schulen und Rundfunkanstalten vor der dringlichen Mission einer ›Umerziehung‹ der vom Nationalsozialismus beeinflußten Bürger zu demokratischem Denken.

Die ›Re-education‹ (Umerziehung) durch die Besatzungsmächte stieß auf mancherlei Widerstände. Als ein erfolgreiches Mittel der Demokratisierung, die bald den Deutschen selbst übertragen wurde, erwies sich die auf paritätischer Grundlage lizenzierte Presse. Sie war von den Besatzungsbehörden auf volle wirtschaftliche Unabhängigkeit gestellt, die sie in der Weimarer Zeit nicht gehabt hatte, und konnte deshalb freier in der Kritik sein als je zuvor.

Seit Kriegsende wurde lebhaft auch eine Hochschulreform diskutiert, die sowohl eine Neuorganisation des Lehrbetriebs wie auch Hochschulneugründungen vorsah. Die erste neue Universität allerdings verdankte ihre Existenz nicht einer theoretischen Planung, sondern dem Freiheitsdrang und der Initiative von Dozenten und Studenten, die 1948 die im sowjetisch besetzten Sektor Berlins liegende Humboldt-Universität verließen und in West-Berlin die Freie Universität (FU) gründeten. Dort begann ein freier Wissenschaftsbetrieb im Sinne Humboldtscher Gedanken. Allerdings gilt für die FU und die anderen deutschen Hochschulen bis heute, daß die Schritte zur Anpassung des gesamten Bildungsweges an die Anforderungen der neuen Gesellschaft wohl eingeleitet, nicht aber mit der nötigen Konsequenz weiter verfolgt wurden.

Da das Bildungswesen von den Ländern verwaltet wird, stellen sich der Erneuerung Widerstände entgegen, die auch in den politischen Verhältnissen außerhalb der Hochschule begründet sind. Erst in den siebziger Jahren, nach der Studentenrevolte von 1968, wurde die innere Struktur der Universitäten demokratischer. Der ›Wissenschaftsrat‹, von Bund und Ländern gebildet, legte Pläne für den Ausbau der Hochschulen, die Schaffung neuer Lehrstühle, die Neugründung von Universitäten vor, die nach und nach verwirklicht wurden. Die Universität Bochum nahm 1965 ihren Vorlesungsbetrieb auf, Konstanz 1966, Regensburg 1967. Es folgten Universitätsneugründungen in Düsseldorf, Bremen, Augsburg, Mannheim, Dortmund, Bielefeld, Osnabrück, Oldenburg, Passau und Bayreuth.

In der Weimarer Zeit hatte es zur Abwendung der wirtschaftlichen Nöte der deutschen Wissenschaft und zur planmäßigen Förderung der Forschung eine ›Notgemeinschaft der Deutschen Wissenschaft‹ gegeben — sie war 1920 von den deutschen wissenschaftlichen Akademien, dem Verband der Hochschulen, der ›Kaiser-Wilhelm-Gesellschaft zur Förderung der Wissenschaften‹, dem ›Verband der Technisch-Wissenschaftlichen Vereine‹ und der ›Gesellschaft der Naturforscher und Ärzte‹ zusammen mit dem Reich und einem Stifterverband aus Kreisen der Wirtschaft gegründet worden. Heute können die Hochschulen für Forschungen, die nicht aus den Etats der einzelnen Länder finanziert werden, Mittel vom ›Stifterverband für die deutsche Wissenschaft‹, von der ›Stiftung Volkswagenwerk‹ oder von der ›Fritz Thyssen Stiftung‹ erhalten. Für die Förderung von wissenschaftlichen Einzelvorhaben ist seit 1949 als Nachfolgeorganisation der einstigen ›Notgemeinschaft‹ die ›Deutsche Forschungsgemeinschaft‹ zuständig; sie koordiniert auch Forschungsvorhaben, berät Behörden in wissenschaftlichen Fragen und vertritt die deutsche Forschung im Ausland. Sie ist eine Selbstverwaltungskörperschaft. Als Mitglieder gehören ihr die wissenschaftlichen Hochschulen der Bundesrepublik Deutschland und die von Berlin (West), die 4 westdeutschen Akademien der Wissenschaften sowie die ›Max-Planck-Gesellschaft zur Förderung der Wissenschaften‹ und andere wissenschaftlich-technische Anstalten und Verbände an.

In den sechziger Jahren blieb das Hauptproblem der Hochschulen, die sich ständig vergrößernde Studentenzahl zu bewältigen. Schon nach Kriegsende litt die Universität Mangel an Lehrkräften. Ein Teil der Hochschullehrer hatte sich durch Unterstützung der nationalsozialistischen Weltanschauung für die weitere Lehrtätigkeit disqualifiziert. Die aus dem Krieg zurückgekehrten Soldaten waren an Reife und Erfahrung den bisherigen Studentengenerationen überlegen; ihr Fleiß und der Ernst, mit dem sie sich dem Studium widmeten, trugen dazu bei, daß die Krise der Universitäten erst viele Jahre nach 1945 manifest wurde. Der Ruf zu erneuter Mitarbeit an die noch lebenden Hochschullehrer, die 1933 oder später Deutschland hatten verlassen müssen, ließ nur wenige zurückkehren. Die anderen Emigranten fühlten sich der neuen Heimat verpflichtet oder trugen Zweifel an einer wirklichen Einsicht und Umkehr der Deutschen.

Und tatsächlich konnten die Anfänge des geistigen Lebens nach 1945 nicht einfach an das Jahr 1932 anknüpfen. Zu viel war inzwischen geschehen. Die Aufbruchstimmung von 1945 war getragen von dem Wunsch nach Abrechnung mit dem Nationalsozialismus, aber auch von dem Bedürfnis, die Entwicklungen des Auslands auf kulturellem und wissenschaftlichem Gebiet nachzuholen.

Und wie stand es mit der Literatur jener ersten Jahre nach Hitler? Unerwartet waren die Schreibtischschubladen der Dichter, von denen man wußte, daß sie das Dritte Reich abgelehnt hatten, leer, als die ›lizenzierten‹ Verlage 1945 auf die Suche nach Manuskripten gingen. Eine der wenigen Ausnahmen war das Heimkehrerstück ›Draußen vor der Tür‹, das ein junger Schriftsteller, Wolfgang Borchert, geschrieben hatte. Einen Tag vor der Uraufführung seines Stückes ist er infolge von Unterernährung gestorben. Ein während des Krieges heimlich in Italien gedruckter Sonett-Band, ›Venezianisches Credo‹ von Rudolf Hagelstange, konnte nun an die Öffentlichkeit treten und die Stimmung eines jungen Schriftstellers in der Zeit des Zusammenbruchs kundtun.

Hoffnung und Pläne gab es nach der Drangsal des ›Tausendjährigen Reiches‹ die Fülle. Vor allem auf dem Theater suchte man nach klärender Antwort und nach neuen Maßstäben. Theater wurde überall in dem erschöpften und ausgehungerten Deutschland gespielt. Vieles war nachzuholen. In Berlin allein soll es in den ersten Monaten nach dem Krieg an die 2000 kleine Theater, Kabaretts und Vortragsräume gegeben haben, in denen — meist ohne Heizung — gespielt, vorgetragen,

vorgelesen und getingelt wurde. Der geistige Hunger war mindestens ebenso groß wie der körperliche. Vor allem wollte man die im Ausland inzwischen erschienene Literatur kennenlernen. Freilich setzte die Realität auch hier Grenzen. Papier für Bücher war ›Mangelware‹, und nur wenige der bisherigen Verlage konnten zunächst die Erlaubnis zur Fortführung ihrer Arbeit erhalten. Ernst Rowohlt bekam gleich drei Lizenzen für Verlage in den drei westlichen Besatzungszonen; auf Zeitungspapier brachte er die ersten ›Ro-Ro-Ro‹-Drucke (Rowohlts Rotations-Romane) heraus, die auf Rotationspressen gedruckt waren und ungeheftet verkauft wurden. Sie fanden in hohen Auflagen reißenden Absatz. Langsam erkannten die Leser, daß die Schriftsteller, die in die Emigration gegangen waren, sich nicht nur den Widerstand gegen den Ungeist des Nationalsozialismus, sondern auch die Fortentwicklung der deutschen Literatur, ihre Verknüpfung mit der modernen künstlerischen Richtung der freien Welt zur Aufgabe gemacht hatten.

Begierig wurden die deutschsprachigen Bücher, die im Exil entstanden waren, verschlungen. An der Spitze standen die Werke von Thomas Mann, vor allem der Roman ›Doktor Faustus‹, dieser große Versuch, Deutschlands ›Höllenfahrt‹ zu verstehen und verständlich zu machen, über den der Dichter 1947 selbst schrieb: »Ich habe mich nie als Deserteur vom Deutschtum und vom deutschen Schicksal gefühlt, am wenigsten in der Zeit, als ich an dem Faustus-Roman schrieb (1943-1946).«

Im ersten Jahr nach Kriegsende hatte auch Benno Reifenberg in Freiburg i. Br. die Halbmonatsschrift für Politik und Kultur ›Die Gegenwart‹ gegründet, die die Tradition der alten ›Frankfurter Zeitung‹ fortsetzen sollte, eines hochangesehenen Blattes des liberaldemokratischen deutschen Bürgertums, das, obwohl längst in der Leitung ›gleichgeschaltet‹, zwischen den Zeilen Kritik übte und auf Weisung Dr. Goebbels', des nationalsozialistischen Propagandaministers, 1943 seine Tätigkeit hatte einstellen müssen.

Die äußeren Lebensumstände für die wenigen frei denkenden Schriftsteller, die im Lande hatten bleiben können, waren zu ungünstig gewesen, als daß sie nur für die ›Schublade‹ hätten arbeiten können: der Würgegriff der Diktatur, Angst und materielle Not hatten die Möglichkeiten heimlichen Schaffens begrenzt. So zeigt sich im Rückblick, daß die bleibenden Werke jener Zeit entweder in der Emigration geschrieben wurden oder als Dichtungen des Widerstands ihren Weg — und sei es in Schreibmaschinenvervielfältigungen — zu den Lesern in Deutschland oder zu den Soldaten an der Front finden mußten — und fanden. Hier sind vor allem Gedichte von Werner Bergengruen und von Reinhold Schneider zu nennen, die von Hand zu Hand gingen.

1945 meldete sich die ›christliche Dichtung‹ zuerst zu Wort — getragen von einer entsprechenden Strömung im Ausland (Bernanos, Bruce Marshall). Die Bewährung der Christen unter der Diktatur und die Bewahrung der Kirchen in einer von vielen Seiten bedrängten Welt wurden diskutiert und künstlerisch dargestellt. Die Bücher Reinhold Schneiders trugen ebenso zu einem neuen christlichen Bewußtsein bei wie die Werke von Elisabeth Langgässer (›Das unauslöschliche Siegel‹) oder die letzten Romane von Alfred Döblin, der in der Emigration zum Katholizismus konvertiert war. Auch konnten jetzt die Werke von Schriftstellern der ›inneren Emigration‹, etwa die Bücher von· Erich Kästner, Werner Bergengruen, Gerhart Pohl, Otto von Taube, R. A. Schröder, Stefan Andres, Horst Lange, Theodor Haecker, Romano Guardini, Gertrud von Le Fort, Günther Weisenborn und die letzten Werke von Ricarda Huch, zur Geltung kommen. Manche Autoren kehrten aus der Emigration mit neuen Werken zurück, wie z. B. Leonhard Frank, dessen in den USA geschriebener Lebensroman ›Links, wo das Herz ist‹ 1952 in Deutschland zuerst veröffentlicht wurde. Zu der Gruppe von

Schriftstellern, die dem Nationalsozialismus widerstanden hatten, traten jetzt jüngere gleicher Gesinnung, wie etwa Ernst Penzoldt und Albrecht Goes, der mit seinen Erzählungen ›Unruhige Nacht‹ und ›Das Brandopfer‹ menschliche Konflikte der Notzeit gestaltete, oder Hans E. Nossack mit seinem ›Interview mit dem Tode‹: »Wie aber soll einer die Tiefe unseres Falles ermessen, wenn wir alle abseits gehen und immer nur so tun, als wäre es gut so, wie es ist?« Es erschien ein nachgelassenes Tagebuch von Jochen Klepper, der sich geweigert hatte, seine jüdische Frau zu verlassen, und mit seiner Familie in den Freitod gegangen war: Dieses Buch, ›Unter dem Schatten deiner Flügel‹, gibt Einblick in die Qualen der Existenzform ›innerer Emigration‹. Ihre Problematik ist in der Nachkriegszeit oft und heftig diskutiert worden. Hinter den Rechtfertigungen der Daheimgebliebenen gegenüber tatsächlichen oder vermeintlichen Vorwürfen der Emigranten stand aber auch die Sorge, wie es mit der deutschen Literatur weitergehen solle, stand insbesondere die Frage, wie jetzt die deutsche Jugend zurückzugewinnen sei. Sie war während der Hitler-Diktatur groß geworden, hatte dann allerdings in Arbeits- und Soldatendienst an allen Fronten Europas eigene Erfahrungen gesammelt. Man erwartete zunächst wenig von der ›verlorenen Generation‹, wie sie sich selbst gerne nannte, man hielt sie für vom Nazigeist verseucht. Gewiß hatten die ersten Siege den ›Glauben‹ der jungen Soldaten an ihren ›Führer‹ gestärkt, doch als Besatzungstruppen in Frankreich, Holland, Belgien, Dänemark, Norwegen und anderweitig eingesetzt, lernten sie von freiheitlicher denkenden Bevölkerungen andere Anschauungen kennen. In der Begegnung mit den Menschen der eroberten Gebiete Polens, Bulgariens, Rumäniens und Rußlands kam manchen von ihnen Zweifel an der Vollkommenheit des ›Dritten Reiches‹. Sie begannen nachzudenken. Wenn sie aus Familien kamen, die als Gegner Hitlers zu leiden hatten, übernahmen sie nun vielfach den Geist des Widerstandes.

Medizinstudenten waren die einzigen Soldaten gewesen, denen längerer Heimaturlaub für ihr Studium zugestanden wurde, weil Ärzte fehlten. Dabei trafen sie unter ihren Mitstudenten und Professoren auf Gegner des Regimes. So entstand die Gruppe um die Geschwister Scholl, deren öffentlicher Aufruf zum Widerstand (1943) und deren Tod auf dem Schafott ein Zeichen war, mit welchem Mut und welcher Entschlossenheit ein Teil der Jugend bereit war, Hitler und seinen Anhängern entgegenzutreten.

Als der Afrikafeldzug verloren war, kamen viele deutsche Kriegsgefangene in die Vereinigten Staaten. Die Lager wurden zu Schulen nach einem politisch-kulturellen ›Umerziehungsprogramm‹. Es gab dort Einsichtsvolle und es gab Unbelehrbare. Das Kriegsglück war noch nicht entschieden. Eine Lagerzeitschrift in deutscher Sprache, ›Der Ruf‹, wurde ein Forum der NS-Gegner unter den Kriegsgefangenen. Aus einem Wettbewerb des ›Ruf‹ ging der Roman des Kriegsgefangenen Walter Kolbenhoff ›Von unserem Fleisch und Blut‹ als erster hervor; er war eine Anklage gegen den Verrat, den das NS-Regime an der jungen Generation begangen hatte.

1946 heimgekehrt, fanden sich Mitarbeiter des ›Ruf‹ in München wieder. Dort, in der mit dem Ziel geistiger Neuorientierung gegründeten Nymphenburger Verlagshandlung, erschien neben der politisch-kulturellen Zeitschrift ›Deutsche Beiträge‹ ›Der Ruf‹ wieder als ein Blatt der jungen Generation, das immer schärfere Kritik an der Politik der Besatzungsmächte in den vier Zonen übte. Um den ›Ruf‹ hatte sich ein Kreis ›engagierter‹ Schriftsteller gebildet, die bald (1947) feststellen mußten, daß sie ihre politischen Ziele nicht in einer von der Besatzungsmacht kontrollierten und zensierten Zeitschrift verfolgen konnten: »Sie wollten zur gleichen Zeit den Grundstein für ein neues demokratisches Deutschland, für eine bessere Zukunft und für eine neue Literatur legen, die sich ihrer Verantwortung auch gegenüber der politischen und gesamtgesellschaftlichen Entwicklung bewußt ist. Sie hielten die deutsche Literatur und Publizistik nicht für schuldlos an dem Geschehen. So glaubten sie, ganz von vorne beginnen zu müssen, mit neuen Methoden, unter anderen Voraussetzungen und mit besseren Zielen.« (H.W. Richter)

Um das zu erreichen, bildeten sie eine lose Vereinigung von Schriftstellern und Kritikern, die ›Gruppe 47‹, die auf diesem Weg zwar zu keinem *politischen* Ziel gelangen konnte, aber starken Einfluß auf die Entwicklung der jungen Literatur bis in die siebziger Jahre hinein ausübte. Die Leitung übernahm der ehemalige ›Ruf‹-Herausgeber Hans Werner Richter (›Die Geschlagenen‹, ›Sie fielen aus Gottes Hand‹, ›Du sollst nicht töten‹). Auch sein Mitherausgeber, Alfred Andersch (›Die Kirschen der Freiheit‹, ›Sansibar oder der letzte Grund‹, ›Efraim‹), gehörte ihr an, ebenso wie Heinrich Böll (›Wo warst du, Adam?‹, ›Und sagte kein einziges Wort‹, ›Haus ohne Hüter‹, ›Billard um halbzehn‹, ›Ansichten eines Clowns‹, ›Ende einer Dienstfahrt‹); ferner Martin Walser (›Ehen in Philippsburg‹, ›Halbzeit‹, ›Das Einhorn‹) und Wolfdietrich Schnurre (›Abendländer‹, ›Eine Rechnung, die nicht aufgeht‹), Siegfried Lenz (›Es waren Habichte in der Luft‹, ›Brot und Spiele‹). Am bekanntesten im Ausland wurden neben Böll wohl Günter Grass (›Die Blechtrommel‹, ›Katz und Maus‹, ›Hundejahre‹), Uwe Johnson (›Mutmaßungen über Jakob‹, ›Das dritte Buch über Achim‹, ›Zwei Ansichten‹) und Peter Weiss (›Fluchtpunkt‹, ›Die Verfolgung und Ermordung Jean Paul Marats, dargestellt durch die Schauspielgruppe des Hospizes zu Charenton unter Anleitung des Herrn de Sade‹, ›Die Ermittlung‹). Walser, Johnson und Weiss sind Autoren des Suhrkamp-Verlags, dem in den sechziger Jahren der entscheidende Durchbruch mit Bertolt Brecht in der Bundesrepublik gelang. Bald wurde er u. a. mit der Taschenbuchreihe ›edition suhrkamp‹ ein Sammelpunkt der jüngeren Literatur. Auch die Lyrik von Günter Eich (›Abgelegene Gehöfte‹, ›Botschaften des Regens‹) und von Hans Magnus Enzensberger (›Verteidigung der Wölfe‹, ›Landessprache‹) erschien dort, während Paul Celan (›Der Sand aus den Urnen‹, ›Mohn und Gedächtnis‹, ›Sprachgitter‹) bei S. Fischer und bei der Deutschen Verlagsanstalt und Ingeborg Bachmann (›Die gestundete Zeit‹) bei Piper verlegt wurden.

Im Luchterhand Verlag wurde seit 1955 und besonders nach dem Erfolg von Günter Grass auch ein schöngeistiges Programm entwickelt; Heinrich Böll wurde Autor des in Köln neu gegründeten Verlags Kiepenheuer und Witsch, und Hoffmann & Campe (gegr. 1781), der Verlag Heinrich Heines (1797–1856), betreute das Werk von Siegfried Lenz. Um neue Klassiker-Ausgaben haben sich der Carl Hanser Verlag und der Winkler-Verlag verdient gemacht. Bei Carl Hanser erschien auch die literarische Zeitschrift ›Akzente‹, von Walter Höllerer und Hans Bender gegründet.

Nach der Währungsreform 1948 konnten auch die bestehenden kulturellen Institutionen auf festere wirtschaftliche Fundamente gestellt werden. Buch- und Zeitungsverlage, Produktion und Verleih von Spielfilmen brauchten nicht mehr von den Alliierten genehmigt zu werden. Der Rundfunk, nun ganz in deutschen Händen, aber staatsunabhängig, gewann mehr und mehr Hörer — zu Beginn des Jahres 1960 hatte er rund 16 Millionen Teilnehmer. So konnten die neue Politik, die neue Literatur, die neue Musik einer breiten Öffentlichkeit bekanntgemacht und vor ihr diskutiert werden.

Die Rundfunkanstalten in den Ländern waren es auch, die — unter Mithilfe der Bundespost, bei der die technische Betreuung liegt — das Fernsehen aufbauten. Weihnachten 1952 begann das erste regelmäßige Fernsehprogramm, vom Nordwestdeutschen Rundfunk in Hamburg ausgestrahlt. Im April 1953 gab es 1524 Teilnehmer. Dann stiegen die Zahlen sprunghaft: Ende 1960 war bereits die Dreimillionengrenze erreicht, 1966 waren es 12 Millionen. Dem ›Ersten Programm‹ gesellte sich 1963 ein ›Zweites‹, ebenfalls unabhängig, hinzu und sorgte für kontrastierende Sendungen — und in einem ›Dritten‹ wurde vor allem ein Studien- und Bildungsprogramm geboten. Seit 1967 gibt es das Farbfernsehen nach dem von Walter Bruch bei der Firma ›Telefunken‹ entwickelten PAL-System.

Wie überall beeinflußte auch in der Bundesrepublik Deutschland das Fernsehen die Entwicklung der Filmwirtschaft. Zunächst hatte auch der deutsche Film am wirtschaftlichen Aufstieg teilgenommen. Durch Neubauten war die Zahl der Kinositzplätze von 400 000 im Jahr 1945 auf drei Millionen im Jahr 1959 angestiegen. Dann trat das Fernsehen als Konkurrent auf, fast gleichzeitig mit einer künstlerischen Krise des Films. Viele Filmtheater mußten geschlossen werden. Die Zahl der Kinoplätze pendelte sich 1950 auf eine Million ein. 1946 wurde ein einziger deutscher Spielfilm hergestellt, 1947 waren es bereits neun, 1949 62 Filme. Die Zahl stieg weiter und erreichte mit 128 Spielfilmen im Jahr 1955 den Höhepunkt. Obwohl noch Filme hohen Niveaus gedreht wurden — ›Die Mörder sind unter uns‹, ›Nachtwache‹, ›Affäre Blum‹, ›Der Hauptmann von Köpenick‹, ›Königliche Hoheit‹, ›Die Brücke‹ —, gelang es dem neuen deutschen Film nicht, die internationale Beachtung wiederzuerlangen, die er in der Stummfilmzeit gehabt hatte. Zur Förderung des Films stiftete die Bundesregierung ab 1951 im Rahmen der Berliner Filmfestspiele alljährlich zu verleihende Preise.

Ohne eine Zuschauerkrise befürchten zu müssen, konnten die zahlreichen Theater- und Opernhäuser an den Wiederaufbau gehen. 1960 gab es in der Bundesrepublik mehr als 300 Theater mit einem festen Schauspielerensemble und mehr Opernhäuser mit einem ständigen Sängerensemble als in der ganzen übrigen Welt zusammengenommen. Alle diese Häuser werden aus

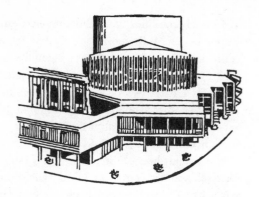

Modernes Theater in Münster. Architekten Ruhnau, Rave, v. Hausen, Deilmann

öffentlichen Mitteln subventioniert. Daneben gibt es eine große Zahl von Privattheatern. Für den Wiederaufbau der zerstörten Theaterbauten wurde über 1 Milliarde DM bereitgestellt; er ging oft rascher vonstatten als der Wiederaufbau der Schulen. In die neuen Häuser zogen auch neue Stücke, neue Komponisten, neue Regisseure und neue Dirigenten ein. Die Bühnen holten sich Carl Sternheim, Ferdinand Bruckner, Bertolt Brecht, Carl Zuckmayer, Georg Kaiser, Curt Goetz, Ernst Barlach und Hans Henny Jahnn zurück, spielten die Schweizer Friedrich Dürrenmatt und Max Frisch wie die gesamte wichtige Weltdramatik der Gegenwart und gaben auch vielen jungen Autoren, die oft vom Hörspiel herkamen, die Chance der Uraufführung.

Festspiele gibt es nun allenthalben. 1947 wurden die ›Ruhrfestspiele‹ in Recklinghausen ins Leben gerufen. Zunächst spielten Schauspieler hamburger Bühnen in der Halle einer Kohlenzeche, zum Dank für eine Kohlenlieferung im vorangegangenen Winter. Daraus entwickelte sich der Gedanke ständiger Theaterfestspiele für Bergleute und für die in den Gewerkschaften organisierten Arbeiter überhaupt. Otto Burrmeister, der künstlerische Leiter, setzte seine Ansicht durch, daß dafür nur die besten Stücke und nur die besten Inszenierungen

gut genug seien. Der Erfolg blieb nicht aus. 1965 konnte ein neugebautes, eigenes Großes Haus bezogen werden.

In den Opernhäusern spielte man jetzt wieder Paul Hindemith (›Cardillac‹, ›Mathis der Maler‹ und ›Johannes Kepler‹), und neue Werke von Boris Blacher (›Preußisches Märchen‹), von Carl Orff (›Antigonae‹, ›Trionfi‹, ›Ödipus‹), von Werner Egk (›Revisor‹, ›Irische Legende‹ und das Ballett ›Abraxas‹) wurden aufgeführt. Der junge Komponist Hans Werner Henze, von der Schule Arnold Schönbergs beeinflußt, gewann rasch einen Namen (›Boulevard Solitude‹, ›König Hirsch‹).

Mit sinfonischer Musik traten besonders Karl Amadeus Hartmann, Johann Nepomuk David, Wolfgang Fortner und Ernst Pepping hervor. 1945 hatte K. A. Hartmann in München auch die ›Musica-viva-Konzerte‹ begonnen, eine Aufführungsreihe moderner Musik, die durch kompromißlosen Qualitätsanspruch rasch weiten Ruf erlangte. Das bis dahin auf Wagner, Pfitzner und Richard Strauss eingeschworene Münchner Publikum

Von Georg Trump gestaltetes Plakat für die Uraufführung des Balletts ›Abraxas‹ von Werner Egk am 6. 6. 1957

unterstützte durch Abonnementsverpflichtung das Neue und Neueste. München war dank seiner Anziehungskraft auf allen Gebieten der Kunst und Kultur nicht nur auf dem Weg, die größte Studentenstadt zu werden, sondern wurde auch vielfach die ›heimliche Hauptstadt Deutschlands‹ genannt.

In Donaueschingen, wo an die Donaueschinger Musikfeste der zwanziger Jahre angeknüpft werden konnte, und bei den in Kranichstein bei Darmstadt neu begonnenen ›Internationalen Ferienkursen für neue Musik‹ stellten sich avantgardistische Kompositionen aus vielen Ländern vor. Auf Initiative von Herbert Eimert wurden seit 1951 im Kölner Rundfunkstudio die Möglichkeiten einer elektroakustischen Tonerzeugung — die sogenannte elektronische Musik — entwickelt. Karlheinz Stockhausen baute seine Klangexperimente auf streng mathematischen Grundlagen auf, so u. a. in seinem ›Gesang der Jünglinge im Feuerofen‹ und seinen ›Gruppen‹.

Von den Enkeln Richard Wagners, Wieland und Wolfgang Wagner, wurden 1951 die ›Bayreuther Festspiele‹ wieder aufgenommen, nun aber in radikal gewandelter szenischer Form. ›Entrümpelung‹ war der Auftrag, unter den Wieland Wagner seine antinaturalistischen, auf Symbol und Konzentrat zielenden Inszenierungen der Wagnerschen Musikdramen stellte.

Die Währungsreform von 1948 traf den eben erneuerten Buchhandel hart. Bücher wurden nur zögernd gekauft, genauso, wie in den ersten Wochen nach dem Tage X die Theater leergeblieben waren; die ausgehungerte Bevölkerung legte verständlicherweise ihr erstes Geld mit angemessener Kaufkraft in Lebensmitteln an. Bald aber normalisierten sich die Zustände auch hier. Die Aufhebung der Zuteilungsbeschränkungen für Papier wirkte sich aus, und am sich ausbreitenden ›Wirtschaftswunder‹ partizipierten schließlich auch die Bücher. 1950 veröffentlichte der Rowohlt Verlag nach dem amerikanischen Vorbild der Pocketbooks die ersten vier ›Taschenbücher‹ unter dem Zeichen ro-ro-ro. 1952 folgte die Fischer-Bücherei des S. Fischer Verlags, 1954 kamen die Ullstein-Bücher heraus. Diese neue Bewegung zur ›Demokratisierung‹ des Buches in Deutschland, die durch einige Vorgänger, etwa die Reclam-Bibliothek, schon im 19. Jahrhundert eingeleitet worden war, fand mit der Gründung des Deutschen Taschenbuchverlags (dtv) durch elf deutsche und schweizerische Verlage 1960 ihren vorläufigen Abschluß.

Nach und nach hatten schon die Alliierten die meisten früheren Buchverlage wieder zugelassen. Diese hatten eine festere wirtschaftliche Basis als die Neugründungen nach 1945, von denen viele an der Währungsreform scheiterten. Aber es gab auch Zuwachs anderer Art. So gründete Peter Suhrkamp 1950 unter seinem Namen einen Verlag. Er hatte in den NS-Jahren und in der ersten Nachkriegszeit den S. Fischer Verlag in Deutschland geleitet und schon 1932 die Leitung der in diesem Verlag erscheinenden Literaturzeitschrift ›Neue Rundschau‹ übernommen. 1950 kam es dann zu einer Trennung von den aus der Emigration zurückgekehrten S.-Fischer-Erben. Zudem veranlaßten Enteignungen und Bedrohungen von Verlagen, die in der DDR — vor allem in Leipzig, dem traditionsreichen Verlagsort — ihren Sitz hatten, deren Inhaber und Mitarbeiter in den Westen überzusiedeln, oft mit keinem anderen Kapital als mit dem ihres alten Namens. Reclam ging nach Stuttgart, Brockhaus nach Wiesbaden; Professor Kippenberg richtete eine Zweigstelle des Insel-Verlags in Wiesbaden ein, gab aber den Stammsitz in Leipzig nicht auf. Von Leipzig nach Wiesbaden wurde auch der älteste Musikverlag Breitkopf & Härtel (gegr. 1719) verlegt; C. H. Peters, 1800 gegründet, nahm seinen neuen Sitz in Frankfurt a. M. Daneben zog in Mainz der große Musikverlag B. Schott's Söhne auch wieder junge Komponisten an sich.

Der deutsche wissenschaftliche Verlag errang erneut Ansehen, wofür die noch heute steigende Produktion von Büchern und Zeitschriften, die den wissenschaftlichen Austausch weltweit fördern, zeugt. Verlagsnamen, wie Julius Springer (gegr. 1842), Walter de Gruyter, als ein Zusammenschluß wissenschaftlicher Verlage in den 20er Jahren, Georg Thieme (gegr. 1886), J. C. B. Mohr (gegr. 1801), C. H. Beck (gegr. 1763), stehen hier als Beispiele.

An die Stelle der alten Buchhandelsstadt Leipzig traten im Westen jetzt Frankfurt, Stuttgart, München, Berlin, Hamburg und Köln als größere Verlagsorte; sie wurden durch einen ›Büchersammelverkehr‹ untereinander und mit den Buchhandlungen in den anderen Städten verbunden.

Die Internationale Frankfurter Buchmesse rückte seit 1949 alljährlich die Bedeutung des Buches und des Dienstes am Buch für ein einträchtigeres Zusammenleben der Völker ins Bewußtsein der Welt. Ihr Höhepunkt ist seit 1950 die Verleihung des ›Friedenspreises des Deutschen Buchhandels‹ an einen um den Frieden verdienten Schriftsteller — ohne Unterschied der Nation, der Rasse und des Bekenntnisses. Preisträger waren bis 1982 Max Tau, Albert Schweitzer, Romano Guardini, Martin Buber, Carl J. Burckhardt, Hermann Hesse, Reinhold Schneider, Thornton N. Wilder, Karl Jaspers, Theodor Heuss, Victor Gollancz, Sarvepalli Radhakrishnan, Paul Tillich, C. F. von Weizäcker, Gabriel Marcel, Nelly Sachs, Augustin Kardinal Bea — zusammen mit Willem A. Visser't Hooft, Ernst Bloch, Léopold Sédar Senghor, Alexander Mitscherlich, Alva und Gunnar Myrdal, Marion Gräfin Dönhoff, Janusz Korczak, The Club of Rome, Frère Roger — Prior von Taizé, Alfred Grosser, Max Frisch, Leszek Kolakowski, Astrid Lindgren, Yehudin Menuhin, Ernesto Cardenal, Lew Kopelew und George F. Kennan. Die deutschen Verleger sind wieder Vermittler zwischen vielen Sprachen und Anschauungen,

zwischen den Wissenschaftlern in allen Kontinenten, zwischen den Autoren und deren Lesern in der ganzen Welt.

Auch die Volksbüchereien, mit den Bildungsbewegungen — insbesondere für die Arbeiter — in der zweiten Hälfte des 19. Jahrhunderts entstanden, nahmen, nunmehr unter dem Namen ›Öffentliche Büchereien‹, einen erstaunlichen Aufschwung. Der Vorsprung der angelsächsischen und skandinavischen Länder konnte freilich noch nicht aufgeholt werden. Die äußere Zerstörung von mehr als 500 Volksbüchereien im Krieg, die innere Zerstörung durch Entfernung der ›verbotenen Literatur‹ und deren Ersatz durch nationalsozialistisches Schrifttum hatten schwere Wunden geschlagen. Seit 1948 hat sich die Zahl der Büchereien verdoppelt und der Ausleihbestand vervielfacht.

Die politischen Veränderungen der letzten Jahrzehnte haben auch die deutsche Sprache verändert. 1945/46 erschienen in einer neu gegründeten Zeitschrift, die weit verbreitet war und sich, entsprechend ihrem Namen ›Die Wandlung‹, zu einem kulturell-ethischen Programm bekannte, Beiträge ›Aus dem Wörterbuch des Unmenschen‹. Diese Untersuchungen von Dolf Sternberger, Gerhard Storz und W. E. Süskind stellten fest, wie weit die Barbarisierung auch in den Sprachgebrauch der NS-Zeit eingedrungen war.

Für eine planmäßige Förderung der deutschen Sprache und deutschen Kultur im Ausland sorgt das 1932 in München gegründete, dann von den Nationalsozialisten aufgelöste und 1952 neuerstandene ›Goethe-Institut‹ mit zur Zeit sechzehn Unterrichtsstätten in Deutschland — vornehmlich für den Deutschunterricht für Ausländer — und seinen 131 Zweigstellen und Dozenturen im Ausland. — Für die kulturellen Verbindungen mit dem Ausland sorgen das ›Institut für Auslandsbeziehungen‹ in Stuttgart, der ›Deutsche Akademische Austauschdienst‹, ›Inter Nationes‹ und der ›Deutsche

Kunstrat‹, die ›Humboldt-Stiftung‹ und die ›Carl Duisberg Gesellschaft‹.

Wie steht es um das äußere Bild Deutschlands? Hat das Land sich verändert gegenüber der Vorkriegszeit, hat die Architektur die Chance des Neubeginns genutzt, dieses einzige Positivum der Kriegszerstörungen? Verwüstete Städte, in denen der Wohnungsbedarf 1948 auf 6,5 Millionen geschätzt wurde, stellten nach Kriegsende Aufgaben, wie sie bisher Bauleuten noch nie gestellt worden waren. Sie mußten in enger Beziehung zu einer vorausschauenden Stadtplanung gelöst werden. Der Wiederaufbau der Städte konnte allerdings fast nirgendwo zu einer totalen Neulösung führen. Auch fehlte es für eine Gesamtplanung vielfach an Geld, Zeit und zureichenden Gesetzen gegen entgegenstehende Privatinteressen und Eigentumsverhältnisse. Es entbrannten langwierige Diskussionen über die Frage, ob die Erinnerungen an das historische Stadtbild gewahrt werden oder ob die Neubauten dem Lebensgefühl von heute Ausdruck geben sollten. Der zunehmende Verkehr stellte die Stadtplaner schließlich vor weitere Probleme. Wie überall in der Welt beherrschten jetzt die modernen Baumaterialien Stahl, Beton und Glas und die Konstruktion als Raster- und Skelettbau das Bild. Mit Rat und Einfluß wirkten die alten großen Architekten der Weimarer Zeit aus dem Ausland. Neue Namen wurden bekannt. Im Städtebau machte sich Rudolf Hillebrecht um den Wiederaufbau von Hannover verdient. Hans Scharoun trat zunächst als Leiter des Instituts für Bauwesen in Berlin (West) und dann als eminent anregender Architekt hervor – von ihm stammt z. B. die Konzerthalle der Berliner Philharmoniker. In Köln erstellte Rudolf Schwarz, ein Vertreter des modernen katholischen Kirchenbaus, einen Generalplan für den Wiederaufbau der Stadt. Ernst May, aus der Emigration zurückgekehrt, wirkte vor allem in Hamburg und Frankfurt. In dem Jahrzehnt von 1950 bis 1960 wurden in der Bundesre-

publik jährlich durchschnittlich 500 000 Wohnungen neu errichtet. Diese Wohnbauten in neuen Siedlungsbezirken sind es, die das Gesicht der deutschen Stadtlandschaft erheblich gewandelt haben, mehr als die öffentlichen Bauten, die neuen Schulen, Kirchen, Krankenhäuser, Rathäuser und Theater, die sich in das bestehende Bild einfügen mußten und dennoch in vielen Gemeinden neue und eigenständige Lösungen zeigen. Vorbildliche Schulbauten wurden z. B. von Johannes Krahn in Baden-Baden und von Hans Schwippert, dem Architekten des Bonner Bundeshauses, in Darmstadt errichtet. Neue Wege im Krankenhausbau gingen Werner Hebebrand und Otto Bartning.

Von der Zahl der neu errichteten öffentlichen Gebäude gewinnt man eine Vorstellung, wenn man erfährt, daß zwischen 1950 und 1960 in der Bundesrepublik mehr Schulen gebaut wurden als im ganzen Deutschen Reich von 1870 bis 1945. Allerdings war die Zahl gerade der Schulen im Hinblick auf die schnell anwachsende Bevölkerung immer noch zu gering. Zu einem weltweit beachteten Wettbewerb ausländischer, westdeutscher und Berliner Architekten hatte 1953 die ›Interbau‹ in Berlin (West) aufgerufen: Dort wurde ein ganzes Stadtgebiet, das durch den Krieg zerstörte Hansa-Viertel, mit Einfamilienhäusern, vielen Wohnhochhäusern, zwei Kirchen, einer Akademie, einer Kongreßhalle, einem Kindergarten und einer Bücherei von einigen der prominentesten Architekten der Welt neu errichtet. Das neue Hansa-Viertel kündet von der fortschrittlichen, auf menschenwürdiges Wohnen bedachten Baugesinnung der fünfziger Jahre, offenbarte jedoch in der Folgezeit auch die Nachteile dieser in sich relativ abgeschlossenen Wohnsiedlungen.

Einerseits streng an den Geist der Aufgabe gebunden, andererseits frei von den Forderungen des bloß Zweckhaften, bot der zeitgenössische Kirchenbau den Architekten beachtliche Möglichkeiten. Richtunggebend im katholischen Kirchenbau war nach Rudolf Schwarz Dominikus Böhm, im evangelischen auch Otto Bartning. Moderne — unkonventionelle — Theaterbauten entstanden nicht nur in den Großstädten, wie Wilhelm Riphahns Opernhaus in Köln, sondern auch in Mittelstädten, wie Mannheim oder Münster.

Die neuen Bauten mußten auch neu eingerichtet werden, und deshalb hatte die Innenarchitektur, hatten mit ihr die angewandten Künste direkten Anteil an der Baukonjunktur. Der ›Deutsche Werkbund‹, verdient um die Geschmackserziehung nach der Gründerzeit, war 1934 verboten worden — jetzt, 1947, wurde er wiedergegründet. Er wollte noch umfassender wirken, ›Sinn und Gestalt des Daseins‹ erkennen, es neu bilden und verändern. Um die Gestaltung von Industrie- und Handwerksprodukten bemühte sich fördernd der ›Rat für Formgebung‹, der 1953 gegründet wurde. Ein ›Arbeitskreis für industrielle Formgebung‹ setzte sich das Ziel, dem Massenartikel den Makel der Geschmacklosigkeit zu nehmen. Ähnliche Aufgaben hat sich der ›Deutsche Kunstrat e. V.‹ gestellt. Der Erfolg dieser Bemühungen war unverkennbar: Eine von der Sache und dem Zweck her bedingte Schönheit setzte sich von der Mitte der fünfziger Jahre an auch in breiteren Kreisen durch — im Möbel, im technischen Gerät, bis zu den Gebrauchsartikeln des Alltags. Durch konsequente Anwendung neuer Formprinzipien erlangte eine Firma für Radio- und Elektrogeräte Weltgeltung: die Braun AG, Frankfurt.

Auch die Malerei setzte frühere Wege fort. 1945 lebten noch die großen ›Entarteten‹ Max Beckmann, Willi Baumeister, Carl Hofer, Oskar Kokoschka, Emil Nolde, Karl Schmidt-Rottluff, Erich Heckel und Max Pechstein, die eine fast schon historisch gewordene Moderne für die Gegenwart erst wieder sichtbar machen mußten. Von Max Ernst etwa, dem Entdecker geheimer Traumwelten, gingen nun neue Anregungen auf deut-

sche Surrealisten aus. Im Tachismus, einem abstrakten Expressionismus, experimentierten die Maler nach dem Novalis-Wort »Zur Welt suchen wir den Entwurf, und dieser Entwurf sind wir selbst«. Wichtigster Vertreter war der in Dresden geborene, seit 1932 in Paris lebende und dort früh gestorbene Maler und Illustrator Wols. Aus vegetativen Formen bildete Fritz Winter, der noch Schüler des Bauhauses war, seine abstrakten Kompositionen, und Hans Hartung sagt nur: »Ich mache Striche.«

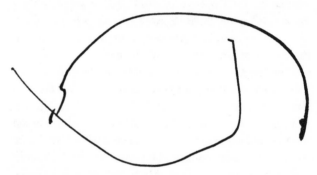

Zeichnung von Hans Hartung

Er läßt Handschriftliches zum großflächigen Psychogramm aufwachsen. »Eine selbstgesetzte Welt der bildnerischen Ereignisse« sucht Ernst Wilhelm Nay in der ›Begehung der Fläche‹: die starke Farbe ist das Mittel dieser Begehung seiner — meist großen — Bildflächen.

Auch in den graphischen Künsten spiegeln sich die Stiltendenzen und Richtungen der Moderne wider: Abstrahierende Holzschnittechnik und fast archaische Vereinfachung zeigen die Arbeiten von HAP Grieshaber. Mit einer sehr persönlichen Technik hat Rolf Nesch seine Graphik und Malerei im Gegenständlichen entwickelt.

Nach den Jahren staatlicher Bevormundung im Hitler-Reich ist die Kunst wieder frei, und das drückt sich in einem Nebeneinander zahlreicher Abwandlungen und Richtungen aus, wie etwa von Kunstwerken des gleichfalls verfemt gewesenen Surrealismus und der naiven oder der ›noch‹ gegenständlichen Malerei, die in Hans Purrmann (gest. 1966) ihren Altmeister besaß.

Die Buchkunst, durch einen jährlichen Wettbewerb, der die ›50 schönsten Bücher‹ ermitteln soll, gefördert, steht wieder auf hoher Stufe.

Die moderne deutsche Plastik fand durch die jüngere Bildhauergeneration nach dem Zweiten Weltkrieg mühelos den Anschluß an die internationale Entwicklung. Aus der Berliner Gruppe sind mit Karl Hartung, Bernhard Heiliger und Hans Uhlmann drei bedeutende Vertreter von Möglichkeiten neuer plastischer Ausdrucksformen zu nennen. Otto Herbert Hajek befaßte sich mit dem Problem der Farbe bei bildhauerischen Gestaltungen, er wandte sich auch religiösen Aufgaben zu. Gerhard Marcks, weiterhin Richard Scheibe, Toni Stadler, Hans Wimmer und Gustav Seitz verwalteten mit großem Ernst das antike Erbe: die menschliche Figur ist der Mittelpunkt ihrer Darstellung.

Es ist – wie sollte es anders sein – auf den Gebieten der bildenden Künste, die seismographisch das Gegenwärtige registrieren und schon das Kommende ahnen lassen, alles im Fluß. Jede der großen ›documenta-Ausstellungen‹, die seit 1955 in einem Turnus von vier bis fünf Jahren in Kassel stattfinden, zeigt, wie sich im internationalen Wettstreit die Künstler behaupten, wie sie sich in der heutigen Welt mit Spürsinn für die morgige orientieren und ihre Werke in der Gegenwart gleichsam als Wegzeichen zurücklassen.

Wie auf allen Gebieten der Kultur findet die Bundesrepublik auch in Industrie und Wirtschaft ihren Weg in die Zukunft nur im engen Zusammenhang mit der Weltentwicklung. In den sechziger Jahren steht sie als Industrienation in der Welt an dritter, als Handelsnation an

siebenter Stelle. Die Politiker haben aus den Fehlern der Weimarer Zeit gelernt. Eine Aufsplitterung in zu viele Parteien wird durch eine Fünfprozentklausel verhindert: Nur eine Partei, die fünf Prozent aller Wählerstimmen erreicht, kann in das Parlament einziehen. Politische Gruppierungen, die die Grundrechte mißbrauchen und den Bestand der Republik gefährden, können vom Bundesverfassungsgericht als dem Hüter der Grundrechte für verfassungswidrig erklärt und aufgelöst werden.

Wie sollen sich die Deutschen zu ihrem geteilten Staat und zu ihrer Geschichte verhalten? Wohl kaum anders als in dem Sinn, den Carlo Schmid 1965 formuliert hat: »Es ist Zeit, daß wir Deutsche uns wieder darauf besinnen, was eine Nation ausmacht. Daß wir wieder erkennen, daß sie eine Gemeinschaft ist, die sich durch die gemeinschaftliche Liebe zu gleichermaßen als verpflichtend anerkannten Menschheitswerten integriert weiß. Eine Gemeinschaft, die aus diesem Wissen heraus den Anspruch erhebt und die Verpflichtung auf sich nimmt, als Nation an der Formung der Geschicke dieser Welt mitzuwirken – ohne über ihr Maß hinauszugreifen, aber auch ohne unter ihrem Maß zu bleiben, denn beides stört die rechte Ordnung der Dinge.«

Auf kulturellem Gebiet hatte an »der Formung der Geschicke dieser Welt« die deutsche Wissenschaft seit je einen starken Anteil, besonders in dem Zeitraum, dem unsere Betrachtung galt. In ihrer weiteren Entwicklung lag für die Bundesrepublik Deutschland die Chance, auf einem Gebiet mächtig zu sein, auf dem sie für niemanden Bedrohung bedeutet. Hier gibt es schon lange keine nationalen Grenzen mehr. Die Bundesrepublik fördert dementsprechend mit allen Mitteln den internationalen Kulturaustausch, arbeitet in den internationalen Kulturorganisationen mit, wie etwa in der UN-Organisation für Erziehung, Wissenschaft, Kultur (UNESCO), beteiligt sich an den großen zivilisatorischen Aufgaben, an Weltraumtechnik und friedlicher Nutzung von Atomenergie, leistet Bildungshilfe für Entwicklungsländer und versucht, auf kulturellem wie auf wirtschaftlichem Gebiet die Annäherung an Osteuropa zu erreichen.

Die Wissenschaft hat in der Bundesrepublik Deutschland auf fast allen Gebieten wieder den internationalen Stand erreicht. Klarer als etwa im 19. Jahrhundert liegen heute die Aufgaben vor ihr. Sie hat in leidvoller Erfahrung die engen Beziehungen zwischen Wissenschaft und Politik erkannt, und sie weiß um die Gefahr einer atomaren Selbstvernichtung der Menschheit. Ihr Verantwortungsbewußtsein ist geschärft, und sie sieht deutlicher die Nöte, zu deren Beseitigung sie aufgerufen ist: Überbevölkerung und die Unterschiede zwischen arm und reich bedrohen auf der ganzen Welt und ständig den Frieden. Keine nur denkbare Machtkonstellation ist so stark, daß sie diesen Gefahren wirksam entgegentreten könnte. Aber die ernste, stille Arbeit der Wissenschaft ermöglicht es der Medizin, der Technik und der Wirtschaft, den Politikern zu helfen, die Menschen in eine friedlichere Welt zu führen.

$$0 = (\chi \gamma_\mu \chi) \gamma_\mu \chi \pm \frac{\partial \chi}{\partial x_\mu} \gamma_\mu \chi ?$$

Die Weltformel Werner Heisenbergs in eigenhändiger Aufzeichnung

ZEITTAFEL 1945-1960

[1945]

Verluste im 2. Weltkrieg: Etwa 30 Millionen getötete Zivilisten, 10 Millionen gefallene Soldaten.

6./9. August: Die ersten amerikanischen Atombomben (s. 1944, Modell-Uranbrenner) fallen auf Hiroshima und Nagasaki. Danach auch Kapitulation Japans.

Konferenz der Alliierten über D. in Potsdam: D. wird in 4 Besatzungszonen aufgeteilt und erhält eine gemeinsame Kommandantur für Berlin.

Gustav Radbruch (s. 1927), 1933 seiner Professur in Heidelberg durch die N. S. enthoben, beteiligt sich maßgeblich an der Wiedereröffnung der Universität Heidelberg und der Rehabilitierung der dt. Rechtswissenschaft.

Die Alliierten lizenzieren in ihren Besatzungszonen private Presse-, Theater- und Filmunternehmen (die 1. Lizenz erhält der Herausgeber der ›Aachener Nachrichten‹ im Juni). Die Rundfunkanstalten werden von den Besatzungsmächten selbst betrieben und später (von den 3 Westmächten) als öffentlich-rechtliche Anstalten unabhängig von den Regierungen und Parlamenten konstituiert.

8. August: Die Alliierten beschließen die Errichtung eines Internationalen Gerichtshofs zur Aburteilung von Kriegsverbrechern, »für deren Verbrechen ein geographisch bestimmbarer Tatort nicht vorhanden ist«. 18. Oktober: Die Anklage gegen die ›Hauptkriegsverbrecher‹ wird erhoben. 20. November: Prozeßbeginn in Nürnberg.

24. Dezember: Das 1. Heft der kulturell-politisch-wirtschaftlichen Zeitschrift ›Die Gegenwart‹ erscheint in Freiburg i. Br. Herausgeber sind Ernst Benkard (1883-1946), Bernhard Guttmann (1869-1959), Robert Haerdter (geb. 1907), Albert Oeser (1878-1959) und Benno Reifenberg (1892-1970).

Von dem österr. Schriftsteller Hermann Broch (s. a. 1931) erscheint in New York in englischer Sprache der Roman ›Der Tod des Vergil‹ (dt. Ausg. 1947 im Rhein Verlag, Zürich).

Der Komponist Karl Amadeus Hartmann (1905-63) gründet in München die Konzertreihe ›Musica viva‹ zur Aufführung von Werken zeitgenössischer Komponisten.

Die großen Industrieanlagen werden von den Alliierten demontiert und abtransportiert. Beispiel: Die Firma Siemens (s. a. 1867) verliert von 1700 Werkzeugmaschinen alle bis auf 138 Maschinen von geringem Wert.

[1946]

19. September: Winston Churchill (1874-1965) fordert in einer Rede in Zürich die ›Vereinigten Staaten von Europa‹.

1. Gemeinderats- und Kreistagswahlen. Die Besatzungsmächte fördern den Versuch, die Demokratie ›von unten‹ aufzubauen.

Gründung der Johannes-Gutenberg-Universität in Mainz.

Die 1700 von Friedrich I. (1657-1713) gegründete Preußische Akademie der Wissenschaften (jetzt in Ost-Berlin) wird in Deutsche Akademie der Wissenschaften umbenannt.

Gerhart Hauptmann (s. 1912) stirbt im polnisch besetzten Agnetendorf (Riesengebirge).

Von dem wegen Widerstands hingerichteten Theologen Dietrich Bonhoeffer (1906-1945) erscheint postum ›Auf dem Wege zur Freiheit, Gedichte aus Tegel‹.

Das in der Emigration verfaßte Drama von Carl Zuckmayer (s. 1931) ›Des Teufels General‹ wird auf dt. Bühnen aufgeführt.

Der utopische Roman von Franz Werfel (s. 1911), ›Stern der Ungeborenen‹, erscheint.

In Darmstadt beginnen ›Internationale Ferienkurse für Neue Musik‹ als jährliche Veranstaltung.

In Wiesbaden erscheint die 1. Nummer der ›Zeitschrift für

Karl Amadeus Hartmann,
Zeichnung von Adolf Hartmann

Carl Orff, Zeichnung
von Caspar Neher, 1947

Naturforschung‹, herausgegeben von Alfred Klem und H. Friedrich-Freksa.

In München erscheint ›Der Ruf. Zeitschrift der jungen Generation‹, herausgegeben von den Schriftstellern Alfred Andersch (1914-1980) und Hans Werner Richter (geb. 1908).

In Hamburg erscheint ›Die Zeit‹, unabhängige Wochenzeitung für Politik, Wirtschaft, Handel und Kultur.

Errichtung der ›Deutschen Bibliothek‹ in Frankfurt a. M. Die D. B. übernimmt in den Westzonen die Aufgaben der ›Deutschen Bücherei‹ in Leipzig (s. 1912). Alle in den 3 Westzonen (ab 1949 in der Bundesrepublik Deutschland) erscheinenden Veröffentlichungen werden dort gesammelt und archiviert.

Das wiederaufgebaute Volkswagenwerk (s. 1938) beginnt mit der serienmäßigen Fabrikation.

[1947]

US-Präsident Harry S. Truman (1884-1972) verkündet eine Militär- und Wirtschafts-Hilfe für alle Länder zur Bewahrung ihrer Unabhängigkeit; Unterstützung von Griechenland und der Türkei, Marshall-Plan, Berliner Luftbrücke, NATO.

Der lutherische Geistliche Frank Buchman (1878-1961), Gründer der aus der ›Oxford-Gruppe‹ von 1921 hervorgegangenen ›Moralischen Aufrüstung‹, lädt eine große Zahl von dt. Politikern, Wissenschaftlern, Industriellen und Künstlern zu den ersten intern. Begegnungen nach dem Krieg in die Schweiz ein.

Gründung der Universität des Saarlandes in Saarbrücken.

Hans Werner Richter,
Zeichnung von H. M.-Brockmann

Hermann Hesse

A. Andersch und H. W. Richter bilden nach ihrem Ausscheiden als Herausgeber des ›Ruf‹ (s. 1946) die ›Gruppe 47‹, der Schriftsteller und Kritiker angehören, darunter viele Mitarbeiter des ›Ruf‹.

In München wird unter der Leitung des Kunsthistorikers Ludwig H. Heydenreich (1903-1978) ein ›Zentralinstitut für Kunstgeschichte‹ gegründet.

Ein ›Internationaler Schriftstellerkongreß‹ findet in Berlin statt.

Der französische Schriftsteller André Gide (1869-1951) führt den 1. symbolischen Hammerschlag zum Wiederaufbau des Frankfurter Goethehauses, das 1944 dem Krieg zum Opfer fiel, aus (Einweihung 1951). Leiter des Goethemuseums und des Freien Deutschen Hochstifts (s. 1863) ist der Germanist Ernst Beutler (1885-1960).

Von Thomas Mann (s. 1938) erscheint der Roman ›Doktor Faustus. Das Leben des deutschen Tonsetzers Adrian Leverkühn, erzählt von einem Freunde‹.

Von dem Schriftsteller Hermann Kasack (1896-1966) erscheint der Roman ›Die Stadt hinter dem Strom‹.

Von dem Schriftsteller Wolfgang Borchert (geb. 1921) wird das Heimkehrer-Schauspiel ›Draußen vor der Tür‹ in Hamburg uraufgeführt. B. stirbt einen Tag vor der Aufführung.

Der Regisseur Walter Felsenstein (1901-1975) wird Intendant der Komischen Oper in Berlin (Ost).

Die englische Militärregierung verkauft an den Verleger Axel Cäsar Springer (geb. 1912) ihre dt. Tageszeitung ›Die Welt‹.

In den 3 Westzonen erscheinen 113 Lizenz-Zeitungen (wegen Papiermangels nur zwei- oder dreimal wöchentlich). 1953 sind es bereits 622 Zeitungen (Gesamtaufl. 14,4 Millionen), davon 39 mehr als 100 000 Exemplare.

Die Zeitschrift ›Der Spiegel‹, Nachrichtenmagazin für Politik, Wirtschaft und Kultur, wird gegründet und erscheint wöchentlich in Hamburg. Mitbesitzer und Herausgeber ist Rudolf Augstein (geb. 1923).

214

215 *Gustav Heinemann*

216

217 *Manfred Eigen*

218 *Alexander Mitscherlich*

219 *Jürgen Habermas*

220 *Ernst Bloch*

221 *Sebastian Haffner*

222　*Herbert Marcuse*

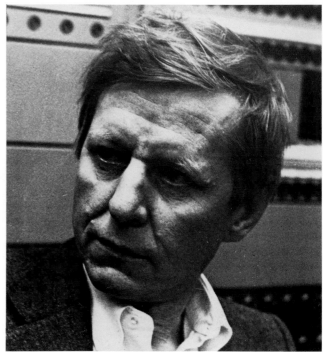

223　*Hans Magnus Enzensberger*

224　*Georg Wittig*

225 Herbert von Karajan

226 Peter Stein

227 Wim Wenders

228 Werner Herzog

229 Therese Giehse

230 Rolf Hochhuth

231 Peter Weiss

232   *Rainer Werner Fassbinder*

233   *Volker Schlöndorff*

234   *Jean Amery*

235   *Siegfried Lenz*

238   *Heinrich Böll*

236   *Elias Canetti*

237   *Günter Grass*

239 Robert Jungk

240 Martin Walser

241 Ingeborg Bachmann

242 Arno Schmidt

243 Peter Handke

244 Thomas Bernhard

245

246

248

247

250

249 *Rudi Dutschke*

252

251

[1948]

14. Mai: Gründung des unabhängigen jüdischen Staates Israel (s. a. 1896, Th. Herzl).

2. Juni: Eine Währungsreform wird unter Mithilfe der West-Alliierten in den Westzonen durchgeführt; die Deutsche Mark (DM) wird Währungseinheit; Preis- und Währungsstabilisierung.

In Berlin verlassen freiheitlich gesinnte Professoren und Studenten die Humboldt-Universität in Ost-Berlin und gründen die Freie Universität Berlin (FU); Gründungsrektor ist Friedrich Meinecke (s. 1908).

Neugründung der Kaiser-Wilhelm-Gesellschaft (s. 1911, 1937) unter dem Namen Max-Planck-Gesellschaft; 1. Präsident ist Otto Hahn (s. 1938), ab 1960 Adolf Butenandt (s. 1939).

Der Physiker und Philosoph Carl Friedrich Freiherr von Weizsäcker (geb. 1912) veröffentlicht ›Die Geschichte der Natur‹, eine Naturphilosophie der Physik.

Karl Jaspers (s. 1931), von den N.S. 1937 seiner Professur in Heidelberg enthoben, seit 1945 am Neuaufbau der Universität beteiligt, verläßt D., um einem Ruf an die Universität Basel/Schweiz zu folgen.

Der österr. Kunsthistoriker Hans Sedlmayr (geb. 1896), ab 1956 Prof. in München, veröffentlicht das Buch ›Der Verlust der Mitte‹.

In der Zeitschrift ›Deutsche Beiträge‹ (gegr. 1946) ruft der Schriftsteller Oskar Jancke (1898-1957) zur Gründung einer Deutschen Akademie im Goethe-Jahr 1949 auf (s. 1949, Thomas Mann).

Alfred Kubin,
Selbstbildnis

Die Fachzeitschrift des öffentlichen Büchereiwesens ›Bücherei und Bildung‹, erscheint; bis 1968 werden ca. 50 000 Bücher aus allen Literaturgebieten in Hinblick auf die Eignung für Volksbüchereien besprochen.

Der Ingenieur Heinrich Nordhoff (1899-1968) wird Generaldirektor der Volkswagenwerke GmbH in Wolfsburg (s. 1946).

[1949]

April: Washingtoner Abkommen; Ablösung der Militär-Regierungen in Westdeutschland durch Hohe Kommissare. 23. Mai: Gründung der Bundesrepublik Deutschland und Verkündung des ›Grundgesetzes‹. 14. August: Wahl des 1. Bundestags, der Konrad Adenauer (s. 1921), Parteivorsitzender der CDU, zum Bundeskanzler wählt.

Theodor Heuss (1884-1963) wird 1. Bundespräsident (s. a. 1907, »März«).

Mac Zimmermann,
›Selbstbildnis am
ersten Januar 1948‹

Gründung der Deutschen Demokratischen Republik. Präsident wird Wilhelm Pieck, Ministerpräsident Otto Grotewohl (1894-1964).

Ein ›Deutsches Patentamt‹ in München wird Nachfolgebehörde des 1945 geschlossenen Reichspatentamts (s. 1877).

Der aus der Emigration zurückgekehrte Philosoph, Soziologe und Musikwissenschaftler (s. a. 1959) Theodor W. Adorno (1903-69) veröffentlicht ›Minima Moralia‹.

Signets neuer deutscher Verlage: Limes, Wiesbaden, Stahlberg, Karlsruhe, Winkler, München

Ernst Robert Curtius (s. 1932) veröffentlicht ›Europäische Literatur und lateinisches Mittelalter‹.

Der Schriftsteller Wolfgang Weyrauch (1907-1980) kennzeichnet in der Einleitung seiner Kurzgeschichten-Anthologie ›Tausend Gramm‹ den neuen Literaturstil als ›Kahlschlagpoesie‹.

Der Schriftsteller Arno Schmidt (1914-1979) veröffentlicht den Erzählungsband ›Leviathan‹.

Von dem Schriftsteller Kurt W. Ceram (1915-1972) erscheint ›Götter, Gräber und Gelehrte. Roman der Archäologie‹, eines der erfolgreichsten ›Sachbücher‹ (in dt. Sprache bis 1967 mehr als 1,5 Mio. Aufl.).

Thomas Mann (s. 1947) erhält den Goethepreis der Stadt Frankfurt a. M. Anschließend wird die Gründung einer Deutschen Akademie für Sprache und Dichtung mit Sitz in Darmstadt bekanntgegeben (s. 1948).

Bertolt Brecht (s. 1928) gründet im Theater am Schiffbauerdamm in Berlin (Ost) das Berliner Ensemble.

Der Film ›Die Nachtwache‹ von Harald Braun (1901 bis 1960), Drehbuchautor und Regisseur, wird gezeigt.

Aufhebung des (alliierten) Lizenzierungszwanges für Verlagserzeugnisse und Pressewesen.

Die ›Frankfurter Allgemeine Zeitung‹ erscheint. Sie will die Tradition der 1944 von den N.S. eingestellten ›Frankfurter Zeitung‹ (s. 1866) fortsetzen.

Der Publizist Hans Zehrer (1899-1966) wird Chefredakteur der Tageszeitung ›Die Welt‹ (s. 1947).

[1950]

Im Zusammenhang mit einer intern. Korea-Krise Beginn der Remilitarisierung der Bundesrepublik Deutschland. Bundesinnenminister Gustav Heinemann (1899-1976) verläßt aus Protest dagegen die Regierung (s. a. 1959).

Die letzte Lebensmittelrationierung in der Bundesrepublik und Berlin (West) wird aufgehoben.

Die Chemiker Otto Paul Hermann Diels (1876-1954) und Kurt Alder (1902-1958) erhalten für die von ihnen entwickelte ›Dien-Synthese‹ den Nobelpreis.

Der Börsenverein des Deutschen Buchhandels (s. 1875) stiftet den ›Friedenspreis des Deutschen Buchhandels‹. 1. Preisträger ist der nach Norwegen emigrierte Schriftsteller und Verleger Max Tau (1897-1976).

Der Schriftsteller und protestantische Theologe Albrecht Goes (geb. 1908) veröffentlicht seine Novelle ›Unruhige Nacht‹ (Verfilmung 1958, s. d.).

Der Schauspieler und Regisseur Heinz Hilpert (1890-1967), von 1934 bis 1945 Direktor des Deutschen Theaters in Berlin (West), übernimmt die Leitung des Deutschen Theaters in Göttingen.

Der französische Film ›Der Reigen‹, nach dem Stück von Arthur Schnitzler (s. 1932), unter der Regie von Max Ophüls (s. 1932), wird gezeigt.

Der Film ›Das doppelte Lottchen‹, Drehbuch Erich Kästner (s. 1929), Regie Josef von Baky (1902-1966), erhält die ersten Bundesfilmpreise.

Bertolt Brecht, Karikatur von A. Stopka, um 1955

Jürgen Fehling

Der Rowohlt Verlag in Hamburg (s. 1925) bringt als 1. eine Taschenbuchreihe auf den Markt, den ›Paperbacks‹ in USA ähnlich (s. a. 1957).

Der Verleger Peter Suhrkamp (1891-1959) trennt sich von dem bis dahin unter seiner Leitung stehenden S. Fischer Verlag (s. 1886) und gründet in Frankfurt a. M. den Suhrkamp Verlag.

Der Deutsche Künstlerbund (1936 von den N. S. aufgelöst) wird neu gegründet; 1. Ausstellung 1951 in Berlin (West).

Das 1. ›Darmstädter Gespräch‹ findet statt. Thema: »Das Menschenbild in unserer Zeit«. Bis 1968 folgen 9 weitere D.G.

Der Deutsche Gewerkschaftsbund (DGB) in der Bundesrepublik Deutschland umfaßt etwa 5,3 Millionen Mitglieder.

Zum erstenmal nach dem Krieg werden wieder die Passionsspiele in dem oberbayerischen Dorf Oberammergau wie jedes 10. Jahr (1. Passionsspiel 1634) aufgeführt: Masseninszenierungen mit 1400 Erwachsenen und 400 Kindern der Gemeinde in dem 5000 Zuschauer fassenden Passionsspielhaus.

[1951]

Gründung der Europäischen Montanunion: Belgien, die Bundesrepublik Deutschland, Frankreich, Holland, Italien, Luxemburg; Errichtung eines gemeinsamen Marktes für Kohle und Stahl.

Die Bundesrepublik Deutschland wird Mitglied der UNESCO, der Sonderorganisation der UNO für Erziehung, Wissenschaft und Kultur, und der Weltgesundheitsorganisation.

Von Viktor von Weizsäcker (s. 1932) erscheint das Buch ›Der kranke Mensch‹.

Der österr. Zoologe Konrad Lorenz (geb. 1903) wird Direktor des Max-Planck-Instituts für Verhaltensforschung in Seewiesen bei München. Zusammen mit Otto Kochler (1889-1974) ist L. Redakteur der ›Zeitschrift für Tierpsychologie‹.

Der österr. Schriftsteller Heimito von Doderer (1896-1966) veröffentlicht den Roman ›Die Strudlhofstiege‹.

6. September: Eröffnung des Schiller-Theaters in Berlin (West) mit ›Wilhelm Tell‹ von Friedrich von Schiller. Regie: Boleslaw Barlog (geb. 1906); Bühnenbild: Caspar Neher (1897-1962). Der aus der Emigration zurückgekehrte Schauspieler Albert Bassermann (s. 1913) spielt den Attinghausen.

In Berlin (West) finden zum ersten Mal intern. Filmfestspiele statt. Wiedereröffnung der ›Richard-Wagner-Festspiele‹ in

Buchumschlag
von Gunter Böhmer

Bayreuth (s. 1876), die seit 1944 unterbrochen waren, unter Leitung von Wieland Wagner (1917-1966) mit z. T. völlig neuartiger Inszenierung.

[1952]

Die 1842 von Friedrich Wilhelm IV. gegründete (1942 von den N.S. abgeschaffte) Friedensklasse des Ordens ›Pour le mérite‹, eine »freie, sich selbst ergänzende Vereinigung hervorragender Gelehrter und Künstler«, wird von Bundespräsident Heuss (s. 1949) neu begründet.

Der Bakteriologe und Pathologe Gerhard Domagk (s. 1939) entwickelt das 1. synthetische Tuberkuloseheilmittel.

Der Arzt und Schriftsteller Peter Bamm (1897-1975), Militärarzt im 2. Weltkrieg, veröffentlicht das Kriegsbuch ›Die unsichtbare Flagge‹.

Leonhard Frank (s. 1914) veröffentlicht nach Rückkehr aus der amerikanischen Emigration den autobiographischen Roman ›Links, wo das Herz ist‹.

Erich Kästner (s. 1950) wird zum Präsidenten des Deutschen PEN gewählt.

Regelmäßige Programmsendungen im Fernsehen: Am 25. Dezember wird das 1. dt. Nachkriegs-Fernsehprogramm von Hamburg und Köln ausgestrahlt (s. a. 1939, Funkausstellung).

[1953]

1. Botschafter der Bundesrepublik Deutschland in Paris wird der Kunstschriftsteller und Redakteur Wilhelm Hausenstein (1882-1957).

Hermann Staudinger (s. 1926) erhält den Nobelpreis für Chemie.

Von dem Schriftsteller Klaus Mann (1906-49) erscheint ›Der Wendepunkt‹, dt. Neufassung der Autobiographie ›The Turning Point‹ (amerikanische Ausg. 1944). K. M., 1. Sohn von Thomas Mann (s. 1949), emigrierte 1933 und wurde einer der Führer der literarischen Emigration. Freitod in Cannes 1949.

Der Schriftsteller Hermann Kesten (geb. 1900) veröffentlicht ein Buch über Schriftsteller ›Meine Freunde die Poeten‹.

[1954]

Der Physiker Max Born (s. 1925), aus der Emigration in die Bundesrepublik Deutschland zurückgekehrt, erhält für grundlegende Forschungsarbeiten zur Quantenmechanik den Nobelpreis für Physik, zusammen mit dem Physiker Walter Bothe (1891-1957), der ihn für die Koinzidenzmethode erhält.

Der Chemiker Karl Ziegler (1898-1972), 1943-1968 Leiter des Max-Planck-Instituts für Kohleforschung in Mülheim, entwickelt neue Katalysatoren für Polymerisation niedermolekularer Ausgangsprodukte für Kunststoffe; Nobelpreis 1963 zusammen mit dem Italiener Giulio Natta.

Der Biochemiker Gerhard Schramm (1910-69) veröffentlicht das Buch ›Die Biochemie der Viren‹.

Von dem schweizer Schriftsteller und Architekten Max Frisch (geb. 1911) erscheint der Roman ›Stiller‹.

Eine Umfrage ergibt folgende Stimmenzahlen für die beliebtesten lyrischen Dichter: Rilke (68), Trakl (56), Wein-heber (42), Hesse (40), Benn (38), Brecht (32), Carossa (31), Holthusen (28), Heym (22), Kästner (22), Hofmannsthal (20), Ina Seidel (19), Bergengruen (16).

Kurzfilmtage in Oberhausen (Nordrhein-Westfalen) finden zum erstenmal statt, veranstaltet von einer Gruppe junger Regisseure; jährliche Wiederholung mit intern. Beteiligung.

Der österr. Dirigent Herbert von Karajan (geb. 1908) übernimmt die Leitung der Berliner Philharmoniker (s. a. 1922).

Der Architekt Johannes Krahn (1908–1974) übernimmt eine Architekturklasse des Städelschen Kunstinstituts (Städelschule) in Frankfurt a. M., dessen Direktor (bis 1959) er gleichzeitig wird.

Der Bundesverband Deutscher Zeitungsverleger wird gegründet; 1965 gehören ihm etwa 500 Zeitungsverleger an.

[1955]

Die 1900 begonnene Kant-Ausgabe der Deutschen Akademie der Wissenschaften zu Berlin (s. 1946) ist mit 23 Bdn. abgeschlossen.

Der Soziologe Helmut Schelsky (geb. 1912) veröffentlicht ›Soziologie der Sexualität‹.

Von dem 1933 emigrierten Philosophen Herbert Marcuse (1898-1979), einem Schüler Heideggers (s. 1927), erscheint ›Eros and Civilisation‹ (dt. 1957 unter dem Titel: ›Triebstruktur und Gesellschaft‹).

Der ›Otto-Hahn-Preis für Chemie und Physik‹ wird zum

Hermann Staudinger

Hermann Kesten, Karikatur von R. P. Bauer

Wilhelm Furtwängler, Zeichnung von Hans Wimmer, um 1954

Fritz Kortner, Karikatur von B. F. Dolbin

erstenmal verliehen, und zwar an Heinrich Wieland (s. 1943) und an Lise Meitner (s. 1938).

Zu Schillers 150. Todestag hält Thomas Mann (s. 1953) zunächst in Stuttgart, dann in Weimar die ›Rede über Schiller‹.

12. August: Thomas Mann (s. o.) stirbt in Zürich.

Die Tagebücher (1940-50) des 1938 emigrierten und 1950 in den USA verstorbenen Malers und Graphikers Max Beckmann (s. 1936) erscheinen.

Nach dem Tode des Malers Carl Hofer (1878-1955) wird der Bildhauer Karl Hartung (1908-67) zum Präsidenten des Deutschen Künstlerbundes (s. 1950) gewählt.

›documenta I‹: Intern. Ausstellung ›Kunst des 20. Jahrhunderts‹ im Museum Fridericianum in Kassel; 4-5jährliche Wiederholung (s. a. 1959).

In Ulm wird die Hochschule für Gestaltung als ›Geschwister-Scholl-Stiftung‹ (s. 1943) errichtet. 1. Direktor wird der schweizer Architekt Max Bill (geb. 1908).

Auf der Düsseldorfer Rundfunk-Ausstellung zeigt die Firma Max Braun, Frankfurt a. M., die ersten Serien-Radiogeräte in reiner ›Zweckform‹. Diese setzt sich auch im Wohnstil langsam durch: 42 Prozent der Befragten sind für (bzw. nicht gegen) das ›moderne Heim‹.

Wiedergründung des Börsenvereins des Deutschen Buchhandels (s. 1875) in Frankfurt a. M. (der das ›Börsenblatt für den Deutschen Buchhandel‹ herausgibt) aus inzwischen von den Besatzungsbehörden seit 1948 genehmigten Landesverbänden.

Eine neu gegründete Deutsche Lufthansa (s. 1926) nimmt den Flugverkehr wieder auf.

[1956]

Die Ausgabenbelastung für Bildung und Wissenschaft pro Einwohner in der Bundesrepublik Deutschland, die im Jahre 1913 21 DM und 1930 43 DM betrug, beträgt jetzt 122 DM (1966: 300 DM). – An den wissenschaftlichen Hochschulen studieren pro 10 000 Einwohner 25 Personen (1913 in Gesamtdeutschland 11; 1966: 44 Personen).

›Die großen Deutschen‹, eine Biographiensammlung, herausgegeben von dem Historiker Hermann Heimpel (geb. 1901), Theodor Heuss (s. 1952) und Benno Reifenberg (s. a. 1945, ›Die Gegenwart‹), beginnt zu erscheinen.

Der Schweizer Dramatiker Friedrich Dürrenmatt (geb. 1921) veröffentlicht die Komödie ›Der Besuch der alten Dame‹.

Von dem Komponisten und Dirigenten Hans Werner Henze (geb.1926) wird die Oper ›König Hirsch‹ aufgeführt. In seinen Kompositionen setzt H. das System der Zwölftonreihe fort (s. 1923, Schönberg).

Verfilmung des Dramas ›Der Hauptmann von Köpenick‹ (s. 1931) von Carl Zuckmayer (s. 1946), Regie: Helmut Käutner (1908-1980), Hauptrolle: Heinz Rühmann (geb. 1902).

[1957]

Die Sowjetunion schickt den 1. künstlichen Satelliten, den ›Sputnik‹, in den Weltraum.

Unterzeichnung der Verträge über die Europäische Wirtschaftsgemeinschaft (EWG) und die Europäische Atomgemeinschaft (Euratom) in Rom durch die Montanunion-Länder (s. 1951).

Konrad Adenauer (s. 1949) wird zum drittenmal zum Bundeskanzler gewählt (4. Wiederwahl 1961; A. bleibt bis 1963 im Amt).

Ein Wissenschaftsrat zur Entwicklung der dt. Wissenschaft, bestehend aus Professoren, Vertretern des Bundes, der Länder, des öffentlichen Lebens und der Industrie, wird gegründet.

18 führende Atomwissenschaftler unterzeichnen in Göttingen einen Aufruf gegen eine Atomausrüstung der Bundeswehr, u. a. Werner Heisenberg (s. 1925), Max Born (s. 1954), Max von Laue (s. 1912), Carl Friedrich von Weizsäcker (s. 1948).

Von dem Soziologen Ralf Dahrendorf (geb. 1929) erscheint das Werk ›Soziale Klassen und Klassenkonflikte‹.

Die Physiker Werner Heisenberg (s. o.) und Wolfgang Pauli (1900-58) arbeiten den Vorschlag einer ›Weltformel‹ für die Elementarteilchen der Materie und ihre Wechselwirkungen aus unter Benutzung des Begriffs der ›kleinsten Länge‹ und bestimmter Symmetriebeziehungen.

Der 1. dt. Kernreaktor wird in Garching bei München in Betrieb genommen.

Der dt. Raketenkonstrukteur und Raumfahrtforscher Wernher von Braun (1912-1977) veröffentlicht das Buch ›Die Erforschung des Mars‹. B., der 1942 für die dt. Kriegsführung die Fernrakete A 4, die spätere V 2, konstruierte, ist seit 1945 am Raumfahrtprogramm der USA führend beteiligt.

Der Zeichner Josef Hegenbarth (1884-1962) vollendet in Dresden seine Illustrationen zu 5 Shakespeare-Dramen.

Der Komponist Wolfgang Fortner (geb. 1907) leitet die Uraufführung seiner Oper ›Bluthochzeit‹ nach dem Text von F. García Lorca (1899-1936).

Der Architekt Hans Scharoun (s. 1927) entwirft den Neubau der Berliner Philharmonie (Fertigstellung 1963).

Intern. Bauausstellung (›interbau‹) in Berlin (West).

»Demokratisierung des Buches«: Seit 1950 wurden in der Bundesrepublik Deutschland 65,7 Millionen Taschenbücher hergestellt, das entspricht 2,4 Prozent der gesamten Bücherproduktion (s. a. 1950, Rowohlt).

[1958]

Der Soziologe René König (geb. 1906), 1937 in die Schweiz emigriert, seit 1949 Prof. in Köln, veröffentlicht ›Die Grundform der Gesellschaft: Die Gemeinde‹.

Der Physiker Rudolf Mößbauer (geb. 1929) findet ein Verfahren zur Erforschung der Energiestruktur der Atomkerne, den sog. ›Mößbauer-Effekt‹; Nobelpreis 1961.

Der Biochemiker Feodor Lynen (1911-1979) veröffentlicht seine Arbeit über den Phosphatkreislauf und den Pasteureffekt; Nobelpreis für Medizin 1964.

Von der Schriftstellerin Ingeborg Bachmann (1926-1973) wird das Hörspiel ›Der gute Gott von Manhattan‹ gesendet.

Der zeitkritische Film ›Wir Wunderkinder‹, Regie: Kurt Hoffmann (geb. 1910), und der Antikriegsfilm ›Unruhige Nacht‹, nach der gleichnamigen Novelle von Albrecht Goes (s. 1950), Regie Falk Harnack (geb. 1913), werden aufgeführt.

Der Architekt Otto Bartning (1883-1959) veröffentlicht sein Buch über den modernen Kirchenbau ›Vom Raum der Kirche‹.

Zeichnung von
Bernhard Heiliger, 1958

Ernst Bloch

Für die Weltausstellung in Brüssel entwirft der Architekt Egon Eiermann (1904-1970) den dt. Pavillon; dort wird die ›Bibliothek eines geistig interessierten Deutschen‹ gezeigt, die Hanns W. Eppelsheimer (s. 1937) auswählt.

[1959]

Der Agrarpolitiker Heinrich Lübke (1894-1972) wird als Nachfolger von Theodor Heuss (s. 1956) Bundespräsident. 1969 folgt ihm Gustav Heinemann (s. 1950).

›Das Prinzip Hoffnung‹ von Ernst Bloch (s. 1918) erscheint.

Theodor V. Adorno (s. 1949) veröffentlicht ›Klangfiguren. Musikalische Schriften I‹, eine Theorie der modernen Musik.

Der Gedichtband ›Sprachgitter‹ des in Frankreich lebenden deutschsprachigen Lyrikers Paul Celan (1920-1970) erscheint.

Von dem Schriftsteller Günter Grass (geb. 1927) erscheint der Roman ›Die Blechtrommel‹.

Von dem Schriftsteller Uwe Johnson (geb. 1934) erscheint der Roman ›Mutmaßungen über Jakob‹.

Ausstellung ›documenta II‹ in Kassel (s. 1955).

Der Filmschauspieler und Regisseur Bernhard Wicki (geb. 1919) dreht den Film ›Die Brücke‹.

›Deutsche Geschichte des 19. und 20. Jahrhunderts‹ von dem Historiker Golo Mann (geb. 1909), dem 2. Sohn von Thomas Mann (s. 1955), erscheint.

[1960]

Ein ›ideologischer Konflikt‹ zwischen der Volksrepublik China und der UdSSR bricht aus.

Die Edition der Briefe an Goethe wird vom Goethe-Schiller-Archiv in Weimar geplant; die ca. 21 000 an G. gerichteten Briefe von etwa 3350 verschiedenen Absendern werden als Regest-Ausgabe erscheinen (Herausgeber Karl-Heinz Hahn und Hans-Heinrich Reuter. Band I erschienen 1980, Band II 1981).

Von dem Schriftsteller und Philosophen Ludwig Marcuse (s. 1922), emigriert 1933, bis 1962 Prof. in den USA, erscheint die Autobiographie ›Mein xx. Jahrhundert‹.

Die Psychoanalyse als Heilbehandlung (s. 1900, S. Freud) setzt sich nach der Ablehnung durch den N.S. wieder langsam durch: 400 Ärzte und Psychoanalytiker praktizieren, die nach den Maßstäben der Deutschen Gesellschaft für Psychotherapie und Tiefenpsychologie als ausgebildete Psychotherapeuten gelten.

Die kybernetische Epoche: Mit dem Computer beginnt auch in D. eine neue industrielle Revolution fast gleichzeitig mit der Ausbreitung der Betrachtungsweise der ›Kybernetik‹ in Naturwissenschaft und Technik: vom Ausgang eines Regelkreises wirkt eine Information ›rückgekoppelt‹ (s. 1913, Meißner) auf den Eingang des Kreises zurück.

Die Farbwerke Hoechst AG (s. 1904) bringen das Kreislaufmittel Segontin in den Handel.

Dem Börsenverein des Deutschen Buchhandels (s. 1955) gehören ca. 1400 Verleger und ca. 2800 Buchhändler an. Zwischen 1800 und 1960 hat sich die dt. Bevölkerung verdreifacht, die Buchproduktion verfünffacht. Jährliche Buchentleihungen in Bibliotheken ca. 600 Millionen; Mitglieder in Buchgemeinschaften: ca. 5 Millionen.

1961 bis heute

Bundeskanzler Konrad Adenauer hatte am Ende seiner
14 Jahre dauernden, von seiner starken Persönlichkeit
entscheidend geprägten »Ära Adenauer« noch ganz auf
die »Politik der Stärke« gesetzt, von der er für Deutschland als Konsequenz die Wiedervereinigung erwartete.
Seine historische Aufgabe sah er deshalb auch darin, die
junge Bundesrepublik Deutschland fest und dauerhaft
mit dem außenpolitischen System des Westens unter
Führung der USA zu verbinden. Dabei war die Aussöhnung mit Frankreich und damit die Einleitung eines engen nachbarschaftlichen Verhältnisses zwischen Deutschen und Franzosen Adenauers herausragende historische Leistung. Mit seinem Partner von damals, Charles
de Gaulle (1890–1970), war sich Adenauer auch einig in
einem gemeinsamen Mißtrauen gegenüber der seit 1961
etablierten Führung der USA unter dem jungen Präsidenten John Fitzgerald Kennedy (1917–1963), der von
Anfang an für ein neues Klima in weltpolitischem Maßstab sorgte (Treffen mit Chruschtschow, Verkündigung
der Grundfreiheiten für Berlin (West): Anwesenheit
westlicher Truppen, freier Zugang von und nach Berlin
(West), Garantie der Freiheit und Lebensfähigkeit der
Bevölkerung). Der Stern des alten Pragmatikers Adenauer, der nach gewonnener Bundestagswahl 1961 nur
noch als »Kanzler auf Zeit« für seine Partei (CDU/CSU)
bereitstand, innenpolitisch »keine Experimente« wagte
und ein ausgewogenes Verhältnis zwischen dem beruhi-
genden Beharren auf dem Erreichten und einem vorsich-
tigen Fortschritt anstrebte, war dagegen ab dieser Zeit
am Verblassen. Im Dezember 1962 kündigte Adenauer
seinen Rücktritt für Herbst 1963 an. Sein letztes Regie-
rungsjahr verlief ohne Höhepunkte. Der Publizist Her-

mann Proebst schrieb damals: »Daran, was Adenauer
zuletzt nicht mehr sein konnte, ist zu ermessen, was er
in seinen guten Tagen gewesen ist...« Dem scheidenden
Adenauer attestierte Bundestagspräsident Gersten-
maier am 15. Oktober 1963 im Bundestag: »Heute steht
der Deutsche Bundestag vor Ihnen auf, Herr Bundeskanzler, um für das deutsche Volk dankbar zu bekunden: Konrad Adenauer hat sich um das Vaterland verdient gemacht.« Am 19. April 1967 starb der erste Kanzler der Bundesrepublik Deutschland im Alter von 91
Jahren.

Ludwig Erhard (1897–1977), seit den Tagen der Währungsreform 1948 in dem Ruf eines Erfinders der freien
Marktwirtschaft, tat sich schwer in der Rolle des Nach-
folgers des »alten Mannes von Rhöndorf«. So erfolgreich
Ludwig Erhard als langjähriger Bundeswirtschaftsmini-
ster war, so glücklos war er als Bundeskanzler. Immer
im Schatten Adenauers stehend, vermochte er dem Amt
des Bundeskanzlers kein neues Profil zu geben. Neue
Möglichkeiten politischer Bewegungsfreiheit suchte
seine Regierung zwar mit dem Gewaltverzichtsangebot
einer Friedensnote vom 25.3.1966, aber seine Regierungszeit von 1963 bis 1966 blieb doch im wesentlichen
eine Art Fortsetzung der »Ära Adenauer«. Da er selbst in
seiner Partei keine eigentliche »Hausmacht« hatte,
häuften sich seine Schwierigkeiten im Verständnis mit
den politischen Partnern im außen- und innenpolitischen Bereich. Sein Kredit als »Vater des Wirtschaftswunders« ließ ihn im Bundestagswahlkampf 1965 seine
Partei zwar noch einmal zum Sieg führen, aber die Un-
zufriedenheit in weiten Kreisen der Bevölkerung wuchs,
vor allem im Ruhrgebiet, wo durch eine vorübergehende
Konjunkturschwäche viele Kumpel ihre Arbeitsplätze
verloren. Die Wahlniederlage der CDU im Juli 1966 im
Bundesland Nordrhein-Westfalen war die unmittelbare
Folge und kündete das Ende von Erhards Kanzlerschaft
an. Der Austritt der FDP aus der Regierungskoalition

mit der CDU am 27. Oktober 1966 machte den Weg zu einer neuen Regierungsbildung frei. Erhard erklärte am 2. November seinen Rücktritt, am 10. November nominierte die CDU/CSU Kurt Georg Kiesinger (geb. 1904), den damaligen Ministerpräsidenten des Bundeslandes Baden-Württemberg, zu ihrem Kanzlerkandidaten.

Was dann zur Bildung einer Regierung der »Großen Koalition« zwischen der CDU/CSU und der SPD führte und die langjährigen politischen Gegner in der Regierungsverantwortung zusammenführte, muß vor dem Hintergrund folgender Entwicklungen verstanden werden: Die Auseinandersetzungen um einen Haushaltsausgleich zwischen CDU/CSU und FDP, die zum Koalitionsbruch führten, waren nur vordergründig, denn die eigentliche Ursache für einen Koalitionswechsel war im Lager der CDU/CSU wie auch bei der bisherigen Opposition, der SPD, die Überlegung, die wirtschaftspolitischen Probleme einer beginnenden Rezession von einer breiten Basis der Übereinstimmung aus besser bewältigen zu können. Außerdem hatten Anfangserfolge einer neuen rechtsradikalen Partei, der NPD, in Hessen und Bayern die Öffentlichkeit aufgeschreckt. Gegen solche neofaschistischen Tendenzen sollte das Zusammenwirken der beiden »großen« demokratischen Parteien helfen. Und schließlich schwelte in der Öffentlichkeit noch die 1965 ausgebrochene Konfrontation um die Einführung von Notstandsgesetzen fort, auch wenn sie auf parlamentarischer Ebene bereits ausgeräumt war, nachdem die SPD eine von Bundesinnenminister Hermann Höcherl (CSU) eingebrachte »große« Notstandsverfassung verhindert hatte und der Bundestag mehrheitlich nichtverfassungsändernde »einfache« Notstandsgesetze verabschiedet hatte. Die Befürchtungen in der Öffentlichkeit, mit den Notstandsgesetzen werde die Staatsmacht zu Lasten der individuellen Bürgerfreiheit erweitert, waren vor allem unter den Jugendlichen groß, und es schien so, als ob nur ein Übereinkommen aller maßgebenden politischen Kräfte in einer »Großen Koalition« diese Befürchtungen und daraus entstehende Konflikte im voraus erfolgreich abwehren könnte. Ab Mitte der sechziger Jahre hatte sich auch die besonders unter den Studenten in der Bundesrepublik Deutschland anzutreffende kritische Einstellung gegenüber dem »CDU«-Staat zu einer konkreten Protestbereitschaft gesteigert. Mit Recht bezeichnete Bundeskanzler Kiesinger die Bildung der »Großen Koalition« als ein »Ereignis, an das sich viele Hoffnungen und Sorgen unseres Volkes knüpfen...« Der neuen Regierung gehörten aus den beiden Parteilagern u.a. die folgenden Politiker an: Willy Brandt (SPD, langjähriger Regierender Bürgermeister von Berlin, wo ihn Heinrich Albertz ablöste) Vizekanzler und Außenminister; Gustav Heinemann (SPD) Justizminister (von 1966 bis 1969, dann von 1969 bis 1974 Bundespräsident); Franz Josef Strauß (CSU) Finanzminister; Karl Schiller (SPD) Wirtschaftsminister; Herbert Wehner (SPD) Minister für Gesamtdeutsche Fragen; Hans Jürgen Wischnewski (SPD) Minister für Wirtschaftliche Zusammenarbeit; Gerhard Stoltenberg (CDU) Bundesminister für Wissenschaft und Forschung.

In den folgenden drei Jahren hatte diese Regierung trotz der immer härter werdenden Konfrontation mit Studenten und der Bewegung der »Neuen Linken«, die von Anfang an die »Große Koalition« und schließlich den Staat schlechthin in einer »Außerparlamentarischen Opposition« (APO) bekämpften, wichtige Erfolge zu verzeichnen: Innenpolitisch nahm sie mit einem breitgefächerten Programm die Reform der Finanz- und Stabilitätspolitik in Angriff und überwand mit der sogenannten »Konzertierten Aktion«, einer etablierten Gesprächsrunde zwischen Vertretern des Staates, der Tarifpartner und der Wissenschaft, die gefährliche »Talsohle« Ende der sechziger Jahre. Außenpolitisch konnte der zuständige Minister, der Sozialdemokrat Willy

Brandt, mit beharrlichem Verhandlungsgeschick neue Impulse in die Friedens-, Sicherheits- und westeuropäisch-atlantische Bündnispolitik und in die Ostpolitik einbringen. Letztere kam allerdings erst ab 1969 unter den nachfolgenden sozialliberalen Koalitionsregierungen historisch nachhaltig zum Tragen. Wie schwierig es war, in der Ostpolitik neue Akzente zu setzen, wurde schon 1967 klar, als mit der Aufnahme diplomatischer Beziehungen zu Rumänien die deutsche Regierung gleichzeitig betonte, daß dies keine Abkehr vom bisherigen deutschen Rechtsstandpunkt sei, demzufolge die Regierung der Bundesrepublik Deutschland allein berechtigt sei, für das ganze deutsche Volk zu sprechen. Die aus dem Jahr 1956 stammende sogenannte »Hallstein-Doktrin«, wonach keine diplomatischen Beziehungen zu Staaten aufgenommen werden, welche die DDR ihrerseits mit Aufnahme diplomatischer Beziehungen anerkannten, wurde so modifiziert, daß sie »ihre Haltung und ihre Maßnahmen gemäß den Interessen des ganzen deutschen Volkes von den gegebenen Umständen abhängig machen« wollte. Schwierig wurde auch nach der Aufnahme diplomatischer Beziehungen zu Israel 1965 das Verhältnis zu den in den israelisch-arabischen Konflikt verwickelten Staaten, und die Annäherung nach Osten stagnierte ab 1968 nach der gewaltsamen Besetzung der Tschechoslowakei durch Truppen des Warschauer Paktes. Wer einen Interessenausgleich mit den Ostblock-Staaten als Illusion bezeichnet hatte, sah sich nach der Niederschlagung des »Prager Frühlings« erneut bestätigt.

Zur gleichen Zeit hatte die Protestwelle der Studenten nach dem Tod des Studenten Benno Ohnesorg am 2. Juni 1967 durch den Pistolenschuß eines Polizisten während einer Demonstration gegen den Schah von Persien in Berlin (West) nahezu alle Universitätsorte in der Bundesrepublik Deutschland erfaßt. Die Gewaltanwendung eskalierte besonders im Jahre 1968 mit Brandstif-

tungen, Besetzungen von Hörsälen oder ganzer Hochschulen, mit »sit-ins« (demonstrativen Sitzstreiks) auf Straßen und Plätzen. Sie erreichte ihren Höhepunkt nach dem Mordanschlag eines rechtsradikalen Einzeltäters auf den Studentenführer Rudi Dutschke am 11.4.1968 und während der zweiten und dritten Lesung der Notstandsverfassung im Parlament in Bonn. Die Studentenaktionen dauerten bis 1969 mit unverminderter Heftigkeit an, aber ihr Charakter veränderte sich in der Folgezeit insofern, als der immer deutlicher werdende Mangel an einer alle Beteiligten verbindenden Programmorientierung dann zu enttäuschter Abkehr und zu Gruppenbildungen führte, wobei die entstehenden Gruppierungen sich nach ideologischer Ausrichtung, politischer Zukunftsorientierung und strategischem Konzept für das eigene Vorgehen immer weiter voneinander entfernten und sich auch unterschiedlich stark radikalisierten.

Alle, die das anfänglich von den Studenten und der »Neuen Linken« vorgetragene Unbehagen an Staat und Gesellschaft allgemein befürworteten, wurden durch diese Zersplitterung und Radikalisierung zunehmend abgeschreckt, während die »schweigende Mehrheit« der Bürger sich der Entwicklung gegenüber ohnehin ablehnend verhielt. Bundesjustizminister Gustav Heinemann (SPD) versuchte, mit den rebellischen Studenten ins Gespräch zu kommen, und sagte in seiner Stellungnahme zu den unruhigen Ostertagen 1968 unter anderem: »Das Kleid unserer Freiheit sind die Gesetze, die wir uns selber gegeben haben. Diesen Gesetzen die Achtung und Geltung zu verschaffen, ist Sache von Polizei und Justiz. Es besteht kein Anlaß zu bezweifeln, daß Polizei und Justiz tun, was ihre Aufgabe ist. Wichtiger aber ist es, uns gegenseitig zu dem demokratischen Verhalten zu verhelfen, das den Einsatz von Polizei und Justiz erübrigt. Zu den Grundrechten gehört auch das Recht zum Demonstrieren, um öffentlich Meinung zu mobilisieren. Auch die junge Generation hat einen Anspruch darauf, mit ihren Wünschen und Vorschlägen gehört und ernst genommen zu werden.« Heinemann fügte aber schon damals die Warnung hinzu: »Gewalttat aber ist gemeines Unrecht und eine Dummheit obendrein. Es ist eine alte Erfahrung, daß Ausschreitungen und Gewalttaten genau die gegenteilige öffentliche Meinung schaffen, als ihre Urheber wünschen. Das sollten, so meine ich, gerade auch politisch bewegte Studenten begreifen und darum zur Selbstbeherrschung zurückfinden.«

Derselbe Gustav Heinemann war es dann, dessen Wahl zum Bundespräsidenten am 5. März 1969 einen Machtwechsel in Bonn signalisierte. Seine Wahl gelang der SPD mit Hilfe der Stimmen der FDP, die auf einem Parteitag im Januar 1968 in Freiburg einen Kurswechsel vollzog und mit Walter Scheel (geb. 1919) als neuem Parteivorsitzenden einen »Ruck nach vorn« propagierte. Auch in der Öffentlichkeit war den politisch Verantwortlichen und vielen politisch bewußten Bürgern klar geworden, daß das Fehlen einer effektiven Opposition im Bundestag eine wesentliche Ursache für die Unruhen unter der Regierung der Großen Koalition gewesen war. So stellte nach der Bundestagswahl am 29.9.1969 schließlich die CDU/CSU mit 46,1 Prozent zwar die stärkste Fraktion, aber die SPD und die FDP zusammen erreichten 48,5 Prozent der Stimmen (SPD: 42,7%, FDP: 5,8%) und bildeten unter Willy Brandt als Bundeskanzler und Walter Scheel als Vizekanzler und Außenminister nach zwanzigjähriger CDU/CSU-Herrschaft in der Bundesrepublik Deutschland die erste sozialliberale Koalitionsregierung. Von ihr erhofften sich die sozialliberalen Wähler nicht nur einen »Machtwechsel«, sondern einen klaren »Kurswechsel« in vielen Bereichen der Außen- und Innenpolitik. Die neue CDU/CSU-Opposition dagegen zeichnete von nun an ein düsteres Zukunftsbild, weil sie auf allen Gebieten eine Preisgabe

bisheriger Positionen glaubte vorhersagen zu müssen. Willy Brandt kündigte in seiner Regierungserklärung unter dem Motto »Kontinuität und Erneuerung« und der Parole »Mehr Demokratie wagen« an: »Wir stehen nicht am Ende unserer Demokratie, wir fangen erst richtig an.«

Die Vorstellungen, die Willy Brandt als Außenminister in der Regierung der »Großen Koalition« nicht durchsetzen konnte, verwirklichte er nun als Kanzler Zug um Zug mit Nachdruck und persönlichem Prestige-Gewinn (Friedensnobelpreis 1971). Seine Regierung suchte außenpolitisch in zahlreichen Verhandlungen Entspannung und Versöhnung vor allem mit den Ostblock-Staaten. Die erste Phase dieser Bemühungen schloß ab mit dem Gipfeltreffen beider deutscher Staatschefs aus West- und Ostdeutschland in Erfurt und Kassel (1970) und mit dem Vertragswerk über Gewaltverzicht zwischen der Bundesrepublik Deutschland und der UdSSR (12.8.1970). Am 7.12.1970 unterzeichnete dann Brandt in Warschau den zweiten der später von der Opposition im Bundestag heftig angegriffenen Ostverträge, die 1972 ratifiziert wurden. Weltweites Aufsehen erregte Brandt anläßlich seines Besuches in Warschau mit seinem Kniefall am Ehrenmal für die Toten des Warschauer Gettos. Eine Wachablösung in der DDR im Mai 1971 und die am 3.9.1971 erfolgte Unterzeichnung des Viermächte-Abkommens über Berlin machte dann den Weg frei für weitere entscheidende innerdeutsche Verhandlungen, die 1972 zu einem Verkehrsvertrag und schließlich zu einem »Vertrag über die Grundlagen der Beziehungen zwischen der Bundesrepublik Deutschland und der Deutschen Demokratischen Republik« (Grundlagenvertrag) führte. Damit war eine Chance für ein künftiges geregeltes und friedliches Nebeneinander beider deutscher Staaten eröffnet. Es folgten die gemeinsame Aufnahme der Bundesrepublik Deutschland und der DDR in die UNO (September 1973), der Austausch

»ständiger Vertreter« mit Botschafterstatus (ab 1974), die beiderseitige Unterzeichnung der Schlußakte von Helsinki (KSZE-Konferenz 1975), Verkehrsvereinbarungen zwischen beiden Staaten (1978) und weitere Begegnungen auf höchster Ebene zwischen Bonn und Berlin (Ost) – zuletzt 1981.

Während die außenpolitischen Initiativen der Regierung der sozialliberalen Koalition (und der Nachfolgekabinette dieser Koalition) erfolgreiche Ansätze brachten, ergaben sich bei den angekündigten innenpolitischen Reformen, besonders in der Bildungs- und Sozialpolitik, Verzögerungen und Abstriche: Der Beginn der Ölkrise, die Erkenntnis der Notwendigkeit eines »Weltwirtschaftsgipfels« (erstmals 1975 in Rambouillet) und der Druck steigender Staatsverschuldung offenbarten eine weltweite ökonomische Krise. Auch in Bonn wirkte sich der Zwang aus, Politik nahezu ausschließlich nach wirtschaftlichen Kriterien zu gestalten. Anderen Überlegungen blieb immer weniger Spielraum, so auch vielen bildungs- und sozialpolitischen Reformbestrebungen. Nach dem Rücktritt Willy Brandts (7.5.1974 wegen eines entlarvten DDR-Agenten in seinem Mitarbeiterstab) übernahm der Wirtschafts- und Finanzfachmann Helmut Schmidt (geb. 1918) das Ruder der sozialliberalen Regierungskoalition. Brandts Vize, Walter Scheel, wurde ins Amt des Bundespräsidenten gewählt. Neuer Außenminister und Vizekanzler neben dem »Macher« Schmidt wurde der bisherige Innenminister (1969-1974) und FDP-Chef Hans-Dietrich Genscher (geb. 1927).

Auch in der zweiten Hälfte der siebziger Jahre und bis zum Regierungswechsel 1982 kamen die Bewährungsproben für die sozialliberale Bundesregierung Schmidt-Genscher vornehmlich aus dem innenpolitischen Bereich, wenn auch vor dem Hintergrund noch verstärkter weltweiter wirtschaftlicher Schwierigkeiten. Die Regierung wurde damit trotz wachsender Arbeitslosenzahlen (im Juli 1982 1,757 Millionen, gleicher Stand wie im Juli 1950, bei Prognosen für steigende Zahlen) vergleichsweise aber noch gut fertig. Bedrohlicher schon war das Ansteigen des Terrorismus seit 1975: Die Entführung des Berliner CDU-Vorsitzenden Peter Lorenz und der Überfall auf die deutsche Botschaft in Stockholm (1975), die Ermordung des Generalbundesanwalts Siegfried Buback, des Vorstandssprechers der Dresdner Bank Jürgen Ponto und des Arbeitgeberpräsidenten Hanns Martin Schleyer (1977) führten zu einer verschärften Anti-Terror-Gesetzgebung und, indirekt, auch zu einem Kabinettsbeschluß über Verfahrensregeln zur Abwehr von Extremisten im öffentlichen Dienst (19.5.1976). Pläne zur Liberalisierung des Rechtswesens traten dahinter zurück. Stattdessen wurde die Diskussion über die innere Sicherheit in der Bundesrepublik Deutschland ständig neu entfacht. Auch zahlreiche Streiks im Arbeitskampf zwischen den Tarifpartnern um die 35-Stunden-Woche und neuerdings um das Problem der Arbeitsplatzsicherung erzeugten innenpolitische Unruhe. Immer häufiger gehen heute zumeist jüngere Bürger auf die Straßen, um den Politikern ihre Forderungen zu präsentieren (1980 gab es 4.471 gemeldete Demonstrationen in der Bundesrepublik Deutschland). Dahinter steckt auch der positive Aspekt eines ausgeprägten politischen Bewußtseins einer Gruppe von Bürgern, die eine Bürokratisierung der Gesellschaft ablehnt, dem behördlichen und staatlichen Apparat mißtraut, auch gerade dann, wenn dieser vorgibt, im Namen der Bürger zu handeln, dabei aber häufig nur halbherzige Kompromisse eingeht. Fragen wie Bedrohung der Natur, Atomenergie, Wettrüsten aktivierten zunehmend Bürgerinitiativen sowie »grüne« und »alternative« Gruppierungen dort, wo die Antworten der etablierten Parteien unbefriedigend bleiben mußten. Als Partei wurden die »Grünen« zur vierten politischen Kraft, der zunächst der Einzug in mehrere Länderparlamente gelang, teilweise unter Verdrängung der

FDP mit dem Ergebnis einer politischen Patt-Situation. Mit der Bundestagswahl vom 6. März 1983 sind die »Grünen« auch in den Bundestag eingezogen.

Im Herbst 1982 vollzog sich in der Bundesregierung Deutschlands ein politischer Wechsel, der sich schon Monate vorher durch wachsende Meinungsverschiedenheiten zwischen den Koalitionspartnern SPD und FDP angekündigt hatte. Um einer Entlassung durch den Bundeskanzler zuvorzukommen, traten die vier FDP-Minister am 17. September von ihren Ämtern zurück. Die sozialliberale Koalition war auseinandergebrochen. Innerhalb der FDP, insbesondere innerhalb ihrer Bundestagsfraktion, war diese Entscheidung der Parteispitze umstritten. Am 1. Oktober 1982 wählte der Deutsche Bundestag auf dem Weg des konstruktiven Mißtrauensvotums gegen Bundeskanzler Helmut Schmidt den CDU-Vorsitzenden Helmut Kohl zum Kanzler, der zusammen mit der FDP eine konservativ-liberale Regierung bildete. Vorgezogene Bundestagswahlen am 6. März 1983 bestätigten diese Regierung mit folgendem Wahlergebnis in ihrem Amt: CDU/CSU 48,8 Prozent der abgegebenen Stimmen, SPD 38,2 Prozent, FDP 6,9 Prozent, Grüne 5,6 Prozent. Der neuen Regierung gehören u.a. folgende Minister an: Gerhard Stoltenberg, vorher CDU-Ministerpräsident von Schleswig-Holstein (Finanzen), Manfred Wörner, CDU (Verteidigung), Friedrich Zimmermann, CSU (Inneres), Hans-Dietrich Genscher, FDP (Äußeres), Otto Graf Lambsdorff, FDP (Wirtschaft).

Auf wirtschaftlichem Gebiet sind die sechziger und siebziger Jahre im wesentlichen gekennzeichnet von einer Stabilisierung der Aufbauleistung, wirtschaftlichem Wachstum, solider Sozialpartnerschaft und kostenaufwendiger Partnerschaft in der Europäischen Gemeinschaft. Freilich zeichnen sich auch – schon in der zweiten Hälfte der siebziger Jahre – die Grenzen des Wachstums ab. Die Auswirkungen der weltweiten Rezession erreichen auch die Bundesrepublik Deutschland. Daß das Land ihnen besser standhält als andere Industrienationen (geringere Inflationsraten, niedrigere Arbeitslosenziffern, weniger Streiks), setzt die Bundesrepublik Deutschland zwar in den Stand hohen internationalen Ansehens, vermag aber binnenwirtschaftlich nichts an der Beunruhigung der durch die Rezession unmittelbar Betroffenen zu ändern. Eine Politik, die sich überwiegend an wirtschaftlichen Kriterien orientieren zu müssen glaubte, wird dem Zwang ausgesetzt, wirtschaftlichen Einbrüchen wieder originär politisch begegnen zu müssen. Schon der deutsche Politiker und Industrielle Walter Rathenau (1867–1922) hatte erkannt: »Tatsächlich und normalerweise gelten neun Zehntel der politischen Tätigkeit den wirtschaftlichen Aufgaben des Augenblicks, der Rest den wirtschaftlichen Aufgaben der Zukunft.« Die Verflechtung von Wirtschaft und Politik, die Tatsache, daß immer mehr die weltweiten ökonomischen Probleme die Richtlinien der Politik bestimmen, tritt immer deutlicher in den Vordergrund. Dabei muß aber auch festgehalten werden, daß solch eine einseitig ökonomische Ausrichtung zwangsläufig zu kulturfeindlichen Tendenzen in der Gesellschaft führen kann.

Für den gemeinsamen Haushalt der Europäischen Gemeinschaft leistet heute die Bundesrepublik Deutschland den größten Beitrag. Er umfaßte im Jahr 1981 rund 50 Milliarden DM, 70 Prozent davon für den Agrarmarkt. Der Beitrag der Bundesrepublik Deutschland unterstützt die Landwirte durch Preisgarantien. Dabei kommt es aber auch zu unerwünschten Produktionsüberschüssen, deren Lagerung und Export wiederum subventioniert werden müssen. Auf der Haben-Seite stehen andererseits die gesicherte Lebensmittelversorgung der Bevölkerung, ein umfangreiches Angebot und – verglichen mit der Industrie – niedrige, aber relativ feste Einkommen in der Landwirtschaft.

Bei den positiven Aspekten der Europäischen Gemeinschaft im Vergleich zu den anderen Weltmärkten muß auch auf die Steigerung der Wirtschaftskraft für die EG-Mitgliedstaaten hingewiesen werden. So betrugen 1979 ihre Anteile an der Weltwirtschaftsleistung 21 Prozent, an den Weltwährungsreserven 33 Prozent, am Welthandel 34 Prozent und an der Weltentwicklungshilfe 31 Prozent. Das reale Bruttosozialprodukt je Einwohner ist von 7.910 DM (1957) auf 15.210 DM (1977) gestiegen. Ebenso ist der Binnenhandel innerhalb der Gemeinschaft von 30 Prozent (1958) auf 50 Prozent (1976) angewachsen. Parallel dazu entwickelte sich die Wirtschaft der Bundesrepublik Deutschland ausgesprochen exportorientiert. Ihre Exporte wuchsen zwischen 1960 und 1980 um das Siebenfache, wobei die westlichen Industrieländer die wichtigsten Handelspartner sind.

Diesen Erfolgsziffern innerhalb der Europäischen Gemeinschaft steht aber die Tatsache gegenüber, daß spätestens seit dem Schock der Ölkrise von 1973 und der daraus folgenden weltweiten Rezession sich auch in der Bundesrepublik Deutschland die Erkenntnis durchgesetzt hat, daß die industriewirtschaftliche Zivilisation nicht ohne Korrekturen und Reformen so fortgesetzt werden kann, wie sie bisher gelebt wurde, daß das bisherige linear-quantitative Wachstum auch in der Bundesrepublik Deutschland an seine Grenzen gelangt ist, daß neue, umweltgerechtere Technologien gefunden werden müssen, um das gestörte ökologische Gleichgewicht nicht noch weiter zu gefährden. Ansätze eines Begreifens dieser Situation sind zu registrieren. Viele Unternehmer wissen bereits, daß Produktionsrekorde nicht mehr das Hauptmotiv allen Wirtschaftens sein können.

Natürlich hat auch die Bundesrepublik Deutschland auf ihre Weise nicht »die klassenlose Gesellschaft« verwirklicht, wie dies Ludwig Erhard 1965 meinte. Als Bundeskanzler umschrieb Helmut Schmidt das Problem ein Jahrzehnt später besonnener: »Unsere Gesellschaft hat nicht den Charakter einer ›klassischen‹ Klassengesellschaft. Wohl aber gibt es immer noch zahlreiche Merkmale, die auf viele einzelne Menschen und auch auf einige Gruppen zutreffen und die etwas zu tun haben mit den wirtschaftlichen und sozialen Entwicklungschancen, auch mit der Einkommens- und Vermögensverteilung in unserem Land. Was da an Resten noch vorhanden ist, lebendig gebliebene Teile der alten Klassengesellschaft, muß durch fortschrittliche... Gesellschaftspolitik Schritt für Schritt verändert und für die betroffenen Menschen verbessert werden.« So gelten zum Beispiel rund sechs Millionen Bürger nach den sozialen Normen des Landes als arm – das sind etwa 10 Prozent der Bevölkerung. Manche Ungereimtheiten, wie das Mißlingen der Integration von drei Millionen Gastarbeitern und die steigende Arbeitslosigkeit, können sich in der Bundesrepublik Deutschland so auswirken, daß die Bindungen an das politische System sich lockern, daß Arbeitslose und sonst von der Krise betroffene Bürger dem Staat die Folgebereitschaft versagen.

Der Staat, Garant der sozialen Sicherung nach wie vor, hat das soziale Netz immer dichter geknüpft und an die sich rasch entwickelnde Wirtschaft seit den sechziger Jahren angeglichen. Höhepunkte dieser Entwicklung: die Einführung der dynamischen Rente (1957), die die Rentner an der wirtschaftlichen Entwicklung beteiligt, und Lohnfortzahlung bei Krankheit (1970), die bis dahin nur den Angestellten vorbehalten war. Gleichwohl: In der Produktions- und Arbeitswelt des marktwirtschaftlichen Systems werden die sozial Schwächeren immer noch benachteiligt. Hatte der Staat früher lediglich Allgemeinbildung, Volksgesundheit, Armenversorgung etc. als soziale Verpflichtungen im Blick, so sind heute die Versorgung und Betreuung der Bürger zu einem zentralen Gegenstand der weiteren Wirtschaftsentwicklung geworden. Fachleute behaupten, daß sich das noch im Aufbau befindliche multinationale Wirtschaftssystem nicht trotz, sondern gerade durch die sozialen Probleme, die es hervorbringt, entwickelt. Sozialstaatlichkeit und Wirtschaftsstaatlichkeit sind also miteinander verknüpft und aufeinander angewiesen.

Die Spannweite der kulturellen Bewegungen und Strömungen in der Bundesrepublik Deutschland ist zwischen Protest und Stagnation, zwischen Revolution in den sechziger und Restauration in den achtziger Jahren angesiedelt, wobei das restaurative Element in der unmittelbaren Gegenwart mehr von der Sehnsucht nach dem Bewahren traditionell gewachsener Werte als von krassen reaktionären Tendenzen geprägt ist.

Von den Hochschulen ging in den sechziger Jahren der Protest der Jugend gegen verkrustete und antidemokratische Verhaltensmuster in der Spitze eines längst überholten Bildungswesens aus. Den Studenten fiel die Funktion eines Katalysators in einem Prozeß zu, der Diskussionen einleitete, welche zu Entscheidungen drängten, wenngleich dies natürlich noch nichts über die Stichhaltigkeit ihrer Argumente selbst aussagt. Läßt man einmal die Impulse beiseite, die von außen, beispielsweise aus Berkeley (Kalifornien) gekommen waren, so zeigte sich als eine der wesentlichen Ursachen für den Kampf um die Hochschulreformen der Widerspruch, der zwischen der »Idee der deutschen Universität« bestand, wie sie von Alexander von Humboldt und anderen liberalen Köpfen zu Beginn des 19. Jahrhunderts formuliert worden ist, und der konkreten Wirklichkeit, mit der alle Angehörigen der Universität in den sechziger Jahren konfrontiert waren.

Die beiden Leitbegriffe der von Humboldt konzipierten Universität heißen Einsamkeit und Freiheit. Davon hatte der Wandel der Gesellschaft und der Universität nicht viel übriggelassen. Aus einer platonischen Akademie war ein Riesenunternehmen geworden, aus einer

übersichtlichen Institution, in der der stete Dialog zwischen Lehrenden und Lernenden gepflegt wurde, hatte sich eine Ansammlung von mehr oder weniger unverbundenen Fachschulen entwickelt. Der Siegeszug der Wissenschaften, vor allem der Naturwissenschaften, die immer weiter getriebene Spezialisierung der Einzelwissenschaften, damit verbunden die enorme Zunahme der Informationen, die es zu verarbeiten galt, schließlich der Verfall der Philosophie als Grundlage der Bildung sind weitere Elemente dieses Wandels. Die Universität wurde zu einem Massenbetrieb, die Einheit von Forschung und Lehre zerbröckelte. Bildung im humanistischen Sinne kann man heute auch von den Vollakademikern nicht mehr erwarten, an ihre Stelle tritt die Berufsvorausbildung während des Studiums.

Und die Humboldtschen Leitbegriffe der Universität? Die Einsamkeit der Lernenden war zu einer fruchtlosen, Neurosen fördernden Kontaktlosigkeit geworden, die Freiheit erstickte in Verwaltungsarbeit, in Massenandrang und in einer Inflation von Prüfungsmechanismen.

Noch 1950 erwarben nur 6 Prozent eines Altersjahrgangs die Hochschulreife, 1979 waren es schon 20 Prozent. Die Zeit der Hochschulreformen in den sechziger und siebziger Jahren, während der die »Studentenrevolte« in der Bundesrepublik Deutschland zur »Außerparlamentarischen Opposition« eskalierte, führte zum Aus- und Neubau von Hochschulen, zur Reform der Hochschulverfassungen und zur Umstrukturierung bisheriger Einrichtungen. Die Planungs- und Finanzierungszuständigkeit wurde ab 1969 zur Gemeinschaftsaufgabe von Bund und Ländern. Im Jahre 1976 gaben die öffentlichen Haushalte rund 59 Milliarden DM für Bildung und Wissenschaft aus, das sind 5,3 Prozent des Bruttosozialprodukts (Verteidigungsausgaben im selben Jahr 2,9). Jeder Student kostete 1976 etwa 12.000 DM, wobei der Bund 9 und die Länder 91 Prozent trugen. Aus diesen Gründen erklärt sich auch die begrenzte

Aufnahmekapazität der Hochschulen und die trotz sinkender Studienbereitschaft immer noch bestehenden Zulassungsbeschränkungen. 1973 bewarben sich noch 89 Prozent aller Abiturienten und Fachoberschulabsolventen um einen Studienplatz, 1980 waren es lediglich noch 68 Prozent. Mögliche Ursache dafür sind wohl Prognosen über schlechte Berufsaussichten und die in wichtigen Fachbereichen langen Wartezeiten auf Studienplätze.

Das Bibliothekswesen in der Bundesrepublik Deutschland ist heute weitverzweigt in rund 9.000 öffentliche Bibliotheken (ohne Instituts-, Werks-, Krankenhaus- und Behördenbibliotheken), wovon allein die 89 wissenschaftlichen Bibliotheken über einen Gesamtbestand von knapp 76 Millionen Bänden verfügen. Die beiden größten Bibliotheken sind die Bayerische Staatsbibliothek in München und die Staatsbibliothek Preußischer Kulturbesitz in Berlin (West) mit (1978) 4,2 Millionen bzw. 2,9 Millionen Bänden. Die Deutsche Bibliothek in Frankfurt wurde 1969 in eine Bundesanstalt umgewandelt und sammelt vor allem die deutschsprachige Literatur nach 1945 (1980 allein in der Bundesrepublik Deutschland 67.176 Buchtitel). Sie hat sich auch um die Erforschung der erst spät wiederentdeckten »Exil-Literatur« mit einer wichtige Anstöße gebenden Ausstellung im Jahre 1965 verdient gemacht – ebenso wie das bedeutsame Deutsche Literatur-Archiv in Marbach am Neckar. Dort wurden auch mit großen Ausstellungen 1968 der 100. Geburtstag Stefan Georges und 1970 der 200. Geburtstag Hölderlins gefeiert. Bedeutende Bibliotheksneubauten entstanden in der zweiten Hälfte der siebziger Jahre (Niedersächsische Landesbibliothek Hannover, Universitätsbibliothek Freiburg). 1977 wurde der von Hans Scharoun (s. 1957) entworfene Neubau der Staatsbibliothek Berlin fertiggestellt. Hier wie auch bei anderen Bibliotheksneubauten und -erweiterungen finden sich die Kriterien eines modernen Bibliotheks-

wesens verwirklicht: Strukturierung zentraler Fach- und Spezialbibliotheken, kooperative Erwerbung und Katalogisierung, Einsatz der Elektronischen Datenverarbeitung für die Katalogisierung, alles mit dem Ziel eines »nationalen Informationsverbunds«. Koordinierend wirkt dabei auch das Deutsche Bibliotheksinstitut, das 1978 in Berlin (West) als Forschungsinstitut gegründet wurde. Diesen Tendenzen zu Modernisierung und struktureller Innovation steht der Trend zu drastischen Etatkürzungen bei den Budgets der Bibliotheken im Zuge allgemeiner Sparmaßnahmen der öffentlichen Hände entgegen – 1982 um durchschnittlich 30 Prozent – die die Erwerbspolitik und damit die Kontinuität der Bestände öffentlicher Bibliotheken empfindlich treffen.

In einem Land, das jedes Jahr mehr als zweihundert verschiedenartige Kultur- und Literaturpreise verteilt, ist das Buch- und Verlagswesen ein entscheidender Faktor in der Kulturlandschaft. So ist die jährliche Internationale Buchmesse in Frankfurt am Main die bedeutendste Veranstaltung dieser Art für die ganze Welt. Sie wird von fast allen buchproduzierenden Ländern in Ost und West und aus allen Kontinenten beschickt. Auf der 32. Frankfurter Internationalen Buchmesse 1980 waren 5.216 Verlage aus 95 Ländern vertreten; allein aus der Bundesrepublik Deutschland stellten 1.352 Verlage ihre neuen Bücher vor. Insgesamt wurden 1980 in Frankfurt (Schwerpunktthema »Afrika«) rund 285.000 Buchtitel gezählt, davon waren etwa 86.000 Neuerscheinungen. Die 34. Frankfurter Internationale Buchmesse 1982 (Schwerpunktthema »Religion«) brachte zwar weitere Rekordzahlen, stand aber auch im Zeichen der allgemeinen Rezession, die auch das Buch- und Verlagswesen trifft und besonders seit 1981 große wie kleine Verlage zu Umstrukturierungen und Sparprogrammen zwingt, um den rückläufigen Trend im Buchabsatz aufzufangen.

Ein Jubiläum wie der im September 1981 gefeierte 20. Geburtstag des Deutschen Taschenbuch Verlages in

München, der von einer Gruppe unabhängiger Verlage (Artemis, Beck, Biederstein, DVS, Hanser, Hegner, Insel, Kiepenheuer, Kösel, Nymphenburger, Piper und Walter) 1961 gegründet und von dem ehemaligen Programmdirektor von Radio Bremen, Heinz Friedrich, bis heute erfolgreich geführt wird, läßt für die Zukunft des Buchgeschäftes weiterhin hoffen, signalisiert aber auch den Trend zum billigen Taschenbuch für die Masse der Buchkäufer. Dabei liegt (1982) der Anteil der Originalausgaben, die von den Taschenbuchverlagen herausgebracht werden, bereits über 50 Prozent. Das bedeutet, daß viele Bücher, wie in anderen Ländern auch, die Hardcover-Version überspringen. Noch 1979 war die Bundesrepublik Deutschland nach den USA und der UdSSR der drittgrößte Buchproduzent mit 62.082 Titeln, darunter waren 7.464 Taschenbuch-Neuerscheinungen. Der Gesamtumsatz von Büchern und Zeitschriften belief sich 1979 auf 7,215 Milliarden DM, davon entfielen 780 Millionen DM auf Zeitschriften. Exportiert wurden im Jahr 1980 Bücher, Zeitungen, Zeitschriften, Noten und kartographische Erzeugnisse im Gesamtwert von 1,445 Milliarden DM in 160 Länder; aus 103 Ländern wurden Druckerzeugnisse im Wert von 622,9 Millionen DM importiert, wobei die wichtigsten Handelspartner der Bundesrepublik Deutschland Österreich und die Schweiz waren.

Wie in keinem anderen kulturellen Bereich haben sich vor allem in der Literatur die Veränderungen des gesellschaftlichen Bewußtseins von den sechziger Jahren bis heute ausgewirkt. Als neue Aufgabe des Schriftstellers wurde seine Verpflichtung gegenüber der Gesellschaft erkannt und damit die politische Wirkung von Literatur neu diskutiert. Bezeichnend für diese Veränderung ist beispielsweise die damals noch etablierte »Gruppe 47«, deren Bedeutung der junge Peter Handke (geb. 1942) 1966 auf der Tagung in Princeton als einseitige »Beschreibungsliteratur« kritisierte. Sie löste sich

danach erstaunlich rasch auf, wobei ihre Mitglieder sich in ein breites Spektrum linker und liberaler Positionen mit oft sehr gegensätzlichen Standpunkten zersplitterten.

Die wichtigsten Literatur-»Ereignisse« waren (in der chronologischen Reihenfolge ihres Erscheinens): »Das dreißigste Jahr« von Ingeborg Bachmann (1961); »Das dritte Buch über Achim« von Uwe Johnson, »Lebensläufe« von Alexander Kluge, »Fluchtpunkt« von Peter Weiss (alle 1962); »Ansichten eines Clowns« von Heinrich Böll, »Hundejahre« von Günter Grass, »Stadtgespräch« von Siegfried Lenz und »Irrlicht und Feuer« von Max von der Grün (alle 1963); »Textbuch 4« von Helmut Heissenbüttel, »Felder« von Jürgen Becker, »Schlachtbeschreibung« von Alexander Kluge (alle 1964); »Das Waisenhaus« von Hubert Fichte und »Tynset« von Wolfgang Hildesheimer (1965); »Anlässe und Steingärten« von Günter Eich, »Gelächter von außen« von Oskar Maria Graf, »Die Hornissen« von Peter Handke, »Das Einhorn« von Martin Walser, »und Vietnam und« von Erich Fried (alle 1966); »Atemwende« von Paul Celan und »Die Sternenreuse« von Peter Huchel (1967); »Deutschstunde« von Siegfried Lenz, »Maulwürfe« von Günter Eich, »Bottroper Protokolle« von Erika Runge (alle 1968); »Örtlich betäubt« von Günter Grass, »Das Familienfest« von Peter Härtling, »reden und ausreden« von Yaak Karsunke, »13 unerwünschte Reportagen« von Günter Wallraff und »Die Schattengrenze« von Dieter Wellershoff (alle 1969).

Seit 1970, nach der anfänglich euphorischen Aufbruchstimmung mit der neuen SPD-FDP-Koalition und Willy Brandts »mehr Demokratie wagen«, ist in den nachfolgenden siebziger Jahren auch literarisch eine Wende zur Ernüchterung und zum Pragmatismus zu beobachten, eine Art Tendenzwende vom politisch-gesellschaftlichen Engagement zur Besinnung auf subjektives, sogar rückwärtsgewandtes Erzählen mit distanzierter Erinnerung an Kriegs- und Nachkriegszeit, Aufarbeiten geschichtlicher Stoffe, wobei sich wichtige Autoren immer mehr zu einem stärkeren Identitätsbewußtsein bekennen. Eine autobiographisch geprägte Erzählweise wird seit einigen Jahren auch bei mehr und mehr weiblichen Autoren beobachtet, die mit der Frauenemanzipations-Bewegung möglicherweise eine spezifische Form von Frauenliteratur hervorbringen könnte.

Diese Tendenzen finden sich bis in die jüngste Gegenwart. Auch sie lassen sich an den Titeln wichtiger literarischer Neuerscheinungen (ab 1970) verfolgen: »Eine Art Tagebuch 1967-1970« von Luise Rinser und »Zettels Traum« von Arno Schmidt (1970); »Gruppenbild mit Dame« von Heinrich Böll und »Tadellöser und Wolff« von Walter Kempowski (1971); »Aus dem Tagebuch einer Schnecke« von Günter Grass, »Der kurze Brief zum langen Abschied« von Peter Handke, »Deutsche Suite« von Herbert Rosendorfer, »Uns geht's noch Gold« von Walter Kempowski (alle 1972); »Stellenweise Glatteis« von Max von der Grün, »Lenz« von Peter Schneider, »Die Elephantenuhr« von Walter Höllerer (alle 1973); »Die verlorene Ehre der Katharina Blum« von Heinrich Böll, »Eine Frau« von Peter Härtling, »5 Tage im Juni« von Stefan Heym (alle 1974); »Die Mutter« von Karin Struck und »Häutungen« von Verena Stefan (1975); »Die linkshändige Frau« von Peter Handke, »Hölderlin« von Peter Härtling, »Jugend« von Wolfgang Koeppen (alle 1976); »Der Butt« von Günter Grass, »Lieben« von Karin Struck, »Das Gewicht der Welt« von Peter Handke, »Der letzte Biss« von Otto Jägersberg, »Die gerettete Zunge« von Elias Canetti (alle 1977); »Ein fliehendes Pferd« von Martin Walser, »Aus großer Zeit« von Walter Kempowski, »Heimatmuseum« von Siegfried Lenz, »Der Schattenfotograf« von Wolfdietrich Schnurre, »Der Untergang der Titanic« von Hans Magnus Enzensberger (alle 1978); »Fürsorgliche Belagerung« von Heinrich Böll, »Zeit ohne Glocken« von

Horst Bienek, »Die Fälschung« von Nicolas Born, »Flächenbrand« von Max von der Grün, »Paarlauf« von Gabriele Wohmann, »Haltbar bis Ende 1999« von Peter Rühmkorf (alle 1979); »Die Flucht nach Abanon« von Hans Werner Richter, »Kopfgeburten oder Die Deutschen sterben aus« von Günter Grass, »Die Fackel im Ohr« von Elias Canetti (alle 1980); »Das Haus oder Balsers Aufstieg« von Rudolf Hagelstange, »Schöne Aussicht« von Walter Kempowski, »Ahasver« von Stefan Heym, »Erfinder des Glücks« von Hannelies Taschau (alle 1981); »Erde und Feuer« von Horst Bienek und »Eis auf der Elbe« von Ingeborg Drewitz (1982). Neben diesen Tendenzen in wichtigen Bereichen der Literatur entwickelt sich, im gleichen Zeitraum, ein starker Trend zum Sachbuch aller populärer Wissensbereiche.

Auch auf dem Theater war in den sechziger Jahren eine Politisierung mit Hilfe von geschichtlichen und zeitgeschichtlichen Themen festzustellen. Unter dem neuen Intendanten Erwin Piscator wurde an der Freien Volksbühne in Berlin (West) 1963 Rolf Hochhuths erstes Schauspiel »Der Stellvertreter« uraufgeführt, das die Haltung des Vatikans zur nationalsozialistischen »Endlösung der Judenfrage« behandelt. Ebenfalls unter Piscator kam 1964 Heinar Kipphardts Stück »In der Sache J. Robert Oppenheimer« heraus, das die Verantwortung des Atomphysikers für seine wissenschaftliche Arbeit zum Thema hat. Peter Weiss brachte 1965 in seinem Schauspiel »Die Ermittlung« den Frankfurter Auschwitz-Prozeß auf die Bühne, danach 1968 den Vietnamkrieg der USA in »Vietnam Diskurs«. Günter Grass beschrieb 1966 die Rolle Bert Brechts während des Arbeiteraufstands in Berlin (Ost) vom 17. Juni 1953 in »Die Plebejer proben den Aufstand« und 1969 den Verlauf der Studentenunruhen in der Bundesrepublik Deutschland in »Davor«. Rolf Hochhuth zeigte 1967 Churchills und Englands Rolle bei der Bombardierung Dresdens in »Soldaten«, Tankred Dorst rekonstruierte 1968 Szenen der deutschen Revolution von 1918/19 in seinem Stück »Toller« und Hans Magnus Enzensberger 1970 die kubanische Revolution in »Das Verhör von Habana«.

Seit den siebziger Jahren beherrschen dann nicht mehr so sehr Zeitgeschichte und Politik die Bühne, sondern die bedrängende Alltagsrealität, teilweise in der Tradition sozialkritischer Volksstücke. Diese Entwicklung beginnt mit Peter Handkes »Publikumsbeschimpfung« (1966), mit »Kaspar« vom selben Autor (1967) und mit Rainer Werner Fassbinders frühem Stück »Katzelmacher« (1968), das erstmals das Gastarbeiter-Problem aufgreift. Wichtig auch die Stücke von Martin Sperr »Jagdszenen aus Niederbayern« (1966) und von Franz Xaver Kroetz: »Wildwechsel« (1970), »Stallerhof« (1972), »Wunschkonzert« (1972) und »Mensch Meier« (1978). Schließlich gehören hierher noch die erfolgreichen Stücke »Die Eiszeit« von Tankred Dorst und »Die neuen Leiden des jungen W.« des DDR-Schriftstellers Ulrich Plenzdorf (1973), das »Sauspiel« von Martin Walser und »Der Prozeß« von Peter Weiss (1975) und schließlich »Merlin« von Tankred Dorst (1981).

Nach dem Stand der Spielzeit von 1978/79 unterhalten 74 Gemeinden in der Bundesrepublik Deutschland eigene Theater mit insgesamt 225 Spielstätten. Diese Staats- (Landes-) und Stadttheater bieten alle Sparten des herkömmlichen Kulturtheaters an (Oper, Ballett, Operette, Musical, Schauspiel und Konzert), Repertoiretheater, die täglich das Programm wechseln. Weitere 83 Privattheater in 26 Gemeinden der Bundesrepublik Deutschland ergänzen das öffentliche Angebot mit Schauspielbühnen. Daneben existieren mehr als tausend kleine Privattheater, Theatergruppen und Kleinkunstbühnen mit häufig avantgardistischen Programmen. Öffentliche und zum Teil auch die Privattheater werden von Ländern und Gemeinden mit jährlich etwa 1,2 Milliarden DM subventioniert, was pro Besucher

umgerechnet einen Zuschuß von etwa 62 DM ausmacht.

Der neue deutsche Film, dessen weltweiter Erfolg sich erst 1979 mit Rainer Werner Fassbinders »Die Ehe der Maria Braun« einstellte, hat seit den sechziger Jahren eine lange, von vielen Rückschlägen begleitete Entwicklung hinter sich, die bis heute noch nicht abgeschlossen ist. Von dem »Oberhausener Manifest« (1962), in dem es – vergleichbar mit der französischen »Nouvelle Vague« – hieß: »Der alte Film ist tot. Wir glauben an den neuen!«, bis heute steckten folgende wichtigen Filme diese Entwicklung ab: »Das Brot der frühen Jahre« von Herbert Vesely (1961); »Es« von Ulrich Schamoni, »Schonzeit für Füchse« von Peter Schamoni, »Der junge Törless« von Volker Schlöndorff (alle 1965); »Abschied von gestern« von Alexander Kluge und »Mahlzeiten« von Edgar Reitz (1966); »Tätowierung« von Johannes Schaaf, »Mädchen – Mädchen« von Roger Fritz, »Katz und Maus« von Hansjürgen Pohland, »Zur Sache, Schätzchen« von May Spils (alle 1967); »Die Artisten in der Zirkuskuppel: ratlos« von Alexander Kluge, »Jagdszenen aus Niederbayern« von Peter Fleischmann (nach Martin Sperrs Bühnenstück), »Chronik der Anna Magdalena Bach« von Jean-Marie Straub (alle 1968); »Katzelmacher« und »Liebe - kälter als der Tod« von Rainer Werner Fassbinder und »Ich bin ein Elefant, Madame« von Peter Zadek (1969); »Händler der vier Jahreszeiten« von Rainer Werner Fassbinder und »Der große Verhau« von Alexander Kluge (1971); »Traumstadt« von Johannes Schaaf (1973); »Effi Briest« und »Angst essen Seele auf« von Rainer Werner Fassbinder (1974); »Die verlorene Ehre der Katharina Blum« von Volker Schlöndorff und »Falsche Bewegung« von Wim Wenders (1975); »Der amerikanische Freund« von Wim Wenders (1977); »Lina Braake« von Sinkel/ Brustellin, »Nosferatu« von Werner Herzog, »Die Blechtrommel« von Volker Schlöndorff (alle 1978);

»Berlin Alexanderplatz« (TV-Serie) von Rainer Werner Fassbinder, »Messer im Kopf« von Reinhard Hauff, »Lena Rais« von Christian W. Rischert und Manfred Grunert, »Schwestern oder Die Balance des Glücks« von Margarete von Trotta, »Die Patriotin« von Alexander Kluge, »Deutschland im Herbst« (Episodenfilm) (alle 1979); »Lili Marleen« von Rainer Werner Fassbinder (1981); »Parsifal« von Hans-Jürgen Syberberg (1982).

Wichtigster Partner des Films ist heute, neben der Staatlichen Filmförderung, das Fernsehen, das auf dem Weg der Koproduktion den Film unterstützt; hierfür sind Abkommen zwischen der Filmwirtschaft und den TV-Anstalten der Bundesrepublik Deutschland getroffen worden. Nach anfänglichen Rivalitäten zwischen Kino und Fernsehen werden seit Mitte der siebziger Jahre wieder mehr Kinokarten verkauft. Eine ganze Reihe von den jüngeren deutschen Filmregisseuren ist sogar durch Arbeiten für das Fernsehen erst bekannt und existenzfähig geworden. Andere Filmsparten wie etwa der Dokumentarfilm, Feature und die leichte Unterhaltung sind inzwischen filmisch fast ganz vom Fernsehen übernommen worden, lassen qualitativ aber immer noch viele Wünsche offen.

Erstaunlich stark sind in den letzten Jahrzehnten die Museen mit einem umfangreichen Angebot an attraktiven Ausstellungen in den Vordergrund getreten, nachdem die föderale Struktur des Kulturlebens in der Bundesrepublik Deutschland zwangsläufig die Museums-Neubauten — entsprechend der Bevölkerungsdichte — auf alle Bundesländer gleichmäßg verteilte, zusätzlich zu den vorhandenen und den nach dem Zweiten Weltkrieg wiederaufgebauten Museen. Bemerkenswert dabei ist, daß Pläne und Ausführungen solcher Neubauten nicht nur in Fachkreisen, sondern gerade auch von einer breiten Öffentlichkeit diskutiert wurden, so die der Museen von Neuss und Mönchengladbach, des Römisch-Germanischen Museums und des Ostasiatischen Museums in Köln, der Staatsgalerie in Stuttgart, der Neuen Pinakothek in München (größter Museumsbau der Nachkriegszeit für 104,7 Millionen DM, nach 6 Jahren Bauzeit 1981 eröffnet) sowie des Völkerkundemuseums, des Bauhausarchivs und des Gropius-Baus (ehem. Kunstgewerbemuseum) in Berlin (West). Gleiches gilt für die großen neuen Bauvorhaben in Köln (neben dem Kölner Dom soll dort 1985 ein neuer Museumsbau eröffnet werden) und Frankfurt am Main und ebenso für den Plan, in Bonn eine Bundeskunsthalle zu errichten.

Mäzene großen Stils, die ihren privaten Kunstbesitz in öffentliches Eigentum umwandelten, haben sich um die Museen verdient gemacht. Stellvertretend seien genannt: Karl Ernst Osthaus (Hagen), Josef Haubrich (Köln), Karl Ströher (Darmstadt), Bernhard Sprengel (Hannover), Kasimir Hagen (Bonn/Köln) und Peter Ludwig (Aachen), der mit 17 Museen in der Bundesrepublik Deutschland und im Ausland kooperiert, denen er Dauerleihgaben zur Verfügung stellt. Das Ansteigen der Besucherzahlen geht mit der wachsenden Zahl der Museen konform: innerhalb der siebziger Jahre hat sich die Zahl von rund 17 Millionen (1969) auf 38,5 Millionen (1979) mehr als verdoppelt.

Leider wirkte sich die wachsende Beliebtheit von Museen und Ausstellungen nicht auf die wirtschaftliche Situation der Maler und Bildhauer in der Bundesrepublik Deutschland aus, also auf die schöpferischen Vertreter der bildenden Künste. Obwohl es bei uns rund 50 staatliche oder kommunale Museen und Institute gibt, die moderne Kunst zeigen, und über 260 Museen, Kunsthallen und Kunstvereine, die ständig oder periodisch zeitgenössische Kunst ausstellen, betreffen die Neuerwerbungen der Museen nur einen kleinen Teil der großen Künstlerschar in der Bundesrepublik Deutschland, die sich in den vorhandenen Markt im In- und Ausland teilen müssen. Viele Künstler üben eine Nebenerwerbstätigkeit aus, vornehmlich als Kunsterzieher. Die öffentliche Hand ist ständig um eine Verbesserung der sozialen Lage der Künstler bemüht. In der Regel werden auch öffentliche Zuschüsse für Ausstellungen in kleinem oder großem Rahmen gegeben, wobei als herausragend im Bereich der modernen Kunst die seit 1955 alle vier bzw. fünf Jahre in Kassel stattfindende »documenta« genannt werden muß, die wie ein Seismograph den Stand der Entwicklung und Tendenzen der aktuellen Kunstszene in aller Welt aufzeigt.

Im Bereich der Kunst in der Bundesrepublik Deutschland haben sich seit der zweiten Hälfte der sechziger Jahre abstrakte und gegenständliche Tendenzen annähernd gleichermaßen fortentwickelt. Zwischen diesen beiden Polen ist bis heute eine große Spannweite an verschiedensten Ausdrucksformen zu beobachten, und selbst im Werk einzelner Künstler finden sich oft mehrere Richtungen. Auffallend ist dabei, daß sich bei den Realisten viel stärker als bei den Vertretern anderer Kunststile regelrechte regionale Schwerpunkte feststellen lassen. Im Rheinland dominiert beispielsweise der magisch-figurative Realismus, ebenso in Hamburg, während in Berlin (West) vor allem der kritische Realismus vertreten ist. Happenings und ähnliche Aktionen haben seit den sechziger Jahren die alten Darstellungspraktiken der Künstler am stärksten in Frage gestellt. Heute zielen sie aber nicht mehr so sehr auf die Demonstration eines Werkes ab, sondern mehr auf die Inszenierung einer künstlerischen Aktion mit Beteiligung des Publikums. Rund 110 verschiedene Kunstpreise, Stipendien und Stiftungspreise im weiten Bereich der bildenden Kunst werden in der Bundesrepublik Deutschland jährlich vergeben und beleben die Kunstszene nachhaltig. Seit 1980 fördert der neugegründete Kunstfonds e.V., eingerichtet mit den ursprünglich für die Deutsche Nationalstiftung vorgesehenen Geldern, die zeitgenössische bildende Kunst und unterstützt In-

itiativen, die Interesse und Verständnis für die Kunst wecken wollen. Über die Vergabe der Gelder – zunächst wurden vom Bundesminister des Innern 1980 1 Million DM zur Verfügung gestellt, 1981 weitere 4 Millionen – entscheiden mehrheitlich die in den Vertretungen der deutschen Künstler (Bundesverband bildender Künstler, Deutscher Künstlerbund) organisierten Künstler selbst.

Die Entwicklung von Wissenschaft, Forschung und Technologie seit 1960 ist von zweierlei Kriterien geprägt: Kooperation auf nationalem und internationalem Gebiet und einer ungeahnten Verstärkung der Anstrengungen in Forschung und Entwicklung. Freie Forschungsanstalten und vergleichbare Einrichtungen der Industrie arbeiten häufig Hand in Hand. Am Beispiel der Insulin-Forschung: Nachdem an der Technischen Hochschule Aachen 1964 die synthetische Herstellung des Insulins gelang, führt der Weg zur technischen Synthese über die Verbindung der Schwefelbrücken der beiden Aminosäureketten des Insulins. Die Lösung dieses Problems liefern 1972 die Labors der chemischen Industrie. Schon 1973 gelingt nun den Aachenern die Insulinsynthese in klinisch brauchbaren Mengen. Bedeutende Ergebnisse der Forschung sind nur noch selten als herausragende Einzelleistungen zu identifizieren. Selbst der Nobelpreis als weltweit bedeutendste individuelle Auszeichnung markiert diesen Trend zunehmend. Es ist der Trend zur internationalen Kooperation. Der Nobelpreis für Physik 1961 für Rudolf Mößbauer (geb. 1929) bezog sich noch auf eine wissenschaftliche Einzelleistung (»Mößbauer-Effekt«, die Entdeckung der rückstoßfreien Gammastrahlenemission), ähnlich der 1963 an Maria Goeppert-Mayer (1906–1972) und J. H. D. Jensen (1907–1973) verliehenen Physiknobelpreise für das Schalenmodell des Atomkerns. Aber, ebenfalls 1963, teilt sich Karl Ziegler (s. 1954) den Chemienobelpreis schon mit dem Italiener Giulio Natta für die Entwicklung der Kunststoff-Chemie; 1964 erhält Feodor

Lynen den Medizinnobelpreis zusammen mit dem Amerikaner Konrad E. Bloch für Arbeiten über den Fettstoffwechsel; 1967 bekommen den Chemienobelpreis Manfred Eigen und seine britischen Kollegen Ronald G. W. Norrish und George Porter für die Untersuchung schnell ablaufender chemischer Reaktionen; dann 1969 erhält der in Amerika lebende Biologe Max Delbrück (geb. 1906) den Medizinnobelpreis für die Erforschung der Bakteriophagen gemeinsam mit seinem amerikanischen Kollegen Alfred D. Hershey (geb. 1908) und dem in den USA lebenden Italiener Salvador E. Lusia (geb. 1912). Auch den Chemienobelpreis, den der Deutsche Georg Wittig (geb. 1897) 1979 für Fortschritte in der Synthese organischer Naturstoffe, z.B. des Vitamin A, verliehen bekam, teilt er mit seinem amerikanischen Forschungskollegen Herbert C. Brown (geb. 1912).

Wesentliche Leistungen, etwa auf den Gebieten der Herzmedizin und Gen-Forschung (Kunststoffherz, Transplantation, Immunbiologie, Gensynthese) und der radiologischen Geschwulstbekämpfung (Röntgen- und Gammastrahlung mit mehr als 1 Mio. Elektronenvolt) sind möglich, wenn internationale Informationen gesammelt und ausgewertet werden können. In der Bundesrepublik Deutschland befindet sich die weltgrößte biomedizinische Datenbank, die über 4.000 wissenschaftliche Zeitschriften auswertet und ihre Informationen speichert, Informationen wie die des Hamburger Elektronen Synchrotons DESY, dem 1977 die Entdeckung eines Elementarteilchens (»F-Meson«) gelang und das 1978 den 2,3 km langen Speicherring »Petra« für 19 Mrd. e-Volt-Elektronen in Betrieb nahm, der Arbeiten Helmut Metzners über Lichtquantentheorie (1968) wie die der Physikalisch-Technischen Bundesanstalt, die 1972 ein hydraulisches Kraftnormal von ca. 1,5 Millionen kp (das sind 1.500 Tonnen Gesamtgewicht) realisierte, gehen ebenso in die Bereiche internationaler Forschung ein wie der Nachweis extragalaktischen Was-

sers in 2,2 Mio. Lichtjahren Entfernung durch das Radioteleskop in der Eifel (1977). Gerade Astronomie und Meeresforschung sind derzeit Domänen deutscher Forschung in internationaler Kooperation. Ebenso die Antarktisforschung. Dem Max-Planck-Institut für Astronomie gelingt 1976 der Nachweis einer Nachbargalaxie der Milchstraße.

Daneben stehen Einzelleistungen, wie die Bemühungen Thomas Barthels um die Entzifferung der Inkaschrift, oder Leistungen der Industrie, etwa auf dem Gebiet der Elektronik (TV-Bildplatte durch Telefunken, 1970; Laserstrahlabtastung von Schallplatten, 1978; Glasfaserverkabelung für Telefonanschlüsse, 1979 erstmals in Europa).

Dieser Entwicklung entsprechen die verstärkenden Maßnahmen der Bundesregierung und der für die öffentlichen Forschungsinstitute Verantwortlichen. Mit der »Stiftung Volkswagenwerk zur Förderung von Wissenschaft und Technik«, der Stiftung aus Mitteln eines überwiegend staatlich gelenkten Unternehmens, wurde 1961 ein Signal gesetzt. 1973 schuf die Bundesregierung ein »Bundesministerium für Forschung und Technologie«. Die »Max-Planck-Gesellschaft« gründete neue Institute: 1960 das Institut für Dokumentationswesen. Neben dem 1961 gegründeten Rechenzentrum in Darmstadt unterstreicht es die Bedeutung der EDV für die Wissenschaft. 1961 gibt es noch 360 Fachdokumentationsstellen in der Bundesrepublik Deutschland. Die Notwendigkeit dieser Gründungen war evident. Weitere Max-Planck-Institute: 1965 Institut für Plasmaphysik in Garching bei München (erreicht durch kondensierte elektronische Entladung Temperaturen bis 60 Mio. Grad), 1969 Institut für Astronomie in Heidelberg, 1971 Institut für molekulare Genetik, 1976 Institut für Festkörperchemie in Stuttgart. An den Münchner Max-Planck-Instituten klären Forscher auf der Basis von 359 Nuklein-Säurebasen den Aufbau eines Viroids (»Nackter Virus«) auf (1978) oder messen die chemischen Reaktionen der Nervenerregungen mit zweimilliardstel Sekunden Genauigkeit (1979). Der Gesamtetat der Max-Planck-Gesellschaft belief sich 1979 auf 597 Mio. DM bei 2.092 Stellen für Wissenschaftler, 1980 schon auf 844 Mio. DM bei rd. 4.000 Wissenschaftlern (insgesamt ca. 10.000 Beschäftigte). Die 1970 gegründete Arbeitsgemeinschaft der Großforschungseinrichtungen hatte 1980 16.000 Mitarbeiter, davon ca. 4.000 Wissenschaftler. Der Jahresbetrag belief sich auf 1,6 Mrd. DM.

Mit diesen kurzen Anmerkungen über die Leistungen der Wissenschaft und die Leistungen für die Wissenschaft sind wir ans Ende unserer kurzgefaßten Kulturgeschichte gekommen, die den Zeitraum von 1860 bis zur Gegenwart umgrenzt. Es seien aber noch einige abschließende Bemerkungen erlaubt.

Angesichts der Sorgen der achtziger Jahre, mit denen sich die Bundesrepublik Deutschland und ihre europäischen Nachbarn auseinandersetzen müssen, so etwa mit der Furcht der Menschen vor Krieg, vor ökologischem Untergang oder Arbeitslosigkeit, sollten wir uns nicht nur auf die »völkerverbindende« Rolle der Kultur besinnen, sondern vor allem auf die noch viel wichtigere Aufgabe, vor dem Hintergrund der gemeinsamen Geschichte Europas und seiner kulturellen Entwicklung

die Realitäten der Gegenwart vorurteilslos zu sehen und Lösungsmöglichkeiten für die brennenden Probleme zu finden. Das »kulturelle Niveau einer Gesellschaft«, sagte der Schriftsteller Jurek Becker bei den Frankfurter »Römerberg«-Gesprächen Anfang Mai 1983, »hängt im wesentlichen von zwei Faktoren ab: vom Selbstbewußtsein ihrer Mitglieder und von deren Zuversicht, das heißt vom Vertrauen in die Zukunft«. Dieses »Vertrauen in die Zukunft« ist heute erschüttert, und es gilt deshalb, diese Realität zu überprüfen und Konsequenzen nicht zu scheuen, auch nicht in den Bereichen der Kultur. Jurek Becker sprach in Frankfurt auch von seinem Wunsch, daß die Menschen »anfangen, sich für sich selbst verantwortlich zu halten«. Und er schloß seine Kritik als Kulturschaffender mit diesen Sätzen, die hier als Schlußresümee dieser Neuausgabe unserer Kulturgeschichte gelten mögen: »Die großen Kulturtaten unserer Zeit – das waren Abrüstung, Beseitigung des Hungers in mehr als der halben Welt, die Sorge um unsere Umwelt. Man muß sich wünschen, daß immer mehr Menschen ihre Zuständigkeit für all das erkennen. Vom Bewußtsein der eigenen Ohnmacht zum Bewußtsein der Stärke ist ein elend weiter Weg. Doch es gibt keinen anderen, wenn man auf die Zukunft nicht verzichten will.«

»Toll, was: alles aus Büchern«. Karikatur von M. Limmroth

ZEITTAFEL 1960–1980

[1961]

Der sowjetrussische Kosmonaut Jurij Gagarin (1934–1968) umkreist im Raumschiff »Wostok I« als erster Mensch die Erde.

Um die drastisch zunehmende »Republikflucht« einzudämmen, sperrt die DDR in der Nacht zum 13. August die Grenze zur Bundesrepublik Deutschland und beginnt in den folgenden Tagen mit dem Bau einer Mauer entlang der Sektorengrenze in Berlin.

Nachdem die von Adenauer (s. 1957) geförderten Pläne eines Staatsfernsehens am Einspruch des Bundesverfassungsgerichts gescheitert sind, wird das von den Bundesländern getragene Zweite Deutsche Fernsehen (ZDF) als öffentlich-rechtliche Anstalt gegründet (Programm-Ausstrahlung ab 1.4.1963).

Das 1852 von Jacob und Wilhelm Grimm (s. 1863) begonnene Deutsche Wörterbuch wird von den wissenschaftlichen Akademien in Göttingen und Berlin (Ost) abgeschlossen.

Erstes deutsches Theatergastspiel nach dem Zweiten Weltkrieg in New York durch das Ensemble des Deutschen Schauspielhauses Hamburg unter Gustaf Gründgens (s. 1937) mit »Faust I«.

Egon Eiermann (s. 1958) beginnt in Berlin (West) mit dem umstrittenen Bau der neuen Kaiser-Wilhelm-Gedächtnis-Kirche neben der Kriegsruine der alten (vollendet 1963).

Gründung der Volkswagenstiftung zur Förderung der Wissenschaft und Technik.

[1962]

Im Konflikt um sowjetische Raketenstellungen auf Kuba droht eine bewaffnete Auseinandersetzung zwischen den USA und der Sowjetunion.

An Adolf Eichmann (1906-1962), dem Organisator der Judentransporte in die Vernichtungslager, wird in Israel das im Jahr zuvor verkündete Todesurteil vollstreckt.

Die Einführung der »Anti-Baby-Pille« markiert den Beginn neuer Einstellungen zur Sexualität und den Abbau von Sexualtabus.

Am Schauspielhaus Zürich wird die Komödie »Die Physiker« von Friedrich Dürrenmatt (s. 1956) uraufgeführt. Die Hauptrolle spielt die Schauspielerin Therese Giehse (1898-1975).

Eine Nachbildung der NS-Ausstellung »Entartete Kunst« (s. 1936) wird in München als Mahnung und als Kritik an der nationalsozialistischen Kunstauffassung gezeigt.

Mit dem sogenannten »Oberhausener Manifest« wollen 26 Produzenten, Kameraleute und Regisseure dem wirtschaftlichen und künstlerischen Niedergang des deutschen Films begegnen. Sie fordern mit dem »Anspruch, den neuen deutschen Spielfilm zu schaffen«, weitgehende künstlerische Freiheit und neue Produktionsformen.

Die Gründung des Deutschen Rechenzentrums in Darmstadt kennzeichnet die wachsende Bedeutung der neuen Computer-Technik.

[1963]

US-Präsident John F. Kennedy (s. 1960) wird in Dallas/Texas ermordet.

Der Wirtschaftspolitiker und -professor Ludwig Erhard (1897-1977), als Wirtschaftsminister der vorangegangenen Bundesregierungen »Vater des Wirtschaftswunders« genannt, wird als Nachfolger Konrad Adenauers (s. 1961) zum Bundeskanzler gewählt.

Der Nobelpreis für Physik geht an die beiden deutschen Physiker Maria Goeppert-Mayer (1906-1972) und J.H.D. Jensen (1907-1973) für das Schalenmodell des Atomkerns.

Die Deutsche Welle beginnt als Kurzwellensender der ARD mit der Ausstrahlung ihrer Programme in 18 Sprachen.

Uraufführung des Schauspiels »Der Stellvertreter« am Theater der Freien Volksbühne Berlin unter Erwin Piscator (s. 1919). Der Autor Rolf Hochhuth (geb. 1931), als Dramatiker Protagonist des dokumentarischen Theaters der 60er Jahre, stellt in seinem Stück die Frage nach der Mitverantwortung des Vatikans für den Völkermord des Dritten Reichs.

Von der DDR-Schriftstellerin Christa Wolf (geb. 1929) erscheint die Erzählung »Der geteilte Himmel«, die von den Problemen eines Liebespaars im geteilten Deutschland handelt und sich kritisch mit der gesellschaftlichen Entwicklung der DDR auseinandersetzt.

In Österreich wird die 815 m lange »Europabrücke«, das höchste Brückenbauwerk Europas (190 m über dem Silltal), dem Verkehr übergeben.

[1964]

Der Physikochemiker Robert Havemann (1910-1982) hält an der Humboldt-Universität in Berlin (Ost) Vorlesungen über »Naturwissenschaftliche Aspekte philosophischer Probleme«, deren Kritik an einem dogmatisch ausgerichteten Marxismus zum Ausschluß H.'s aus der SED und zum Verlust des Lehramts führt.

Am Schiller-Theater (s. 1951) in Berlin (West) wird das Stück »Die Verfolgung und Ermordung Jean Paul Marats, dargestellt durch die Schauspielgruppe des Hospizes zu Charenton unter der Anleitung des Herrn de Sade« von Peter Weiss (1916-1982) uraufgeführt.

Der Suhrkamp Verlag (s. 1950) kauft unter seinem neuen Leiter (seit 1959) Siegfried Unseld (geb. 1924) den Insel-Verlag (s. 1906).

Auf der »documenta III« werden 800 Werke der modernen Malerei und ca. 400 Handzeichnungen gezeigt.

In den Bundesländern Bayern und Hessen beginnt die Ausstrahlung eines III. Fernsehprogramms der ARD, das sich zunächst hauptsächlich der Erwachsenenbildung annimmt.

Der erste atomgetriebene Frachter Europas, die »Otto Hahn«, läuft vom Stapel (1981 außer Dienst gestellt).

Der von dem Maschinenbauer Felix Wankel (geb. 1902) erfundene Drehkolbenmotor wird nach 38jähriger Entwicklungsarbeit als Serienmotor für PKWs (NSU-Spider) gefertigt.

An der Technischen Hochschule Aachen gelingt die synthetische Herstellung von Insulin.

[1965]

Erste Bombenangriffe der USA auf Nordvietnam.

Die Bundesrepublik Deutschland nimmt diplomatische Beziehungen zu Israel auf. Die arabischen Staaten, außer Libyen, Marokko und Tunesien, berufen daraufhin ihre Botschafter aus Bonn ab.

Nach den Wahlen zum Deutschen Bundestag kommt es erneut zu einer Koalition der CDU/CSU mit der FDP unter dem Kanzler Ludwig Erhard (s. 1963).

Die neue Ruhr-Universität Bochum wird eröffnet.

Studenten aller Hochschulen in der Bundesrepublik demonstrieren für Maßnahmen zur Bekämpfung des Bildungsnotstands. In Hessen werden erste Versuche mit einer »Integrierten Gesamtschule« begonnen. Die Diskussion um Bildung und Ausbildung wird in den folgenden Jahren wesentlich von den Wissenschaftlern und Pädagogen Hartmut von

Hentig (geb. 1925), Hellmut Becker (geb. 1913) und Georg Picht (geb. 1913) getragen.

Der Piper-Verlag veröffentlicht eine zweibändige Auswahl der Abhandlungen von Konrad Lorenz (s. 1951) unter dem Titel »Über tierisches und menschliches Verhalten«. 1973 erhält L. den Nobelpreis für Medizin, zusammen mit dem Österreicher Karl von Frisch (s. 1923) und dem Niederländer Nikolas Tinbergen (geb. 1907).

Die neue Zeitschrift »Kursbuch«, herausgegeben von Hans Magnus Enzensberger (geb. 1929), kennzeichnet das zunehmende politische Bewußtsein deutscher Schriftsteller.

Der Klaus-Wagenbach-Verlag in Berlin (West) stellt sein erstes Programm vor. Seine erfolgreiche Entwicklung initiiert die Gründung zahlreicher Kleinverlage.

Bei den Ruhrfestspielen in Recklinghausen wird die Ausstellung »Signale, Manifeste, Proteste im 20. Jahrhundert« gezeigt.

Kinetische Kunst: Die Gruppe »Zero«, bestehend aus den Künstlern Günther Uecker (geb. 1930), Otto Piene (geb. 1928) und Ernst Mack (geb. 1931), erhält den 1. Preis bei der Biennale der Jungen in Paris.

Uraufführung der Komischen Oper »Der junge Lord« von Hans Werner Henze (s. 1956) nach Wilhelm Hauff (1802-1827); Libretto von Ingeborg Bachmann (s. 1958).

Uraufführung der Oper »Die Soldaten« von Bernd Alois Zimmermann (1918-1970) nach dem Schauspiel von Jakob Michael Reinhold Lenz (1751-1792).

In einem neuen Gesetz über Urheberrecht und verwandte Schutzrechte werden die neueren Rechtserkenntnisse zusammengefaßt und im Sinne des Autorenschutzes erweitert. U.a. wird die Schutzfrist auf 70 Jahre verlängert und eine Beteiligung bildender Künstler an der Wertsteigerung ihrer Werke bei einem Besitzwechsel eingeführt. Dem Welturheberabkommen (WUA) von 1952 (revidiert 1971) gehört die Bundesrepublik mit 65 Staaten, der Revidierten Berner Übereinkunft (1971) zusammen mit 62 Staaten an.

[1966]

Eine »Große Koalition« aus CDU/CSU und SPD unter dem christdemokratischen Politiker Kurt Georg Kiesinger (geb. 1904) bringt im Bund zum ersten Mal seit Gründung der Bundesrepublik die SPD in die Regierungsverantwortung.

Friedensnote der Bundesrepublik Deutschland an die osteu-

Das Ende der Kanzlerschaft Ludwig Erhards. Karikatur von H.F. Koehler

ropäischen Staaten enthält Angebot zu Verhandlungen über Gewaltverzicht und Abrüstung.

Erste große Demonstrationen von linken Studenten der Freien Universität (s. 1948) und Jugendlichen in Berlin (West) gegen die Universitätsleitung und den Krieg der USA in Vietnam. Der Studentenführer Rudi Dutschke (1940-1980), 1961 aus der DDR geflohen, ruft zur »Außerparlamentarischen Opposition« (»APO«) auf.

Der Schweizer Verlag Hellmuth Kossodo beginnt die Herausgabe des Gesamtwerks des Schweizer Schriftstellers Robert Walser (1878-1956), der zeitlebens nur von wenigen in seiner Bedeutung erkannt wurde.

Der österreichische Schriftsteller Peter Handke (geb. 1942) veröffentlicht seinen ersten Roman »Die Hornissen«. Sein Theaterstück »Publikumsbeschimpfung«, eine kritische Reflexion herrschender dramaturgischer und sprachlicher Normen, wird am Theater am Turm (TAT) in Frankfurt/M. uraufgeführt.

Die Akademie der Künste in Berlin (West) zeigt die Ausstellung »Labyrinthe«.

In Berlin (West) wird die Deutsche Film- und Fernsehakademie gegründet.

[1967]

Bei Demonstrationen gegen den Besuch des Schahs von Persien in Berlin (West) wird der Student Benno Ohnesorg von einem Polizisten erschossen. Im Zusammenhang mit diesem Ereignis tritt der Regierende Bürgermeister von Berlin, Pastor Heinrich Albertz (geb. 1915), von seinem Amt zurück.

Der Chemiker Manfred Eigen (geb. 1927) erhält zusammen mit den Briten R.G.W. Norrish (1897–1978) und George Porter (geb. 1920) den Nobelpreis für die Untersuchung schnell ablaufender chemischer Reaktionen.

Eröffnung der Reform-Universität Konstanz und der Universität Regensburg.

Werner Heisenberg (s. 1957) veröffentlicht seine »Einführung in die einheitliche Feldtheorie der Elementarteilchen«.

»Der eindimensionale Mensch« von Herbert Marcuse (s. 1955), eine Fundamentalkritik der Wohlstandsgesellschaft, erscheint in deutscher Sprache (engl. 1964 unter dem Titel »The One-Dimensional Man«).

In deutscher Übersetzung erscheint das Werk »Die zwei Kulturen« (engl. 1959 unter dem Titel »The Two Cultures and A Second Look«) des Physikers und Romanciers P.C. Snow. Er kritisiert darin die Trennung und die Einseitigkeit literarischer und naturwissenschaftlicher Intelligenz und fordert eine umfassende Bildungsreform.

In Berlin-Dahlem wird das Brücke-Museum (s. 1905) eröffnet. Direktor ist Leopold Reidemeister (geb. 1900).

Für die Weltausstellung in Montreal entwirft der Architekt Frei Otto (geb. 1925) den deutschen Pavillon als freitragende Zeltkonstruktion.

Herbert von Karajan (s. 1954) veranstaltet zum ersten Mal die Osterfestspiele in Salzburg und dirigiert seine eigene Inszenierung von Richard Wagners (s. 1951) »Walküre«.

Das Bayerische Fernsehen sendet als erste Fernsehanstalt ein Telekolleg zur Erlangung der Fachhochschulreife.

Mit der Funkausstellung in Berlin (West) beginnen regelmäßige Farbfernsehsendungen mit dem aus dem amerikanischen NTSC entwickelten PAL-System.

In München wird die Hochschule für Fernsehen und Film gegründet.

[1968]

Der Deutsche Bundestag billigt nach heftigen Kontroversen in der Öffentlichkeit die Notstandsgesetzgebung, die in festgelegten Fällen bestimmte Verfassungsartikel außer Kraft setzen kann.

Nach einem Attentat auf Rudi Dutschke (s. 1966), bei dem er schwer verletzt wird, kommt es in der ganzen Bundesrepublik zu Demonstrationen und teilweise blutigen Auseinandersetzungen mit der Polizei. Die Proteste richten sich vor allem gegen die Berichterstattung über die unruhige Jugend durch die Zeitungen des Springer-Konzerns (s. 1947).

Der Philosoph und Soziologe Jürgen Habermas (geb. 1929) veröffentlicht sein Werk »Erkenntnis und Interesse«, in dem er vor dem Hintergrund der Positivismuskritik der »Frankfurter Schule« (s. Institut für Sozialforschung, 1931) die Erzeugungsregeln und Verwendungskontexte wissenschaftlicher Theorien untersucht.

Der Verlagslektor und Lyriker Michael Krüger (geb. 1942) und der Verleger Klaus Wagenbach (s. 1965) gründen den »Tintenfisch«, ein Jahrbuch für Literatur.

Von Siegfried Lenz (geb. 1926) erscheint der Roman »Deutschstunde«, in dem – verschlüsselt – das Leben des Malers Emil Nolde (s. 1905) im Dritten Reich eine Rolle spielt.

Von dem Dramatiker Tankred Dorst (geb. 1925) wird das als Dokumentarstück angelegte Revolutionsdrama »Toller« (s. 1919) uraufgeführt.

Die »documenta IV« steht wesentlich im Zeichen der amerikanischen »Pop-art«-Künstler.

Fertigstellung der von Mies van der Rohe (s. 1929) entworfenen Neuen Nationalgalerie in Berlin (West), die seit 1963 im Bau war.

Für seinen Film »Artisten in der Zirkuskuppel: ratlos« erhält der Regisseur Alexander Kluge (geb. 1932) den »Goldenen Löwen« der Filmfestspiele in Venedig.

[1969]
Die amerikanischen Astronauten Neil Armstrong (geb. 1930) und Edwin Aldrin (geb. 1930) betreten am 21.7. um 3 Uhr 56 MEZ als erste Menschen den Mond (s. 1957 u. 1961).

Der Sozialdemokrat Gustav Heinemann (früher CDU, danach Gründer einer Gesamtdeutschen Volkspartei, s. 1950) wird als Nachfolger Heinrich Lübkes (s. 1959) zum Bundespräsidenten gewählt.

Die Politiker Willy Brandt (SPD, 1957-1966 Regierender Bürgermeister von Berlin, geb. 1913) und Walter Scheel (FDP, geb. 1919) bilden im neugewählten Bundestag eine sozialliberale Koalition.

Strafrechtsreform: Liberalisierung des Sexualstrafrechts und Abschaffung der Zuchthausstrafe (tritt 1969 in Kraft).

Der Generalleutnant a.D. Wolf Graf von Baudissin (geb. 1907) prägt in seinem Buch »Soldat für den Frieden« den Begriff vom »Bürger in Uniform«.

Der Arzt und Psychologe Alexander Mitscherlich (1908-1982), seit 1960 Direktor des Sigmund-Freud-Instituts in Frankfurt/M., erhält den Friedenspreis des Deutschen Buchhandels und veröffentlicht sein Buch über »Die Idee des Friedens und die menschliche Aggressivität«.

Der Schriftsteller und Verlagslektor Dieter Wellershoff (geb. 1925), Herausgeber der Gesammelten Werke von Gottfried Benn (s. 1954), veröffentlicht den Roman »Die Schattengrenze«.

Mit seinem zweiten Film, »Katzelmacher«, erlangt der Schauspieler, Autor und Regisseur Rainer Werner Fassbinder (1946-1982) breitere Anerkennung.

Der Biologe Max Delbrück (1906-1981, seit 1937 in USA), erhält zusammen mit dem Amerikaner Alfred D. Hershey (geb. 1908) und Salvador E. Lusia (geb. 1912) den Nobelpreis für Medizin.

[1970]
Vertrag zwischen der UdSSR und der Bundesrepublik Deutschland in Moskau unterzeichnet: gegenseitiger Verzicht auf Anwendung von Gewalt und Anerkennung der Un-

Karikatur Gustav Heinemanns von E.M. Lang

verletzlichkeit aller europäischen Grenzen. Der Vertrag steht der deutschen Wiedervereinigung nicht entgegen.

Im »Warschauer Vertrag« stellen die Partner Deutschland (West) und Polen fest, daß die Oder-Neisse-Linie entsprechend der Potsdamer Konferenz (s. 1945) die polnische Westgrenze bildet. Weitere Gebietsansprüche werden nicht erhoben. Verzicht auf Gewalt und die Androhung von Gewalt.

Beginn eines innerdeutschen Dialogs durch die Zusammentreffen von Willy Brandt (s. 1969) und DDR-Ministerpräsident Willi Stoph (geb. 1914) in Erfurt und Kassel.

Die Deutsche Gesellschaft für Friedens- und Konfliktforschung wird gegründet. Leiter ist der Soziologe Ludwig von Friedeburg (geb. 1924).

In Starnberg bei München nimmt das Max-Planck-Institut zur Erforschung der Lebensbedingungen der wissenschaftlich-technischen Welt unter Carl Friedrich von Weizsäcker (s. 1957) seine Arbeit auf. Bekanntester Mitarbeiter ist Jürgen Habermas (s. 1968). Das Institut wird 1982 geschlossen.

Arno Schmidt (s. 1949) veröffentlicht sein riesiges Roman-Essay »Zettels Traum«. Durch mehrdeutige Schreibung und die Einstreuung zahlloser literarischer Zitate und Anspielungen sucht S. beim Leser den Sinn für Sprach- und Bewußtseinsvorgänge zu schärfen.

Der Schriftsteller Helmut Heissenbüttel (geb. 1921) erhält den Hörspielpreis der Kriegsblinden und veröffentlicht sein Buch »Projekt Nr. 1 D'Alemberts Ende«.

Der Bariton Dietrich Fischer-Dieskau (geb 1925) wird Ehrenmitglied der Royal Academy of Music in London.

Der Regisseur Johannes Schaaf (geb. 1933) dreht seinen Film »Trotta« nach dem Roman »Die Kapuzinergruft« von Joseph Roth (s. 1932).

An der Neurochirurgischen Klinik in München gelingt die erste Nerventransplantation in der Geschichte der Medizin.

[1971]

Der deutsche Bundeskanzler Willy Brandt (s. 1970) erhält für seine Bemühungen um die Aussöhnung mit den osteuropäischen Völkern den Friedensnobelpreis.

Der Friedenspreis des Deutschen Buchhandels wird der Publizistin und Mitherausgeberin der Wochenzeitung »Die Zeit« Marion Gräfin Dönhoff (geb. 1909) verliehen.

Postum erscheint Theodor W. Adornos (s. 1959) »Ästhetische Theorie«.

Der Schriftsteller Heinrich Böll (geb. 1917) veröffentlicht den Roman »Gruppenbild mit Dame«.

Von dem österreichischen Schriftsteller H.C. Artmann (geb. 1921) erscheint der Erzählungsband »How much, Schatzi«.

Ingeborg Bachmann (s. 1965) veröffentlicht den Roman »Malina«, der Teil der unvollendet gebliebenen Trilogie »Todesarten« ist.

Von dem Schriftsteller Walter Kempowski (geb. 1929) erscheint der Roman »Tadellöser & Wolff«, eine autobiographische Chronik einer gutbürgerlichen Rostocker Familie.

Golo Mann (s. 1959) veröffentlicht seinen historischen Roman »Wallenstein«.

500. Geburtstag Albrecht Dürers: In Nürnberg wird eine große Dürer-Ausstellung gezeigt. Der Künstler HAP Grieshaber (geb. 1909) stellt seinen Holzschnitt »Hommage à Dürer« her.

Der österreichische Maler Friedensreich Hundertwasser (geb. 1928) veröffentlicht seine Lithographie »Regentag«.

Der Ballettmeister John Cranko (1927-1973) bringt in Stuttgart das Ballett »Carmen« von Wolfgang Fortner (s. 1957) heraus.

Erste Reaktionen auf neue Erkenntnisse über die Vergiftung der Umwelt: Die Anwendung von DDT wird in der Bundesrepublik verboten; ein Gesetz zur Verminderung des Bleigehalts im Benzin tritt in Kraft.

In Berlin (West) wird das Max-Planck-Institut für molekulare Genetik eingeweiht.

Auf der Internationalen Funkausstellung in Berlin (West) werden neue audio-visuelle Techniken vorgestellt: Bildplatte, Videokassette, Quadrophonie.

In Effelsberg/Bad Münstereifel wird das größte Radioteleskop der Welt mit einem Durchmesser von 100 m in Betrieb genommen.

[1972]

Großbritannien, Dänemark und Irland treten der Europäischen Gemeinschaft bei.

XX. Olympische Sommerspiele in München; während der Spiele überfällt eine Gruppe von Palästinensern das Quartier der israelischen Mannschaft. Beim Befreiungsversuch sterben alle neun Geiseln, fünf Palästinenser und ein Polizist.

Im sogenannten »Radikalenerlaß« wird Angehörigen des öffentlichen Dienstes die Mitgliedschaft in extremistischen Organisationen untersagt.

Der »Club of Rome« veröffentlicht den Bericht »Die Grenzen des Wachstums« und kritisiert darin die am wirtschaftlichen Wachstum orientierte Politik der Industrieländer. Friedenspreis des Deutschen Buchhandels 1973.

Der Nobelpreis für Literatur wird Heinrich Böll (s. 1971), 1971-1974 Präsident des deutschen PEN-Clubs, verliehen.

Der Suhrkamp Verlag (s. 1964) beginnt mit der Herausgabe der Gesammelten Werke von Walter Benjamin (s. 1928).

In Salzburg wird das Stück »Der Ignorant und der Wahnsinnige« des österreichischen Schriftstellers Thomas Bernhard (geb. 1931) in der Inszenierung von Claus Peymann (geb. 1937) uraufgeführt.

Von Peter Handke (s. 1966) erscheint der Roman »Der kurze Brief zum langen Abschied«. H. erhält 1973 den Georg-Büchner-Preis.

Die »documenta V« steht unter dem Titel »Befragung der Realität – Bildwelten heute«.

Der Schweizer Komponist Rolf Liebermann (geb. 1910), von 1959-1972 Intendant der Staatsoper Hamburg, wird Generalintendant der Pariser Oper.

Die Sportbauten für die Olympischen Spiele in München entwarf der Architekt Günter Behnisch (geb. 1922), die Zeltdachkonstruktion Frei Otto (s. 1967).

Die von dem österreichischen Architekten Karl Schwanzer (1918-1975) entworfene neue Hauptverwaltung der Bayerischen Motorenwerke (BMW) wird ihrer Bestimmung übergeben.

Erstaufführung des Films »Geschichtsunterricht« des in Deutschland arbeitenden französischen Regisseurs Jean-Marie Straub (geb. 1933), der ein Romanfragment von Bertolt Brecht (s. 1949) filmisch bearbeitete.

[1973]

Internationale Energiekrise infolge des arabischen Ölboykotts führt in den nächsten Jahren zum verstärkten Aufbau von Kernenergieanlagen. 4. Atomprogramm der Bundesrepublik für 6,1 Mrd. DM.

Professor Dr. Bernhard Grzimek (geb. 1909), Direktor des Zoologischen Gartens in Frankfurt/M. und Autor der umfassenden populärwissenschaftlichen Darstellung »Grzimeks

Tierleben« (1967), tritt von seinem Posten als Beauftragter der Bundesregierung für den Naturschutz zurück.

Der Chemiker Ernst Fischer (geb. 1918) erhält den Nobelpreis für die Erforschung metallorganischer »Sandwich«-Verbindungen.

In Berlin (West) und Hessen wird die Gesamtschule Regelschule.

Von dem DDR-Schriftsteller Ulrich Plenzdorf (geb. 1934) erscheint der zugleich als Theaterstück und Erzählung zu verstehende Text »Die neuen Leiden des jungen W.«, der 1975 das an den Bühnen der Bundesrepublik am meisten aufgeführte Stück wird.

Der Schriftsteller und Literarhistoriker Walter Höllerer (geb. 1922), 1963 Gründer und seitdem Leiter des »Literarischen Colloquiums Berlin«, veröffentlicht seinen Roman »Die Elefantenuhr«.

Eine Ausstellung in der Kunsthalle Baden-Baden führt zur Wiederentdeckung der »Präraffaeliten«, einer der Romantik nahestehenden Künstlergruppe des 19. Jahrhunderts. Die Resonanz steht im Zusammenhang mit der Diskussion um den Realismus in der Malerei (s. »documenta V«, 1972).

In Karlsruhe wird der weltgrößte gepulste Supraleitermagnet in Betrieb genommen.

Auslandsreisen werden immer beliebter. Lagen dafür die Ausgaben 1969 bei 3,6 Mrd. DM, so sind sie 1973 schon auf 6 Mrd. DM gestiegen.

[1974]

Rücktritt des Bundeskanzlers Willy Brandt (s. 1971) im Zusammenhang mit der Spionageaffäre Guillaume. Nachfolger wird der Sozialdemokrat Helmut Schmidt (geb. 1918). Walter Scheel (s. 1969) wird als Nachfolger Gustav Heinemanns (s. 1969) in das Amt des Bundespräsidenten gewählt.

Die Bundesrepublik Deutschland und die DDR eröffnen ständige Vertretungen in Berlin (Ost) bzw. in Bonn.

In Berlin (West) wird ein Bundes-Umweltamt errichtet.

Von dem Mitbegründer des Instituts für Sozialforschung (s. 1968), dem Psychoanalytiker Erich Fromm (1900-1980), erscheint das Buch »Anatomie menschlicher Aggressivität«. F. ist seit Ende der 70er Jahre einer der meistgelesenen Autoren der jungen Generation.

Von Rudi Dutschke (s. 1968) erscheint die theoretische Abhandlung »Versuch, Lenin auf die Beine zu stellen«, in der er die Politik der bolschewistischen Revolution kritisiert.

Der Schriftsteller und Essayist Manès Sperber (geb. 1905)
beginnt die Veröffentlichung seiner 3-bändigen Autobiographie »All das Vergangene«.

An der Berliner Schaubühne am Halleschen Ufer wird das
Stück »Sommergäste« von Maxim Gorkij (1868-1936) in der
dramaturgischen Bearbeitung von Botho Strauß (geb. 1944)
und der Inszenierung von Peter Stein (geb. 1937) gezeigt.
Unter der Leitung von Stein (seit 1970) gilt die Schaubühne in
den 70er Jahren als führendes Theater im deutschsprachigen
Raum.

In der Hamburger Kunsthalle sehen 280 000 Besucher die
große Ausstellung des Malers Caspar David Friedrich (1774-
1830), die anschließend, erweitert um Bilder von Malern
seines Umkreises, in Dresden gezeigt wird.

In Köln wird der Neubau des Römisch-Germanischen Museums eröffnet, das seine Objekte mit Hilfe neuester Museumstechniken präsentiert.

Der Regisseur Hans-Jürgen Syberberg (geb. 1935) bringt seinen Film »Karl May« mit dem Schauspieler und Filmregisseur
Helmut Käutner (s. 1956) in der Titelrolle heraus.

Der Filmemacher Wim Wenders (geb. 1945), Absolvent der
Hochschule für Fernsehen und Film in München (s. 1967),
dreht seinen Film »Falsche Bewegung«. Das Drehbuch
schrieb Peter Handke (s. 1972) nach Goethes »Wilhelm Meisters Lehrjahre«.

In München wird das Deutsche Herzzentrum gegründet,
das eine Klinik für Herzchirurgie betreibt.

Das von der Bundesrepublik Deutschland, Frankreich,
Großbritannien und den Niederlanden gemeinsam entwickelte Mittelstreckenflugzeug Airbus A300B2 wird in Dienst
gestellt.

1974 wurden in der Bundesrepublik und Berlin (West)
46 761 Buchtitel produziert; das ist die höchste Zahl seit Ende
des Zweiten Weltkriegs (zum Vergleich: 1954 waren es
16 240, 1964 26 228 Titel). Der Anteil der Taschenbücher
liegt bei 9,5 %.

[1975]
In der Schlußakte der KSZE-Konferenz in Helsinki wird die
Gültigkeit der Menschenrechte im Bereich der Teilnehmerstaaten proklamiert.

Bei Wyhl am Oberrhein kommt es zu signalhaften ersten
Demonstrationen gegen ein geplantes Kernkraftwerk.

Karikatur von Marie Marcks

Der Friedenspreis des Deutschen Buchhandels geht an den
aus Frankfurt/M. stammenden französischen Politologen und
Publizisten Alfred Grosser (geb. 1928).

Der Börsenverein des Deutschen Buchhandels (s. 1960) feiert sein 150-jähriges Bestehen.

Zum 100. Geburtstag von Thomas Mann (s. 1938) veröffentlicht der Essayist und Schriftsteller Peter de Mendelssohn
(1908-1982) den ersten Teil der umfassenden Biographie »Der
Zauberer«.

Von dem Schriftsteller Rolf Dieter Brinkmann (1940-1975)
erscheint sein letzter Gedichtband »Westwärts 1 & 2«. Drei
Monate nach seinem Unfalltod wird er erster Preisträger des
neubegründeten Petrarca-Preises für Lyrik.

Von Peter Weiss (s. 1964) erscheint der erste Band seines Romans »Ästhetik des Widerstands« (Bd. II 1978, Bd. III 1981).

Der Frankfurter Verlag Vittorio Klostermann beginnt die
Gesamtausgabe der Werke Martin Heideggers (s. 1955) herauszugeben. Geplant sind ca. 100 Bände in vier Abteilungen.

Die 1959 begonnene Ausgabe Sämtlicher Werke von Theodor Fontane (s. 1898) in 36 Bänden wird abgeschlossen.

Die ersten beiden Bände des Oeuvre-Katalogs und die Retrospektiven im Guggenheim-Museum (New York) und im
Grand Palais (Paris) belegen die komplexe und zentrale Stellung von Max Ernst (s. 1919) in der modernen Kunst.

Der Kaspar-Hauser-Film »Jeder für sich und Gott gegen alle« des Regisseurs Werner Herzog (geb. 1942) erhält den Kritikerpreis bei den Filmfestspielen in Cannes.

In den Kinos hat der Film »Die verlorene Ehre der Katharina Blum« des Regisseurs Volker Schlöndorff (geb. 1942) nach dem gleichnamigen Roman (1974) von Heinrich Böll (s. 1972) großen Erfolg.

Die fünf größten Taschenbuchverlage im deutschsprachigen Raum sind (nach ihrem Umsatz): Rowohlt/Reinbek b. Hamburg – Heyne/München – Deutscher Taschenbuch Verlag (dtv)/München – Fischer Taschenbuch Verlag/Frankfurt – Suhrkamp-Insel/Frankfurt.

[1976]

Im Deutschen Bundesrat wird ein Kompromiß über das neue Hochschulrahmengesetz gefunden, das die Gruppenuniversität mit starken Rechten für die Hochschullehrer realisiert.

Bei Brokdorf an der Unterelbe kommt es zu großen Demonstrationen gegen die Errichtung eines Kernkraftwerkes.

Der Liedermacher Wolf Biermann (geb. 1936) wird während einer Tournee durch die Bundesrepublik Deutschland von der DDR ausgebürgert.

Der Friedenspreis des Deutschen Buchhandels geht an den Schweizer Schriftsteller Max Frisch (s. 1954).

Von dem österreichischen Schriftsteller Jean Améry (1912-1978) erscheint der Essay »Hand an sich legen – Diskurs über den Freitod«.

Mit dem Buch »Die erdabgewandte Seite der Geschichte« des Schriftstellers Nicolas Born (1937-1979) erscheint einer der exemplarischen Romane der 70er Jahre (Bremer Literaturpreis 1977).

Der Schriftsteller Peter Härtling veröffentlicht seine romanhafte Biographie »Hölderlin«.

Die in München, Berlin (West) und Hildesheim gezeigte Ausstellung »Nofretete-Echnaton« setzt mit fast einer Million Besuchern einen neuen Maßstab für Besucherrekorde.

In Darmstadt besuchen über 300 000 Menschen die Jugendstil-Ausstellung »Ein Dokument deutscher Kunst«.

Internationaler Kunstmarkt in Düsseldorf mit 170 Galerien. Beachtung finden vor allem: Horst Antes (geb. 1936), Willi Baumeister (1889-1955), Joseph Beuys (geb. 1921), Georg Baselitz (geb. 1938), Günter Fruhtrunk (1923-1982), Hans Hartung (geb. 1904), Arnulf Rainer (Österr., geb. 1929), Wolf Vostell (geb. 1937).

Zum 100-jährigen Jubiläum der Bayreuther Festspiele wird »Der Ring des Nibelungen« von Richard Wagner (s. 1967) in einer Neuinszenierung des französischen Theaterregisseurs Patrice Chéreau (geb. 1945) unter der musikalischen Leitung des Dirigenten und Komponisten Pierre Boulez (geb. 1925) aufgeführt.

Der Schwarz-Weiß-Film »Im Lauf der Zeit« von Wim Wenders (s. 1974) erhält den Kritikerpreis bei den Filmfestspielen in Cannes.

[1977]

In der Haftanstalt Stuttgart-Stammheim wählen drei verurteilte Terroristen den Freitod, nachdem die zu ihrer Freipressung erfolgte Flugzeugentführung gescheitert ist.

Bürgerinitiativen erreichen einige Gerichtsurteile, die den Bau geplanter Kernkraftwerke verzögern.

Von dem österreichisch-englischen Philosophen Karl Popper (geb. 1902) erscheint das zusammen mit dem australischen Physiologen John C. Eccles (geb. 1903) verfaßte Buch »The Self and its Brain« (dt. 1982 unter dem Titel »Das Ich und sein Gehirn«).

Der Schriftsteller und Zukunftsforscher Robert Jungk (geb. 1913) veröffentlicht sein Buch »Der Atomstaat«, in dem er scharfe Kritik am Ausbau der Kernenergie übt.

Der Journalist und politische Schriftsteller Günther Wallraff (geb. 1942) berichtet in dem Buch »Der Aufmacher« über die menschenverachtenden Praktiken des Springer-Massenblatts »Bild« (s. 1968), bei dem er als Reporter getarnt monatelang recherchiert hatte.

Von dem Schriftsteller und Übersetzer Wolfgang Hildesheimer (geb. 1916) erscheint die Biographie »Mozart«.

Von dem Publizisten Sebastian Haffner (geb. 1907) erscheint das Buch »Anmerkungen zu Hitler«.

Der erste Band (1934/35) der »Tagebücher« von Thomas Mann (s. 1975) erscheint, herausgegeben von Peter de Mendelssohn (s. 1975). Bis 1982 sind fünf von acht geplanten Bänden erschienen.

Der in Bulgarien als Sohn jüdisch-spanischer Eltern geborene Schriftsteller Elias Canetti (geb. 1905) veröffentlicht den ersten Teil seiner Autobiographie unter dem Titel »Die gerettete Zunge«. 1981 erhält C. den Nobelpreis für Literatur.

Günther Grass (s. 1959) veröffentlicht seinen Roman »Der Butt«, der in einem weitgespannten Rahmen das Verhältnis der Geschlechter zueinander abhandelt.

Das Stück »Trilogie des Wiedersehens« von Botho Strauß (s. 1974) wird in Berlin (West) uraufgeführt.

Aus Anlaß des 25-jährigen Bestehens des Bundeslandes Baden-Württemberg wird in einer umfangreichen Kunst- und Geschichtsausstellung in Stuttgart »Die Zeit der Staufer« von 1138 bis 1254 dargestellt.

In der Neuen Nationalgalerie (s. 1973) in Berlin (West) wird die 15. Europäische Kunstausstellung unter dem Titel »Tendenzen der Zwanziger Jahre« eröffnet; parallel dazu zeigen Museen und Galerien in Berlin (West) weitere 45 Ausstellungen zu speziellen Aspekten des Themas.

Die »documenta VI« steht unter dem Motto »Kunst und Medien«. Erstmals sind auch Künstler aus der DDR vertreten: Willi Sitte (geb. 1921), Fritz Cremer (geb. 1906), Werner Tuebke (geb. 1929), W. Mattheuer (geb. 1927).

In Hamburg findet ein internationaler Kongreß für die Nutzung der Sonnenenergie statt.

Die Bücher von Hermann Hesse (s. 1930) erreichen im Jahr seines 100. Geburtstages in den USA und Japan Auflagen von acht bzw. sechs Millionen Exemplaren.

[1978]

Der Schweizer Mikrobiologe Werner Arber (geb. 1929) erhält zusammen mit den Amerikanern D. Nathans (geb. 1928) und H.O. Smith (geb. 1931) für Forschungen auf dem Gebiet der molekularen Genetik einschließlich der Gen-Chirurgie den Nobelpreis für Medizin.

Der DDR-Systemkritiker Rudolf Bahro (geb. 1935), Autor des Buches »Die Alternative« (1977), erhält die Carl-von-Ossietzky-Medaille der Liga für Menschenrechte.

Von dem Theologen Hans Küng (geb. 1928) erscheint die Abhandlung »Existiert Gott?«. Aufgrund seiner kritischen Haltung gegenüber der Kirche, insbesondere in der Frage der Unfehlbarkeit des Papstes, wird K. 1979 die kirchliche Lehrbefugnis an der Universität Tübingen entzogen.

Von Hans Magnus Enzensberger (s. 1965) erscheint »Der Untergang der Titanic«.

Der Schriftsteller Martin Walser (geb. 1927) veröffentlicht die Novelle »Ein fliehendes Pferd«.

Das Centre Pompidou in Paris bietet in der Ausstellung »Paris-Berlin« eine in diesem Umfang erstmalige Begegnung mit bildender Kunst, Literatur, Theater und Film aus Deutschland.

In der Ausstellung »Die Parler und der Schöne Stil. 1350-1400« in Köln werden kunsthandwerkliche Gegenstände einer Künstlerfamilie zur Zeit Kaiser Karls IV. gezeigt.

Nach 11-jähriger Bauzeit wird die von dem Architekten Hans Scharoun (s. 1957) entworfene Staatsbibliothek Preußischer Kulturbesitz in Berlin (West) ihrer Bestimmung übergeben.

Verstärkte Forschung auf dem Gebiet der Kernfusionstechnik: Bei Hamburg wird der 2,3 km lange Speicherring »Petra« für 19 Mrd. e-Volt-Elektronen in Betrieb genommen.

[1979]

Der Bundestag beschließt die Aufhebung der Verjährungsfrist für NS-Verbrechen.

Der Christdemokrat Karl Carstens (geb. 1914) wird zum neuen Bundespräsidenten gewählt.

Der Chemie-Nobelpreis geht an die Chemiker Georg Wittig (geb. 1897) und Herbert C. Brown (geb. 1912) für Fortschritte auf dem Gebiet der Synthese organischer Naturstoffe.

Von dem Journalisten und Schriftsteller Horst Stern (geb. 1922) erscheint das Buch »Rettet den Wald«, in dem er vor den Folgen einer falschen Naturschutzpolitik warnt.

Von dem Lyriker Ernst Meister (1911-1979) erscheint der Gedichtband »Wandloser Raum« (Petrarca-Preis 1976/Georg-Büchner-Preis 1979).

Der Schriftsteller Hermann Lenz (geb. 1913), für dessen Erzählwerk sich u.a. Peter Handke (s. 1974) eingesetzt hat, veröffentlicht seinen Roman »Die Begegnung« (Georg-Büchner-Preis 1978).

Der Objektkünstler, Aktionist und Zeichner Joseph Beuys (s. 1976) zeigt im Guggenheim-Museum in New York seine Werke in der ersten Einzelausstellung eines deutschen Künstlers nach dem Krieg.

Während der Berliner Festwochen zeigt die Neue Nationalgalerie (s. 1977) eine große Ausstellung mit Werken des Malers Max Liebermann (s. 1872).

Die deutschsprachige Ausstrahlung der amerikanischen Fernsehserie »Holocaust« über die Judenverfolgung im Dritten Reich löst große öffentliche Diskussionen aus und wird zusammen mit Sebastian Haffners »Anmerkungen zu Hitler« Ausgangspunkt intensiver Befassung der Nachkriegsgeneration mit dem Dritten Reich. In gleicher Richtung wirkt das Wiedererscheinen des in einem langjährigen Prozeß verbotenen Romans »Mephisto« (Ersterscheinung 1936 in Holland) von Klaus Mann (s. 1953), zu dessen Hauptfigur der Schauspieler Gustaf Gründgens (s. 1961) das Vorbild sein soll. Der Roman wird zum bis dahin größten Taschenbucherfolg der Nachkriegszeit.

Der Film »Die Blechtrommel« von Volker Schlöndorff (s. 1975) nach dem Roman von Günther Grass (s. 1977) erhält bei den Filmfestspielen in Cannes die »Goldene Palme« und im Jahr darauf den amerikanischen Filmpreis »Oscar« als bester ausländischer Film.

Rainer Werner Fassbinder (s. 1969) dreht seinen Film »Die Ehe der Maria Braun« nach einem Roman von Gerhard Zwerenz (geb. 1925).

[1980]

Papst Johannes Paul II. besucht mehrere Städte der Bundesrepublik Deutschland und trifft dabei auch mit Vertretern der evangelischen Kirchen zusammen.

Die »Tut-Ench-Amun«-Ausstellung, die u.a. in Berlin (West), München und Hamburg zu sehen ist, zieht insgesamt über 3,5 Millionen Besucher an.

Bei der Biennale in Venedig erregen deutsche Maler, »Die jungen Wilden«, Aufsehen durch ihre extatische Farbigkeit und sinnliche Expressivität.

In Mannheim wird die Oper »Der jüngste Tag« des Komponisten Giselher Klebe (geb. 1925) uraufgeführt, eine Vertonung des gleichnamigen Schauspiels von Ödon von Horvath (1901-1938).

Der Regisseur Wolfgang Petersen (geb. 1943) realisiert das bisher größte deutsche Filmprojekt, »Das Boot«, nach dem Buch des Schriftstellers und Kunstsammlers Lothar Günther Buchheim (geb. 1918).

Physiker der Gesellschaft für Schwerionenforschung in Darmstadt erbringen den Beweis für die Existenz des bislang umstrittenen Elements 107 (auf der 45. Physikertagung in Hamburg mitgeteilt).

Das Bonner Max-Planck-Institut für Radioastronomie veröffentlicht die bisher genaueste Radiokarte des gesamten Himmels. Die Max-Planck-Gesellschaft (s. 1948) beschäftigt 10 000 Mitarbeiter (davon sind 4 000 Wissenschaftler) und verfügt über einen Jahresetat von 844 Millionen DM.

Bei der 32. Frankfurter Buchmesse sind 95 Länder mit 5 045 Verlagen (1 352 Verlage aus der Bundesrepublik) vertreten. (Zum Vergleich: Bei der 27. Buchmesse 1975 waren es noch 62 Länder mit 4 037 Verlagen, davon 946 aus der Bundesrepublik Deutschland.)

GESAMTREGISTER

Halbfette Seitenzahlen verweisen auf Abbildungen der betreffenden Personen – einschließlich Selbstportraits –, kursive Seitenzahlen auf Wiedergaben ihrer Werke.
Mit vorgestelltem L bezeichnete Seitenzahlen verweisen auf Bildlegenden, die sich nicht auf der Bildseite selbst, sondern aus drucktechnischen Gründen auf den jeweils vorangehenden oder folgenden Textseiten befinden.
Geadelte Personen sind mit dem Adelstitel aufgeführt, der Zeitpunkt der Nobilitierung bleibt unberücksichtigt.

KÜNSTLER- UND ARCHITEKTENVERZEICHNIS

Künstler und Architekten, von denen in das vorliegende Werk Abbildungen von Kunstwerken und Bauten aufgenommen sind, werden hier mit vollem Namen und mit den Lebensdaten aufgeführt, sofern sie für den kulturgeschichtlichen Zusammenhang wichtig sind, jedoch im laufenden Text bzw. in den Zeittafeln noch nicht erwähnt werden konnten.

Die Ziffern bezeichnen die Seitenzahlen. Ist der Ziffer ein B vorgestellt, bezieht sich der Verweis nicht auf die Seitenzahl, sondern auf die Bildnummer der Kunstdruckseiten.

BILDNACHWEIS

Archiwum Fotograficzne, Muzeum Pomorza, Zachodniego: 53. – Bauhaus Archiv, Darmstadt: 105, 147, 148. – Behring Werke, Marburg: 30. – Bilddarchiv Foto Marburg: 112, 113, 190 (Gemälde von Franz Frank). – Bildarchiv zur Universitätsgeschichte Heidelbergs, Heidelberg: 124, 125. – Börsenverein des Deutschen Buchhandels, Frankfurt/Main: 218. – Daimler Benz AG, Stuttgart-Untertürkheim: 90. – dpa.-Bildarchiv, Frankfurt/Main: 165. – Dyckerhoff & Widmann KG, München: 46, 114, 149. – Rudolf Eimke, Düsseldorf: 209. – Farbwerke Hoechst, Frankfurt/Main: 21, 56, 59, 210, 211. – Katherine Feldberg, London: 79 (Gemälde von Max Liebermann). – Filmverlag der Autoren: 232. – S. Fischer Verlag, Frankfurt/Main: 103. – Charlott Frank, München: 99. – Freies Deutsches Hochstift, Goethe-Museum, Frankfurt/Main: 6. – »Gartenlaube«, Jg. 1886: 48 (Zeichnung von Robert Aßmus). – Germanisches Nationalmuseum, Nürnberg: 4 (Gemälde von Julius Lunteschütz). – Henssel Verlag, Berlin: 171. – Hessisches Landesmuseum Darmstadt: 37 (Selbstbildnis). – Historia-Photo, Charlotte Fremke, Bad Sachsa: 117, 119. – Inter Nationes, Bonn: 215, 217, 219, 223, 224, 227, 228, 231, 233, 236, 240, 241. – Verlag Kiepenheuer & Witsch, Köln: 180. – Pit Ludwig, Darmstadt: 179. – Erika Mann, Kilchberg: 167. – Nationalgalerie, Berlin: 34 (Selbstbildnis). – Österreichische Nationalbibliothek, Bildarchiv, Wien: 120 (Aquatintenradierung von Max Pollak). – Ernst Pfeiffer, Göttingen: 52. – Photo O. Rietmann, St. Gallen: 138. – Presse-Bild Hans Kripgans, Lübeck: 197. – Rheinisches Bildarchiv, Köln: 202 (Porträt von Gerhard Marcks). – Schiller-Nationalmuseum, Marbach/Neckar: 3, 45, 96, 97 (Vergrößerung), 151. – Berthold Spangenberg, München: 5, 18 (Zeichnung von Th. Pixis), 55 (Photo: H. Hoffmann, München), 58, 115, 150, 157, 164, 170, 184 (Photo: Tita Binz, Heidelberg), 203 (Photo: Boris Spahn, Buchschlag bei Frankfurt/Main). – Staatsbibliothek der Stiftung Preußischer Kulturbesitz, Bildarchiv (Handke), Berlin: 1 (Gemälde von Elisabeth Jerichau), 2 (Gemälde von Ferdinand Bender) 7, 9, 12, 13, 14, 16, 17, 23, 25, 26, 27, 28, 29, 31, 33 (Selbstbildnis), 41, 42, 50 (Selbstbildnis), 51, 60, 61, 62, 63, 69, 70, 71, 73, 75, 78, 80, 84, 86, 87, 92, 100, 107, 109, 110, 121, 123, 130, 140, 146, 162. – Stadtbibliothek, München: 146. – Dr. Franz Stoedtner, Heinz Klemm, Düsseldorf: 43, 44. – Süddeutscher Verlag, Bilderdienst, München: 19, 36 (Selbstbildnis), 47, 64, 77, 83, 108, 111, 122, 127, 128, 131, 133, 161, 168, 177, 178, 181, 183, 188, 191, 193, 194, 200, 201, 204, 205, 207, 214, 216, 220, 221, 222, 225, 229, 230, 234, 235, 238, 239, 242, 244, 245, 246, 247, 249, 250, 251, 252. – Theodor Heuss Archiv, Stuttgart: 93. – Ullstein Bilderdienst, Berlin: 8, 10, 11, 15, 20, 22, 24, 32, 35 (Selbstporträt), 38 (Selbstportrait), 39, 40, 49, 54, 65, 66, 67, 68, 72, 74, 76, 81, 85, 88, 89, 94, 95, 101 (Gemälde von Wilhelm Jäckel), 102, 104, 106, 116, 118, 126, 129, 132, 134, 135, 136, 137, 139, 141, 142, 143, 144, 145, 152, 153, 154, 155, 156, 158, 159, 160, 163, 166, 169, 172, 173, 174, 175, 176, 182, 185, 186, 187, 189, 192, 195, 196, 198, 199, 206, 208, 212, 213. – Verlag Chemie GmbH, Weinheim/Bergstraße: 57, 82.

WERNER STEIN

Der große Kulturfahrplan

Daten zur Weltgeschichte im Zeitvergleich
Politik · Kunst · Religion · Musik · Wirtschaft
Leinen mit Schutzumschlag · über 1700 Seiten

Der »Kulturfahrplan« wurde längst für Laien und Wissenschaftler zu einem bewährten Hilfsmittel und Nachschlagewerk. 17 Milliarden Jahre Evolution der Materie, des Lebens, von Geist und Kultur werden der Menschheit heute bewußt. Die wichtigsten Daten, Ereignisse und Zusammenhänge der Kultur- und Weltgeschichte von Anbeginn bis heute, in synchronoptischer Übersicht und in jeder Auflage fortgeführt bis zur Gegenwart sind hier zusammengetragen. Der »Kulturfahrplan« ist seit nun 35 Jahren zu einem anerkannten, bewährten Nachschlagewerk für alle Berufe, für jung und alt geworden.

Das Personen- und Sachregister erleichtert die Benutzung dieses durch seine einprägsamen Symbole und besondere Gestaltung übersichtlichen Werkes.

HERBIG

Lexikon der deutschsprachigen Gegenwartsliteratur

Begründet von Hermann Kunisch,
neu bearbeitet und herausgegeben von Herbert Wiesner

560 Seiten · 460 Stichworte · Leinen mit Schutzumschlag
Register der im Lexikon erwähnten Periodika und Buchreihen
Register der im Lexikon erwähnten Pseudonyme
Register der Verfasser und ihrer Beiträge

Aus dem Vorwort des Herausgebers:
Das *Lexikon der deutschsprachigen Gegenwartsliteratur* hat ein Stand- und ein Spielbein. Mit dem einen fußt es auf der Tradition des zuerst zur Jahreswende 1964/65 erschienenen *Handbuchs der deutschen Gegenwartsliteratur,* das deutschsprachige Autoren, Dichter wie literarisch wirksame Wissenschaftler, seit Freud, seit dem etwa um 1910 noch nicht abgeschlossenen Werk der Naturalisten und vor allem seit dem Frühexpressionismus darstellen wollte; mit dem anderen, dem Spielbein, tastet sich das auf der Basis des Handbuchs neu erarbeitete Lexikon näher an die jüngste Literatur unserer Jahre heran, als es gemeinhin in vergleichbaren abgeschlossenen lexikalischen Werken üblich ist.

Das *Lexikon der deutschsprachigen Gegenwartsliteratur* ist »Literatur« nur im allgemeinsten Sinn des Wortes; es ist ein Hilfsmittel, das an Literatur heranführen soll – ein Gebrauchsgegenstand.

nymphenburger